21世纪高等学校物流管理与物流工程系列教材

物流系统规划与设计
（第2版修订本）

主 编 高举红 王术峰
主 审 齐二石

清华大学出版社
北京交通大学出版社
·北京·

内 容 简 介

物流系统是一个时间和空间跨越很大,并且涉及很多领域,多层次、多维度复杂的动态系统,所以物流系统中的资源整合和优化配置显得尤为重要。如何实现物流系统的高效率和低成本化策略,构建具有快速响应的物流系统,并将系统、组织、人和技术融为一体,突出系统化、集成化、信息化和知识化成为本教材的主要指导思想。

基于此,本教材主要从系统分析与设计的角度,对物流系统从战略分析与需求分析入手,应用复杂系统的建模分析与设计的方法对物流系统的总体结构与功能进行系统化的点/线/面分析,突出物流系统全局总体设计与各个物流子系统局部详细设计的思路。本书共分11章,内容包括物流系统规划的概述,物流节点系统,网络系统,信息系统,生产系统,配送中心系统,园区功能布局系统,运输系统,供应链系统的规划与设计,第五方物流系统集成和物流系统评价与方案选择。基于系统分析与系统管理的角度阐述物流系统规划与设计中的理论分析与设计方法,通过大量的典型案例分析,为快速新建或改建各种物流系统提供行之有效的解决方案,最后提出物流系统评价与方案选择应注意的问题和影响因素,对物流系统解决方案进行评价与选择。

本书既可作为高校物流工程、工业工程、电子商务、物流管理、信息管理等专业基础课或专业核心课教材,也适于从事相关教学研究的教师、研究生和政府、企业工程技术及管理人员作为参考书。

本书封面贴有清华大学出版社防伪标签,无标签者不得销售。
版权所有,侵权必究。侵权举报电话:010-62782989　13501256678　13801310933

图书在版编目(CIP)数据

物流系统规划与设计/高举红,王术峰主编. —2 版. —北京:北京交通大学出版社:清华大学出版社,2015.6(2023.2重印)
(21世纪高等学校物流管理与物流工程系列教材)
ISBN 978-7-5121-2294-9

Ⅰ. ①物… Ⅱ. ①高… ②王… Ⅲ. ①物流-系统工程-高等学校-教材 Ⅳ. ①F252

中国版本图书馆 CIP 数据核字(2015)第 144703 号

责任编辑:郭东青　　　　　　　特邀编辑:张诗铭
出版发行:清 华 大 学 出 版 社　邮编:100084　电话:010-62776969
　　　　　北京交通大学出版社　　邮编:100044　电话:010-51686414
印 刷 者:北京时代华都印刷有限公司
经　　销:全国新华书店
开　　本:185 mm×260 mm　印张:26.25　字数:655 千字
版　　次:2015 年 8 月第 2 版　2019 年 7 月第 2 次修订　2023 年 2 月第 10 次印刷
书　　号:ISBN 978-7-5121-2294-9/F·1530
印　　数:13 501~14 500 册　定价:69.00 元

本书如有质量问题,请向北京交通大学出版社质监组反映。对您的意见和批评,我们表示欢迎和感谢。
投诉电话:010-51686043,51686008;传真:010-62225406;E-mail:press@bjtu.edu.cn

第 2 版前言

《物流系统规划与设计》是一门高校物流工程、物流管理等相关专业开设的专业基础或专业核心课程。然而，目前使用的各种版本教材，学生一直反映理论性太强，知识体系不严谨，逻辑性较差，较大影响了教学效果。长期的教学实践，深深体会到，迫切需要一本逻辑性强、知识结构系统的教材，章节内容和案例分析能较好体现物流运作的技术和管理实际，能反映当今物流新技术、新管理方法和工具的应用。

本书主编从事物流教学、理论研究与物流实践三十年，熟悉物流系统规划与设计理论体系、应用实践；参加编写人员也都是各高校物流专业双师型教师或物流行业工作人员，这就充分保证了教材的编写质量。

该课程作为大学本科主干核心课程，由于跨学科性，授课有相当难度；编者长期讲授这门课程，深感教材"适合度"的重要性。为此，本教材力求做到理论介绍与实例分析相结合，定性分析与定量分析相结合，数学寻优技术与综合评价方法相结合，注重可操作性与实用性，以使本教材更能适应本科学生的学习要求。同以往物流系统规划教材相比，教材第 2 版修编，具有以下特色。

1. 条理性。教材编写思路通篇构建按照物流系统通道与节点、社会物流与企业物流两个脉络，经纬分明。大纲编排，体现较强的学科性、专业性、层次性、社会性，体现明显的行业特质、产业特质、区域特质。

2. 受众性。教材内容兼顾研究型本科院校与应用型本科院校、本科与研究生、工科与经管不同层次、不同侧面的教学用书需求，内容丰富，方法穷举，分类阐述，教材编写更有针对性。知识结构框架，做到提纲挈领，这样有助于把握各篇的重点，理清章节之间的联系，也便于教师抓住授课要点。

3. 逻辑性。考虑到教学内容的深度和广度要求不一样，理论教学、案例教学及实践教学的方法不相同。教材按照物流通道、物流节点路径展开，按照物流体系、物流系统两个层面，将有关知识点归类、归队，认祖归宗。

4. 理论性。作为大学本科教材，理论性要有，但是，表现形式宜侧重直观、明了。例如，线路优化模型，包括 Dijkstra 法、逐次逼近法、Floyd 法、公式计算法、表上作业法、图形分析法，教材中侧重阐述表上作业法，效果更加明显、简单、实用。

5. 专业性。教材力求完整地介绍物流系统规划与设计的基本原理和方法，以及其在物流管理实践中的应用。从物流的网络系统和功能系统出发，着重介绍与物流系统规划及优化有关的模型和方法，为从事物流理论研究和实际运作优化提供研究方法和工具。

6. 系统性。教材重新梳理物流系统规划与设计的逻辑关系，从物流行业运作流程角度安排章节内容。围绕企业物流和物流企业的实际活动，系统地介绍物流系统原理、物流系统网络设计、物流配送线路规划、物流园区规划、系统评价方法等方面的理论和最新发展应用。

7. 实用性。克服以往的内容理论分析过深、实践内容泛泛介绍的缺点，减少了理论分析和公式推导，突出实用性和可操作性，使之更能适应应用型本科培养目标和教学特点要求。学生易于学习掌握。

8. 前瞻性。章节内容和案例更能体现现代物流运作的技术和管理实际，更能反映当今物流行业新技术、新管理方法和工具的应用。

本书设置了大量的典型案例，将物流系统的理论知识和实际应用相结合，用开篇案例的形式激发探求理论依据的兴趣，使学生在掌握理论知识的同时，能将其应用到每个章节后的案例分析之中；同时，通过对当今物流领域研究成果的阐述，深入浅出地引导学生了解物流系统理论的发展与现代物流在社会经济中的不断创新。

本书的具体内容包括：第 1 章节从物流与物流系统规划的概念和内容模式入手，依据系统分析方法对物流系统从总体宏观的角度进行分析、规划、设计与评价，同时规范了后续章节的规划设计方法；第 2、3、4、5、6、7、8 章节分别对整个物流系统的各个子系统进行深入详细的分析，包括物流节点系统、物流网络系统、物流信息系统、物流生产系统、物流配送系统、物流园区系统、物流运输系统的规划与设计；第 9 章阐述现代物流系统在供应链环境中的规划与设计，引入逆向物流系统和闭环供应链系统，提出分析方法和设计思路；第 10 章介绍了第五方物流的概念及其发展，并与第三方、第四方物流进行比较分析；最后第 11 章给出了物流系统方案评价与选择的依据和方法，为物流系统设计者对方案进行评价与选择提供理论依据。

本书既可作为高校物流工程、工业工程、电子商务、物流管理、信息管理等专业基础课或专业核心课教材，也适于从事相关教学研究的教师、研究生和政府、企业工程技术及管理人员作为参考书。

本书由高举红、王术峰主编，全书的内容和结构由高举红和王术峰共同构思并确定。各章的具体分工：第 1、9 章由高举红、滕金辉编写；第 2、6、7、8、10、11 章由王术峰编写；第 3、4 章由高举红、王瑞编写；第 5 章由高举红、刘晓瑜编写。最后由高举红、王术峰统稿和修改。全书由齐二石主审。此外，北京交通大学出版社和责任编辑郭东青给予了热情的支持。在此一并表示衷心的感谢！

在本书编写过程中直接或间接地借鉴了国内外大量的论著、教科书等素材，在此对所引用的文献资料的作者们表示诚挚的感谢！

编　者
2015 年 8 月

前　言

随着经济全球化和信息化技术的迅速发展，社会生产、物资流通、商品交易及管理方法正在发生深刻的变革。物流业作为国民经济发展的动脉和基础产业，在国民经济发展中具有十分重要的作用和战略地位。

物流的产生是生产力和社会经济发展的结果，它是连接生产与生产系统和经济与经济系统不可缺少的部分。物流作为一门学科的诞生是社会生产力发展的结果。

伴随着经济社会活动中"物"的流动，物流的时空效果对众多的领域产生了巨大的影响，涉及供应、生产、销售、运输、仓储等，贯穿于社会再生产的全过程，存在于国民经济的各个领域，在彼此独立中相互交叉，构成了促进社会化大生产的宏观物流系统和生产企业有效和低成本地为用户提供高效服务的微观物流系统。由此产生的社会资源如何有效地整合以满足整个物流系统对时间T（Time）、质量Q（Quality）、成本C（Cost）、服务S（Service）、环境E（Environment）、柔性F（Flexibility）、创新I（Innovation）的要求，科学合理地进行物流系统规划与设计是关键。

系统理论和管理信息系统的发展，为物流系统规划和设计提供了重要的理论和技术支持。本书借鉴系统理论的分析方法，基于现代物流的发展经验，以产品全生命周期的物流活动为主线，在总体介绍物流系统的基本结构和体现物流活动功能的基础上，依据整个物流系统在规划设计中所涉及的系统分析、规划、设计、优化、仿真和评价等系统理论和分析方法，进一步对生产物流系统、仓储与配送物流系统、物流运输网络系统进行独立子系统的规划设计，体现全局总体设计和局部详细设计的思路，并在物流信息系统中将贯穿物流系统始终的物流活动数据信息在网络、电子商务平台下进行信息化、知识化、系统化、集成化地规划与设计。最后，在供应链环境的先进管理模式下，将供应链物流系统的规划设计融合当前针对环境的保护与可持续性发展的新经济时代先进理念，突出回收再利用的逆向物流与闭环供应链系统的规划设计新思想。因此，本书力求将信息技术、仿真技术、系统集成化技术等最新成果综合应用于物流系统的规划设计之中。

本书设置了大量的典型案例，将物流系统的理论知识和实际应用相结合，用开篇案例的形式激发探求理论依据的兴趣，使学生在掌握理论知识的同时，能将其应用到每个章节后的案例分析之中；同时，通过对当今物流领域研究成果的阐述，深入浅出地引导学生了解物流系统理论的发展与现代物流在社会经济中的不断创新。

基于此，本教材的具体内容包括：第1章节从物流与物流系统规划的概念和内容模式入手，第2、3章依据系统分析方法对物流系统从总体宏观的角度进行分析、规划、设计与评价的理论阐述与知识的应用，同时规范了后续章节的规划设计方法；第3、4、5章进一步对整个物流系统的各个子系统进行深入详细的分析，包括生产物流系统、仓储与配送系统、物流运输系统的规划设计；第6章讲述对物流运输系统的规划设计；第7章导入物流信息贯穿整个物流系统的总体设计中，以电子商务物流网络平台为例，构筑现代物流信息化的物流信息系统交易平台模式；第8章阐述现代物流系统在供应链环境中的规划与设计，引入逆向物流系统和闭环供应链系统，提出分析方法和设计思路。

由此，使本书的层次从宏观到微观，体现多层次与多维度的特点，并强调管理在物流系统规划设计中的作用，强调物流系统的规划设计，既要考虑组织与社会的大环境，又要将科学理论知识应用于实践中，将系统与组织、人的相互协调作用融入物流系统规划设计中，不仅从经济学角度考虑现代物流系统的构建问题，而且从组织管理的角度分析现代物流系统规划设计与实施控制中的各种问题，并以先进的设计手段与定性定量分析技术作为物流系统规划设计的辅助方法。

本书既可作为物流工程、工业工程、电子商务、物流管理、信息管理等专业基础课或专业课教材，也适于从事相关研究的教师、研究生和企业工程技术及管理人员作为参考书。

本书由高举红主编，王谦副主编，全书的内容和结构由高举红构思并确定。各章的具体分工：第1、4章由高举红编写；第2、3章由高举红、王谦编写；第5章由彭岩、林强编写；第6章由高举红、李洁编写；第7章由王谦、陈思宇编写；第8章由高举红、仪月丰、苏灿编写。最后由高举红、王谦统稿和修改。全书由齐二石主审。在此一并表示衷心的感谢。

在本书编写过程中直接或间接地借鉴了国内外大量的论著、教科书等素材，在此对所引用的文献资料的作者们表示诚挚的感谢。

由于本书涉及上述不同行业且发展之迅速，虽经编者反复修改完善，仍难免存在不当之处，恳请读者和同仁给予批评指正。

编 者
2010年3月

目 录

第1章 物流系统规划概论 ……………… 1
 开篇案例 ……………………………… 1
 1.1 物流系统规划与设计概述 ………… 2
  1.1.1 物流的概念 ………………… 2
  1.1.2 物流系统的概念 …………… 4
  1.1.3 物流系统规划与设计的基本概念 ……………………………… 6
 1.2 物流系统规划与设计分类 ………… 7
 1.3 物流系统模式与战略规划 ………… 8
  1.3.1 物流系统的基本模式 ……… 8
  1.3.2 物流系统的战略规划 ……… 8
 1.4 物流系统结构功能模型 …………… 10
  1.4.1 单核心节点结构 …………… 10
  1.4.2 双核心节点单向结构 ……… 10
  1.4.3 双核心节点交互式结构 …… 11
  1.4.4 多核心节点结构 …………… 12
 1.5 物流系统的优化分析方法 ………… 12
  1.5.1 基础工业工程技术 ………… 13
  1.5.2 建模与仿真技术 …………… 13
  1.5.3 系统最优化技术 …………… 14
  1.5.4 网络技术 …………………… 14
  1.5.5 分解协调技术 ……………… 15
 案例分析 ……………………………… 16
 复习思考题 …………………………… 17

第2章 物流节点系统规划与设计 ……… 18
 开篇案例 ……………………………… 18
 2.1 物流节点系统概论 ………………… 19
  2.1.1 物流节点选址规划的目标 … 19
  2.1.2 物流节点选址问题分类 …… 20
  2.1.3 物流节点选址的方法 ……… 23
  2.1.4 选址决策的影响因素 ……… 23
 2.2 选址问题早期研究的主要理论 …… 24
  2.2.1 杜能的地租曲线 …………… 25
  2.2.2 韦伯的工业分类 …………… 25
  2.2.3 相关理论 …………………… 27
 2.3 物流节点系统规划与设计方法 …… 27
  2.3.1 选址问题中的距离计算 …… 27
  2.3.2 单物流节点选址模型 ……… 28
  2.3.3 多物流节点选址模型 ……… 35
 案例分析 ……………………………… 64
 复习思考题 …………………………… 67

第3章 物流网络系统规划与设计 ……… 70
 开篇案例 ……………………………… 70
 3.1 物流网络系统的含义与组成要素 … 72
  3.1.1 物流网络系统的基本概念 … 72
  3.1.2 物流网络系统组成要素 …… 72
  3.1.3 物流网络优化方法 ………… 73
 3.2 物流网络系统的结构模式 ………… 75
  3.2.1 物流系统模式的含义及设计内容 ……………………………… 75
  3.2.2 城市物流网络系统 ………… 80
  3.2.3 区域物流网络系统 ………… 85
  3.2.4 国际物流网络系统 ………… 91
 3.3 物流网络系统规划设计的原则与影响因素 ………………………………… 92
  3.3.1 物流系统运作流程 ………… 92
  3.3.2 物流系统模型设计 ………… 96
  3.3.3 物流网络规划设计的原则 … 101
  3.3.4 物流网络规划设计的步骤 … 102

案例分析 ……………………………… 103
　　复习思考题 …………………………… 104
第4章　物流信息系统规划与设计 …… 106
　　开篇案例 ………………………………… 106
　　4.1　物流信息系统概述 ……………… 108
　　　　4.1.1　物流信息 ………………… 108
　　　　4.1.2　信息系统 ………………… 113
　　　　4.1.3　物流信息系统 …………… 114
　　4.2　物流信息系统需求分析 ………… 120
　　　　4.2.1　系统需求调查 …………… 120
　　　　4.2.2　获取需求模型 …………… 122
　　4.3　物流信息系统规划设计原则与
　　　　影响因素 ……………………… 125
　　　　4.3.1　系统设计的任务、方法和
　　　　　　　内容 ………………………… 125
　　　　4.3.2　物流系统设计原则 ……… 125
　　　　4.3.3　物流信息系统总体结构
　　　　　　　设计 ………………………… 126
　　4.4　电子商务物流系统规划与
　　　　设计 ……………………………… 131
　　　　4.4.1　电子商务概述 …………… 131
　　　　4.4.2　电子商务与物流 ………… 133
　　　　4.4.3　电子商务环境下的物流信息
　　　　　　　交易平台 …………………… 135
　　　　4.4.4　构建物流信息交易平台的关
　　　　　　　键技术 ……………………… 136
　　　　4.4.5　物流信息交易平台的功能
　　　　　　　框架 ………………………… 141
　　　　4.4.6　电子商务下的物流信息交易
　　　　　　　平台的系统架构 …………… 143
　　　　4.4.7　物流信息交易平台的内容
　　　　　　　框架 ………………………… 145
　　案例分析 ……………………………… 146
　　复习思考题 …………………………… 147
第5章　物流生产系统规划 …………… 149
　　开篇案例 ………………………………… 149
　　5.1　设施布局规划 ……………………… 151
　　　　5.1.1　设施布局规划概述 ……… 151

　　　　5.1.2　设施布局规划的基本
　　　　　　　类型 ………………………… 152
　　　　5.1.3　系统布局规划过程 ……… 157
　　　　5.1.4　系统布局规划的问题
　　　　　　　分析 ………………………… 166
　　5.2　物料搬运系统的分析设计
　　　　方法 ……………………………… 167
　　　　5.2.1　物料搬运的基本原则与结构
　　　　　　　布局 ………………………… 167
　　　　5.2.2　搬运系统分析与设计 …… 168
　　5.3　精益物流系统规划与设计 ……… 175
　　　　5.3.1　精益物流系统的定义 …… 175
　　　　5.3.2　精益物流系统的特征 …… 176
　　　　5.3.3　精益物流系统的总体
　　　　　　　结构 ………………………… 177
　　　　5.3.4　基于精益物流系统的工厂
　　　　　　　布局 ………………………… 178
　　　　5.3.5　精益物流系统的发展 …… 183
　　5.4　现代集成制造物流系统规划与
　　　　设计 ……………………………… 185
　　　　5.4.1　集成与集成化物流系统 … 185
　　　　5.4.2　集成化物流系统的特征 … 185
　　　　5.4.3　物流系统的集成过程
　　　　　　　分析 ………………………… 186
　　　　5.4.4　集成化物流系统的运作
　　　　　　　模式 ………………………… 188
　　案例分析 ……………………………… 190
　　复习思考题 …………………………… 198
**第6章　物流配送中心系统布局规划与
　　　　　设计** ………………………… 202
　　开篇案例 ………………………………… 202
　　6.1　物流配送中心系统布局规划设计
　　　　概述 ……………………………… 203
　　　　6.1.1　物流配送中心的功能与作业
　　　　　　　区域结构布局 ……………… 203
　　　　6.1.2　规划设计的目标和原则 … 205
　　　　6.1.3　规划设计的主要内容 …… 206
　　6.2　物流配送中心系统布局规划
　　　　方法 ……………………………… 206

6.2.1　物流配送中心系统布局规划主要方法 …………………… 206
　　6.2.2　优化问题 …………………… 207
6.3　物流配送中心 SLP 法规划 …… 208
　　6.3.1　物流配送中心 SLP 法基本要素分析 ………………… 208
　　6.3.2　物流配送中心 SLP 法规划步骤 ……………………… 210
案例分析 ……………………………… 213
复习思考题 …………………………… 227

第 7 章　物流园区功能布局规划与设计 …………………………… 236
开篇案例 ……………………………… 236
7.1　物流园区概述 ………………… 238
　　7.1.1　物流园区的概念 ………… 238
　　7.1.2　物流园区的内涵 ………… 239
　　7.1.3　物流园区的特征 ………… 240
　　7.1.4　物流园区的分类 ………… 241
　　7.1.5　物流园区的功能 ………… 242
7.2　物流园区规划设计方法——MSFLB 五步规划法 ……… 245
　　7.2.1　市场分析 ………………… 245
　　7.2.2　战略定位 ………………… 250
　　7.2.3　功能设计 ………………… 251
　　7.2.4　布局规划 ………………… 252
　　7.2.5　商业计划 ………………… 253
7.3　物流园区建设与运营模式 …… 253
　　7.3.1　建设要求 ………………… 253
　　7.3.2　运营模式 ………………… 254
　　7.3.3　盈利模式 ………………… 255
7.4　国内外物流园区发展趋势 …… 256
　　7.4.1　国外物流园 ……………… 256
　　7.4.2　国内物流园 ……………… 257
案例分析 ……………………………… 258
复习思考题 …………………………… 265

第 8 章　物流运输系统规划与设计 …… 276
开篇案例 ……………………………… 276
8.1　物流运输系统概述 …………… 277
　　8.1.1　物流运输系统的功能 …… 277
　　8.1.2　物流运输系统的要素 …… 278
　　8.1.3　物流运输系统的特点 …… 279
　　8.1.4　物流运输系统的结构 …… 280
　　8.1.5　物流运输系统规划 ……… 281
8.2　运输方式选择 ………………… 282
　　8.2.1　各种运输方式的特点 …… 283
　　8.2.2　运输方式选择考虑的因素 …………………………… 285
　　8.2.3　运输方式选择模型 ……… 286
8.3　物流运输系统最短路径求解问题 ………………………… 290
　　8.3.1　点点间运输（Dijkstra 法、逐次逼近法） ……………… 290
　　8.3.2　多点间运输（Floyd 法）… 293
　　8.3.3　单回路运输（TSP 模型及求解） ……………………… 297
　　8.3.4　多回路运输（VRP 模型及求解） ……………………… 302
案例分析 ……………………………… 307
复习思考题 …………………………… 308

第 9 章　供应链系统规划与设计 ……… 313
开篇案例 ……………………………… 313
9.1　供应链系统概述 ……………… 314
　　9.1.1　供应链与供应链系统 …… 314
　　9.1.2　供应链系统的特征 ……… 316
9.2　供应链系统的规划与设计 …… 317
　　9.2.1　供应链系统设计的基本要求 …………………………… 317
　　9.2.2　供应链系统设计的基本内容 ………………………… 318
　　9.2.3　供应链系统的设计原则 … 319
　　9.2.4　供应链系统的设计步骤 … 320
　　9.2.5　供应链系统设计策略 …… 321
9.3　逆向物流和闭环供应链系统的分析 ………………………… 327
　　9.3.1　逆向物流概述 …………… 327
　　9.3.2　逆向物流的网络结构 …… 335

9.3.3 逆向物流的系统设计 …… 338	10.5.2 GPS车辆监控系统技术方案 …… 361
9.3.4 闭环供应链系统 …… 339	10.5.3 系统的安全性设计方案 …… 362
9.3.5 正/逆向供应链的整合方法 …… 342	10.5.4 电子商务与物流信息化集成实施需解决的关键问题 …… 362
9.3.6 闭环供应链的设计原则 …… 343	10.6 第五方物流发展前景 …… 362
案例分析 …… 345	案例分析 …… 363
复习思考题 …… 346	复习思考题 …… 373

第10章 第五方物流系统集成 …… 348

开篇案例 …… 348

第11章 物流系统评价与方案选择 …… 376

开篇案例 …… 376

10.1 第五方物流概述 …… 349
    10.1.1 第五方物流的概念 …… 349
    10.1.2 第五方物流的主要观点 …… 350
10.2 第五方物流内涵演变与发展趋势 …… 351
    10.2.1 第五方物流的内涵演变 …… 351
    10.2.2 第五方物流的发展趋势 …… 353
10.3 第五方物流理论体系核心思想 …… 355
    10.3.1 第五方物流的服务要素 …… 356
    10.3.2 第五方物流的服务产品 …… 357
    10.3.3 第五方物流与第四方物流主要区别 …… 357
10.4 第五方物流商业模式 …… 358
    10.4.1 第三方物流及其运作方式 …… 358
    10.4.2 第四方物流及其运作方式 …… 358
    10.4.3 第五方物流及其运作方式 …… 359
10.5 第五方物流系统集成实证 …… 359
    10.5.1 电子商务物流系统集成构建与应用 …… 360

11.1 物流系统评价的概述 …… 377
11.2 物流系统评价的方法 …… 378
    11.2.1 评价原则 …… 378
    11.2.2 评价的程序 …… 379
11.3 评价指标设计与数据处理 …… 380
    11.3.1 物流系统评价指标体系的基本内容 …… 380
    11.3.2 评价指标体系设计方法与模型 …… 380
    11.3.3 评价指标值的标准化处理 …… 382
11.4 评价的常用方法 …… 386
    11.4.1 评价指标权重系数确定方法 …… 386
    11.4.2 线性加权和法 …… 387
    11.4.3 层次分析法 …… 388
    11.4.4 模糊综合评价法 …… 394
    11.4.5 DEA——数据包络分析法 …… 397
案例分析 …… 400
复习思考题 …… 402

参考文献 …… 404

第1章

物流系统规划概论

本章要点
- 物流系统规划与设计的相关概念；
- 物流系统规划与设计分类；
- 物流系统模式与战略规划；
- 物流系统结构功能模型；
- 物流系统的优化分析方法；
- 物流系统的设计方法。

 开篇案例

国美电器的物流系统

国美仅仅用了13年的时间，就从街边一家小店发展成为今天在北京、天津、上海、成都、重庆、河北六地拥有40家大型家用电器专营连锁超市的大公司，从一个毫无名气、只经营电视机的小门脸，发展到如今专门经营进口与国产名优品牌的家用电器、计算机、通信产品及发烧音响器材，影响辐射全国的著名电器连锁企业。2007年，国美更是凭借连番降价打破国内九大彩电厂商的价格联盟和相继抛出千万元与上亿元家电订单等壮举，使自己声誉更隆，以至经济学家惊呼"商业资本"重新抬头，开始研究近乎商界神话的"国美现象"。日益强大的国美也加快了奋进的脚步，提出了建立全国性最大家电连锁超市体系的发展目标。

从供应链的角度来看，国美的物流系统可分为三部分：采购、配送、销售，其中的核心环节是销售。正是在薄利多销、优质低价、引导消费、服务争先等经营理念的指引下，依托连锁经营搭建起来的庞大的销售网络，国美在全国家电产品销售中力拔头筹，把对手远远抛在身后。凭借较大份额的市场占有率，国美与生产厂家建立起良好的合作关系，创建了承诺经销这一新型供销模式，以大规模集团采购掌握了主动权，大大增强采购能力，能以较低的价格拿到满意的商品，反过来支撑了销售。而适应连锁超市需要的仓储与配送系统建设合

理，管理严格，成为国美这一销售巨人永葆活力的血脉，使国美总能在市场上叱咤风云。正是因为国美供应链系统中，销售、采购、配送三大环节以合理的结构与定位相互促进，成就了国美电器今日的辉煌。

国美物流系统的关键是销售。1987年1月，国美在北京珠市口繁华的大街边开张，经营进口家电。谁也没有想到，当时仅有100平方米毫不起眼的小店，会发展成为全国家电连锁销售企业的龙头。如今，供销商层层加价转给下一层零销商，是司空见惯的商业现象。而国美意识到，企业要想发展，必须建立自己的供销模式，摆脱中间商的环节，直接与生产商贸易，把市场营销主动权控制在自己手中。为此，国美经过慎重思考和精心论证，果断决定以承诺销量取代代销形式。他们与多家生产厂家达成协议，厂家给国美优惠政策和优惠价格，而国美则承担经销的责任，而且保证产品相当大的销售量。

承诺销量风险极高，但国美变压力为动力，他们将厂家的价格优惠转化为自身销售上的优势，以较低价格占领了市场。销路畅通，与生产商的合作关系更为紧密，采购的产品成本比其他零售商低很多，为销售铺平了道路。

统一采购，优势明显。国美刚成立时，断货现象时有发生，经常是店里摆着空的包装箱权充产品。如今，随着连锁经营网络的逐渐扩大，规模效益越来越突出，给采购带来许多优势。

首先，统一采购，降低进价。国美几十家连锁店都由总部统一进行采购，门店每天都将要货与销售情况上报分部，分部再将各门店信息汇总，国美远远超过一般零售商的采购量，使其能以比其他商家低很多的价格拿到商品。

其次，谈判能力增强。凭借遍布全国的销售网点和超强的销售能力，任何上游生产厂家都不敢轻易得罪国美，唯恐失去国美就会失去大块市场。因此，在与厂家谈判时，国美掌握了主动权。

第三，通过信息沟通保持与厂商友好关系。国美与厂商相互信任，友好合作，共同发展，确保了所采购商品及时供应，及时补货，商品销售不断档。

思考题：国美电器凭借什么实现她的宏伟蓝图？支持国美高速扩张的物流系统是如何运作的？

（资料来源：http：//www.chinawuliu.com.cn/xsyj/201010/13/143351.shtml）

1.1 物流系统规划与设计概述

1.1.1 物流的概念

物流（现代物流英文：Logistics；传统物流英文：Physical Distribution，物质配送）。物流是指物的流动，即物质资料从供给者向需要者的物理性移动，是创造时间性、场所性价值的经济活动。现代物流是指利用现代信息技术和设备，将物品从供应地向接受地准确地、及时地、安全地、保质保量地、门到门地移动的合理化服务模式和先进的服务流程。

1. 物流概念的由来

物流的产生应该是生产力和社会经济发展的结果，它是连接生产与生产系统、经济与经济系统不可缺少的部分。物流作为一门科学的诞生是社会生产力发展的结果。在长期的社会发展过程中，不少学者逐渐认识到在生产活动中，过去被人们看成是生产过程、生产工艺的组成领域里，详细分析起来有一种活动是没有直接参与实际生产制造过程的，而是与工艺有关却另有特性，那就是物流。生产活动如果进行专业的细分，又可分成两个组成部分，一部分是生产工艺活动，一部分是物流活动。通过对物流这一概念的起源和发展进行探索，我们可以认识到物流的发展历程。

物流界学者普遍认为，早期记载有关物流的活动是1918年由英国犹尼里佛的利费哈姆勋爵成立的"即时送货股份有限公司"，该公司旨在全国范围内把商品及时送到批发商、零售商及用户的手中。

1921年，美国的阿奇·萧在《市场流通中的若干问题》(*Some Problems in Market Distribution*)一书中提出"物流是与创造需要不同的一个问题"，并指出"物资经过时间或空间的转移会产生附加价值"。书中 Market Distribution 指的是商流，时间和空间的转移指的是销售过程的物流。

1935年，美国销售协会最早对物流进行了定义：物流（Physical Distribution，PD）是包含于销售之中的物料和服务，与从生产地到消费地流动过程中伴随的种种活动。

上述活动普遍被物流界认为是物流的早期阶段。

1964年，日本开始使用物流这一概念（与美国 Physical Distribution 相对应）。1981年，日本综合研究所编著的《物流手册》，对物流的表述是：物料从供给者向需要者的物理性移动，是创造时间性、场所性价值的经济活动，包括：包装、装卸、保管、库存管理、流通加工、运输、配送等诸种活动。我国开始使用"物流"一词始于1979年，1989年4月，第八届国际物流会议在北京召开，"物流"一词使用日渐普遍。

现代物流的代言词 Logistics 最早出现在第二次世界大战期间，美国首先采用后勤管理（Logistics Management）对军火的运输、补给、屯驻等进行全面管理。之后逐渐形成单独的学科，并不断发展为后勤工程（Logistics Engineering）、后勤管理（Logistics Management）和后勤分配（Logistics of Distribution）。后勤管理的方法后被引入到商业部门，称为商业后勤（Business Logistics），定义为"包括原材料的流通、产品分配、运输、购买与库存控制、储存、用户服务等业务活动"，其领域涵盖原材料物流、生产物流和销售物流。

1986年，美国国家物流管理协会（National Council of Physical Distribution Management，NCPDM）改名为物流管理协会（The Council of Logistics Management，CLM）。将 Physical Distribution 改为 Logistics，原因是 Physical Distribution 的领域较狭窄，Logistics 的概念则较宽广、连贯、整体。改名后的美国物流管理协会（CLM）对 Logistics 所做的定义是：以满足客户需求为目的，以高效和经济的手段对原料、在制品、制成品及相关信息从供应到消费的运动和存储进行的计划、执行和控制的过程。1998年进一步将其修订为"物流是供应链流程的一部分，是为了满足客户需求而对商品、服务与相关信息从原产地到消费地的高效率、高效益的正向和反向流动及储存进行的计划、实施和控制过程"。

2. Logistics 与 Physical Distribution 的区别

Logistics 与 Physical Distribution 的不同，在于 Logistics 已突破了商品流通的范围，把物流活动扩大到生产领域。物流已不仅仅从产品出厂开始，而是包括从原材料采购、加工生产到产品销售、售后服务，直到废旧物品回收等整个物理性的流通过程。这是因为随着生产的发展，社会分工越来越细，大型的制造商往往把成品零部件的生产任务，包给其他专业性制造商，自己只是把这些零部件进行组装，而这些专业性制造商可能位于世界上劳动力比较便宜的地方。在这种情况下，物流不但与流通系统维持密切的关系，同时与生产系统也产生了密切的关系。这样，将物流、商流和生产三个方面联结在一起，就能产生更高的效率和效益。

进入 20 世纪 80 年代以后，传统物流已向现代物流转变。现代物流是物质资料从供给者到需求者的物理性运动，但不是物和流的简单组合，而是经济、政治、社会和实物运动的统一。它的主要作用是通过时间创造价值，弥补时间差创造价值，延长时间差创造价值。现代物流包括信息业、配送业、多式联运业和商品交易业。

3. 物流定义

物流是指为了满足客户的需要，以最低的成本，通过运输、保管、配送等方式，实现原材料、半成品、成品及相关信息由商品的产地到商品的消费地所进行的计划、实施和管理的全过程。

在我国国家标准《物流术语》对物流的定义："物品从供应地向接收地的实体流动过程。根据实际需要，将运输、储存、装卸、搬运、包装、流通加工、配送、信息处理等基本功能实施有机结合。"

综上所述，对物流的理解如下。

- 物流中的物，泛指一切有形和无形的物质资料，有物品、物体、物质及相关信息等含义。包括一切社会劳动产品和用于社会生产和消费的各种资源。
- 物流中的流，泛指物质的一切运动状态，有流动、移动、运动的含义，特别是把静止也看成是运动的一种形式。

物流又同时表现为以下两方面的含义：

- 空间状态的变化，使物资产生空间效果，如运输；
- 是时间上的转移，使物资产生时间效果（储存）。

所以通常物流过程中的物不改变性能和形状，只改变时间和空间状态。

1.1.2 物流系统的概念

1. 物流系统的概念

物流系统是物流设施、物料、物流设备、物料装载器具及物流信息等所组成的具有特定功能的有机整体。物流系统是由产品的包装、仓储、运输、检验、装卸、流通加工和其前后的整理、再包装、配送所组成的运作系统与物流信息等子系统组成。运输和仓储是物流系统的主要组成部分，物流信息系统是物流系统的基础，物流通过产品的仓储和运输，尽量消除时间和空间上的差异，满足商业活动和企业经营的要求。

物流系统的分类可以有多种方法。如果按规模分类，可分为大物流系统和小物流系统。大物流系统是指的社会、区域的物流系统，也称社会物流系统；而小物流系统可指企业内部的物流系统，也称企业物流系统。如果按行业分类：也有工业物流系统、商业物流系统、企业物流系统、石油物流系统、煤炭物流系统等。总之，要视系统的划分来确定物流系统种类。

2. 物流系统的基本模式

一般地，物流系统具有输入、处理（转化）、输出、限制（制约）和反馈等功能，其具体内容因物流系统的性质不同而有所区别，如图1-1所示。

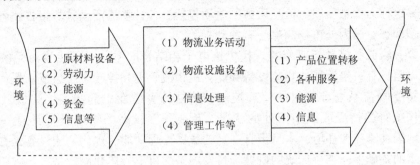

图1-1 物流系统基本模式图

1) 输入

输入包括原材料、设备、劳力、能源等。就是通过提供资源、能源、设备、劳力等手段对某一系统发生作用，统称为外部环境对物流系统的输入。

物流系统与其他系统具有相似性，其构成系统的一般要素如下。

- 人，是支配物流的主要因素，是控制物流系统的主体。人是保证物流得以顺利进行和提高管理水平的最关键的因素。提高人的素质，是建立一个合理化的物流系统并使它有效运转的根本。

- 财，是物流活动中不可缺少的资金。交换以货币为媒介，实现交换的物流过程，实际也是资金运动过程，同时物流服务本身也需要以货币为媒介。物流系统建设是资本投入的一大领域，离开资金这一要素，物流不可能实现。

- 物，是物流中的原材料、产品、半成品、能源、动力等物质条件，包括物流系统的劳动对象、劳动工具、劳动手段，如各种物流设施、工具、各种消耗材料（燃料、保护材料）等。没有物，物流系统便成了无本之木。

- 信息，将物流系统各个部分有效的连接起来，使其整体达到最优的重要纽带。准确而及时的物流信息是实现物流系统高效运转、整体最优的重要保证。

2) 处理（转化）

处理（转化）是指物流本身的转化过程。从输入到输出之间所进行的生产、供应、销售、服务等活动中的物流业务活动称为物流系统的处理或转化。具体内容有：物流设施设备的建设；物流业务活动，如运输、储存、包装、装卸、搬运等；信息处理及管理工作。

3) 输出

物流系统的输出则指物流系统与其本身所具有的各种手段和功能，对环境的输入进行各种处理后所提供的物流服务。具体内容有：产品位置与场所的转移；各种劳务，如合同的履行及其他服务等；能源与信息。

4) 限制或制约

外部环境对物流系统施加一定的约束称之为外部环境对物流系统的限制和干扰。具体有：资源条件，能源限制，资金与生产能力的限制；价格影响，需求变化；仓库容量；装卸与运输的能力；政策的变化等。

5）反馈

物流系统在把输入转化为输出的过程中，由于受系统各种因素的限制，不能按原计划实现，需要把输出结果返回给输入，进行调整，即使按原计划实现，也要把信息返回，以对工作做出评价，这称为信息反馈。信息反馈的活动包括：各种物流活动分析报告；各种统计报告数据；典型调查；国内外市场信息与有关动态等。

发展至今，物流系统是与典型的现代机械电子相结合的系统。现代物流系统由半自动化、自动化以至具有一定智能的物流设备和计算机物流管理和控制系统组成。任何一种物流设备都必须接受物流系统计算机的管理控制，接受计算机发出的指令，完成其规定的动作，反馈动作执行的情况或当前所处的状况。智能程度较高的物流设备具有一定的自主性，能更好地识别路径和环境，本身带有一定的数据处理功能。现代物流设备是在计算机科学和电子技术的基础上，结合传统的机械学科发展来的机电一体化的设备。

从物流系统的管理和控制来看，计算机网络和数据库技术的采用是整个系统得以正常运行的前提。仿真技术的应用使物流系统设计处于更高的水平。

1.1.3 物流系统规划与设计的基本概念

物流系统是一个开放的复杂系统，影响其发展的内外部因素多且变化大，其所依托的外部环境的变化也有很大的不确定性，因此，不论是改进现有物流系统还是开发新物流系统，进行物流系统规划都显得尤为重要。

所谓物流系统规划，是指确定物流系统发展目标和设计达到目标的策略与行动的过程，实际就是对整个物流系统的计划。物流系统涉及交通运输、货运代理、仓储管理、流通加工、配送、信息服务、营销策划等领域，其规划的内容主要有发展规划、布局规划、工程规划三个方面，可以说物流系统规划是对物流战略层面的计划与决策。

1. 目标

物流系统规划与设计的目标归结起来，分为几个方面：
- 得到良好的服务性；
- 实现良好的快速反应能力；
- 获取强大的信息功能；
- 实现物流服务规模化；
- 充分利用物流资源。

由此，说明了物流系统规划与设计的好坏直接影响到整个物流过程的是否实现一体化、信息化、客户化、敏捷化、规模化与精益化。物流系统规划设计的目的也是衡量设计出的物流系统是否满足需求的有效的评价标准。

2. 原则

从系统设计的角度来讲，物流系统设计应遵循开放性原则、集成化原则、网络化原则和可调性原则。

1）开放性原则

物流系统的资源配置需要依据满足市场需求的产品整个生命周期的全过程，涉及从采购、生产、存储、运输到销售的全过程系统。所以在资源配置的过程中需要考虑各个环节的协调与贯通，以实现物流、信息流和资金流的集成。

2）物流要素集成化原则

物流要素集成化是指通过一定的制度安排，对物流系统功能、资源、信息、网络等要素进行统一规划、管理、评价，通过要素间的协调和配合使所有要素能够像一个整体在运作，从而实现物流系统要素间的联系，达到物流系统整体优化的目的的过程。

3）网络化原则

网络是指将物流经营管理、物流业务、物流资源和物流信息等要素的组织按照网络方式在一定市场区域内进行规划、设计、实施，以实现物流系统快速反应和最优总成本等要求的过程。

4）可调整性原则

能够及时应对市场需求的变化及经济发展的变化，以快速响应市场变化。

归结起来，物流系统设计的基本原则，是从物流的需求和供给两个方面谋求物流的大量化、时间和成本的均衡化、货物的直达化及搬运装卸的省力化。作为实现这种目的的有效条件有运输、保管等的共同化，订货、发货等的计划化，订货标准、物流批量标准等有关方面的标准化，附带有流通加工和情报功能的扩大化等。物流结构既指物流网点的布局构成，也泛指物流各个环节（装卸、运输、仓储、加工、包装、发送等）的组合情况。物流网点在空间上的布局，在很大程度上影响物流的路线、方向和流程。而物流各环节的内部结构模式又直接影响着物流运动的成效。

1.2 物流系统规划与设计分类

物流系统规划与设计按照物流系统模型结构形式分为实物模型、图式模型、模拟模型和数学模型。

1. 实物模型

实物模型是现实系统的放大或缩小，它能表明系统的主要特性和各个组成部分之间的关系。如桥梁模型、电机模型、城市模型、风洞试验中的飞机模型等。这种模型的优点是比较形象，便于共同研究问题；它的缺点是不易说明数量关系，特别是不能揭示要素的内在联系，也不能用于优化。

2. 图式模型

图式模型是用图形、图表、符号等把系统的实际状态加以抽象的表现形式，如网络图（层次与顺序、时间与进度等）、物流图（物流量、流向等）。图式模型是在满足约束条件的目标值中选取较好值的一种方法，它在选优时只起辅助作用。当维数大于2时，该种模型作图的范围受到限制。其优点是直观、简单；缺点是不易优化，受变量因素的数量限制。

3. 模拟模型

用一种原理上相似，而求解或控制处理容易的系统，代替或近似描述另一种系统，前者称为后者的模拟模型。它一般有两种类型：一种是可以接受输入并进行动态表演的可控模型，另一种是用计算机和程序语言表达的模拟模型，例如，物资集散中心站台数设置的模拟，组装流水线投料批量的模拟等。通常用计算机模型模拟内部结构不清或因素复杂的系统是行之有效的。

4. 数学模型

数学模型是指对系统行为的一种数量描述。当把系统及其要素的相互关系用数学表达式、图像、图表等形式抽象地表示出来时，就是数学模型。它一般分为确定型和随机型、连续型和离散型。

1.3 物流系统模式与战略规划

1.3.1 物流系统的基本模式

物流系统规划设计的内容主要是依据在细分市场中的服务内容与功能要求，基于物流布点的物流网络设计，选址与布局及运营管理。涉及生产系统、仓储系统、配送系统、运输系统，以及在整个供应链环境中面向信息化的物流系统的一体化设计与管理。

其基本模式分为以下几种。

1. 最小总成本策略

在一体化物流系统中寻求最低的固定成本及变动成本的组合。

2. 最高顾客服务策略

充分体现由市场拉动，物流系统规划设计满足市场终端客户需求。

3. 最大利润策略

各个物流子系统皆以追求最大利润为目标，优化设计物流系统以满足需求。

4. 最大竞争优势策略

根据波特的"五力模型"，考虑如何获取竞争优势，从市场的角度来讲，与主要的供应商建立战略合作伙伴关系，以满足主要客户需求为目标，实施有效的物流管理策略。

1.3.2 物流系统的战略规划

物流系统的规划大体上按照6个阶段进行：调查分析、需求预测、规划设计、方案评估、实施、实效评估，流程图如图1-2所示。

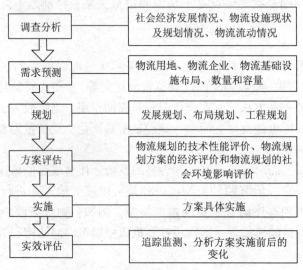

图 1-2 物流系统规划与设计过程

1. 调查分析阶段

对物流系统规划所需的各项资料进行调查分析，是物流规划的基础性工作。调查资料是否全面、准确、真实，将直接影响到物流发展预测及现状物流系统评价的准确性，进而影响物流系统规划的合理性。调查分析是一项十分繁重的工作，资料的获取涉及物流设施及与物流有关的社会、经济、自然、土地利用等方面。城市或区域物流不仅其自身是一个相互联系的系统，而且它还是城市或区域大系统中的一个子系统。因此，城市或区域物流的发展变化不仅与物流自身的发展变化有关，而且会受到社会经济发展变化的极大影响。调查的主要内容包括：社会经济发展情况、物流设施现状及规划情况、物流流动情况。对社会经济的发展的调查分析主要是确定物流系统规划的目标和发展阶段；对物流设施与规划的调查分析主要是规划物流系统的服务水平和服务能力；对物流流动调查可以确定物流的发展趋势。

2. 需求预测阶段

物流需求预测是物流系统规划的主要部分，对物流用地、物流企业、物流基础设施布局、数量和容量进行调查分析预测、需求与服务水平预测，为物流系统的规划和评价提供依据。

3. 规划设计阶段

现代物流系统规划的内容主要有发展规划、布局规划、工程规划三个方面，具体包括物流业或物流企业发展战略规划、物流用地布局与物流基础设施布局、物流链设计以及物流信息系统规划等。物流系统规划，首先要进行物流发展规划，即根据调查分析和物流需求的预测结果确定物流未来发展目标方向、发展速度和发展规模。其次，根据物流的整体发展规划确定物流建设的用地布局，包括分布模式和数量；同时，相应的布局物流设施，包括道路、仓库、物资中转站、配送中心和物流园区等。第三是物流链设计，应按照"时间、成本、服务"的目标要求，确定物流链的企业、决定物流链的各个环节、选择物流链各环节的主体企业、确定物流链主导企业与参与企业横向和纵向联合协议、计划和确认物流链的运作模式与管理模式。第四是物流信息系统规划。信息时代，物流信息的电子化是必然要求。物流信息系统规划是物流信息手机的数据库化和代码化，物流信息处理的电子化和计算机化，物流信息传递的标准化和实时化，物流信息存储的数字化。物流作业过程中的制造商、批发商、零售商等各个环节的"商流、物流、信息流"要精确地流动，不能过多也不能过少，这就需要规划物流信息系统使物流供应链和需求链必须保持同步、等量的流动。

4. 方案评价阶段

物流系统规划的评价体系通常包括三个主要方面，即物流规划的技术性能评价、物流规划方案的经济评价和物流规划的社会环境影响评价。

通过评价物流系统的多个备选方案，有利于选择最优的物流系统方案，从而使实施建设成本最小化和运营阶段经济效益最大化；同时，对物流系统的评价，能较准确地估计所建议的措施的费用与效益的来源，以及为决策者提供来自政策变动、社会发展和市场经济波动等方面的不确定因素等信息；另外，对物流系统规划、实施和运营各阶段的评价可以帮助规划人员与管理人员发现问题，并提供其解决问题和进一步改进物流系统的机会。

5. 实施阶段

在规划制定完成并经过决策后，规划要进入实施中，为此要在规划制定时，提出方案的实施办法，包括阶段、政策、措施、工程等。

6. 实效评价阶段

方案实施后要进行实效评价，即对实施方案进行追踪监测，分析方案实施前后的变化，提出评估报告，作为方案修正的依据。

1.4 物流系统结构功能模型

物流网络结构是物流网络运行的基本框架，物流网络结构模式则是指物流网络运行框架的主要构成内容。在物流网络体系中，物流中心和配送中心往往影响着核心节点构建和布局的合理与否，决定着物流网络的效率。

1.4.1 单核心节点结构

单核心节点结构是指在该物流网络体系中只有一个核心节点存在，该节点同时承担物流中心与配送中心的职能。在该物流网络覆盖的区域，绝大多数的物流活动都是通过该核心节点实现的。在这种结构模式中，物流中心同时承担着信息中心的角色，所有的物流信息都汇集到这里进行进一步的传递和处理。

在这种物流网络结构模式中，物流的大量核心活动都发生在该节点，而且没有物流中心与配送中心的明确划分，厂商与客户的物流活动极大地依赖于核心节点来完成。物流活动的完成大致经过如下过程：厂商→核心节点→客户。这种网络结构模式存在于一些小的经济区域或小规模的企业，但随着物流客户导向意识的发展，这种物流网络结构模式将会越来越不适应。单核心节点物流网络结构图如图1-3所示。

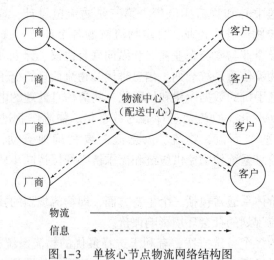

图 1-3 单核心节点物流网络结构图

1.4.2 双核心节点单向结构

双核心节点单向结构是指物流网络体系中存在两个核心节点，即物流中心和配送中心，物流中心更多地侧重于为供应链上游厂商方面提供服务，而配送中心则更多地侧重于为供应链下游客户方面提供服务。物流中心和配送中心不但是物流活动的核心，而且大量的物流信息也汇集到核心节点，并进行进一步的有效传递。

在该物流网络结构模式中，主体物流活动发生在两个核心节点之间，物流活动通过如下过程实现：厂商→物流中心→配送中心→客户。这种物流网络结构模式广泛存在于一些范围较大的经济区域内。一些大型企业的物流活动往往也通过这种模式实现。双核心节点单向物流物流结构图如图 1-4 所示。

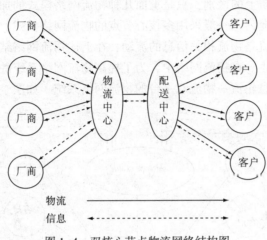

图 1-4　双核心节点物流网络结构图

1.4.3　双核心节点交互式结构

双核心节点交互式结构与双核心节点单向物流网络结构非常接近，但二者又存在明显的区别。在双核心节点交互式结构模式下，无论是物流还是信息流都是双向的，也就是说，该物流网络中的每一个节点同时承担双重功能，即物流中心和配送中心。随着环境的变化，两个核心节点的功能会发生调换。在该结构模式下，物流活动的实现过程如下：厂商→物流中心→配送中心→客户。在该结构模式下，交互式体现为随着环境与厂商和客户需求的变化，物流中心与配送中心功能会对调，或者是说，物流中心和配送中心都同时具备双重功能。双核心节点交互式物流网络结构图如图 1-5 所示。

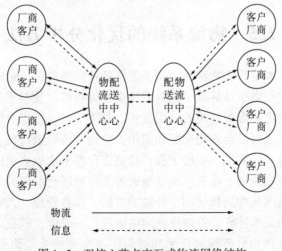

图 1-5　双核心节点交互式物流网络结构

1.4.4 多核心节点结构

在现实的物流网络中，可能不仅存在一个或两个物流核心节点，而是多个核心节点同时存在，绝大多数的物流活动都是通过这些核心节点完成的。多核心节点物流网络结构的原理和上述几种模式没有本质上的区别，只是上面几种物流网络模式的加大或叠加。在范围比较大的经济区域或大型企业内，一般采用多核心节点的物流网络模式。

物流网络中的信息流是物流相关信息的流动，在上述物流网络结构模式中，物流和信息流往往是同时、同向发生。在物流网络中，为了提高物流网络系统的效率，往往把物流与信息流分离开来，形成信息轮流—物流双平台的物流网络系统，如图1-6所示。

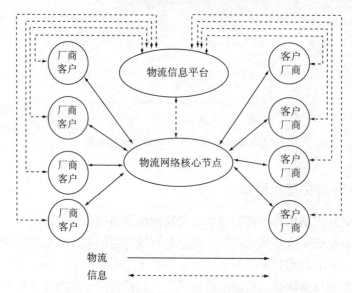

图1-6 信息流-物流双平台物流网络结构模式

物流网络结构模式无孰优孰劣之分，只是每种模式适用于不同的环境。多数的物流网络往往不是以一种单一模式存在的，而是多种模式混合在一起的，或者是多种模式的叠加。

1.5 物流系统的优化分析方法

物流系统的常用技术是除去物流活动所需要的各种机械设备、运输工具、仓库建筑、站场设施以及服务于物流的电子计算机、通信网络设备等物流"硬技术"外的"软技术"，是指为了组成高效率的物流系统而使用的应用技术。具体地说，是指对物流活动进行最合理的计划，对各种物流设备进行最合理的调配和使用，对物流效率进行最有效的评价而运用的各种技术。例如，使用电子计算机、系统工程、价值工程技术求取物流的最佳技术方案。软技术中的物流计划，是指在规划、改善、改变流通形态时所进行的研究及引进工作；物流设备的调配和使用，指运输工具的选择使用、装卸的方法、库存管理、人的使用及劳务管理；物流效果评估，指物流的成本计算、管理资料的整理等。一般地，软技术包括物流优化与决策技术；物流预测技术（回归分析预测技术和时间序列预测技术是两种应用广泛的基本预测方法);物流标准化技术;物流经济评价技术(归结为三个系列60种:①宏观的技术经济评价方法之一的国民收入(净产值)系列方法20种;②宏观的技术经济评价方法之二的纯收入系列方法20种;③微观的技术经济评价方法——利润系列方法20种);物流管理运筹技术等。

运筹学方法是一类科学的数量化方法,它包括多种最优化方法。这些方法是物流管理的有效工具。在物流管理中引入这些方法,对有限资源进行计划、组织、协调和控制,以达到最佳效果。运筹学方法可以在物流管理的以下方面得到有效应用:

- 运用整数规划、表上作业法求解在物流过程中如何将有限的资源指派给多项任务和工作,以达到降低成本或提高效益的目的,这是物流管理的重要问题;
- 运用线形规划、表上作业法或者网络技术来解决运输问题;
- 运用非线性规划和图上作业法来解决物流问题中的选址问题;
- 运用动态规划、模拟优化方法来解决库存问题;
- 运用单纯形法等方法来解决装卸任务分配、装卸工人调配、装卸服务顺序等装卸作业的调度;
- 运用动态规划货物配装问题;
- 运用树型结构等网络模型来模拟铁路网络模型和配车方法;
- 运用排队论来解决物流随机服务系统的配置问题。

1.5.1 基础工业工程技术

工作研究技术,特别是工作研究中的流程分析技术,图、表技术,作业改善技术,方法研究技术等。

1.5.2 建模与仿真技术

物流系统活动范围广泛,涉及面宽,经营业务复杂,品种规格繁多,且各子系统功能部分相互交叉,互为因果。因此,它的系统设计是项十分复杂的任务,需要严密的分析。

物流系统仿真的目标在于建立一个既能满足用户要求的服务质量,又能使物流费用最小的物流网络系统。其中最重要的是如何能使"物流费用最小"。在进行仿真时,首先分析影响物流费用的各项参数,诸如与销售点、流通中心及工厂的数量、规模和布局有关的运输费用、发送费用等。由于大型管理系统中包含有人的因素,用数学模型来表现他们的判断和行为是困难的。但是,人们积极研究和探索包含人的因素在内的反映宏观模糊性的数学模型。目前社会上大量开展数量经济研究,预计在社会经济研究中,数学模型和计算机将会得到愈来愈广泛的应用,这是对传统的凭主观经验进行管理的有力挑战。

仿真技术在物流系统工程中应用较广,已初见成效。但毕竟由于物流系统的复杂性,其应用受到多方限制,特别是数据收集、检验、分析工作的难度较大,从而影响仿真质量,所完成的模型的精度与实际的接近程度也还存在一定问题,有待进一步研究。加之,仿真方法本身属于一种统计分析的方法,比起一般的解析方法要粗些,但这并不影响仿真方法在物流系统工程中的应用和推广。

1.5.3 系统最优化技术

最优化技术是20世纪40年代发展起来的一门较新的数学分支。近几年发展迅速，应用范围愈来愈广，其方法也愈来愈成熟，所能解决的实际问题也愈来愈多。

系统优化问题是系统设计的重要内容之一。所谓最优化，就是在一定的约束条件下，如何求出使目标函数为最大（或最小）的解。求解最优化问题的方法称为最优化方法。一般来说，最优化技术所研究的问题是对众多方案进行研究，并从中选择一个最优的方案。一个系统往往包含许多参数，受外部环境影响较大，有些因素属于不可控因素。因此，优化问题是在不可控参数发生变化的情况下。根据系统的目标，经常地、有效地确定可控参数的数值，使系统经常处于最优状态。系统最优化离不开系统模型化，先有模型化而后才有系统最优化。

系统最优化的方法很多，它是系统工程学中最具实用性的部分。到目前为止，它们大部分是以数学模型来处理一般问题的。如物资调运的最短路径问题、最大流量、最小输送费用（或最小物流费用）及物流网点合理选择、库存优化策略等模型。

系统优化的手段和方法，应根据系统的特性、目标函数及约束条件等进行合理选择。常用的物流系统优化方法如下。

1. 数学规划法（运筹学）

这是一种对系统进行统筹规划，寻求最优方案的数学方法。其具体理论与方法包括线性规划、动态规划、整数规划、排队规划和库存论等。这些理论和方法都是解决物流系统中物流设施选址、物流作业的资源配置、货物配载、物料储存的时间与数量的问题。数学规划法包括静态优化和动态优化规划法。主要运用线性规划解决物资调运、分配和人员分派的优化问题；运用整数规划法选择适当的厂（库）址和流通中心位置；采用扫描法对配送路线进行扫描求优。还有动态规划法、分割法等。

2. 系统优化法

在一定约束条件下，求出使目标函数最优的解。物流系统包括许多参数，这些参数相互制约，互为条件，同时受外界环境的影响。系统优化研究，就是在不可控参数变化时，根据系统的目标，如何来确定可控参数的值，以使系统达到最优状况。

3. 运筹学中的博弈论和统计决策

物流系统的目标函数是在一定条件下，达到物流总费用最省、顾客服务水平最好、全社会经济效果最高的综合目标。由于物流系统包含多个约束条件和多重变量的影响，难以求优。解决的办法是根据Dentzin Wlofe分解原理和分解方法，巧妙地把大问题分解成多个小问题，对各子问题使用现有的优化方法和计算机求解。也可通过Lagrange方法求得大系统的动态优化解。所以说，系统最优化方法是物流系统方法论中的重要组成部分。

1.5.4 网络技术

网络技术是现代管理方法中的一个重要组成部分。它最早用于工程项目管理中，后来在企业（或公司）的经营管理中得到广泛应用和发展。它是1958年美国海军特种计划局在"北极星导弹计划"研制过程中提出的以数理统计为基础，以网络分析为主要内容，以电子计算机为先进手段的新型计划技术，称作PERT（Program Evaluation Review Technique）（计划评审法）和CPM（Critical Path Method）（关键路线法）。PERT方法主要以时间控制为主,而 CPM 法则以进度和成本控制为主。

在现代社会中,生产过程错综复杂,工种繁多,品种多样,流通分配过程涉及面广,影响因素随机、多变,参加的单位和人员成千上万。如何使生产中各个环节之间互相密切配合,协调一致,如何使生产—流通—消费之间衔接平衡,使任务完成既好、又快且省,这不是单凭经验或稍加定性分析就能解决的,而是需要运用网络技术来进行统筹安排,合理规划。而且,越是复杂的、多头绪的、时间紧迫的任务,运用网络技术就越能取得较大的经济效益。对于关系复杂的、多目标决策的物流系统研究,网络技术分析是不可忽视的基本方法。

利用网络模型来模拟物流系统的全过程以实现其时间效用和空间效用是最理想的。通过网络分析可以明了物流系统各子系统之间以及与周围环境的关联,便于加强横向经济联系,网络技术设计物流系统,可研究物资由始发点通过多渠道送往顾客的运输网络优化,以及物料搬运最短路径的确定。

1.5.5 分解协调技术

在物流系统中,由于组成系统的项目繁多,相互之间关系复杂,涉及面广,这给系统分析和量化研究带来一定的困难。在此可以采用"分解—协调"方法对系统的各方面进行协调与平衡,处理系统内外的各种矛盾和关系,使系统能在矛盾中不断调节,处于相对稳定的平衡状态,充分发挥系统的功能。

所谓分解,就是先将复杂的大系统,比如物流系统,分解为若干相对简单的子系统。以便运用通常的方法进行分析和综合,其基本思路是先实现各子系统的局部优化,再根据总系统的总任务、总目标,使各子系统相互"协调"配合,实现总系统的全局优化。并从系统的整体利益出发,不断协调各子系统的相互关系,达到物流系统的费用省、服务好、效益高的总目标。此外,还要考虑如何处理好物流系统与外部环境的协调、适应。

所谓协调,就是根据大系统的总任务、总目标的要求,使各分系统在相互协调配合子系统局部优化的基础上,通过协调控制,实现大系统的全局最优化。

除上述方法外,预测、决策论和排队论等技术方法也较广泛地应用于物流系统的研究中。

本章小结

物流是指为了满足客户的需要,以最低的成本,通过运输、保管、配送等方式,实现原材料、半成品、成品及相关信息由商品的产地到商品的消费地所进行的计划、实施和管理的全过程。物流系统是物流设施、物料、物流设备、物料装载器具及物流信息等所组成的具有特定功能的有机整体。物流系统规划,是指确定物流系统发展目标和设计达到目标的策略与行动的过程,实际就是对整个物流系统的计划。物流系统规划与设计的分类、物流系统的基本模式。物流系统的战略规划大体上按照 6 个阶段进行:调查分析、需求预测、规划设计、方案评估、实施、实效评估。物流系统的优化分析方法主要有基础工业工程技术、建模与仿真技术、系统最优化技术、网络技术和分解协调技术。物流系统的设计方法主要是指物流系统的建模方法,一般包括优化方法、计算机仿真方法、启发式方法和 IDEF 流程图分析法。

 案例分析

ABC公司物流案例

一、背景介绍

ABC公司是一个非常成功的经营男女时装业的商户，该公司采用的是邮购销售方式。它定期向目标客户寄送印刷精美的产品目录，客户通过邮购或电话方式订货。该公司客户群主要是由丁克家庭组成，他们也会收到其他公司的产品目录。市场现状是：时装业竞争十分激烈，邮购业务仍在迅速增长。在同类企业中，ABC公司被公认为提供最佳产品组合、产品质量和客户服务。该公司两个关键的客户服务要素是：①公司的收货、包装及发货程序都非常及时；②退货程序是"客户友好"方式。ABC公司所销售的服装是委托韩国和新加坡的制造商进行生产的。

二、案例反映的问题及产生的原因

问题一：ABC公司所处的服装业的行业特点决定了该公司要具有非常有竞争力的国际化物流系统。

问题二：ABC公司面临着强有力的竞争，销售方式需要进一步改进和完善，物流信息系统有待进一步提高。

问题三：ABC公司的退货程序是"客户友好"方式，但是这种方式开支很大，而且受到高层管理越来越多的关注。

问题四：ABC公司所销售的服装是委托韩国、新加坡的制造商进行生产的。公司采用海路联运方式将预先包装好的货物运至内陆中央配送中心，再利用UPS进行单个客户的递送。由于消费者偏好变动快，有时甚至是在销售过程中就发生了变化，公司必须具备持续的快速响应能力。

（资料来源：http://info.10000link.com/newsdetail.aspx?doc=2010070690057，2010）

思考题：

试分析一下案例中的问题所产生的原因。

参考思路：

首先，ABC公司只有邮购和电话订购销售方式，就邮购而言时间周期太长，而电话订购又存在电话费用和电话拨通率的问题。

其次，退货流程为"客户友好"方式，没有建立恰当的反向物流管理系统导致了较大的开支。

再次，由于ABC公司所销售的服装是委托韩国和新加坡的制造商进行生产的，所以国际环境因素对ABC公司未来的成功影响巨大，一旦公司所在国与其供应商所在国政治和外交关系恶化，则ABC公司即将会面临缺少供应商供货的危险。即便是公司所在国与各供应商所在国政治和外交关系稳定，如果国际上发生战争，也将会影响ABC公司最终收货和发货的准时性。此外，国内消费偏好和流行趋势的变动对ABC公司的成功也将产生巨大影响。

复习思考题

一、填空题

1. 在我国国家标准《物流术语》的定义中指出：物流是"物品从_____向_____的实体流动过程。根据实际需要，将运输、储存、装卸、搬运、包装、流通加工、配送、信息处理等基本功能实施有机结合。"
2. 物流系统规划与设计按照物流系统模型结构形式分为_____、_____、_____和_____。
3. 物流系统的设计方法主要是指_____的建模方法，一般包括_____、_____、_____和_____。

二、多项选择题

1. 物流系统中的包装功能主要有（　　）。
   A. 保护产品　　　　　　　　B. 方便运输
   C. 促进销售　　　　　　　　D. 广告宣传
2. 物流系统按行业分类有（　　）。
   A. 企业物流系统　　　　　　B. 工业物流系统
   C. 商业物流系统　　　　　　D. 社会物流系统
3. 物流系统是由运输、仓储（　　）等各环节组成，这些环节也称之为物流的子系统。
   A. 装卸搬运　　B. 配送　　　C. 流通加工
   D. 物流信息　　E. 物流成本管理
4. 物流系统的常用技术有（　　）。
   A. 基础工业工程技术　　　　B. 建模与仿真技术
   C. 系统最优化技术　　　　　D. 分解协调技术
   E. 网络技术

三、名词解释

物流；物流系统；物流系统规划

四、简答题

1. 物流系统的基本模式是什么？
2. 物流系统的战略规划是什么？
3. 物流系统的优化分析方法有哪些？

部分复习思考题参考答案

一、填空题

1. 供应地　接收地
2. 实物模型　图式模型　模拟模型　数学模型
3. 物流系统　优化方法　计算机仿真方法　启发式方法和IDEF流程图分析法

二、多项选择题

1. ABC　2. ABC　3. ABCD　4. ABCDE

三、名词解释（略）

四、简答题（略）

第2章

物流节点系统规划与设计

本章要点
- 物流节点选址规划的目标；
- 物流节点选址问题分类；
- 物流节点选址的方法；
- 物流决策的影响因素；
- 选址问题早期研究的主要理论；
- 选址的技术与方法。

 开篇案例

银川市物流节点的选址

采用定性与定量结合的方法对银川市物流节点进行选址。首先依据选址原则和经验进行初步选址，然后利用层次分析法对初选方法进行评选，得出最终的选址方案。

根据银川市工业发展和流通业发展的市场需要，综合考虑交通、用地、原有仓储设施等条件，初步选定四个有建设条件的物流园，即河东航空物流园选址与布局规划物流港、兴庆物流园、站前物流园、西夏物流园。河东航空物流港位于河东机场附近，在银川市以东18.7 km处，距银川火车站35 km。河东机场是银川市唯一的民用机场，目前已开通16条航线，2003年的货邮吞吐量为5 391 t，预计2010年可达1.6亿t，2020年可达4.8亿t。西侧有河东能源重化工基地。

兴庆物流园位于兴庆区东南角，清河街和丽景街之间，景明路以南，南环高速路以北。兴庆区地处银川市商贸中心，商流、人流、物流、信息流、资金流等城市资源皆汇聚于此，是商贸物流的黄金地带。丽景街、清和街之间，店铺林立，商贾云集，人气旺，商气浓。站前物流园位于银川火车站东北角，附近有大片的发展用地，并且附近有金凤区粮库、银川肉联厂等单位。西夏物流园位于黄河西路以南，南环高速路以北，丽子园南街以西，文昌南街以东。西夏区是自治区仓储最集中的地区，木材市场年吞吐量占全区到货量的

80%，钢材年吞吐量占全区到货量的60%，境内还有30多条铁路专用线与各大仓库、企业相通，公路交通四通八达，物流十分便捷，这些都为开发市场提供了得天独厚的条件。

在此基础上，利用层次分析法（AHP法），对初步选定的物流园区进行评判。层次分析法是一种定性与定量相结合的多目标决策分析方法，特别是用决策者的经验判断给予量化，在目标（因素）结构复杂且缺乏必要数据的情况下更为实用。

（资料来源：http：//wenku.baidu.com/link？url=YowUWOgY5wENODiQjhuB7PdyTTAX-lEnRutZzp5mBZa-Ilxaewnm8HV2bVnjAI2ASwmcQvKbE_5VYQLZEjfJXml_1KkOZ3ZlGlh-v9gt1AO. 2012-02-08）

2.1 物流节点系统概论

在物流节点系统规划与设计中，物流节点的选址是一个重要的决策问题，它决定了整个物流网络的模式、结构和形状。物流节点的选址决策就是确定整个物流系统中所需的定点数量、它们的地理位置，以及服务对象分配方案。

在单个企业的物流网络系统中，一方面，物流节点的选址决策影响整个企业物流系统的结构和系统中其他要素的决策，如库存、运输等；另一方面，系统中其他要素的决策也会影响物流节点的选址决策。因此，节点的选址与库存、运输成本之间存在着密切的关系。

而在整个供应链系统中，一个企业的物流系统的选址决策往往要受到供应链中其他企业的影响，供应链系统中核心企业的选址决策会影响到所有供应商的物流系统的选址决策。如Dell在厦门建立一家新的计算机生产厂，那么，Dell的供应商或物流服务商就必须在工厂附近建立配送中心，以满足Dell准时生产的要求。同样，很多厂商在选址时，会考虑在零配件产业集群的地方建厂，以减少采购成本。

一个物流系统中，物流中间节点的数量增加，可以提高服务及时率，减少缺货率，但同时，往往会增加库存量与库存成本。因此，在规划与设计中，尽量减少物流中间节点的数量，扩大物流中间节点的规模是降低库存成本的一个重要措施。在物流园区、物流中心规划中采用集约化设计，可以实现大规模配送，降低成本。同样，在规划与设计中，物流节点的数量与运输成本之间也形成制约关系，随着物流节点的数量增加，可以减少运输距离、降低运输成本，但是，物流节点数量增加到一定程度时，由于单个订单的数量过小，增加了运输频率，并且达不到运输批量，从而造成运输成本大幅上涨。因此，确定合适的物流节点数量，也是节点系统规划与设计的主要任务之一。

2.1.1 物流节点选址规划的目标

1. 成本最优化

成本最优化是物流节点选址决策中最常用的目标，与物流节点选址规划有关的成本主要有运输成本与设施成本。

1）运输成本

运输成本取决于运输数量、运输距离与运输单价。运输数量如果没有达到运输批量，就不能形成规模经济，从而会影响到总的运输成本。当物流节点的位置设计合理时，总的运输距离就小，运输成本就会下降。而运输单价取决于运输方式与运输批量，与物流节点所在地的交通运输条件和顾客所在地的交通运输条件直接有关。

2）设施成本

与设施相关的成本包括固定成本、存储成本与搬运成本。固定成本是指那些不随设施的经营活动水平改变的成本。如设施建造成本，税金、租金、监管费和折旧费都属于固定成本。设施建造成本与土地成本有关，取得土地使用权的费用与物流节点选择的地点直接相关，即使采用租赁经营方式，土地成本也会在租金中体现出来。

存储成本是指那些随设施内货物数量变化而改变的成本。也就是说，如果某项成本随设施中保有的库存水平增加或减少，该项成本就可以归为存储成本。典型的存储成本有仓储损耗、某些公用事业费、库存占用的资金费用、库存货物的保险费等。

搬运成本是指随着设施吞吐量变化的成本。典型的搬运成本有存取货物的人工成本、某些公共事业费、可变的设备搬运成本等。

2. 服务最优化

与物流节点选址决策直接相关的服务指标主要是送货时间、距离、速度与准时率。一般来说，物流节点与客户的距离越近，则送货速度越快，订货周期也越短，而订货周期越短，准时率也越高。

3. 物流量最大化

物流量是反映物流节点作业能力的指标。而反映物流量的主要指标是吞吐量和周转量，从投资物流节点来看，这两个指标用来测量物流节点的利用率，物流量越大，效益越高。如港口经营管理中，需要不断挖掘潜力，提高港口吞吐量。但从整个物流系统来看，吞吐量与周转量无法适应现代物流的多品种、小批量、高频度的趋势，如物流节点与顾客距离越远，则周转量越大，费用也越高。即如以吨公里最大为决策目标时，物流节点选址是与客户的距离越远越好，这显然违背设置物流节点的根本目的。因此，在物流节点选址决策中，是在成本最优化的前提下，考虑物流量最大化。

4. 服务最优化

与物流节点选址决策直接相关的服务指标主要是送货时间、距离、速度与准时率。一般来说，物流节点与客户的距离越近，则送货速度越快，订货周期也越短，而订货期越短，准时率也越高。

5. 发展潜力最大化

由于物流节点投资大、服务时间长，因此，在选址时不仅要考虑在现有条件下的成本、服务等目标，还要考虑将来发展的潜力，包括物流节点生产扩展的可行性及顾客需求增长的潜力。

6. 综合评价目标

在物流节点选址决策中，仅仅从成本、服务、物流量与发展潜力单一目标考虑可能还不能满足物流系统经营的需要，这时，需要采用多目标决策的方法来综合评价。

2.1.2　物流节点选址问题分类

在物流节点选址决策时，需要建立选址模型进行分析，而要建立选址模型，需要首先确定以下几个问题：

- 选址的对象是什么？

- 选址的目标区是怎样的？
- 选址目标和成本函数是什么？
- 有什么样的一些约束条件？

根据以上这些不同的问题，选址模型可以分为相应的类型，根据不同的选址问题类型建立不同的数学类型，进而可以选择相应的算法进行模型求解。这样，就可以得到该选址问题的方案。

一般地，可将选址问题按下面几种方法分类。

1. 按设施对象划分

不同的物流设施其功能不同，选址时所考虑的因素也不相同。在决定设施定位的因素中，通常某一个因素会比其他因素更重要。

在工厂和仓库选址中，最重要的因素通常是经济因素；零售网点选址时，一般最重要的因素是零售服务的顾客的消费偏爱；服务设施（如医院、银行）选址时，到达的容易程度则可能是首要的选址要素，在收入和成本难以确定时，尤其如此。在地点带来的收入起决定性作用的选址问题中，地点带来的收入减去场地成本就得到该地点的盈利能力。

2. 按设施的数量划分

根据选址设施的数量，可以将选址问题分为单一设施选址问题和多设施选址问题。单一设施的选址与同时对多个设施选址是截然不同的两个问题，单一设施选址无须考虑竞争力、设施之间需求的分配、集中库存的效果、设施成本与数量之间的关系等，而运输成本是要考虑的首要因素。

单一设施选址是以上两类选址问题中较为简单的一类。

3. 按选址的离散程度划分

按照选址目标区域的特征，选址问题分为连续选址和离散选址两类。

连续选址问题是指在一个连续空间内所有点都是可选方案，要求从数量无限的点中选择其中一个最优的点。这种方法称为连续选址法（Continuous Location Methods），常应用于设施的初步定位问题。

离散选址问题是指目标选址区域是一个离散的候选位置。候选位置的数量通常是有限的，可能事先已经过了合理分析和筛选。这种模型是较切合实际的，称为离散选址法（Discrete Location Methods），常应用于设施的详细选址设计问题。

4. 按目标函数划分

按照选址问题所追求的目标和要求不同，模型的目标函数可分为以下几种。

1) 可行点（Feasible Solution）和最优点（Optimal Solution）

对于许多选址问题来说，首要的目标是得到一个可行的解决方案，即一个满足所有约束条件的解决方案。可行方案得到以后，第二步的目标是找到一个更好的解决方案。

2) 中值问题（Median Problem）

在区域中选择（若干个）设施位置，使得该位置离需求点到最近设施的距离（或成本）的"合计"距离最小。这种目标通常在企业问题中应用，所以也称为"经济效益性"（Economic Efficiency）。这类问题是 minimum 问题，它的目标函数通常写成如下形式：

$$\min_X \left\{ \sum_j D_j(X) \right\}$$

式中：X——新的待定设施的位置坐标；

j——已存在且位置固定的需求点编号；

$D_j(X)$——新设施在X位置时到需求点j的位置（或成本）。

在中值问题中，在数量预先确定的被选中设施位置集合中，选中其中P个设施并指派每个需求点到一个特定的设施，这个问题称为P-Median Problem（P-中值问题）。

3）中心问题（Center Problem）

根据在被选择设施位置离最远需求点的距离（或成本）集合中取最小的原则，在区域中选择设施的位置的方法称为中心问题。中心问题的目标由已存在设施的单个成本（或距离）最大的部分组成。目标是优化最坏的情况，这种目标通常在军队、紧急情况和公共部门中使用，它追求的是"经济平衡性"（Economic Equity）。

由于中心问题的目标函数可以表示为：

$$\min_X \{\max_j D_j(X)\}$$

式中：X——新的待定设施的位置；

j——需求点编号；

$D_j(X)$——新设施在X位置时到需求点j的距离（或成本）。

因此，中心问题也称为min-max问题。

4）反中心问题（anti-Center Problem）

根据在一定区域内使得被选择设施位置离最近需求点的距离（或成本）集合中取最大的原则，在该区域中选择设施的位置的方法称为反中心问题。反中心问题的目标由已存在设施的成本（或距离）最小的个体组成。目标也是优化最坏的情况，这种目标通常在有害设施（例如废水处理厂、垃圾回收站等）选址中使用，它是max-min型的目标函数。反中心问题的目标函数通常写成如下形式：

$$\max_X \{\min_j D_j(X)\}$$

式中：X——新的待定设施的位置；

j——需求地编号；

$D_j(X)$——新设施在X位置时到需求点j的距离（或成本）。

5）单纯选址问题（Pure Location Problem）和选址分配问题（Location Allocation Problem）

如果新设施和已存在设施间的关系与新设施的位置无关，而且是固定的，则选址问题成为单纯选址问题，也称为有固定权重的选址问题。

如果新设施和已存在设施间的关系与新设施的位置相关，那么，这些关系本身就成为变量，这种问题被称作"选址分配问题"。例如，配送中心的客户分配问题，添加一个新的配送中心不仅改变了原配送中心的客户分配，同时也改变了配送中心到客户的距离。

5. 按能力约束划分

根据选址问题的约束种类，可以分为有能力约束的选址问题和无能力约束的选址问题，如果新设施的能力可充分满足客户的需求，那么，选址问题就是无能力约束的设施选址问题，无能力约束的设施选址问题有时也称为"单纯设施配置问题"；反之，若新设施的能力不能充分满足客户的需求，具有满足需求的上限，就是有能力约束的选址问题。

2.1.3 物流节点选址的方法

物流节点选址的方法大体上有以下几类。

1. 专家评估法

专家评估法是以专家为索取信息的对象，运用专家的知识和经验，考虑选址对象的社会环境和客观背景，直观地对选址对象进行综合分析研究，寻求其特性和发展规律并进行评估选择的一类选址方法。

专家评估法中最常用的有因素评分法、德尔菲法、模糊综合评价法与层次分析法等。关于专家评估法的一些方法与内容在第11章"物流系统评价与方案选择"里详细介绍。

2. 模拟计算法

模拟计算法是将实际问题用数学方法和逻辑关系表示出来，然后通过模拟计算及逻辑推理确定最佳布局方案。这种方法的优点是比较简单，缺点是选用这种方法进行选址时，分析者必须提供预定的各种网点组合方案以供分析评价，从中找出最佳组合。因此，决策的效果依赖于分析者预订的组合方案是否接近最佳方案。

该法是针对模型的求解而言的，是一种逐次逼近的方法。对这种方法进行反复判断、实践修正，直到满意为止。该方法的优点是模型简单，需要进行方案组合的个数少，因而，容易寻求最佳的答案。缺点是这种方法得出的答案很难保证是最优化的，一般情况下只能得到满意的近似解。

3. 精确法

精确法是通过数学模型进行物流网点布局的方法。采用这种方法首先根据问题的特征、已知条件及内在的联系建立数学模型或者是图论模型，然后对模型求解，获得最佳布局方案。采用这种方法的优点是能够得到较为精确的最优解，缺点是对一些复杂问题建立恰当的模型比较困难，因而在实际应用中受到很大的限制。

精确法中最常用的有重心法和线性规划法。

4. 启发法

启发法（Heuristic Methods）是指可以有助于减少求解平均时间的任何原理或概念，也可以是用启发法表示为指导问题迅速解决的经验原则。当经验原则运用在选址问题上时，这类有助于加快求解过程的经验可迅速从大量备选方案中找出好的解决方案。虽然启发法不能保证找到的解一定是最优解，但由于使用该方法带来合理的计算时间和内存空间要求，可以很好地表现实际情况，可以得到满意解。

2.1.4 选址决策的影响因素

选址方案的确定是运输和库存决策的前提。在实际选址决策中，不仅要考虑每个选址方案引起运输成本和库存成本的变化，而且还要考虑多方面的因素。这些因素可分为外部因素和内部因素两大类。内部因素主要包括企业发展战略、产品或服务的特征等，外部因素主要包括宏观政治及经济因素、环境和基础设施、产业的集聚状态与需求的变化趋势、竞争对手的发展等。

1. 选址决策的内部因素

选址决策中内部因素非常重要，选址决策时要使选择的方案与企业发展战略相适应，与生产产品或提供服务的特征相匹配。例如，对于制造业企业，发展实用性产品还是创新性产品，这是企业通过对内外环境和自身优势与劣势进行综合分析后得到的企业长远发展战略。如果选择发展实用性产品，由于需求稳定而量大、产品生命周期长、利润率低，低成本运营是企业发展战略，因此在选址时必然会选择生产成本低的地区建立物流设施。而选择创新性产品，因为这类产品需求的不确定性，需要建立快速反应的物流系统，所以在选址时会考虑地价较高、交通灵活发达的地方建立配送中心，而这些地方往往成本较高。从商业及服务业来说，选择连锁便利店还是超市的发展，会有不同的物流网络的设计。选择连锁便利店，则必须选择一些人口密集区域、成本较高、面积需求较小的地区。而选择超市，则会选择人口不是非常密集，可以提供大面积的地方。

2. 选址决策的外部因素

1）宏观政治及经济因素

宏观政治因素主要考虑候选地的国家长远发展战略，分析该国家政权是否稳定、法制是否健全、是否存在贸易禁运政策等，宏观政治因素都是一些定性的指标，主要依靠主观评价来确定。

宏观经济因素主要包括税收政策、关税、汇率等，这些都与选址决策直接相关，企业总是会寻求最宽松的经济环境来经营。优惠的税收政策是吸引企业投资的一个重要因素。关税政策引起市场壁垒也是企业选址时考虑的另一重要因素。如果一个国家的关税较高，那么企业或者放弃该国市场，或者选择在该国建厂以规避高额的关税。汇率的变化也会影响选址决策。

2）基础设施及环境

基础设施因素主要包括现有物流基础设施、通信设施的可利用性、交通运输情况与运输费率；在企业运行中，物流成本往往要超过制造成本，而一个良好、快捷的基础交通设施对于降低物流成本起到重要作用。同样，通信设施的质量、成本对于选址决策影响很大，因为信息流的通畅快速对于降低需求的扭曲、降低库存成本都有重要意义。

而环境因素主要考虑自然环境与社会环境，如城市与区域发展的总体规划情况，原材料、燃料、动力、土地、自然条件等生产要素的供应情况，劳动力的供应数量与素质，以及劳动力的成本、产品销售市场或服务对象分布情况、产业的集聚状态，是否具有建立长期生产协作关系的条件，是否有过度集聚等。

3）竞争对手发展情况

在选址决策中必须考虑到竞争对手的布局情况，根据企业产品或服务的自身特征，来决定是靠近竞争对手还是远离竞争对手。

2.2　选址问题早期研究的主要理论

与选址决策有关的早期研究理论主要由土地经济学家与区域地理学家提出，主要有区位论（Location Theory），如杜能（Johann Heinrich von ThÜnen）的农业生产布局的农业区位论、韦伯（Alfred Weber）的工业生产布局的工业区位论及克里斯塔勒（Walter Christaller）关于城市规划布局的中心地理论等。在这些早期研究理论中，运输成本在选址决策中起到重要作用。尽管大多数研究是农业社会与早期工业社会条件下进行的，但他们所提出的许多概念对现实的选址工作仍然有指导意义。

2.2.1 杜能的地租曲线

杜能通过对农业生产布局合理化的研究认为，任何经济开发活动能够支付的最高地租是产品在市场内的价格与产品运输到市场的成本之差。各种经济活动是根据其支付地租的能力分布在市场周围。在农业经济中，各种农业生产活动可能按图 2-1 所示的方式从市场向外布局。杜能的这一观点在现在的布局设计中仍然有用，在我们周围，你会发现同样的现象——围绕城市中心地环形分布着零售商业、居住、工业生产制造和农业区。那些能够支付最高地租的经济活动将分布在距离城市中心最近的地区，以及主要运输枢纽的周边地带。

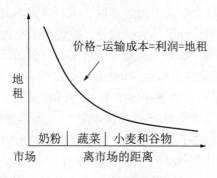

图 2-1 杜能的地租曲线

2.2.2 韦伯的工业分类

工业区位论的奠基人韦伯认识到原材料运输在生产过程中所起的作用及其对选址的影响。韦伯发现，有些生产过程是失重（Weight Losing）的（例如炼钢），即原材料的重量之和大于成品的重量。由于生产过程中产生低价值的副产品，重量损失了，因此，为了避免将副产品运到市场，这些生产过程趋向于接近原材料产地，以使运输成本最小。

另外，有些生产过程则是增重的（Weight Gaining）。通常，当普遍存在的要素进入生产过程时会发生这种情况。这些普遍存在的要素包括在任何地方都可以获取的原材料，如空气和水。因此在选址过程中要尽可能缩短这些普遍存在的生产要素的运输距离以使运输成本最小，为此，生产过程就应该尽量靠近市场。罐装软饮料行业大多数以这种方式进行工厂选址，如可口可乐公司，它们将糖浆运到罐装厂，然后与水混合在一起制成成品。这样，罐装生产工厂通常坐落在产品的销售市场区域附近。

除上述两类生产过程以外，还有一些生产过程的原材料与成品的重量相同。装配线生产是这类生产过程的典型代表，在装配生产中，其成品重量是装配所需要的所有零部件重量之和。为此，韦伯认为，这类生产过程既可考虑趋近零部件集聚的产地，也可考虑趋近销售市场。即在零部件产地和销售市场之间的任何地点都可以进行选址，企业的内向运输与外向运输的成本总和都是一样的，但实际上也是有区别的。韦伯只考虑了单一零部件产地与销售市场的情况，由于零部件产地和销售市场不只是一个，因此，需要综合考虑、优化求解，选择一个最佳点。

韦伯理论的中心思想，就是区位因子决定生产场所，将企业吸引到生产费用最小、节约费用最大的地点。韦伯将区位因子分成三类：运费、劳动费、集聚和分散。

1. 运输区位法则

韦伯研究了原料指数（即原料重量与制品单位重量之比）与运费的关系，即指数越小，运费越低，从而得出运输区位法则的一般规律：原料指数>1时，即生产过程是失重的（例如炼钢），生产地多设于原料产地；原料指数<1时，即生产过程是增重的（例如灌装饮料），生产地多设于消费区；原料指数近似为1时，即生产过程原理与产品恒重的（例如零部件装配），生产地设于原料地或消费地皆可。几乎完全根据原料指数确定工业区位。

2. 劳动区位法则

某地由于劳动费低廉，将生产区位从运费最低地点吸引到劳动费用最低的地点。原则上只有当单位产品劳动费节约额大于运费增加额时，工厂才能从运费最小点移向劳动供给地。为了用数学推导这一问题，他设计了等费线理论：以运费最小地点为中心，向外延伸，每吨产品运费增加额相同点的连线为等费线。而运费增加额与劳动节约额等同的相切线为决定等费线，决定区位的改变。如图2-2所示，RM1和RM2为两个原料产地，M为市场。假设RM1和RM2生产的是减重原料（减重率50%），原料和产品每吨运价相等，则环绕RM1和RM2的费用等值圈表示生产1个单位产品（假如为1 t）所需用原料的运费；以M为中心的费用等值圈则表示单位产品运往市场的运费。由于原料是减重的，而产品是纯的，所以环绕RM1和RM2的运费等值圈的间距比环绕M的要密。X点运费为8（RM1的单位运费2+RM2运费4+产品运到M的运费2），将运费支出为8的各点连接起来，就成为8的等费用线。P点是运费最小的点，总支出运费为7。Y点生产1个单位产品，劳动费支出比P点低2个单位，能否将生产地迁至Y，决定于Y点是否在9的运费等费线（即决定等费线）内。如在线内，可将生产地从P点迁至Y点。

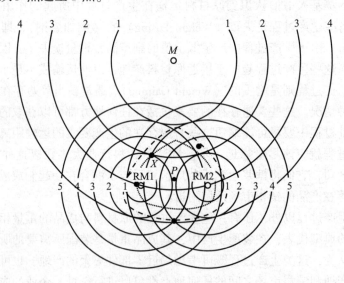

图2-2 韦伯的等费线示意图

3. 集聚（分散）区位法则

分散和集聚是相反方向的吸引力，将工厂从运费最小点引向集聚地区或分散地区。如果集聚（分散）获得的利益大于工业企业从运输费用最小点迁出而增加的运费，企业可以进行集聚或分散移动。具体推算方法也可利用等费线理论。

韦伯的理论至今仍为区域科学和工业布局的基本理论，但在实际应用中有很大局限性。

2.2.3 相关理论

1. 中心地理论

德国地理学家克里斯泰勒（W. Christaller）通过对德国南部城市的深入考察和理论研究，于1933年提出了著名的中心地理论。这一理论是在西欧国家工业化和城市迅速发展的历史背景下产生的，中心内容是论述一定区域内（国家）城镇等级、规模、职能间关系及其空间结构的规律性。诚如作者所言："……为什么城市有大有小？我们相信，城市分布一定有什么安排它的原则在支配着……"为了寻求这个支配城市分布及城市规模等级的规律，他按照演绎推理的特点，从提出假设出发，通过逻辑推理，建立理论和法则。并用实践反复进行检验，因此中心地理论既与当时德国南部城镇的实际分布具有相当程度的吻合性，同时又有抽象的概括力。

2. 区域经济学

经济区域是按人类经济活动的空间分布规律划分的，具有均质性和集聚性，经济结构基本完整，在国民经济体系中发挥特定作用的地域单元。区域经济是一个国家经济的空间系统，是经济区域内部社会经济活动和社会经济关系或联系的总和，是经济区域的实质性内容。

区域经济学是研究经济活动在一定自然区域或行政区域中变化或运动规律及其作用、机制的科学，是经济学与经济地理学相结合的产物。

2.3 物流节点系统规划与设计方法

随着应用数学和计算机技术的发展，选址决策的方法不再只是定性的方法，而更多是定量的方法，通过建立模型来寻求选址决策方案。本节主要讨论较现代的选址技术与方法。

2.3.1 选址问题中的距离计算

选址问题模型中，最基本的一个参数是各个节点之间的距离。已知两节点的坐标，一般采用三种方法来计算节点之间的距离：一种是直线距离，也叫欧几里得距离（Euclidean Metric）；另一种是折线距离（Rectilinear Metric），也叫城市距离（Metropolitan Metric），如图2-3所示。上述两种方法是最常见的方法，还有一种是大圆距离，利用球面三角学（Spherical Trigonometry）计算。

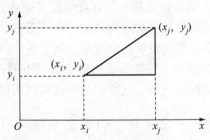

图2-3 直线距离与折线距离

1. 直线距离

当选址区域的范围较大时，网点间的距离常可用直线距离近似代替，或用直线距离乘以一个适当的系数 w 来近似代替实际距离，如城市间的运输距离、大型物流园区间的间隔距离等都可用直线距离来近似计算。

区域内两点 (x_i, y_i) 和 (x_j, y_j) 间的直线距离 d_{ij} 的计算公式为

$$d_{ij} = \beta_{ij}\sqrt{(x_i-x_j)^2+(y_i-y_j)^2} \tag{2-1}$$

其中，β_{ij} 称为迂回系数，$\beta_{ij} \geq 1$，一般可取定一个常数。当 β_{ij} 取 1 时，d_{ij} 为平面上的几何直线距离。β_{ij} 取值的大小要视区域内的交通情况而定：在交通发达地区，β_{ij} 的取值较小；反之，β_{ij} 的取值较大。如在美国大陆，β_{ij} 取 1.2，而在南美洲，β_{ij} 取 1.26。

2. 折线距离

如图 2-3 所示，折线距离也称为城市距离，当选址区域的范围较小而且区域内道路较规则时，可用折线距离代替两点间的距离。如城市间的配送问题，具有直线通道的配送中心、工厂及仓库内的布局、物料搬运设备的顺序移动等问题。

折线距离的计算公式如下：

$$d_{ij} = \beta_{ij}(|x_i-x_j|+|y_i-y_j|) \tag{2-2}$$

3. 大圆距离

由于各种地图制图技术都是将球体映射到平面上，用平面坐标来计算距离可能会产生计算误差，误差的大小取决于地图映射方法及在地图的什么位置计算距离。更好的方法是利用经纬度坐标和大圆距离公式，大圆距离公式不仅能避免平面地图的偏差，而且还考虑了地球的弯曲程度。大圆距离的计算公式如下：

$$d_{AB} = 6371\{\arccos[\sin(\text{LAT}_A)\times\sin(\text{LAT}_B)+\cos(\text{LAT}_A)\times\cos(\text{LAT}_B)\times\cos(|\text{LONG}_A-\text{LONG}_B|)]\} \tag{2-3}$$

式中：d_{AB}——点 A 到点 B 之间的大圆距离（公里）；

LAT_A——点 A 的纬度（弧度，即角度乘以 $\pi/180$）；

LONG_A——点 A 的经度（弧度）；

LAT_B——点 B 的纬度（弧度）；

LONG_B——点 B 的经度（弧度）。

2.3.2 单物流节点选址模型

在展开讨论选址决策模型之前，先通过介绍一个较为简单的实例来理解物流节点的选址问题。例如，在一条直线上（街道）选择一个有效位置（商店），即一种设施选址，为了能让在这条街上的所有顾客到达商店的平均距离最短，在不考虑其他因素的情况下，当然这条大街的中点是最为合理的位置。更为现实的情况是，街上各个位置上可能出现顾客的概率是不一样的，如果需要考虑这个因素，那就需要给整条街的不同位置加上一个权重 w_i 进行分析。在权重等外部条件都确定的情况下，这个中值问题可以用以下目标函数来表示：

$$\min Z = \sum_{i=0}^{s} w_i(s-x_i) + \sum_{i=s}^{n} w_i(x_i-s) \tag{2-4}$$

或

$$\min Z = \int_0^s w(x)(s-x)\,dx + \int_s^L w(x)(x-s)\,dx \tag{2-5}$$

式中：w_i——街道上第 i 个位置出现顾客的频率；
　　　x_i——街道上第 i 个位置到所选地址的距离；
　　　s——选址的位置。

式（2-4）适用于离散模型，而式（2-5）适用于连续模型。

上述模型求解是无约束的极值问题，因此求解时，需先对等式两边求微分。然后再令其为微分值为零。结果如下：

$$\frac{\mathrm{d}Z}{\mathrm{d}s} = \sum_{i=0}^{s} w_i - \sum_{i=s}^{n} w_i = 0$$

或
$$\frac{\mathrm{d}Z}{\mathrm{d}s} = \int_0^s w(x)\,\mathrm{d}x - \int_s^L w(x)\,\mathrm{d}x = 0 \tag{2-6}$$

上述模型的计算结果说明这样一个规则：求上述中值问题时，所开设的新店面需要设置在权重的中点，即设置点的左右两边的权重和都占50%。

例如，假设在一条直线上，在位置0、2、4和10上有4个点。为每个点服务的成本与这些点到新设施间的距离成比例，并且权重相同。对于中值问题，新设施的最优位置是这些点的中值点，$X^* = 3$，即在新值的左边和右边有同样多的点。实际上，在点2与点4间的线段上包括了无数多个其他中值位置，即选址区域是一条直线。如果最左边点定在-500，而不是在0，最优中值位置不会改变，因此，对于中值问题，固定位置的顺序比它们的实际位置更加重要。

而对于中心问题（min-max 问题），最优位置是这些点的中心点，$X^* = 5$，即新址位置到最左边点和到最右边点的距离是相等的。如果在点2和点4间再增加500个点，最优中心点选址的位置同样不会改变。中心问题的选址是由那些极端位置决定的，而其他内部位置对它不起作用。

对于反中心问题（max-min 问题），在一定区域内（0点与10点之内）的最优位置是这些点的反中心点，$X^* = 7$。即新址位置是相邻点间距离最大的两点的中心。反中心问题的选址是由相邻点间距离最大的两点位置决定的，而其他内部的位置对它不起作用。

图 2-4 是中值点、中心点和反中心点的示意图。

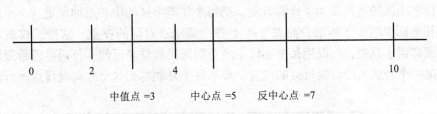

图 2-4　中值点、中心点和反中心点示意图

上面讲述了较为简单的一维的单一物流节点的选址，下面将详细介绍单一物流节点的选址决策中较复杂的模型与方法。

1. 交叉中值模型

交叉中值模型是利用城市距离来计算距离，用来解决连续点选址决策的一种有效的模型。所谓连续点选址，是指在一条路径或一个平面区域里面任何一个位置都可以作为选址问题的候选解。

通过交叉中值的方法可以对单一节点的选址问题在一个平面上的加权的城市距离和进行最小化。其相应的目标函数为：

$$\min H = \sum_{i=1}^{n} w_i (|x_i - x_0| + |y_i - y_0|) \tag{2-7}$$

式中：w_i——与第 i 个需求点对应的权重（如需求量、客户人数或重要性等）；

x_i，y_i——第 i 个需求点的坐标；

x_0，y_0——服务设施点的坐标；

n——需求点的总数目。

特别注意的是，由于是城市距离，这个目标函数可以用两个相互独立的部分来表示：

$$H = \sum_{i=1}^{n} w_i |x_i - x_0| + \sum_{i=1}^{n} w_i |y_i - y_0| = H_x + H_y \tag{2-8}$$

其中：

$$H_x = \sum_{i=1}^{n} w_i |x_i - x_0| \tag{2-9}$$

$$H_y = \sum_{i=1}^{n} w_i |y_i - y_0| \tag{2-10}$$

也就是说，这个选址问题可以分解成 x 轴上的选址决策与 y 轴上的选址决策。求式 (2-7) 的最优解等价于求式 (2-9) 和式 (2-10) 的最小值，跟上面介绍的商店在一条街道上选址的问题一样，选择的是所有可能需要服务对象到目标点的绝对距离总和最小的点，即中值点。这样，这个选址问题分为求 x 轴上的中值点与 y 轴上的中值点，其最优位置为由如下坐标组成的点：

x_0 是在 x 方向的所有权重为 w_i 的中值点；

y_0 是在 y 方向的所有权重为 w_i 的中值点。

考虑到 x_0，y_0 两者可能是唯一值或某一范围的值，最优位置也相应的可能是一个点，或是一条线，或是一个区域。

【例 2-1】 一个速食公司想在一个地区开设一个新的食物提货点，其主要的服务对象是附近 5 个住宅小区的居民。为了计算方便，把每个住宅小区的中心点抽象成这个小区的需求点位置，其坐标如图 2-5 所示，而表 2-1 是各个需求点对应的权重。这里，权重表示每个月潜在的顾客需求总量，可以用每个小区中的总的居民数量来近似。公司经理希望通过这些信息来确定一个合适的冷食提货点的位置，要求每个月顾客到这个冷食提货点所行走的距离总和为最小。

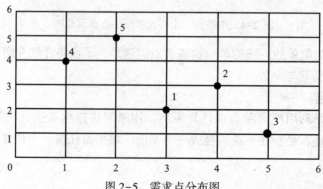

图 2-5 需求点分布图

表 2-1 需求点对应的权重

需求点	x 坐标	y 坐标	权重 w_i
1	3	2	5
2	4	3	2
3	5	1	11
4	1	4	5
5	3	5	9

解：这个选址问题可考虑用交叉中值选址方法解决。首先，需要确定这些需求点的中值，从表 2-1 中可以得到中值 $\overline{W}=(5+2+11+5+9)/2=16$。

从图 2-5 可发现，各需求点在 y 方向从上到下的排序是 5、4、2、1、3。为了找到 y 方向上的中值点 y_0，先从上到下去逐一叠加各个需求点的权重 w_i 直到中值点，然后再从下到上逐一叠加各个需求点的权重 w_i。可以看到，从上往下开始到需求点 2 刚好达到中值点，而从下往上开始到需求点 1 也达到中值点。因此，中值点在 y 方向上 2 与 3 刻度之间的选址都是一样的。

接着寻找在 x 方向上的中值点 x_0，同样从图 2-5 可发现，各需求点在 x 方向从左到右的排序是 4、5、1、2、3。先从左到右计算权重，在考虑 4、5 两个需求点后，权重和为 14，没有达到中值 16，但加上第 1 个需求点的权重 5 后，权重和达到 19，超过了中值 16。那么从左到右的方向看，食物提货点不会超过第一需求点，即在 x 方向上不会大于 3 刻度。同样，再从右到左计算权重，考虑 3、2 两个需求点后，权重和为 13，没有达到中值 16。同样，加上第 1 需求点后，权重达到 18，超过了中值 16。那么从右往左的方向看，食物提货点也不会超过第一需求点。因此，在 x 方向上，只能选择一个有效的中值点：刻度 3 的位置。

综合考虑 x、y 方向的中值点，冷食提货点最后的选址为 A（3，3）、B（3，2）之间线段上的任意一点，如图 2-6 所示。

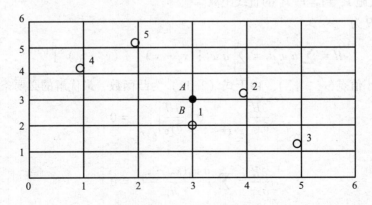

图 2-6 提货点选址的最后方案

2. 精确重心法（重心模型）

上面介绍的交叉中值模型具有其本身的局限性，例如它使用的城市距离，只适合于解决一些小范围的城市内选址问题。接下来要介绍的重心模型，它在计算距离时使用欧几里得距离，即直线距离，它使选址问题变得复杂，但是有着更为广阔的应用范围。

重心模型是选址问题中最常用的一种模型，可解决连续区域直线距离的单点选址问题。

1) 重心模型的基本假设

（1）需求量集中于某一点上。实际上需求来自分散于区域内的多个需求点，市场的重心通常被当作需求的聚集地，而这会导致某些计算误差，因为计算出的运输成本是到需求聚集地，而不是到每个实际的需求点。在实际计算时，需要对需求点进行有效的聚类，减少计算误差。

（2）选址区域不同地点物流节点的建设费用、运营费用相同。模型没有区分在不同地点建设物流节点所需要的投资成本（土地成本等）、经营成本（劳动力成本、库存持有成本、公共事业费等）之间的差别。

（3）运输费用随运输距离成正比增加，呈线性关系。实际上，多数运价是由不随运距变化的固定费用（起步价）和随运距变化的分段可变费率组成的，起步运费和运价分段则扭曲了运价的线性特征。

（4）运输线路为空间直线。实际上这样的情况很少，因为运输总是在一定的公路网络、铁路系统、城市道路网络中进行的。因此，可以在模型中引入迂回系数把直线距离转化为近似的公路、铁路或其他运输网络里程。

2) 问题描述及模型的建立

设有 n 个客户（如：零售便利店）$P_1, P_2, \cdots, P_n$ 分布在平面上，其坐标分别为 (x_i, y_i)，各客户的需求量为 w_i，准备配置一个设施（如配送中心）为这些客户服务，现假设设施 P_0 的位置在 (x_0, y_0) 处，希望确定设施的位置，使总运输费用最小。

记　a_j：设施到客户 P_j 每单位运量、单位距离所需运输费；

　　w_j：客户 P_j 的需求量；

　　d_j：设施 P_0 到客户 P_j 的直线距离。

总运输费 H 为

$$H = \sum_{j=1}^{n} a_j w_j d_j = \sum_{j=1}^{n} a_j w_j \left[(x_0 - x_j)^2 + (y_0 - y_j)^2 \right]^{1/2} \tag{2-11}$$

求 H 的极小值点 (x_0^*, y_0^*)。由于式（2-11）为凸函数，最优解的必要条件为：

$$\left. \frac{\partial H}{\partial x_0} \right|_{x = x^*} = 0, \quad \left. \frac{\partial H}{\partial y_0} \right|_{y = y^*} = 0 \tag{2-12}$$

令

$$\frac{\partial H}{\partial x_0} = \sum_{j=1}^{n} \frac{a_j w_j (x_0 - x_j)}{d_j} = 0$$

$$\frac{\partial H}{\partial y_0} = \sum_{j=1}^{n} \frac{a_j w_j (y_0 - y_j)}{d_j} = 0$$

得

$$x_0^* = \frac{\sum_{j=1}^{n} a_j w_j \frac{x_j}{d_j}}{\sum_{j=1}^{n} a_j \frac{w_j}{d_j}}$$

$$y_0^* = \frac{\sum_{j=1}^{n} a_j w_j \frac{y_j}{d_j}}{\sum_{j=1}^{n} a_j \frac{w_j}{d_j}}$$

上式右端 d_j 中仍含有未知数 x_0、y_0，故不能一次求得显式解，但可以导出关于 x 和 y 的迭代公式：

$$x^{(q+1)} = \frac{\sum_{i \in I} \frac{a_i w_i x_i}{[(x^{(q)} - x_i)^2 + (y^{(q)} - y_i)^2]^{1/2}}}{\sum_{i \in I} \frac{a_i w_i}{[(x^{(q)} - x_i)^2 + (y^{(q)} - y_i)^2]^{1/2}}} \qquad (2-13)$$

$$y^{(q+1)} = \frac{\sum_{i \in I} \frac{a_i w_i y_i}{[(x^{(q)} - x_i)^2 + (y^{(q)} - y_i)^2]^{1/2}}}{\sum_{i \in I} \frac{a_i w_i}{[(x^{(q)} - x_i)^2 + (y^{(q)} - y_i)^2]^{1/2}}} \qquad (2-14)$$

应用上述迭代公式，可采用逐步逼近算法求得最优解，该算法称为不动点算法。

3）算法（单一物流节点选址的不动点算法）

输入：

n 表示客户数；

(x_i, y_i) 表示各客户点的坐标，$i = 1, 2, \cdots, n$；

a_i，w_i 表示各客户点的单位运费和运量，$i = 1, 2, \cdots, n$。

输出：

(x_0^*, y_0^*) 表示设施坐标；

H 表示总运费。

（1）选取一个初始的迭代点 $A(x_0^0, y_0^0)$，如：$x_0^0 = \frac{1}{n} \sum_{j=1}^{n} x_j$，$y_0^0 = \frac{1}{n} \sum_{j=1}^{n} y_j$，然后计算出 A 到各客户点的直线距离 d_j 和费用 H^0；

$$d_j = [(x_0^0 - x_j)^2 + (y_0^0 - y_j)^2]^{1/2},$$

$$H^0 = \sum_{j=1}^{n} a_j w_j d_j \qquad (2-15)$$

（2）令

$$x_0^1 = \frac{\sum_{j=1}^{n} a_j w_j \frac{x_j}{d_j}}{\sum_{j=1}^{n} a_j \frac{w_j}{d_j}},$$

$$y_0^1 = \frac{\sum_{j=1}^{n} a_j w_j \frac{y_j}{d_j}}{\sum_{j=1}^{n} a_j \frac{w_j}{d_j}},$$

$$d_j = [(x_0^1 - x_j)^2 + (y_0^1 - y_j)^2]^{1/2} \tag{2-16}$$

及

$$H^1 = \sum_{j=1}^{n} a_j w_j d_j$$

转 (3)。

(3) 若 $H^0 \leq H^1$,运费已无法减小,输出最优解 (x_0^0, y_0^0) 和 H^0,否则,转 (4)。

(4) 令 $x_0^0 = x_0^1$,$y_0^0 = y_0^1$,$H^0 = H^1$,转 (2)。

【例 2-2】 针对例 2.1 的速食公司提货点选址问题做一个假设,即居民区以外的选址区域可近似看作是一块空地,提货点可建在这个区域任何一点上,这样使用直线距离进行计算是合适的,使用精确重心法来选择一个最优的提货点位置。

解:先从点 (3.5, 2.5) 出发开始进行迭代运算。在这里可采用 Excel 软件计算,如图 2-7 所示。

	A	B	C	D
1	迭代轮次	X坐标	Y坐标	总运输费H
2	0	3.5	2.5	69.10093451
3	1	3.336019	2.519632	68.70487000
4	2	3.264295	2.52727	68.63002269
5	3	3.235754	2.531356	68.61813023
6	4	3.224947	2.53415	68.61633516
7	5	3.220914	2.536105	68.61603760
8	6	3.219399	2.537435	68.61597439
9	7	3.218817	2.538317	68.61595619
10	8	3.218583	2.538894	68.61594973
11	9	3.218484	2.539268	68.61594721
12	10	3.218439	2.539509	68.61594620
13	11	3.218416	2.539663	68.61594579
14	12	3.218404	2.539762	68.61594562
15	13	3.218397	2.539826	68.61594555
16	14	3.218393	2.539867	68.61594552
17	15	3.218391	2.539893	68.61594551

图 2-7 用 Excel 迭代计算结果

计算时,先在 B2 与 C2 单元格输入迭代初始点的坐标,可以是任何与需求点的坐标值不相同的值,如 (3.5, 2.5),然后,在 D2 单元格中按式 (2-15) 设置 H,公式为:=SQRT(POWER((3-B2),2)+POWER(2-C2,2))*5+SQRT(POWER((4-B2),2)+POWER(3-C2,2))*2+SQRT(POWER((5-B2),2)+POWER(1-C2,2))*11+SQRT(POWER((1-B2),2)+POWER(4-C2,2))*5+ SQRT(POWER((2-B2),2)+POWER(5-C2,2))*9;

在 B3 单元格中按式 (2-16) 设置 X,公式为:=(5*3/ SQRT(POWER((3-B2),2)+

POWER(2-C2,2))+2*4/SQRT(POWER((4-B2),2)+POWER(3-C2,2))+11*5/SQRT(POWER((5-B2),2)+POWER(1-C2,2))+5*1/SQRT(POWER((1-B2),2)+POWER(4-C2,2))+9*2/SQRT(POWER((2-B2),2)+POWER(5-C2,2)))/(5/SQRT(POWER((3-B2),2)+POWER(2-C2,2))+2/SQRT(POWER((4-B2),2)+POWER(3-C2,2))+11/SQRT(POWER((5-B2),2)+POWER(1-C2,2))+5/SQRT(POWER((1-B2),2)+POWER(4-C2,2))+9/SQRT(POWER((2-B2),2)+POWER(5-C2,2)))

在C3单元格中按式(2-16)设置公式Y，公式为：=(5*2/SQRT(POWER((3-B2),2)+POWER(2-C2,2))+2*3/SQRT(POWER((4-B2),2)+POWER(3-C2,2))+11*1/SQRT(POWER((5-B2),2)+POWER(1-C2,2))+5*4/SQRT(POWER((1-B2),2)+POWER(4-C2,2))+9*5/SQRT(POWER((2-B2),2)+POWER(5-C2,2)))/(5/SQRT(POWER((3-B2),2)+POWER(2-C2,2))+2/SQRT(POWER((4-B2),2)+POWER(3-C2,2))+11/SQRT(POWER((5-B2),2)+POWER(1-C2,2))+5/SQRT(POWER((1-B2),2)+POWER(4-C2,2))+9/SQRT(POWER((2-B2),2)+POWER(5-C2,2)))

其他单元格按列进行公式复制，即可进行迭代计算，如图2-7所示进行了15次迭代计算后，确认最优的提货点位置坐标是(3.218, 2.540)。

2.3.3 多物流节点选址模型

对于大多数物流系统规划工作，其面临的问题往往是在规划区域范围内，需要同时确定两个或更多个设施的选址，由于不能将这些设施看成是经济活动上相互独立的，而且可能存在相当多的选址布局方式，寻求最优解比较困难，因此问题也十分复杂。虽然问题更加复杂，但更加接近于实际情况，多物流节点选址问题在实际规划工作中更普遍。

多物流节点选址决策问题一般可归纳为以下几个相互联系的基本的规划问题：
- 如何组织货流？各个物流节点的关系如何？运输线与各物流节点的关系怎样？
- 网络中应该设几个物流节点？处于什么位置？
- 物流节点服务于哪些顾客或市场区域？规模多大？具有哪些功能？

1. 多重心法（多重心模型）

对于上述重心模型，如果用一个物流节点数量不能满足规模区域内全部服务对象的服务需求，则需要设立多个物流节点。多重心法通过分组后再运用精确重心法来确定多个物流节点的位置与服务分派方案。多重心法的算法思想如下。

1）初步分组

确定分组原则，将需求点按照一定原则分成若干个群组，使分群组数等于拟设立的物流节点数量。每个群组由一个物流节点负责。确立初步分配方案。这样，形成多个单一物流节点选址问题。

2）选址计算

针对每一个群组的单一物流节点选址问题，运用精确重心法确定该群组新的物流节点的位置。

3）调整分组

对每个需求点分别计算到所有物流节点的运输费用，并将计算结果列表，将每个需求点调整到运输费用最低的那个物流节点，这样就形成新的分配方案。

4）重复2），直到群组成员无变化为止

此时的物流节点分配方案为最佳分配方案，物流节点的位置是最佳地址。

【例2-3】 某公司计划建立两个药品配送点向10个药品连锁店送货，各药品连锁店的地址坐标和药品每日需求如表2-2所示，运价均为1，试确定这两个药品配送点的地址，使送货运输费用最低。

表2-2 药品连锁店地址坐标与需求量

连锁店号 j	1	2	3	4	5	6	7	8	9	10
X_j	70	95	80	20	40	10	40	75	10	90
Y_j	70	50	20	60	10	50	60	90	30	40
需求量	8	10	6	5	7	8	12	5	11	9

解：①将10家药品连锁店分成两组。初步分为 {1, 2, 3, 4, 5} 和 {6, 7, 8, 9, 10} 两组，每一组由一个配送点负责送货。

②按精确重心法进行迭代计算，求出两个配送点的地址坐标为：(P_1, Q_1) = (74.342, 46.147)，(P_2, Q_2) = (40, 60)。

③计算各药品连锁店到这两个配送点的送货运输费用，计算结果如表2-3所示。考察表2-3，按运输费用最低的节点送货原则重新分组，调整后的分组情况为：{1, 2, 3, 5, 8, 10} 和 {4, 6, 7, 9}。

表2-3 第一次迭代的选址分配方案及运输费用

连锁店号 j	X_j	Y_j	需求量	到 (P_1, Q_1) 的运输费用	到 (P_2, Q_2) 的运输费用
1	70	70	8	193.9598	252.9822
2	95	50	10	210.1425	559.017
3	80	20	6	160.513	339.4113
4	20	60	5	280.3997	100
5	40	10	7	349.0171	350
6	10	50	8	515.6581	252.9822
7	40	60	12	444.3693	0
8	75	90	5	219.2897	230.4886
9	10	30	11	729.7087	466.6905
10	90	40	9	151.3924	484.6648

④按第一次迭代后的分配方案进行重新选址，还是应用精确重心法进行迭代计算，求出两个配送点新的地址坐标为：(P_1, Q_1) = (87.144, 44.292)，(P_2, Q_2) = (17.676, 49.679)。

⑤再次计算各药品连锁店到这两个配送点的送货运输费用，计算结果如表2-4所示。

考察表 2-4，重新调整后的分组情况为：{1, 2, 3, 8, 10} 和 {4, 5, 6, 7, 9}。

表 2-4 第二次迭代的选址分配方案及运输费用

连锁店号 j	X_j	Y_j	需求量	到 (P_1, Q_1) 的运输费用	到 (P_2, Q_2) 的运输费用
1	70	70	8	247.201	449.0519
2	95	50	10	97.10716	773.2467
3	80	20	6	151.9242	414.1793
4	20	60	5	344.7846	52.89707
5	40	10	7	408.0765	318.6949
6	10	50	8	618.8391	61.46167
7	40	60	12	596.3044	295.1327
8	75	90	5	236.4687	350.422
9	10	30	11	863.024	232.3538
10	90	40	9	46.39847	656.7191

⑥按第二次迭代后的分配方案进行重新选址，经过迭代计算后，求出两个配送点的地址坐标为 $(P_1, Q_1) = (90.063, 47.843)$，$(P_2, Q_2) = (19.906, 45.474)$。

⑦计算各药品连锁店到这两个配送点的送货运输费用，计算结果如表 2-5 所示。考察表 2-5，发现分组情况不变，仍然为：{1, 2, 3, 8, 10} 和 {4, 5, 6, 7, 9}。因此，这一物流服务分配方案为最佳方案。

表 2-5 第三次迭代的选址分配方案及运输费用

连锁店号 j	X_j	Y_j	需求量	到 (P_1, Q_1) 的运输费用	到 (P_2, Q_2) 的运输费用
1	70	70	8	239.126	446.2059
2	95	50	10	53.87636	752.3027
3	80	20	6	177.6341	391.6219
4	20	60	5	355.5495	72.63152
5	40	10	7	439.2965	285.3883
6	10	50	8	640.7364	87.12786
7	40	60	12	618.2151	297.5355
8	75	90	5	223.8362	354.1862
9	10	30	11	902.2989	202.1049
10	90	40	9	70.58928	632.7668

在此方案下，总的最低送货运输费用为 1709.85，第一个配送点的地址坐标为 $(P_1, Q_1) = (90.063, 47.843)$，主要对 1、2、3、8、10 号药品连锁店提供服务；第二个配送点的地址坐

标为 (P_2, Q_2) = (19.906, 45.474)，主要对4、5、6、7、9号药品连锁店提供服务。

2. 覆盖模型

覆盖模型是一类离散点选址模型。所谓离散点选址，是指在有限的候选位置里，选取最为合适的若干个设施位置为最优方案，它与连续点选址模型的区别是：离散点选址模型所拥有的候选方案只有有限个元素，在规划设计中，需要对这几个有限的位置排列组合进行分析。

所有覆盖模型，是指当设施的服务半径一定时，对于需求已知的一些需求点，如何确定一组服务设施来满足这些需求点的需求。在这个模型中，需要确定服务设施的最小数量和合适的位置。该模型适用于商业物流系统，如零售点的选址、加油站的选址、配送中心的选址等；公用事业系统，如急救中心、消防中心等；计算机等通信系统，如有限电视网的基站、无线通信网络基站、计算机网络中的集线器设置等。

根据解决问题的方法不同，覆盖模型常用的有两类主要模型：集合覆盖模型（Set Covering Location），即用最小数量的设施去覆盖所有的需求点，如图 2-8 所示；最大覆盖模型（Maximum Covering Location），即在给定数量的设施下，覆盖尽可能多的需求点，如图 2-9 所示。

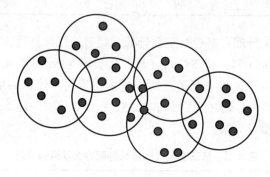

图 2-8 集合覆盖模型

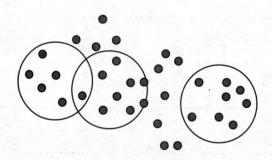

图 2-9 最大覆盖模型

这两类模型的区别是：集合覆盖模型要满足所有需求点的需求，而最大覆盖模型则指覆盖有限的需求点，两种模型的应用情况取决于服务设施的资源充足与否。

1) **集合覆盖模型**

集合覆盖模型的目标是用尽可能少的设施去覆盖所有的需求点，其数学模型表述如下：

$$\min \sum_{j \in N} x_j \tag{2-17}$$

$$\text{s.t.} \quad \sum_{j \in B(i)} y_{ij} = 1, \quad i \in N \tag{2-18}$$

$$\sum_{j \in A(i)} d_i y_{ij} \leq C_j x_j, \quad j \in N \tag{2-19}$$

$$y_{ij} \geq 0, \quad i, j \in N \tag{2-20}$$

$$x_j \in \{0, 1\} \tag{2-21}$$

式中：N——n 个需求点集合；

d_i——第 i 个需求点需求量；

C_j——设施节点 j 的容量；

$A(j)$——设施节点 j 所覆盖的需求点的集合；

$B(i)$——可以覆盖需求点 i 的设施的集合；

y_{ij}——节点 i 需求中被分配给设施节点 j 服务的部分，$y_{ij} \leq 1$；

x_j——节点 j 是否被选中成为设施，如果选中则为 1，未被选中则为 0。

式 (2-17) 是目标函数，被选为设施的节点数最小化。式 (2-18) 保证每个需求点的需求都得到完全满足，式 (2-19) 是对每个设施的服务能力的限制，式 (2-20) 允许一个设施为某个需求点提供部分需求。x_j 和 y_{ij} 是决策变量，表明哪些节点选为设施节点，并且分配方案如何。这是一个混合型的 0-1 整数规划问题。

对于此类带有约束条件的极值问题，有两大类方法可以进行求解。一是应用分支定界求解的方法，能够找到小规模问题的最优解，但只适用于小规模问题的求解。在求解中，可用后面介绍的 LINGO 软件求解。二是启发式方法，所得到的结果不能保证是最优解，但是可以得到较满意的可行解，对于大问题的分析与求解，应用启发式算法可以显著减少运算量。

下面用一报刊配送站选址问题的例子介绍一种启发性算法。

【例 2-4】 一家自营销售的新闻集团公司为了提高服务质量，准备在某城区的一些居民小区中设立报刊配送站，以便快速递送报刊并兼营其他日用品配送。该地区的居民小区分布情况和相对距离如图 2-10 所示，距离以车辆行驶时间表示（单位：min），新闻集团公司需要确定在 15min 之内到达任何一个居民小区的情况下，要设多少个报刊配送站，以及它们的位置。

解：①由于不考虑配送站的服务能力限制，模型中式 (2-19) 可能省略，只需考虑覆盖的距离。首先，根据约束条件服务距离≤15min 的要求，找出每一个备选地（居民小区）所服务的小区集合 $A(j)$ 和可以给每一个居民小区提供服务的备选地集合 $B(i)$，如在 1 号小区建配送站，其能服务的小区集合 $A(1)$ 是 {1, 2}。同样，如果在 1 号小区建配送站能覆盖到 1 号小区，在 2 号小区建配送站也能覆盖到 1 号小区，其他小区建配送站都不能覆盖到 1 号小区，因此能为 1 号小区提供服务的备选地集合 $B(1)$ 是 {1, 2}，其他结果如表 2-6 所示。一般来说，这两个集合是一致的，但是如果加一些限制条件（如某个小区不能建配送站），那有可能会出现差异。

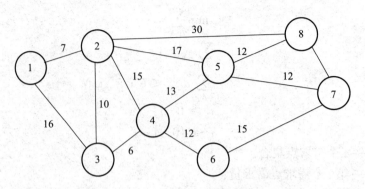

图 2-10 分布情况和相对距离图

表 2-6 备选地服务范围表

居民小区编号	$A(j)$	$B(i)$
1	1, 2	1, 2
2	1, 2, 3, 4	1, 2, 3, 4
3	2, 3, 4	2, 3, 4
4	2, 3, 4, 5, 6,	2, 3, 4, 5, 6
5	4, 5, 7, 8	4, 5, 7, 8
6	4, 6, 7	4, 6, 7
7	5, 6, 7, 8	5, 6, 7, 8
8	5, 7, 8	5, 7, 8

②根据表2-6，在$A(j)$中找出可以成为其他居民小区服务范围的子集，将其省去，这样可以简化问题。例如，在1号小区建配送站可以对1、2号小区提供服务，而在2号小区建配送站可以对1、2、3、4号小区提供服务，因此，1号小区服务范围是2号小区服务范围的一个子集，可以忽略在1号小区建配送站的可能性。经过简化后，{2, 4, 5, 6, 7}是候选点的集合。

③确定合适解。很显然，在候选点集中，在任何一个小区中建配送站都不能覆盖所有小区。考虑建两个配送站，经过组合穷举，发现（2, 7）是可以覆盖所有小区的一个数量最少的组合解，即2号小区配送站服务1、2、3、4号小区，而7号小区配送站服务5、6、7、8小区。

2) 最大覆盖模型

最大覆盖模型的目标是对有限多个服务设施进行选址，并为尽可能多的需求提供服务，但可能不能满足所有的需求点的需求。最大覆盖模型的数学模型表述如下：

$$\max \sum_{j \in N} \sum_{i \in A(j)} d_i y_{ij} \tag{2-22}$$

$$\text{s. t.} \quad \sum_{j \in B(i)} y_{ij} \leq 1, \quad i \in N \tag{2-23}$$

$$\sum_{i \in A(j)} d_i y_{ij} \leq C_j x_j, \quad j \in N \tag{2-24}$$

$$\sum_{j \in N} x_j = p \quad (2-25)$$

$$y_{ij} \geq 0, \ i, j \in N \quad (2-26)$$

$$x_j \in \{0, 1\} \quad (2-27)$$

式中：N——n 个需求点集合；

d_i——第 i 个需求点需求量；

C_j——设施节点 j 的容量；

$A(j)$——设施节点 j 所覆盖的需求点的集合；

$B(i)$——可以覆盖需求点 i 的设施集合；

p——允许投建的设施数；

y_{ij}——节点 i 需求中被分配给设施节点 j 服务的部分，y_{ij} 小于等于 1；

x_j——节点 j 是否被选中成为设施，如果选中则为 1，未被选中则为 0。

式（2-22）是目标函数，尽可能多地为需求点提供服务，满足它们的需求；式（2-23）表明需求点的需求有可能得不到满足；式（2-24）是每个设施的服务能力的限制；式（2-25）是设施数的限制，表明设施只能建设有限多个。式（2-26）允许一个设施为某个需求点提供部分需求。x_j 和 y_{ij} 是决策变量，表明哪些节点选为设施节点，分配方案如何。这是一个混合型的 0-1 整数规划问题。

同集合覆盖模型一样，最大覆盖模型可采用精确求解方法与启发式方法求解，由 Richard Church 和 Charles R. Velle 设计的贪婪启发式算法可以对最大覆盖模型进行求解，该算法首先求出可以作为候选点的集合，并以一个空集作为原始解的集合，然后在候选点集合中选择一个具有最大满足能力的候选点进入原始解集合，作为二次解。以此往复，直到设施数目满足要求为止。

【例 2-5】 仍以上述报刊配送站选址问题为例，假设目标是只能建两个配送站，并为尽可能多的小区提供服务。

解：例 2-4 中已得出候选小区集合为 {2, 4, 5, 6, 7}，按贪婪启发式算法进行求解。

①初始解为 S=空集；

②根据表 2-6，比较 2、4、5、6、7 号小区的服务范围，可见，在 4 号小区建配送站的覆盖能力最大，能覆盖 5 个小区，因此将 4 加入到解集 S，则 S = {4}。

③重复④，除去 4 号候选小区的服务范围，将能覆盖剩下的待服务小区的能力最大的候选小区加入到新的解集。在本例中，除去 4 号小区服务范围后，还剩下待服务的小区 (1, 7, 8)。没有一个候选小区能覆盖这三个待服务小区，候选小区 5 和 7 能覆盖待服务的两个小区 7、8，因此 S = {4, 5} 或 S = {4, 7} 可作为新的解集。至此，达到建两个配送站的目标要求，循环结束。

S = {4, 5} 或 S = {4, 7} 是用贪婪启发式算法求得的最大覆盖问题的可行解，对照上例的结果，这显然不是最优解，这也是启发式算法的特点。

3. P-中值模型

P-中值模型是指在一个给定数量和位置的需求集合和一个候选设施位置集合下，分别为 p 个设施找到合适的位置，并指派每一个需求点被一个特定的设施服务，使之达到在各设施点和需求点之间的运输费用之和最低。图 2-11 所示为 P-中值模型的原理。

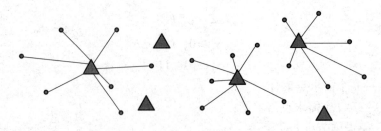

图 2-11 P-中值模型

基本的 P-中值模型的数学模型表述如下：

$$\min \sum_{i \in N} \sum_{j \in M} d_i C_{ij} y_{ij} \qquad (2\text{-}28)$$

$$\text{s. t.} \sum_{j \in M} y_{ij} = 1, \ i \in N \qquad (2\text{-}29)$$

$$y_{ij} \leq x_j, \ i \in N, j \in M \qquad (2\text{-}30)$$

$$\sum_{j \in M} x_j = p \qquad (2\text{-}31)$$

$$x_j, \ y_{ij} \in \{0, 1\}, \ i \in N, j \in M \qquad (2\text{-}32)$$

式中：N——n 个需求点集合；

d_i——第 i 个需求点需求量；

C_{ij}——从需求点 i 到设施 j 的单位运输费用；

M——m 个建设设施节点候选点集合；

p——允许投建的设施总数（$p<m$）；

y_{ij}——需求点 i 是否由设施 j 来提供服务，0-1 决策变量；

x_j——节点 j 是否被选中，0-1 决策变量。

式（2-28）是目标函数，表明在达到各需求点时它服务设施的运输费用总和最低；式（2-29）保证每个需求点只有一个服务设施来提供服务；式（2-30）有效地保证没有选中的设施候选点不能为需求点提供服务；式（2-31）限制了可以投建的设施总数为 p 个。x_j 和 y_{ij} 是 0-1 决策变量。这是一个 0-1 整数规划问题。

求解 P-中值模型需要解决两方面的问题：①选择合适设施位置，即模型中的 x 决策变量；②指派需求点到相应的设施中去，即模型中的 y 决策变量。

一旦设施的位置确定之后，由于设施的服务能力在模型中没有限制，因此再确定指派每个需求点到不同的设施中，使费用总和最小就十分简单了。如果有能力限制，问题就更为复杂。选址设施位置如果穷举的话，共有 C_m^p 种可能方案。

与覆盖模型一样，求解一个 P-中值模型问题，主要有两大类方法：精确法（Exact Methods）和启发式算法（Heuristic Methods）。下面介绍一种启发式求解 P-中值模型的算法——贪婪取走启发式算法（Greedy Dropping Heuristic Algorithm）。这种算法的基本步骤如下：

（1）初始化。令循环参数 $K=m$，将所有的 m 个候选位置都选中，然后将每个客户指派给距离其最近的一个候选位置。

（2）选中并取走一个位置点，满足以下条件：假设将它取走，并将它的客户重新指派后,总费用增加量最小。然后 $K=K-1$。

(3) 重复(2),直到 $K=p$。

【例 2-6】 某医药公司有 8 个分销公司(A1~A8),公司拟新建 2 个配送仓库,用最低的运输成本来满足 8 个分销公司的需求。经过实地考察后,公司确定 5 个候选地(D1~D5),从候选地到各分销公司的单位运输成本、各分销公司的需求已确定,如表 2-7 所示,各分销公司分布及候选仓库位置如图 2-12 所示,试确定仓库的位置与分销公司分派情况,并计算出各仓库的运输成本。

表 2-7 各客户需求量与单位运输成本矩阵表

	D1	D2	D3	D4	D5	需求量
A1	30	45	48	10	35	10
A2	25	60	70	35	50	6
A3	28	15	25	32	10	11
A4	45	30	20	24	12	25
A5	58	12	25	60	30	15
A6	65	30	15	57	33	13
A7	65	35	16	45	28	20
A8	22	30	35	20	16	8

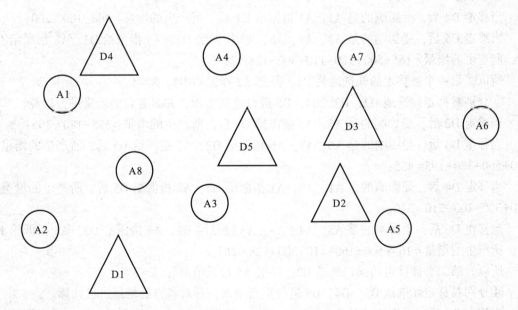

图 2-12 客户和候选位置分布图

解:①对表 2-7 的单位运输成本进行比较,按距离最近进行分派,得到初始化结果,如图 2-13 所示,总费用 =150+180+195+320+100+128+300+110=1483,$K=5$。

②分别对移走候选地 D1,D2,D3,D4,D5 进行重新指派,并对各自的增量进行计算。

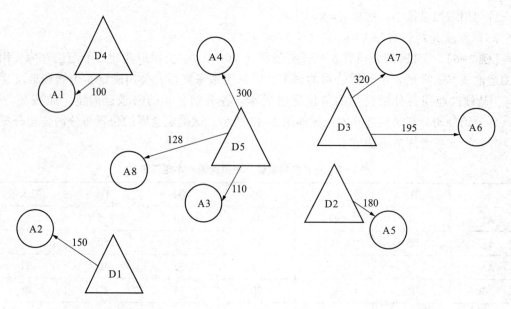

图 2-13 初始指派结果图

当移走 D1 后，受影响的是 A2，A2 指派给 D4 后，所产生的增量 = 210-150 = 60；

当移走 D2 后，受影响的是 A5，A5 指派给 D3 后，所产生的增量 = 375-180 = 195；

当移走 D3 后，受影响的是 A6、A7，A6 指派给 D2，A7 指派给 D5 后，所产生的增量 = 390+560-320-195 = 435；

当移走 D4 后，受影响的是 A1，A1 指派给 D1 后，所产生的增量 = 300-100 = 200；

当移走 D5 后，受影响的是 A3、A4、A8，A3 指派给 D2，A4 指派给 D3，A8 指派给 D4 后，所产生的增量 = 165+500+160-110-300-128 = 287；

所以，第一个被移走的候选地是 D1，并把 A2 指派给 D4，$K=4$。

③分别对移走候选地 D2，D3，D4，D5 进行重新指派，并对各自的增量进行计算。

当移走 D2 后，受影响的是 A5，A5 指派给 D3 后，所产生的增量 = 375-180 = 195；

当移走 D3 后，受影响的是 A6、A7，A6 指派给 D2，A7 指派给 D5 后，所产生的增量 = 390+560-320-195 = 435；

当移走 D4 后，受影响的是 A1、A2，A1 指派给 D5，A2 指派给 D5 后，所产生的增量 = 350+300-100-210 = 340；

当移走 D5 后，受影响的是 A3、A4、A8，A3 指派给 D2，A4 指派给 D3，A8 指派给 D4 后，所产生的增量 = 165+500+160-110-300-128 = 287；

所以，第二个被移走的候选地是 D2，并把 A5 指派给 D3，$K=3$。

④分别对移走候选地 D3，D4，D5 进行重新指派，并对各自的增量进行计算。

当移走 D3 后，受影响的是 A5、A6、A7，A5 指派给 D5，A6 指派给 D5，A7 指派给 D5 后，所产生的增量 = 450+429+560-375-195-320 = 549；

当移走 D4 后，受影响的是 A1、A2，A1 指派给 D5，A2 指派给 D5 后，所产生的增量 = 350+300-100-210 = 340；

当移走 D5 后，受影响的是 A3、A4、A8，A3 指派给 D3，A4 指派给 D3，A8 指派给 D4

后,所产生的增量 = 275+500+160-110-300-128 = 397;

所以,第三个被移走的候选地是 D4,并把 A1 指派给 D5,A2 指派给 D5,$K=2$,循环结束。最后的结果在候选地 D3、D5 上投建新的仓库,总的运输成本为 2078,其中 D3 仓库的运输成本为 890,D5 仓库的运输成本为 1188,指派结果如图 2-14 所示。

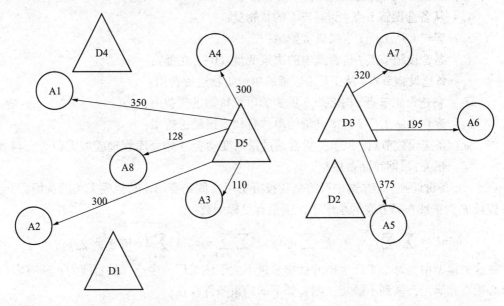

图 2-14 最后指派结果图

4. 鲍摩-瓦尔夫(Baumol-Wolfe)模型

1) 问题描述

鲍摩-瓦尔夫模型又称为多节点单品种选址模型,即模型中只考虑一种产品,模型的系统结构如图 2-15 所示。模型假设有 m 个资源点(如工厂)的单一品种产品,经从候选集选出的配送中心发运给 n 个地区的客户或者直送。问题是如何从 s 个候选的地点集合中选择若干个位置作为物流设施节点(如配送中心),使得从已知若干个资源点(如工厂),经过这几个选出的设施节点(配送中心),向若干个客户运送同一种产品时总的物流成本(或运输成本)最小。模型中也可能存在从工厂直接将产品送往某个客户点。

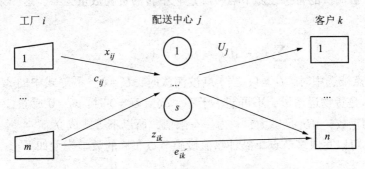

图 2-15 多节点单品种选址问题

2) 建立模型

记 S_i：工厂 i 的产品供应量；

D_k：客户 k 的产品需求量；

x_{ij}：从工厂 i 到备选设施节点 j 的货物量；

y_{jk}：从备选设施节点 j 到客户 k 的货物量；

z_{ik}：客户 k 从工厂 i 直接进货数量；

U_j：备选设施节点 j 是否选中的决策变量（0-1 变量）；

c_{ij}：备选设施节点 j 从工厂 i 进货的单位货物进货费用；

d_{jk}：备选设施节点 j 向客户 k 供货的单位货物进货费用；

e_{ik}：客户 k 从工厂 i 直接进货的单位货物直接配送费用；

w_j：备选设施节点 j 每单位货物通过量的变动费（如仓库管理或加工费等，与规模相关），即存储费用率；

v_j：备选设施节点 j 选中后的基建投资费用（固定费用，与规模无关的费用）。

假设 F 为选址布局方案的总成本，于是有目标函数：

$$\min F = \sum_{i=1}^{m}\sum_{j=1}^{s} c_{ij} x_{ij} + \sum_{j=1}^{s}\sum_{k=1}^{n} d_{jk} y_{jk} + \sum_{i=1}^{m}\sum_{k=1}^{n} e_{ik} z_{ik} + \sum_{j=1}^{s}\left(v_j U_j + w_j \sum_{i=1}^{m} x_{ij}\right)$$

在这个模型中，每个工厂运出的货物总量不大于该工厂的生产、供货能力；所有客户的需求必须得到满足，做到不缺货，则有如下的约束条件存在：

$$\sum_{j=1}^{s} x_{ij} + \sum_{k=1}^{n} z_{ik} \leq S_i, \ i=1, 2, \cdots, m$$

$$\sum_{j=1}^{s} y_{ij} + \sum_{i=1}^{m} z_{ik} \geq D_k, \ k=1, 2, \cdots, n$$

对于每个物流设施节点，运进的货物总量应等于运出的货物总量，即有如下的约束条件存在：

$$\sum_{i=1}^{m} x_{ij} = \sum_{k=1}^{n} y_{jk}, \ j=1, 2, \cdots, s$$

此外，物流设施节点的布局经过优化求解后的结果，可能有的备选地址被选中，而另外的一些被淘汰。被淘汰的备选设施节点，经过它中转的货物数量为零。这一条件可由下面的约束条件满足：

$$\sum_{i=1}^{m} x_{ij} - M U_j \leq 0, \ j=1, 2, \cdots, s$$

其中，当 j 点被选中时，$U_j=1$；当 j 点被淘汰时，$U_j=0$。不等式中的 M 是一个相当大的正数。由于 x_{ij} 是货物运输量，不可能小于零，故当 $U_j=0$ 时，$x_{ij}=0$ 成立；当 $U_j=1$ 时，M 是一个相当大的正数；$M U_j$ 足够大，x_{ij} 为一有限值，所以不等式成立。

综上所述，可以写成多节点单品种物流设施节点布局的数学模型如下：

$$\min F = \sum_{i=1}^{m}\sum_{j=1}^{s} c_{ij} x_{ij} + \sum_{j=1}^{s}\sum_{k=1}^{n} d_{jk} y_{jk} + \sum_{i=1}^{m}\sum_{k=1}^{n} e_{ik} z_{ik} + \sum_{j=1}^{s}\left(v_j U_j + w_j \sum_{i=1}^{m} x_{ij}\right) \quad (2\text{-}33)$$

$$\text{s.t.} \quad \sum_{j=1}^{s} x_{ij} + \sum_{k=1}^{n} z_{ik} \leq S_i, \ i=1, 2, \cdots, m$$

$$\sum_{j=1}^{s} y_{jk} + \sum_{k=1}^{m} z_{ik} \geqslant D_k, \ k=1,2,\cdots,n$$

$$\sum_{i=1}^{m} x_{ij} = \sum_{k=1}^{n} y_{jk}, \ j=1,2,\cdots,s$$

$$\sum_{i=1}^{m} x_{ij} - MU_j \leqslant 0, \ j=1,2,\cdots,s$$

其中，$U_j=0$ 或 1，$j=1,2,\cdots,s$（当 j 被选中时，$U_j=1$；当 j 被淘汰时，$U_j=0$）x_{ij}，y_{jk}，z_{ik}，$i=1,2,\cdots,m$；$j=1,2,\cdots,s$；$k=1,2,\cdots,n$。

在式（2-33）中，$w_j \sum_{i=1}^{m} x_{ij}$ 项是备选设施节点 j 的存储费用项，如果把存储费用看成设施节点吞吐量 $\sum_{i=1}^{m} x_{ij}$ 的线性函数，即存储费用率 w_j 与设施节点的规模的大小无关，那整个模型就是一个混合型 0-1 整数规划的数学模型。而实际情况是存储费用率一般与设施节点的规模（吞吐量）的大小有关。鲍摩-瓦尔夫模型中用非线性函数来描述设施节点的存储费用函数，如图 2-16 所示。从图中的曲线可以看出，随着设施节点的规模的增大，存储费用曲线变得平坦，即存储费率下降了。这是符合实际情况的。存储费用的非线性函数的引入，使整个模型变为非线性规划模型，这也使计算求解变得复杂。为了使问题简化，鲍摩-瓦尔夫模型给出了一个启发式算法，这个方法是在迭代求解中，对非线性函数采取分段线性化的做法，即在每一次迭代过程中用边际成本表示存储费用率。边际成本表示在一定设施节点规模下的单位货物存储费用，因此可与单位运输费用直接相加。经过这样处理后，就可直接利用运输规划问题的解决方法计算求解了。鲍摩-瓦尔夫的启发式算法在求解过程中只需要运用一般的运输规划问题的计算方法即可，避免了混合整数规划模型的求解困难，大大降低了计算成本，不仅如此，它还较好地解决了设施节点存储费用的非线性的问题。

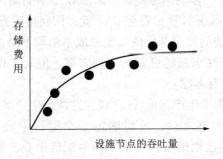

图 2-16 设施节点费用函数

通过对物流设施节点的存储成本与规模（吞吐量）的数据拟合，可以得到它们互相关系的数学表达式为：

$$H_j = \mu_j G_j^p$$

式中：H_j——设施节点 j 的存储成本；
G_j——节点的吞吐量；
μ_j、p——常系数。

设物流设施节点在某一规模时的边际成本为 w_j，则 $w_j = \dfrac{\partial H_j}{\partial G_j} = \mu_j p G^{p-1}$，当 $p = 0.5$ 时，$H_j = \mu_j \sqrt{G_j}$，$w_j = \dfrac{\mu_j}{2\sqrt{G_j}}$，因此，如果已经确定了设施节点的规模，那此规模下的存储费率就可按上述边际成本的公式计算得到。

下面介绍鲍摩-瓦尔夫启发式算法的计算步骤。

① 求初始解。首先，令各备选设施节点的规模均为 0，即 $G_j = 0$，$w_j = 0$。对工厂与客户间所有组合 (i, k)，求各单位运输成本最小值，即运输成本最低的路线。其运输成本为 $c_{ik}^0 = \min_j (c_{ij} + d_{jk})$，引入变量 G_{ik}，表示从工厂 i 经一个备选设施节点 j 到客户 k 的流通量。解下列线性规划的运输问题：

$$\min f = \sum_{i, k} c_{ik}^0 G_{ik}$$

$$\text{s.t.} \quad \sum_k G_{ik} = S_i$$

$$\sum_i G_{ik} = D_k$$

求出 G_{ik}。

② 求二次解。设经过备选设施节点 j 的所有 (i, k) 组成的集合为 G_j，备选设施节点 j 的吞吐量为

$$G_j = \sum_{(i, k) \in G_j} G_{ik}$$

以运输费率和变动存储费率的合计最小为标准，求最省路线：

$$c_{ik}^1 = \min_j (c_{ij} + d_{jk} + \mu_j p G_j^{p-1})$$

以 c_{ik}^1 代替 c_{ik}^0，重新解上一步的运输问题。求出 G_{ik}，并计算 G_j。

③ 求最优解。按②方法反复计算，直至 G_j 不变，即获得满意解。

鲍摩-瓦尔夫启发式算法的每次迭代使系统总成本单调下降的趋势是明显的，它总是在使系统总费用最小的前提下寻求新的更好的布局方案。但对于设施节点设置的固定投资成本，此算法在计算过程中没有考虑。

【例2-7】 某公司有两个生产基地 A1、A2，这两个生产基地通过配送中心向 8 个销售地区供应产品。经过实地考察之后，公司确定 5 个配送中心候选地 D1、D2、D3、D4、D5，问题是如何从这 5 个候选地中选择若干个作为配送中心，使得总的配送成本最小。在此，每个候选地都要考虑规模经济因素，即配送中心存储费用与货物吞吐量呈非线性关系，已知条件如表 2-8、表 2-9 和表 2-10 所示。

表 2-8 生产基地到配送中心候选地的单位运输成本及供应量

候选地 生产基地	D1	D2	D3	D4	D5	供应量
A1	8	9	18	30	35	160
A2	20	14	5	12	11	250

表 2-9　配送中心候选地存储费用

候选地	D1	D2	D3	D4	D5
存储费用	$200G_1^p$	$400G_2^p$	$500G_3^p$	$300G_4^p$	$300G_5^p$

注：本例中取 $p=0.5$，G_i 为货物吞吐量。

表 2-10　配送中心候选地到各销售地的平均单位配送成本

候选地＼生产基地	B1	B2	B3	B4	B5	B6	B7	B8
D1	10	5	12	23	33	34	44	53
D2	45	11	5	14	15	30	25	35
D3	30	25	10	7	8	20	22	19
D4	60	40	35	20	18	7	6	8
D5	65	55	39	30	15	12	21	6
需求量	45	25	70	50	80	60	30	50

解：①求初始解。对于生产基地到销售地的所有组合，找出使单位进货运输成本和单位配送运输成本之和为最小的配送中心，结果如表 2-11 所示。表中括号内的 D_j 表示要通过的配送中心。

表 2-11　生产基地到各销售地的最小运输成本

候选地＼生产基地	B1	B2	B3	B4	B5	B6	B7	B8
A1	(D1) 18	(D1) 13	(D2) 14	(D2) 23	(D2) 24	(D4) 37	(D2) 34	(D3) 37
A2	(D1) 30	(D1) 25	(D3) 15	(D3) 12	(D3) 13	(D4) 19	(D4) 18	(D5) 17

根据表 2-11 的运输成本解运输问题得到初始解，如表 2-12 所示。

表 2-12　初始解

候选地＼生产基地	B1	B2	B3	B4	B5	B6	B7	B8	供应量
A1	(D1) 45	(D1) 25	(D2) 70	(D2) 20					160
A2				(D3) 30	(D3) 80	(D4) 60	(D4) 30	(D5) 50	250
需求量	45	25	70	50	80	60	30	50	45

②求第二次解。根据初始解的结果,可以汇总出各配送中心候选地的吞吐量 G_j,再进一步计算出 c_{ik}^1。本例中,取 $p=0.5$,则配送中心的存储费率按公式 $w_j = \dfrac{\mu_j}{2\sqrt{G_j}}$ 计算。其结果如表 2-13 所示。

表 2-13 配送中心候选地吞吐量与存储费率

候选地	D1	D2	D3	D4	D5
吞吐量	70	90	110	90	50
存储费率	12	21.1	23.8	15.8	21.2

再对生产基地到销售地的所有组合,以单位进货运输成本、单位配送成本和存储费率的合计最小为标准,求最省路线。其结果如表 2-14 所示。

根据表 2-14 的运输成本解运输问题得到第二次解,如表 2-15 所示。

表 2-14 生产基地到各销售地的最小运输成本

生产基地\候选地	B1	B2	B3	B4	B5	B6	B7	B8
A1	(D1) 30	(D1) 25	(D1) 32	(D1) 43	(D2) 45.1	(D4) 52.8	(D4) 51.8	(D4) 53.8
A2	(D1) 42	(D1) 37	(D3) 38.8	(D3) 35.8	(D3) 36.8	(D4) 34.8	(D4) 33.8	(D4) 35.8

表 2-15 第二次解

生产基地\候选地	B1	B2	B3	B4	B5	B6	B7	B8	供应量
A1	(D1) 45	(D1) 25	(D1) 70	(D1) 20					160
A2				(D3) 30	(D3) 80	(D4) 60	(D4) 30	(D4) 50	250
需求量	45	25	70	50	80	60	30	50	45

③求第三次解。根据第二次解的结果,可以汇总出各配送中心候选地的吞吐量 G_j,再进一步计算出 c_{ik}^2。由于 D2、D5 没有吞吐量,为了后面计算时去掉这两个候选地并计算方便,给 D2 与 D5 的存储费率设置为一个足够大的数 M(本例中是 100000),如表 2-16 所示。

表 2-16 配送中心候选地吞吐量与存储费率

候选地	D1	D2	D3	D4	D5
吞吐量	160	0	110	140	0
存储费率	7.9	M(100000)	23.8	12.7	M(100000)

以表 2-16 为基础,再对生产基地到销售地的所有组合,以单位进货运输成本、单位配送成本和存储费率的合计最小为标准,求最省路线。其结果如表 2-17 所示。

表 2-17 生产基地到各销售地的最小运输成本

候选地 生产基地	B1	B2	B3	B4	B5	B6	B7	B8
A1	(D1) 25.9	(D1) 20.9	(D1) 27.9	(D1) 38.9	(D1) 48.9	(D4) 49.7	(D4) 48.7	(D4) 50.7
A2	(D1) 37.9	(D1) 32.9	(D3) 38.8	(D3) 35.8	(D3) 36.8	(D4) 37.7	(D4) 30.7	(D4) 32.7

根据表 2-17 的运输成本解运输问题得到第三次解,如表 2-18 所示。

表 2-18 第三次解

候选地 生产基地	B1	B2	B3	B4	B5	B6	B7	B8	供应量
A1	(D1) 45	(D1) 25	(D1) 70	(D1) 20					160
A2				(D3) 30	(D3) 80	(D4) 60	(D4) 30	(D4) 50	250
需求量	45	25	70	50	80	60	30	50	45

比较第二次解与第三次解,发现各配送中心候选地的吞吐量没有变化。因此第三次解是最终解。最后在 5 个候选地中,选择 D1、D3、D4 为配送中心配置地点。

5. 奎汉-哈姆勃兹(Kuehn-Hamburge)模型

1)问题描述

奎汉-哈姆勃兹(Kuehn-Hamburge)模型是一个多节点多品种选址模型,从表面上看,只需在单品种选址问题中增加多品种的因素就行了,即可分解成多个单品种选址子问题。但从实际情况看,由于各个品种都要按照各自的优化方案选择物流节点中转,因此,同一客户可能会需要不同品种的货物,它们将分别从几个不同的物流节点进货,这势必出现运输某些需求量不多的货物的运输工具低效率而运输成本增大的现象。在这种情况下,无论是客户自己开汽车提货,还是货物供应部门组织配送,其效果都不是最经济的。为此,有必要将各客户所需的所有货物的供货地点相对集中,最好由一个物流节点供货。

由此,多节点多品种选址问题可描述如下:有 m 家工厂生产多种产品,其中,这些工厂的各种产品的产能已知,而每个销售区对每种产品的需求量也已知。产品经由物流节点运往销售区,每个销售区的所有产品都由某一指定的物流节点独家供货,并考虑由于缺货、延误交货而支付的损失费,另外物流节点的候选地也是给定的,并且有容量限制,希望从这些候选地中选择若干个作为配送中心中转,以达到总的运营成本最低的目标。物流节点成本可表示为固定成本(实际用地所承担的费用或租金)和可变成本(可用吞吐量的线性表示)。

整个系统网络也没有考虑直送情况，网络示意图可参见图2-14。

2）建立模型

记 c_{hij}：工厂 i 至物流节点 j 运输产品 h 的单位运输费；

d_{hjk}：物流节点 j 至客户 k 运输产品 h 的单位运输费；

x_{hijk}：从工厂 i 经物流节点 j 向客户 k 运输产品 h 的数量；

Y_{hi}：工厂 i 生产产品 h 的能力；

Q_{hk}：客户 k 需要产品 h 的数量；

W_j：物流节点 j 的吞吐能力；

F_j：货物在物流节点 j 期间的平均固定管理费；

S_{hj}：物流节点 j 中为保管产品 h 而产生的单位可变费用；

D_{hk}：由于缺货延误向顾客 k 配送产品 h 的量；

T_{hk}：由于缺货延误向顾客 k 配送产品 h 的单位损失费；

Z_j：0-1 变量，表示当物流节点 j 有吞吐量时为 1，否则为 0；

V_{jk}：若物流节点 j 为客户 k 供货时取 1，否则为 0。

则多节点多品种选址问题的数学模型可如下表述：

$$\min f = \sum_{hijk}(c_{hij}+d_{hik})x_{hijk} + \sum_j F_j Z_j + \sum_{hj} S_{hj}(\sum_{ik} x_{hijk}) + \sum_{hk} D_{hk} T_{hk} \quad (2-34)$$

$$\text{s.t.} \quad \sum_{ij} x_{hijk} \leq Q_{hk} V_{jk} \quad (2-35)$$

$$\sum_{jk} x_{hijk} \leq Y_{hi} \quad (2-36)$$

$$\sum_{hik} x_{hijk} \leq w_j \quad (2-37)$$

$$\sum_j V_{jk} = 1 \quad (2-38)$$

$$V_{jk} \in \{0, 1\}$$

$$x_{hijk} \geq 0$$

式（2-34）为目标函数，第一项为物流节点的内向与外向运输费用，第二项为物流节点固定费用，第三项为物流节点变动成本，第四项为由于缺货延误向顾客配送产品的损失费，$D_{hk}=Q_{hk}-\sum_{ij} x_{hijk}$；式（2-35）表示产品需求约束；式（2-36）表示满足工厂生产能力；式（2-37）表示满足物流节点的吞吐能力；式（2-38）表示满足同一销售地的所有产品必须由同一物流节点供货。这是一个混合整数规划模型。对于此模型的小规模问题的求解可用分支定界法求解，可选用一些现成的优化软件，如附录中介绍的 LINGO 软件；对于大规模问题也可用现代优化技术，如模拟退火算法（Simulated Annealing）、禁忌搜索（TS）、遗传算法（Genetic Algorithms）、蚁群优化算法（Ant Colony Optimization Algorithms）等。

6. CFLP 模型

1）问题描述

CFLP（Capacitated Facilities Location Problem）模型是带容量限制的多设施选址问题。其问题描述如下：某公司有 n 个销售地区，每个销售地区的需求量已知。公司决定建立若干个配送中心，经考察确认候选地点有 m 个，每个候选地都有容量限制，并且有固定成本（如建造成本或租赁成本），问题是如何从 m 个候选地点中选择 k 个地点修建配送中心，使物流费用达到最小。

模型中没有考虑配送中心的进货成本。这里有一个假设，即货物的各供应地距离布局网络的规划区域都足够远。这是因为当供应地距离规划区域较远时，各配送中心从供应处进货的进货成本之差异相对于进货成本本身来说，可忽略不计。这样各配送中心候选地的进货成本均相等，所以在此模型布局时可不考虑。

当然，如果供应地并不是远离规划区域，那就必须考虑进货成本。这样的话，此问题就接近于鲍摩-瓦尔夫模型。

2) 建立模型

记 i：配送中心候选地，$i=1, 2, 3, \cdots, m$；

j：销售地区，$j=1, 2, 3, \cdots, n$；

k：拟建配送中心个数；

D_j：销售地 j 的需求量；

F_i：配送中心候选地 i 的固定成本；

W_i：配送中心的容量；

C_{ij}：从配送中心候选地 i 到销售地 j 的单位运输费用；

X_{ij}：从配送中心候选地 i 到销售地 j 的运输量（决策变量）；

Y_i：配送中心候选地 i 被选中时取 1，否则为 0（0-1 决策变量）。

则 CFLP 问题的数学模型可如下表述：

$$\min Z = \sum_{i=1}^{m} \sum_{j=1}^{n} C_{ij} X_{ij} + \sum_{i=1}^{m} F_i Y_i \tag{2-39}$$

$$\text{s. t.} \quad \sum_{i=1}^{m} X_{ij} = D_j \quad j=1, 2, 3, \cdots, n \tag{2-40}$$

$$\sum_{j=1}^{n} X_{ij} \leq W_i Y_i \quad i=1, 2, 3, \cdots, m \tag{2-41}$$

$$\sum_{i=1}^{m} Y_i \leq k \tag{2-42}$$

$$Y_i \in \{0, 1\}$$

$$X_{ij} \geq 0$$

式（2-39）为目标函数，它由两部分成本组成，第一项为配送中心的外向运输成本，第二项为配送中心的建造成本；式（2-40）表示所有销售地的需求得到满足；式（2-41）表示被选中的配送中心候选地的吞吐量不能超过它的容量限制；式（2-42）表示拟建的配送中心数不能超过 k 个。这是一个混合整数规划问题。

3) 模型求解

关于 CFLP 问题的求解，只要从 m 个候选地中确定了 k 个配送中心，整个问题即变为运输规划问题。因此，如果穷举的话，要解 C_m^k 个运输规划问题。对于小规模问题的求解可用分支定界法求解，可选用一些现成的优化软件，如附录中介绍的 LINGO 软件；对于大规模问题也可用现代优化技术，如模拟退火算法、紧急搜索、遗传算法、蚁群优化算法等。当然，针对这个模型的特点，也可用启发式算法来求解。

【例 2-8】 某公司准备在 12 个销售区中选择 3 个投建配送中心，这 12 个销售区之间的单位运输成本，以及各地区的需求量、投建配送中心的固定成本和提供的最大能容量如表 2-19 所示。试求出适合在哪些销售区建配送中心，以及这些配送中心的分派方案。

表 2-19 单位运输成本矩阵、需求量与配送中心相关数据

配送中心＼销售地	1	2	3	4	5	6	7	8	9	10	11	12
1	0	1	6	7	4	3	4	7	6	9	13	9
2	1	0	5	6	5	4	5	8	7	10	14	10
3	6	5	0	3	6	9	10	13	12	15	19	15
4	7	6	3	0	3	10	11	14	13	16	17	12
5	4	5	6	3	0	7	8	11	10	13	14	9
6	3	4	9	10	7	0	7	4	9	12	12	6
7	4	5	10	11	8	7	0	11	9	5	9	13
8	7	8	13	14	11	4	11	0	13	12	8	10
9	6	7	12	13	10	9	9	13	0	4	8	13
10	9	10	15	16	13	12	5	12	4	0	4	9
11	13	14	19	17	14	12	9	8	8	4	0	5
12	9	10	15	12	9	6	13	10	13	9	5	0
销售区需求量	4	6	7	3	8	2	8	2	3	5	4	2
配送中心固定成本	16	14	13	14	16	20	20	20	14	14	13	13
配送中心最大容量	18	18	18	18	18	18	18	18	18	18	18	18

LINGO 软件的程序如下所示：

```
MODEL:
  sets:
    Warehouse/1..12/:w, y, f;/w 为配送中心容量、f 为配送中心固定成本、y 表示对应的候选地是否被选中/
    Customer/1..12/: d;/d 表示销售地的需求量/
    Routes(Warehouse, Customer):c, x;   /c 表示单位运输成本、x 为运输量/
  endsets
data:
  w=18, 18, 18, 18, 18, 18, 18, 18, 18, 18, 18, 18;
  d=4, 6, 7, 3, 8, 2, 8, 2, 3, 5, 4, 2;
  f=16, 14, 13, 13, 16, 20, 20, 20, 14, 14, 13, 13;

c=0, 1, 6, 7, 4, 3, 4, 7, 6, 9, 13, 9,
```

```
1, 0, 5, 6, 5, 4, 5, 8, 7, 10, 14, 10,
6, 5, 0, 3, 6, 9, 10, 13, 12, 15, 19, 15,
7, 6, 3, 0, 3, 10, 11, 14, 13, 16, 17, 12,
4, 5, 6, 3, 0, 7, 8, 11,1 0, 13, 14, 9,
3, 4, 9, 10, 7, 0, 7, 4, 9, 12, 12, 6,
4, 5, 10, 11, 8, 7, 0, 11, 9, 5, 9, 13,
7, 8, 13, 14, 11, 4, 11, 0, 13, 12, 8, 10,
6, 7, 12, 13, 10, 9, 9, 13, 0, 4, 8, 13,
9, 10, 15, 16, 13, 12, 5, 12, 4, 0, 4, 9,
13, 14, 19, 17, 14, 12, 9, 8, 8, 4, 0, 5,
9, 10, 15, 12, 9, 6, 13, 10, 13, 9, 5, 0;
enddata
[OBJ]min=@ SUM(Routes: c* x)+@ SUM(Warehouse: f* y);/目标函数/
@ for(Warehouse(i):[SUP]
   @ sum(Customer(j): x(i, j)<=w(i)* y(i));/候选地的吞吐量不能超过它的容量限制/
@ for(Customer(j):[DEM]
   @ sum(Warehouse(i): x(i, j)=d(j));/所有销售地的需求得到满足/
@ sum(Warehouse: y)<=3;/拟建配送中心数为3个/
@ for(Warehouse;@ BIN(y));/y为1—0决策变量/
END/
```

运算后的全局最优结果是在1、4、10号销售地建配送中心，最低物流成本为197。具体的分派方案与分派运量如表2-20所示。

表2-20 拟建配送中心的地点与配送分派方案

配送中心＼销售地	1	2	3	4	5	6	7	8	9	10	11	12
1	4	6				2	4	2				
4			7	3	8							
10							4		3	5	4	2
需求量	4	6	7	3	8	2	8	2	3	5	4	2

7. 多枢纽站单一分派轴辐式网络选址问题

1) 问题描述

与上面介绍的一些模型不同，多枢纽站单一分派轴辐式网络选址问题是研究有双向物流的网络节点选址问题，是用多枢纽站单一分派轴辐式网络组织模型进行管理的。它的问题描述如下：在一个有 n 个节点的物流网络中，每个节点都可能是货物的起始点或终至点，货物从起始点（Origin）经若干个节点到达目的地（Destination）的流通量称为OD量，经过的节点链称为OD流，根据多枢纽站单一分派轴辐式网络组织模式要求，每条OD流汇聚于一个或两个枢纽站后到达目的地，由于枢纽站之间的运输是干线运输，具有规模效益，从而节约了整个系统的物流成本。问题是如何从 n 个节点中选择 p 个节点作为枢纽点，以使整个网络的物流成本最小。这个问题又称之为 p-hub 选址问题。网络结构如图 2-17 所示。

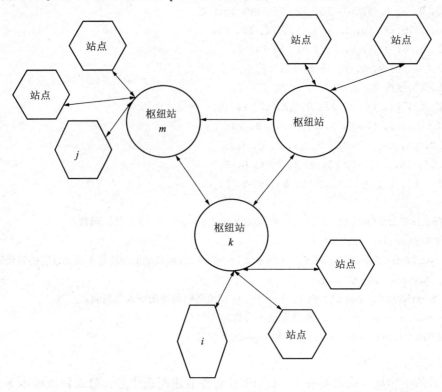

图 2-17 多枢纽站单一分派轴辐式网络

2) 模型建立

记 N：网络中所有节点的集合；

H：网络中所有潜在 hub 点集合，$H \subseteq N$；

i, j：起始点与目的地，$i, j \in N$；

k, m：候选的 hub 点，$k, m \in H$；

p：设置为 hub 点的数目；

W_{ij}：节点 $i \in N$ 到节点 $j \in N$ 的 OD 量；

C_{ij}：节点 $i \in N$ 到节点 $j \in N$ 的单位运输成本；

α：hub 点间干线运输的折旧率；

F_{ijkm}：OD 流 (i, j) 间经过路径 (i, k, m, j) 的货物运输总成本；

X_{ijkm}：0-1 决策变量，当值为 1 时，路径 (i, k, m, j) 被选为 OD 流 (i, j) 的路径，表示货物从节点 i 经过 hub 点 k 和 m 到达节点 j，当值为 0 时，表示此路径没被选中；

Z_{ik}：0-1 决策变量，当值为 1 时表示节点 $i \in N$ 与 hub 点 $k \in H$ 相连；

Z_{kk}：0-1 决策变量，当值为 1 时表示节点 $k \in H$ 为一个 hub 点；

由于采用干线运输，因此 OD 流 (i, j) 间经过路径 (i, k, m, j) 的货物运输总成本由这三部分组成：节点 i 到 hub 点运输成本、hub 点间有折扣的干线运输成本和 hub 点到节点 j 的运输成本，即 $F_{ijkm} = W_{ij}(C_{ik} + \alpha C_{km} + C_{mj})$，当节点 i 和节点 j 其中一个或两个被选为 hub 点时，货物运输总成本的公式也成立，因为 $C_{kk}=0$，$C_{mm}=0$，多枢纽站单一分派轴辐式网络选址问题的数学模型可如下表述：

$$\min \sum_i \sum_{j \neq i} \sum_k \sum_m F_{ijkm} X_{ijkm} \quad (2\text{-}43)$$

$$\text{s. t.} \quad \sum_k Z_{ik} = 1 \quad \forall i, \quad (2\text{-}44)$$

$$Z_{ik} \leq Z_{kk} \quad \forall i, k, \quad (2\text{-}45)$$

$$\sum_k Z_{kk} = p, \quad (2\text{-}46)$$

$$\sum_m X_{ijkm} = Z_{ik} \quad \forall k, i, j \neq i, \quad (2\text{-}47)$$

$$\sum_k X_{ijkm} = Z_{jm} \quad \forall m, i, j \neq i, \quad (2\text{-}48)$$

$$X_{ijkm}, Z_{ik} \in \{0, 1\} \quad \forall i, j \neq i, k, m$$

$$i, j, k, m \in N$$

式（2-43）为目标函数，表示使所有 OD 流按选中的路径进行运输的运输总成本最低；式（2-44）保证了每个非 hub 节点只能跟一个 hub 节点连接，即单一分派性质；式（2-45）表示如果某个节点没有被选为 hub 节点，则非 hub 节点就不能与它相连，也就是，当 Z_{kk} 为零时，Z_{ik} 只能为零；式（2-46）表示被选为 hub 节点的总数为 p 个；式（2-47）和式（2-48）表示任意覆盖了 hub 节点对 (k, m) 的 OD 流，它的起始地与目的地必须分别与 hub 点 k, m 相连，也就是说，如果起始地 i 没有跟某个 hub 点 k 相连的话，OD 流 (i, j) 中任何覆盖 hub 点 k 的路径都没被选中，对目的地 j 也同样。此模型是一个整数规划模型。

对于此模型的小规模问题的求解可用穷举法或分支定界法求解，可选用一些现成的优化软件，如附录中介绍的 LINGO 软件；对于大规模问题求解非常困难，可用近年来出现的优化技术和一些针对特殊问题特征的启发式算法。从文献中看，有用精确法计算出 80 个节点的优化问题，有用启发式算法计算出大约 200 个节点中选择少量节点为 hub 点的方案。

【例 2-9】 某快递公司在 10 个地区开展业务，准备在这 10 个地区中选择 3 个建枢纽站，并采用单一分派的方式组织货物运输，这 10 个地区之间的单位运输成本如表 2-21 所示，各地区间的 OD 量如表 2-22 所示。假设枢纽间单位运输成本是原来的 80%，试求出适合在哪些地区建立枢纽站，以及分派方案。

表 2-21 单位运输成本表

目的地 起始地	1	2	3	4	5	6	7	8	9	10
1	0	6	19	9	10	10	5	13	7	14
2	6	0	13	3	15	4	7	7	9	16
3	19	13	0	10	28	15	20	4	22	29
4	9	3	10	0	18	5	10	7	12	19
5	10	15	28	18	0	16	8	19	6	7
6	10	4	15	5	16	0	8	3	10	12

续表

目的地 起始地	1	2	3	4	5	6	7	8	9	10
7	5	7	20	10	8	8	0	11	2	9
8	13	7	4	7	19	3	11	0	13	20
9	7	9	22	12	10	10	2	13	0	10
10	14	16	29	19	7	12	9	20	10	0

表 2-22 各地区间的 OD 量

目的地 起始地	1	2	3	4	5	6	7	8	9	10
1	40	130	151	210	37	130	230	60	37	20
2	117	98	156	341	194	175	94	231	110	119
3	119	85	150	421	432	129	325	156	455	205
4	53	78	321	692	324	460	210	146	375	423
5	82	156	143	333	288	192	424	450	410	199
6	69	179	210	452	134	176	423	211	218	145
7	104	165	98	326	278	423	55	375	220	501
8	132	234	108	324	529	76	312	265	274	198
9	93	482	65	248	527	123	399	332	165	329
10	177	423	195	625	398	185	267	385	132	23

LINGO 软件的程序如下所示：

```
MODEL:
    sets:
        depot/1..10/;/节点集合/
        Routes(depot,depot):c, w, z;/c 表示单位运输成本,w 表示 OD 量,z 是否是枢纽
        点或与枢纽点相连/
        Paths(depot,depot,depot,depot):x;/x 表示 OD 流的路径/
    endsets
data:
    w=40,130,151,210,37,130,230,60,37,20,117,98,156,341,194,175,94,231,110,119,
    119,85,150,421,432,129,325,156,455,205,53,78,321,692,324,460,210,146,375,
    423,82,156,143,333,288,192,424,450,410,199,69,179,210,452,134,176,423,
    211,218,145,104,165,98,326,278,423,55,375,220,501,132,234,108,324,529,76,
    312,265,274,198,93,482,65,248,65,248,527,123,399,332,165,329,177,423,
    195,625,
```

398,185,267,385,132,23;
c=0,6,19,9,10,10,5,13,7,14,6,0,13,3,15,4,7,7,9,16,
19,13,0,10,28,15,20,4,22,29,9,3,10,0,18,5,10,7,12,19,
10.15,28,18,0,16,8,19,10,7,10,4,15,5,16,0,8,3,10,12
5,7,20,10,8,8,0,11,2,9,13,7,4,7,19,3,11,0,13,20
7,9,22,12,10,10,2,13,0,10,14,16,29,19,7,12,9,20,10,0;
　enddata
min=@ SUM(Paths(i,j,k,m)|j #NE# i: w(i,j)* (c(i,k)+0.8* c(k,m)+c(m,j))* x
　　(i,j,k,m)); /目标函数/
@ for((Paths(i,j,k,m)|j #EQ# i: x(i,j,k,m)=0); /本地区运输不需要经过枢纽点/
@ for(depot(i):
　　@ sum(depot(k):z(i,k))=1;/单一分派原则/
　　@ for(depot(k):z(i,k)<=z(k,k)); /非 hub 节点之间不相连/
　　@ for(depot(j)|j #NE# i:
　　　　@ for(depot(k):
　　　　　　@ sum(depot(m):x(i,j,k,m)=z(i,k); /OD 流限制/
　　　　　　);
　　　　@ for(depot(m):
　　　　　　@ sum(depot(k):x(i,j,k,m))=z(j,m);
　　　　　　);
　　　　);
　　);
@ sum(depot(k):z(k,k)<=3; /枢纽点总数限制/
@ for(Paths(i,j,k,m)|j #NE# i: @ BIN(x(i,j,k,m)));
　@ for(depot(i):
　　@ for(depot(k):
　　　@ BIN(z(i,k))
　　　);
　);
END

此模型有 $n^4-n^3+n^2=9100$ 个决策变量，$2n^3-n^2+n+1=1911$ 个约束条件，运算后的全局最优结果是在 2、7、8 三个节点上设置为枢纽节点，其中节点 4、6 与枢纽节点 2 相连，节点 1、5、9、10 与枢纽节点 7 相连，节点 3 与枢纽节点 8 相连，总运输成本为 253929.8。分派方案的网络图如图 2-18 所示。

8. 多枢纽站多分派轴辐式网络选址问题

1）问题描述

多枢纽站多分派轴辐式网络选址问题也是研究有双向物流的网络节点选址问题，它是按照多枢纽站多分派轴辐式网络组织模式进行管理的，因此关于多枢纽站多分派轴辐式网络选址问题是在多枢纽站单一分派轴辐式网络选址问题基础上，允许收发货站点与多个枢纽站相连（多分派原则），收发货站点可以根据实际情况（如枢纽站是否拥挤、客户的交货期要求等）选择与其连接的枢纽站，从而提高整个网络的转运效率，缩短运输时间，降低物流成

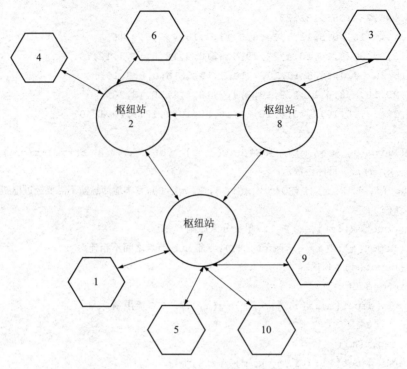

图 2-18 分派方案的网络图

本。它的问题描述如下：在一个有 n 个节点的物流网络中，按照多分派原则，如何从 n 个节点中选择 p 个节点作为枢纽点，以使整个网络的物流成本最小。其网络结构如图 2-19 所示。

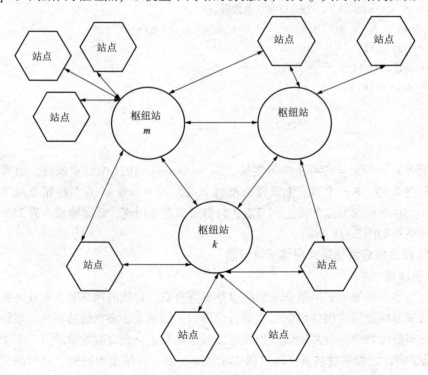

图 2-19 多枢纽站多分派轴辐式网络

2) 建立模型

记 N：网络中所有节点的集合；

H：网络中所有潜在 hub 点集合，$H \subseteq N$；

i, j：起始地与目的地，$i, j \in N$；

k, m：候选的 hub 点，$k, m \in H$；

p：设置为 hub 点的数目；

W_{ij}：节点 $i \in N$ 到节点 $j \in N$ 的 OD 量；

C_{ij}：节点 $i \in N$ 到节点 $j \in N$ 的单位运输成本；

α：hub 点间干线运输的折扣率；

F_{ijkm}：OD 流 (i, j) 间经过路径 (i, k, m, j) 的货物运输总成本，$F_{ijkm} = W_{ij}(C_{ik} + \alpha C_{km} + C_{mj})$；

X_{ijkm}：0-1 决策变量，当值为 1 时路径 (i, k, m, j) 被选为 OD 流 (i, j) 的路径，表示货物从节点 i 经过 hub 点 k 和 m 到达节点 j，当值为 0 时，表示此路径没被选中；

Z_k：0-1 决策变量，当值为 1 时表示节点 $k \in N$ 为一个 hub 点。

根据相关文献（Campbell, 1994；O'kelly, 1996；Skorin-Kapov et al., 1997），多枢纽站多分派轴辐式网络选址问题的数学模型如下表述：

$$\min \sum_i \sum_{j \neq i} \sum_k \sum_m F_{ijkm} X_{ijkm} \qquad (2-49)$$

$$\text{s. t.} \quad \sum_k \sum_m X_{ijkm} = 1 \quad \forall i, j \qquad (2-50)$$

$$\sum_k Z_k = p, \qquad (2-51)$$

$$\sum_m X_{ijkm} - Z_k \leq 0 \quad \forall k, i, j, \qquad (2-52)$$

$$\sum_k X_{ijkm} - Z_m \leq 0 \quad \forall m, i, j, \qquad (2-53)$$

$$Z_k \in \{0, 1\} \; \forall k$$

$$i, j, k, m \in N$$

式（2-49）为目标函数，优化目标是所有设置为 OD 流路径的运输成本之和最低；式（2-50）表示每条 OD 流只有一条路径，由于非 hub 节点可以与多个 hub 节点相连，每条 OD 流可能有多条路径，这里做了一个限制；式（2-51）表示设置的 hub 节点数为 p 个。式（2-52）和式（2-53）表示如果某节点没有选为 hub 节点，则覆盖此节点的路径都不能选为 OD 流的路径。

【例 2-10】 对于例 2-9 的数据，按多分派的原则进行分析，试求出在哪些地区建立枢纽站，以及 OD 流的路径。

LINGO 软件的程序如下所示：

```
MODEL:
    sets:
        depot/1..10/: z;
        Routes(depot,depot):c, w;
```

```
        Paths(depot,depot,depot,depot):x;
    endsets
data:
    w=40,130,151,210,37,130,230,60,37,20,117,98,156,341,194,175,94,231,110,119,
      119,85,150,421,432,129,325,156,455,205,53,78,321,692,324,460,210,146,375,
      423,82,156,143,333,288,192,424,450,410,199,69,179,210,452,134,176,423,
      211,218,145,104,165,98,326,278,423,55,375,220,501,132,234,108,324,529,76,
      312,265,274,198,93,482,65,248,65,248,527,123,399,332,165,329,177,423,195,625,
      398,185,267,385,132,23;
    c=0,6,19,9,10,10,5,13,7,14,6,0,13,3,15,4,7,7,9,16,
      19,13,0,10,28,15,20,4,22,29,9,3,10,0,18,5,10,7,12,19,
      10.15,28,18,0,16,8,19,10,7,10,4,15,5,16,0,8,3,10,12
      5,7,20,10,8,8,0,11,2,9,13,7,4,7,19,3,11,0,13,20
      7,9,22,12,10,10,2,13,0,10,14,16,29,19,7,12,9,20,10,0;
    enddata
min=@ SUM(Paths(i, j, k, m)|j #NE# i: w(i, j)* (c(i, k)+0.8* c(k,m)+c(m,j))* x
    (i, j, k, m)); /目标函数/
@ for((Paths(i, j, k, m)|j #EQ# i : x(i, j, k, m)=0);
@ for(depot(i):
    @ for(depot(j)|j #NE# i:
      @ sum(Routes(k, m):x(i, j, k, m)=1;
        /每条OD流只有一条路径/
      @ for(depot(k): /OD流限制/
        @ sum(depot(m):x(i, j, k, m))<=z(k);
        );
      @ for(depot(m):
        @ sum(depot(k):x(i, j, k, m))<=z(m);
        );
      );
    );
@ sum(depot(k):z(k)<=3; /枢纽点总数限制/
@ for(Paths(i, j, k, m)|j #NE# i: @ BIN(x(i, j, k, m)));
    @ for(depot(k):@ BIN(z(k));
END
```

此模型有 $n^4-n^3+n^2=9010$ 个决策变量，$2n^3-n^2+n+1=1891$ 个约束条件，运算后的全局最优结果是在 2、7、8 三个节点上设置为枢纽节点，其中节点 1 与枢纽节点 2 和 7 相连，节点 4 与枢纽节点 2 和 8 相连，节点 5、9、10 与枢纽节点 7 相连，节点 3 与枢纽节点 8 相连，节点 6 与枢纽节点 2、7 和 8 相连，总运输成本为 240632.4，比例 2.8 节省成本 5.24%。分派方案的网络图如图 2-20 所示，每条 OD 流经过的枢纽站点与流向如表 2-23 所示。

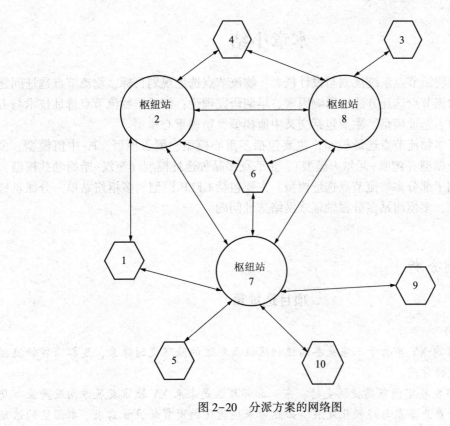

图 2-20 分派方案的网络图

表 2-23 OD 流经过的枢纽站点与流向

目的地 起始地	1	2	3	4	5	6	7	8	9	10
1		2	2, 8	2	7	2	7	2, 8	7	7
2	2		2, 8	2	2, 7	2	2, 7	2, 8	2, 7	2, 7
3	8, 2	8, 2		8	8, 7	8	8, 7	8	8, 7	8, 7
4	2	2	8		2, 7	2	2, 7	8	2, 7	2, 7
5	7	7, 2	7, 8	7, 2		7	7	7, 8	7	7
6	2	2	8	2	7		7	8	7	7
7	7	7, 2	7, 8	7, 2	7	7		7, 8	7	7
8	8, 2	8, 2		8	8, 7	8	8, 7		8, 7	8, 7
9	7	7, 2	7, 8	7, 2	7	7	7	7, 8		7
10	7	7, 2	7, 8	7, 2	7	7	7	7, 8	7	

本章小结

本章叙述了物流节点系统规划与设计概念,物流节点选址规划目标,物流节点选址问题分类;介绍了物流节点选址方法、影响因素、早期研究理论;阐述了物流节点选址技术与方法、单一物流节点选址模型,主要包括交叉中值模型、精确重心模型。

重点论述了多物流节点选址模型,主要包括多重心模型、覆盖模型、P-中值模型、多节点单品种选址模型(鲍摩-瓦尔夫模型)、多节点多品种选址模型(奎汉-哈姆勃兹模型)。

同时,介绍了部分多物流节点选址模型,主要包括CFLP模型、多枢纽站单一分派轴辐式网络选址问题、多枢纽站多分派轴辐式网络选址问题。

项目选址篇

1. 选址思路

(1) 充分考虑XY市位于三省交界的便利区位及发达的陆路交通体系,发挥商贸物流园区对大西南的支持作用。

(2) 为城市发展空间布局提供支持;东、北部片区是未来XY城市发展方向及产业布局重点,未来随着产业集聚与规模化发展,必然带来规模化的商贸物流量需求。本园区的选址应充分考虑城市发展及产业空间布局的要求。

(3) 充分依托、利用现有的昆汕高速、毕水兴高速、兴晴高速、南昆铁路及320、324国道等交通基础设施,节约建设投资。

(4) 具备与市区内部交通的便捷联系,便于城市商贸批发交易及物流配送业务。

(5) 宜选址在离城市的居民区有一定距离的地方,避免给居民生活带来不便。

(6) 尽量选择空间发展潜力较大的场址,为商贸物流园区的持续发展提供保障。

2. 选址原则

(1) 符合性。遵循地区国民经济发展规划与城市总体规划,与相关行业规划相协调。

(2) 通达性。与其他货运设施和综合交通运输网络有便捷的交通联系,以方便货物集散和中转换乘。

(3) 相关性。与城市货运对外辐射方向和区域布局相适应;与城市物流需求和供给的方向性基本一致,并充分考虑多式联运的可能性。

(4) 具有发展潜力。充分考虑业务集约化、规模化发展的潜力,需要有满足城市商贸物流业务持续发展的空间资源。

(5) 良好的用地条件与外协条件。具备良好的用地条件和水、电、通信与道路交通等外协条件。

(6) 具有环境友好性。布局选址应避免园区运营对城市市民生活产生负面影响。

3. 影响因素

(1) 交通因素。商贸物流园应能便捷地进入区域对外交通网络及城市内部交通网络。

同时要减少园区交通对城市内部交通的干扰。

（2）产业布局因素。商贸物流园布局尽可能与产业园形成配套，相互促进。

（3）城市空间发展因素。应符合城市的空间发展战略的思路。

（4）环境因素。商贸物流园应选址于对居民生活干扰小的地区。

（5）商贸物流园发展的自身因素。

①微观因素。商贸交易及物流操作流程的通畅性，衔接性；与铁路货运站场、高速公路等对外交通设施协作的便利度；商贸物流园的规模化；与XY市综合交通体系对接的便利度。

②宏观因素。商贸物流园区与外部条件的关系；与周边的批发市场、物流园能够合理分工；物流园能处在城市行政区域之内；物流园区与上层次规划相协调。

4. 基本要求

（1）具有足够的发展空间。

①商贸物流园区应具备满足商贸交易展示、物流业务集约化、规模化发展的空间资源条件，为长远发展留有余地。

②按照国内外物流园区规划建设经验，大型商贸物流园一般在 $2km^2$ 以上。根据《物流园区分类与基本要求》，物流园区至少应在 $1km^2$ 以上。XY市商贸物流园的面积应与发展定位相匹配。

（2）与现有交通运输体系有效对接。

①交通条件是商贸物流园存在和发展的基础，本园区应能与XY的高速公路、铁路、国省道、快速路、市政路、港口、机场等交通基础设施便捷对接。

②应尽量减少园区交通对城市内部交通的干扰。

（3）符合城市综合发展战略。

①避免园区建设与城市发展的冲突，尽量不占用城市远期建设用地，避免园区对城市其他功能区的干扰。

②减少园区对当地居民生活的影响。考虑到商贸物流园24小时连续作业的需要，园区应和居住区、较稠密的居民点保持一定距离。

③考虑到城市配送的功能。

（4）有助于提高区域商贸、物流产业综合竞争力。

①充分发挥商贸、物流在转变经济增长方式、推动流通服务业发展中的作用。

②完善流通配套基础设施。

③形成功能互补及差异化定位的园区格局。

5. 选址方案

根据商贸物流园区选择要求及相关思路，调研组在XY市域范围内多方考察，多次比较后选中以下4个主要备选方案。如图2-21所示。

（1）选址方案一。位于JS东北部汕昆高速与324国道交界处东南角。

①具规模。占地面积约1050亩。

②交通便捷。地块被汕昆高速、324国道及JS环城路三面包围。

③区位好。地块位于JS北部，正处于城市发展方向上，间于JS区与马岭镇之间的开阔地带，可持续发展空间较大。

图2-21　XY商贸物流园备选地块示意图

④缺点。地形略有起伏，增加开发难度；配套缺乏。如图2-22所示。

图2-22　XY商贸物流园备选地块1示意图

(2) 选址方案二。

①具规模。占地面积约1300亩。

②交通便捷。地块被汕昆高速、324国道及JS环城路三面包围。

③区位优势。地块位于JS东北部，正处于城区边缘的开阔地带，与市区结合较为紧密。

④建设条件好。地势较为平坦，利于开发；配套较好。

⑤缺点。物流配送可能对城市内交通、居住区有较大干扰；受地形干扰，可持续发展空间不大。

(3) 选址方案三（略）。

(4) 选址方案四（略）。

6. 最终选址方案

综合各项评判指标，并按照商贸物流园对各项内容的依赖度设定权重，采用德尔菲法及层次分析法（AHP）相结合，5分制（5分为满分）进行评价比较（见表2-24）。综合比较，三地块的分值较为接近，其中3号地块和4号地块的分值较高，是较为理想的项目选址。

表2-24 4地块综合对比情况

地块	区位	交通	与市区结合度	环境影响	规模	发展空间	加权	加权平均
1号地	3	4	3	5	5	5	94	4.09
2号地	5	5	5	3	4	4	102	4.43
3号地	4	5	5	4	4	5	103	4.48
4号地	4	5	5	5	4	5	104	4.53
权重	4	5	4	2	4	3	23	

综合1、2、3号地块，建议3号地块作为JS商贸物流园的选址，4号地块作为PD商贸物流园的选址。

（资料来源：王术峰. 商贸物流园概念性规划与设计［R］，2012.）

思考题：
结合本案例，物流园项目选址考虑因素主要有哪些？

参考思路：
1. 产业布局因素。商贸物流园布局尽可能与当地产业园形成配套，相互促进。
2. 区位因素。项目选址处于城区边缘的开阔地带，与市区结合较为紧密。
3. 交通因素。商贸物流园应能便捷地进入对外交通网络及城市内部交通网络，同时要减少园区交通对城市内部交通的干扰。
4. 城市空间发展因素。应符合城市的空间发展战略的思路。
5. 环境因素。商贸物流园应选址在对居民生活干扰小的地区。
6. 空间优势。地块预留发展用地，地形较为平坦，可持续发展空间大。

复习思考题

一、填空题

1. 运输成本取决于_____、_____、_____。
2. 与设施相关的成本包括_____、_____、_____。
3. 根据选址设施的数量，可以将选址问题分为_____和_____。

二、单项选择题

1. 连续点选址，是指在一条路径或一个平面区域里面任何一个（　　）都可以作为选址问题的候选解。
   A. 位置　　　　B. 设施　　　　C. 单位　　　　D. 范围
2. 重心模型是选址问题中最常用的一种模型，可解决连续区域直线距离的（　　）问题。

A. 聚集　　　　B. 离散　　　　C. 多点选址　　D 单点选址
3. 多重心模型选址计算。针对每一个群组的单一物流节点选址问题，运用精确重心法确定该群组新的（　　）位置。
A. 物流通道　　B. 物流节点　　C. 信息网络　　D. 服务范围

三、多项选择题

1. 物流节点选址的方法，主要包括（　　）。
A. 专家评估法　B. 模拟计算法　C. 精确法　　　D. 启发法
2. 选址决策的影响因素，外部因素主要包括（　　）。
A. 宏观政治及经济因素　　　　B. 环境和基础设施
C. 产业集聚状态　　　　　　　D. 竞争对手情况
3. 韦伯理论中心思想，就是区位因子决定生产场所，将企业吸引到生产费用最小、节约费用最大的地点。主要法则包括（　　）。
A. 运输区位法则　　　　　　　B. 劳动区位法则
C. 集聚（分散）区位法则　　　D. 递远递减法则
4. 多物流节点选址决策问题一般归纳的规划问题，包括①如何组织货流？各个物流节点的关系如何？运输线与各个物流节点的（　　）怎样？②网络中应该设几个物流（　　）？处于什么（　　）？③物流节点服务的顾客或市场是（　　）？规模多大？具有哪些功能？
A. 关系　　　　B. 节点　　　　C. 位置　　　　D. 区域

四、名词解释

折线距离；杜能地租曲线；韦伯理论；交叉中值模型

五、简答题

1. 物流节点选址有哪些方法？
2. 如何理解 P-中值模型？
3. 物流园项目选址考虑因素主要有哪些？

六、计算题

某公司在某区域有 6 个零售商客户（A1-A6）。拟在该区域新建 2 个仓库，用最低的运输成本来满足这 6 个客户。经考察，公司确定 5 个候选地（D1-D5），从候选地到各客户的单位运输成本、需求已确定（如表 2-25 所示）。试用 P-中值模型确定仓库位置与客户分派情况。

表 2-25　客户需求量与单位运输成本矩阵表

	D1	D2	D3	D4	D5	需求量
A1	8	9	25	6	11	45
A2	4	11	28	2	24	20
A3	5	8	12	20	13	50
A4	8	6	10	25	5	100
A5	15	10	8	28	10	80
A6	18	3	5	27	2	40

部分复习思考题参考答案

一、填空题

1. 运输数量　运输距离　运输单价
2. 固定成本　存储成本　搬运成本
3. 单一设施选址问题　多设施选址问题

二、单项选择题

1. A　2. D　3. B

三、多项选择题

1. ABCD　2. ABCD　3. ABCD　4. ABCD

四、名词解释（略）

五、简答题（略）

六、计算题（略）

第3章

物流网络系统规划与设计

本章要点
- 物流网络系统的含义和内容；
- 物流网络系统基本结构；
- 物流网络系统设计原则。

 开篇案例

中国移动的物流网络优化

中国移动通信集团公司（简称"中国移动"）于2000年4月20日成立，注册资本518亿元人民币，截至2008年9月30日，资产规模超过8 000亿元人民币，拥有全球第一的网络和客户规模。目前，中国移动的基站总数超过36万个，客户总数超过4.5亿户，每月净增客户数超过700万户，是全球网络规模、客户数量最大的电信运营企业。

庞大的企业规模，通信技术的不断革新，使中国移动的通信基础设施不断增加和改造，公司每年的工程物资集采额达到上千亿元。其背后的工程（物资）物流变得极其复杂；在这样的背景下，中国移动开始采用两级物流体系来建设和优化自身的物流网络。通过采取物流网络建设和优化措施，公司在取得了降低总体物流成本的同时，也为理顺该行业的供应链体系做出了重大贡献。

1. 实施物流网络优化的背景

与其他行业相比，在电信行业，工程物流算不上企业的核心竞争力，各大电信运营商在早期的管理和运营方面并不太重视物流，而且多存在各省间各自为政，同厂家单一联系的弊端。同时，国内移动通信行业也经过了几次大的分离和整合，从最初的中国邮电拆分为电信、邮政；后来电信又拆分为电信和网通。在国家颁发3G牌照后，现在国内电信市场有三大运营商，即中国移动、中国电信和中国联通。

另外，移动通信用户出现了爆发式增长。截至2010年，国内移动通信有近7亿用户，其中中国移动的用户就达4亿~5亿。这对基站站点的需求不断增加，通信基础设施建设的任务变得非常紧张。虽然近两年用户增加相对平缓，但由于3G的快速发展，新的通信基础设施建设的高潮又开始了。

为了更好地开展工作，及时响应公司基础设施建设对物资的需求，降低整体物流成本，中国移动在2008年成立了专门的物流工作组，负责工程物资物流规划和建设，并开始实施"物流改造"工程，进行物流优化。

2. 物流优化状况

在保留过去较好的物流系统基础上，中国移动将工程（物资）物流分为两级进行优化管理，构建二级物流体系。该二级物流体系是指，公司在全国构建大区和省区。大区是第一级，省区是二级，省区与大区的物流可以进行对接。供应商的设备首先送到大区，然后再分拨到各省区。目前中国移动在国内共有五个大区，包括华北大区、西北大区、西南大区、广东大区和华东大区。

具体来看，就是在全国建立大区和省两级集中仓储中心，推进干线运输的集中运营和区域配送的集成一体化运作。一期工程在全国选择五个省市——天津、陕西、重庆、广东、江苏建立大区物流基地，分别覆盖华北大区、西北大区、西南大区、广东大区和华东大区的物资仓储与配送。

以西南大区物流基地为例，该区是公司两级物流体制的重要组成部分，一旦建成之后，该物流基地将辐射重庆、四川、贵州、云南四省市，形成快速的物流通道。该物流基地可以大幅度增强集团公司集中采购的效率，实现"物资集中化"管理，更好地保证各省公司的物资供应，提升中国移动的市场竞争能力。

中国移动实行自建各大区和省物流中心，仓储和配送全部外包给第三方物流公司的模式。这样可以更好地整合社会物流资源，一方面降低公司的总体运营成本，另一方面可以更好地发展自己的主业。中国移动在首先满足公司内部物流配送的前提下，将来还可以满足社会需求。

另外，省区内部仓库也会随着企业发展建设的需要进行裁撤、增减。为此，目前，省区内的物流中心建设规范已经下发到全国。其中包括：①集中化：各省的物资由省区统一管理，实行一体化配送。根据各地的不同情况，有的地市会建设仓库；②实施信息化；③严格推进标准化。

除此之外，中国移动还考虑使用VMI或VOI模式管理库存，来进一步与供应链上下游企业进行合作。

3. 优化物流网络的经验

一些国际知名的咨询公司和大学为中国移动的物流网络优化提供了多方面的服务。通过采用统筹学知识、物流网络建设和优化工具、布点方面的数学模型，构建了中国移动新型的二级物流体系。行业专家认为，物流网络建设和优化工具只是一个辅助性参考，还要跟实际情况结合，包括当地政府的支持力度等，否则这些工具就成了空中楼阁。

在大区物流网点建设中，中国移动选择了自建仓库而不是租赁仓库的模式。原因有二：一是中国移动的仓库需要长期使用，而租赁仓库可能会牵涉到租赁时间问题，这样每次签租赁合同时会在价格上丧失主动权；二是中国移动的工程物资产品尺寸不一，形状各异，与标准化的产品仓储有很大不同，而社会上的仓库很难满足这样的需求。

另外，中国移动在网点布局中，有些地区不会自建仓库。在当今，社会化物流已经比较发达，即使在野外山区，从省区配送 8 小时也能到达，这些地区没有建设仓库的必要。

4. 实施概况和效果

据悉，目前，中国移动西南大区、华东大区物流中心的规划设计已经完成，建设工作也将于 2010 年完工，2011 年五大区的物流中心建设将全部完工；各大区之间的信息系统也已经形成网络。

通过规划实施这样的"物流改造"工程，大区物流中心的物资设备库存起到了"蓄水池"作用，理顺和平衡了公司上下游的供给和需求，对整个产业链起到了调整作用，为移动通信行业的供应链建设做出了贡献。在过去，公司通信基站建设的高峰期，设备需求高涨，供应商加班加点生产，仍难以满足需求；在基站建设平淡期，供应商设备和产品闲置，造成大量浪费。二级物流体制建设完成后，这种问题将会得到有效解决。

通过公司先进适用的信息系统，中国移动能够查看跟踪各地区的物资物流状况，大区之间可以物资库存的多缺状况进行方便地调配，公司的管理体系变得更加顺畅。

总体上看，通过实施物流网络的规划和优化，中国移动公司不仅降低了物流成本，而且可以做到及时响应。

（资料来源：http：//www.all56.com/www/34/2010-06/41147.html）

3.1 物流网络系统的含义与组成要素

3.1.1 物流网络系统的基本概念

物流网络就是物流的过程，如果按其运动的程度即相对位移大小观察，它是由许多运动过程和许多相对停顿过程组成的。

即把物流系统抽象为由节点（Nodes）与链（Links）连成的网络。网络中的链代表不同库存储存点之间货物的移动。这些储存点（零售店、仓库、工厂或者供应商）就是节点。任意一对节点之间可能有多条链相连，代表不同的运输形式、不同的路线。节点也代表那些库存流动过程中的临时经停点，如货物运达零售店或最终消费者之前短暂停留的仓库。

和物流网络相配合的还有信息网络，其中包含了关于销售收入、产品成本、库存水平、仓库利用率、预测、运输费率及其他方面的信息。信息网络中的链由两点之间的信息的传输构成。信息网络中的节点则是不同的数据采集点和处理点，如进行订单处理、拣选、备货和更新库存记录等。

产品流动网络与信息网络并不是相互独立的，它们结合在一起就形成了物流系统。在设计时必须作为一个整体来考虑，否则将影响系统的优劣。例如，信息网络的设计将会影响系统的订货周期，进而影响产品网络各节点保有的库存水平。库存的可得率会影响客户服务水平，进而影响订货周期和信息网络的设计。同样，其他各因素之间的相互依赖也要求从整体的角度看待物流系统，而不能将其分开考虑。

3.1.2 物流网络系统组成要素

所谓物流网络结构，是指由执行物流运动使命的线路和执行物流停顿使命的节点两种基本元素所组成的网络结构。

线路和节点：全部物流活动是在线路和节点进行的。其中，在线路上进行的活动主要是运输，包括：集货运输、干线运输、配送运输等。物流功能要素中的其他所有功能要素，如包装、装卸、保管、分货、配货、流通加工等，都是在节点上完成的。

物流网络构造有两个主要组成部分，即线路和节点。

1. 物流线路

物流线路广义指所有可以行使和航行的陆上、水上、空中路线，狭义仅指已经开辟的，可以按规定进行物流经营的路线和航线。物流线路有以下几种类型：铁路线路，公路线路，海运线路，空运线路。

2. 物流节点

物流节点又叫物流结点，是物流网络中连接物流线路的结节之处，所以又称为物流节点。物流节点的种类很多，在不同线路上节点的名称也各异。在铁路运输领域，节点的称谓有：货运站、专用线货站、货场、转运站、编组站等。在公路运输领域，节点的称谓有货场、车站、转运站、枢纽等。在航空运输领域，节点的称谓有货运机场、航空港等。在商贸领域，节点的称谓有流通仓库、储备仓库、转运仓库、配送中心、分货中心等。

3.1.3 物流网络优化方法

很多的企业物流网络都是随着业务的发展自然形成的，存在着各个不合理的情况。如何优化、改建网络是企业战略性的课题。

目前一般都应用数学规划等相关理论解决网络规划问题，本节就重点介绍基于运输费用最小的原则物流网络优化模型及服务范围优化模型建立方法。

1. 物流网络优化模型的建立

已知某企业有40个需求城市，准备在广州或深圳设立物流中心，配送中心候选地有8个，包括广州、深圳、厦门、武汉、长沙、郑州、汕头、福州。企业物流网络结构如图3-1所示。

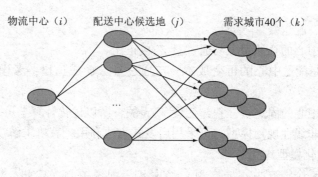

图3-1 企业物流网络结构模型

为完善其物流网络，研究建立其网络优化模型。

从1个物流中心，经过若干个配送中心，向若干个客户配送货品。物流中心已定，配送中心候选地有8处，从中选择若干个配送中心，使总的物流成本最低。

1) 优化目标

整个网络的优化目标是整个网络的物流成本最低。整个网络的物流成本包括以下几个部分：

总物流费用=（总运费+总配送费）+配送中心仓储费+配送中心内部可变费用+配送中心固定费用

2) 数学模型

目标函数可表示成：

$$\min f(x_{ijk}) = \sum_i \sum_j \sum_k (c_{ij} + d_{jk}) x_{ijk} + \sum_j e_j Z_j + \sum_j w_j Z_j^Q + \sum_j V_j r(Z_j) \quad (3-1)$$

约束条件：

$$\sum_{i=1}^{1} \sum_{j=1}^{8} x_{ijk} = p_k \quad k=1, 2, 3, \cdots, 40 \quad (3-2)$$

$$x_{ijk} \geq 0 \quad i=1; j=1, 2, \cdots, 8; k=1, 2, 3, \cdots, 40$$

式中：c_{ij}——从物流中心 i 到配送中心 j 每单位量的运输成本；

d_{jk}——从配送中心 j 到客户 k 每单位量的配送成本；

e_j——配送中心的单位仓储费；

x_{ijk}——从物流中心 i 经过配送中心 j 到客户的运输量 k；

Z_j——配送中心 j 的物流通过量；

$$Z_j = \sum_i \sum_k x_{ijk}$$

w_j——配送中心 j 通过量的变动费系数，w_j=年总费用/年通过量。

年通过量 $Q=1/2$；

V_j——配送中心 j 的固定费（与配送中心规模无关的费用）

$r(Z_j) = 0$；$Z_j=0$——不建此配送中心；

$r(Z_j) = 1$；$Z_j>0$——建设此配送中心；

p_k——第 k 个需求城市的配送需求量。

在目标函数中：

第一项是运输、配送费。

第二项是配送中心的仓储费，与通过量 Z_j 成正比。

第三项 $w_j Z_j^Q$ 是配送中心的可变成本，与通过量 Z_j^Q 成正比，考虑规模经济性，一般 $0<Q<1$；假设 $Q=1/2$。

第四项是配送中心的固定费，它与变量 x_{ijk} 无关，所以优化计算上可不予考虑。

此优化模型为非线性规划模型，可采用启发式方法利用计算机求解。

2. 服务范围优化模型建立

已知某企业由一个物流中心（广州）经由 4 个配送中心（广州、深圳、武汉、福州）向若干个需求城市配送（如图 3-2 所示）。

已知：物流中心到各个配送中心的距离及单位运费、各配送中心到各需求城市的距离和单位运费及各个需求城市的需求量，求使总运费最低的运输方案。这是一个数学规划问题，数学模型研究如下。

设由配送中心 j 到需求城市 k 的配送量为 x_{jk}。

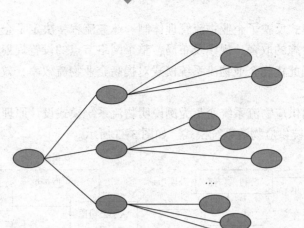

广州　　广州、深圳、武汉、福州　　　　40个

图 3-2　现行网络结构

目标函数为：

$$\min f(x_{jk}) = \sum_j c_j \sum_k x_{jk} + \sum_j \sum_k d_{jk} x_{jk} = \sum_j \sum_k (c_j + d_{jk}) x_{jk} \cdots \quad (3-3)$$

约束条件：

$$\sum_j x_{jk} = p_k \quad k = 1, 2, 3, \cdots, 40 \quad (3-4)$$

$$x_{jk} \geq 0 \quad j = 1, 2, 3, 4; k = 1, 2, 3, \cdots, 40$$

式中：c_j——从物流中心 i 到配送中心 j 每单位量的运输成本；

d_{jk}——从配送中心 j 到客户 k，每单位量的配送成本；

p_k——第 k 个需求城市的配送需求量。

这是一个运输线性规划问题模型，可采用计算机求解。

3.2　物流网络系统的结构模式

从物流战略高度来看，在企业物流战略确定以后，设计整体物流系统模式应该是非常重要的工作了，可以说物流系统模式是物流运行系统规划设计的开始，因为它决定企业的物流管理体制与组织制度，是物流网络规划、设施布局、具体的作业流程设计、信息系统建设规划的基础和前提。

3.2.1　物流系统模式的含义及设计内容

在企业供应链物流渠道上，物流据点与线路及其功能的组合一旦稳定下来就形成了物流系统模式。物流系统模式的表现形式上物流据点与线路的组合，其内在精髓是组合后的物流系统运行机制，物流系统模式的设计依据是企业物流系统的目标。

根据物流系统模式内涵，设计物流系统模式主要是明确物流据点在供应链中的地位及其功能、供应链库存的控制方法、各据点的物流衔接方式、信息处理与传递的方式与手段，并对整个系统运行机制进行安排等。

由于物流系统模式反映了企业物流管理体制、业务流程，决定了企业物流组织机构设置与人员配备、物流设施的取舍、规模及布局，整个网络节点的设置规划等，是物流设施规划设计的前提条件，因此优化企业物流系统模式对提高企业物流效率、效益乃至企业竞争能力均有十分现实的意义。

下面以 MD 公司供应物流系统变革为例说明物流系统模式设计原理及意义

MD 公司原有传统供应物流系统模式，如图 3-3 所示。

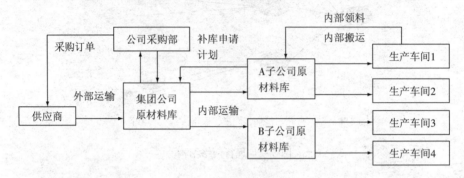

图 3-3　MD 公司的传统供应物流系统模式

MD 公司设立了原材料二级仓储部门并建设了原材料总库与分库多个仓储设施，配备了相应的仓储管理与搬运人员，整个物料供应过程的物流信息是层层向后传递并且是分割处理的，其供应机制对外是采购部门向供应商下订单，供应商通过第三方运输部门向公司运送货物，对内采取的是领料制和计划申报制度，即各车间根据生产计划向公司仓库领料，分公司既要以库存保证车间生产，又要根据库存定额向总公司仓库申请补充库存。

由图 3-3 可以看出，在传统供应物流系统模式下，层层设库，尽管对生产供应保证程度强，但物流环节多、货物周转速度慢、库存量大、物流成本高，特别是仓储设施投资费用大、物流业务流程复杂、人员工作重复、工作效率低下。

该公司物流主管总经理，还曾考虑提高公司物流效率，计划投资 3 000 万元将总公司原材料库改造成立体库，并已经请某仓储设备公司做好了立体库的改造设计方案。

后该公司请来了物流专家对供应物流系统模式进行了重新规划设计，新的系统方案不仅取消了立体库，而且导致了企业整个物流管理体制的大变革。

物流咨询专家设计的新的 MD 公司供应物流系统模式，如图 3-4 所示。

新的 MD 公司供应物流系统模式特点主要是取消公司二级仓库设施及其机构，在管理机制上采用 VMI 管理库存，对整条供应链进行资源整合，优选供应商，实施供应链管理，建立企业 ERP（企业资源管理）系统，并与供应商建立了直接的电子交货平台。通过互联网（Web）共享信息，在对后端的供应物流系统模式进行优化的同时，公司还加紧对前端销售物流系统的改造，为终端经销商安装进销存软件。

基于互联网的信息网络，对供应链上端，远距离零部件供应商租赁 MD 公司仓库里一个片区作为 MD 公司的库存保障，MD 公司生产采用取货制，近距离零部件供应商实施 JIT 配送供应零部件，实现 MD 公司生产零库存。对供应链下端，MD 公司主动提供经销商库存，以配送为手段，以最少的库存保证经销商的销售量。

经过物流系统模式变革，MD 公司不仅因为省去了众多的仓储设施而使仓储费用大幅度

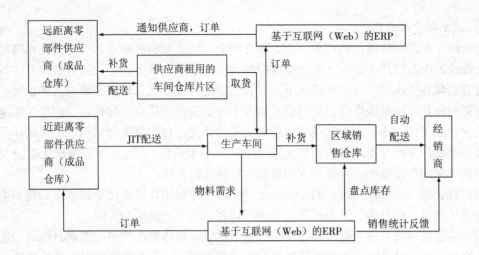

图 3-4　MD 公司新的物流系统模式图

减少,而且供应链管理能力得到提升,原材料库存与产品库存直线下降,资金周转加快、风险下降,销售量同 2001 年度比增长 50%~60%,在激烈的市场竞争中维持相当的利润。当然,MD 公司的业务流程、物流管理体制、组织机构与人员配备也作了相当大的变动与调整。

1. 物流系统模式设计的理论依据

物流系统模式设计其实质是商流、物流、信息流的分离,也是对供应链的业务流程进行再造,因此其设计的理论基础是"商物分离"的基本原理、供应链管理理论及业务流程重组(BPR)理论。

1) 商物分离理论

传统流通过程是商物合一,即商流与物流两者共同组成商品流通活动。尽管商流与物流两者之间关系密切,但是由于它们各自具有不同的活动内容和规律,各自均可按照自己的规律和渠道独立运动,再加之现代社会经济高速增长,增大的物流量远远超过了生产企业商品的自行供应能力。因此,人们基于流通效率的提高和成本的节约,开始重视物流,便将物流与商流分离开来,独立研究,便产生了商物分离理论。商物分离式物流科学赖以存在的先决条件,也是设计物流系统模式的理论依据。

从图 3-5 和图 3-6 来看,商流和物流合一,物流渠道长,中间环节多,参与主体杂,物流周期长、速度慢,并且物流批量小,作业分散,库存分散,社会货物总库存高、资金占用大,物流资源分散,重复运输、空载运输,物流设施设备利用率低下,重复建设,浪费严重,难以实现物流集约化、规模化,物流成本高,也不利于采用现代物流技术装备设计提高物流作业效率,而商流和物流分离往往可以克服其缺点。

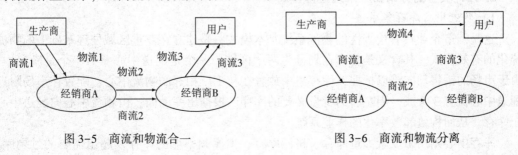

图 3-5　商流和物流合一　　　　　　　图 3-6　商流和物流分离

2) 供应链管理理论

传统的企业库存管理是站在单一企业的立场上，以企业物流成本最小化为原则来管理库存，在传统的库存管理方式下，企业库存控制的依据是来自于下游企业的订货信息，根据客户的订货数量补充库存。在这种情况下，订货信息是否可以充分反映市场需求的状况，就成为直接影响库存控制准确性的重要因素。如果下游企业提交的订货数据在反映市场需求方面带有一定的虚假性，那么，在此基础上做出的库存补充计划本身就会成为产生多余库存的起因。其结果是产生库存不足与需求放大现象——"牛鞭效应"，为消除需求放大效应及其对库存管理带来的负面影响，有效的方法就是实行供应链管理。

供应链管理（Supply Chain Management，SCM），即利用计算机网络技术全面规划供应链中的商流、物流、信息流、资金链等，并进行计划、组织、协调与控制。

供应链管理环境下的企业库存管理是以整个供应链整体物流效果为追求目标的，通过供应链各个节点企业对最终消费市场信息的有效把握和信息共享，提高库存管理的准确性，降低供应链各个环节的库存水平，实现高效率地库存补充。从物流系统的角度看，供应链物流管理是将供应链中的上下游企业作为一个整体，通过相互合作，信息共享，实现库存的合理配置，提高物流的快速反应能力，降低物流成本。

实施供应链管理，其运行机制也非常关键。供应链管理运行机制主要是合作企业建立战略联盟，在信息共享的基础上形成一个有效的利益共享与风险共担的合作机制，对供应链资源进行集成与优化。

供应链管理方法有快速反应（Quick Response，QR）、有效客户反应（Efficient Consumer Response，ECR）、联合库存管理（Jointly Managed Inventory，JMI）、供应商管理库存（Vendor Managed Inventory，VMI）、虚拟物流（Virtual Logistics，VL）和连续补充（Continuous Replenishment，CR）等。

3) 业务流程重组理论

业务流程重组（Business Process Reengineering，BPR）就是对企业的业务流程进行根本性再思考和彻底性再设计，从而在成本、质量、服务和速度等方面获得戏剧性的改善，使企业能最大限度地适应以顾客、竞争和变化为特征的现代企业经营环境。

业务流程重组关注的要点是企业的业务流程，并围绕业务流程展开重组工作，业务流程是指一组共同为顾客创造价值而又相互关联的活动。哈佛商学院的 Michael Porter 教授将企业的业务流程描绘为一个价值链（Value Chain）。竞争不是发生在企业与企业之间，而是发生在企业各自的价值链之间。只有对价值链的各个环节——业务流程进行有效管理的企业，才有可能真正获得市场上的竞争优势。

2. 几种典型的分销物流系统运行模式

1) 物流中心库存集中型

这是制造企业具有代表性的物流系统基本模式，是建立在双重区域处理基础上的物流系统化的有效模式。其含义是将库存划分为两个区域，一个是配送中心，另一个是库存中心。由于市场的销售动向难以把握，库存集中放置在与工厂相邻的物流中心，配置在市场附近的配送中心保有 3 天或一周左右的少量必要的库存。根据出库动向，由物流中心向配送中心补充库存。从而构筑起效率化的作业系统。

库存中心则用来放置大量库存、挤压库存、出库频率低的库存及超出需要的过剩库存。

这个中心的功能有两个：一是将多余的库存隔离开来，避免对物流作业的效率化产生影响；二是作为储备库存为配送中心备货作补充。如图3-7所示。

物流中心与配送中心的连线表示为实现物流中心向配送中心补充库存的运输功能部分。

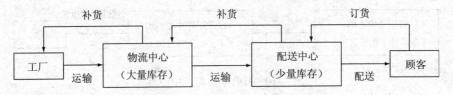

图3-7 物流中心库存集中型

2) 配送中心换载基地型

这种模式是适应及时生产、及时配送方式的一种物流系统。换载基地属于没有库存的配送基地。其运作原理是：零售店的订货信息传达到物流中心后，物流中心按照换载基地的类别、零售店铺类别拣选出货物后，装入小型集装箱，用大型车辆将集装箱运送到换载中心，在换载中心将集装箱再换载到小型的集装箱运送车上进行配送。如图3-8所示。

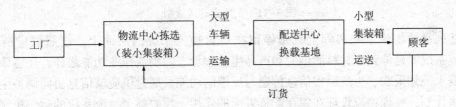

图3-8 配送中心换载基地型

3) C类商品后方配置型

这里的C类商品是指出库频率十分低的那些商品。这种模式将偶尔出库的商品集中放置在工厂附近的物流中心，配送中心只备有出库频率高和较高的A、B两类商品，当顾客需要C类商品时，由工厂的物流中心直接送达顾客或经由配送中心转送。如图3-9所示。

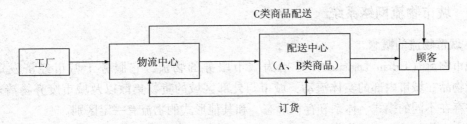

图3-9 C类商品后方配置型

4) 多频率小批量集中出库型

这种模式是将大批量货物的物流业务与多品种小批量货物的物流业务分离开来，以提高多品种小批量货物分拣和出库等作业效率，便于实现机械化作业。

其运作原理是：在区域物流中心（RDC）进行多品种小批量货物分拣，然后运送到批量出货中心（FDC），批量出货中心（FDC）将送来的分拣好的小批量货物与大批量货物放在一起向顾客配送。这种批量出货中心称之为FDC，即前方配送中心，承担着批量货物分拣和小批量多品种货物向顾客配送的任务。如图 3-10 所示。

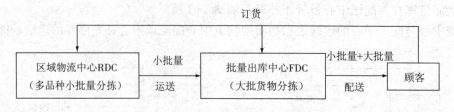

图 3-10　FDC 前方配送中心型

5) 工厂直达送货型

这是企业物流系统的一种极端形式，在多数情况下，与第一种类型的物流系统结合在一起使用。如图 3-11 所示。

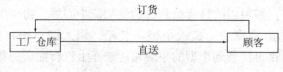

图 3-11　工厂直达送货型

上述列举的物流系统实际上只是停留在销售物流系统的层面上，按照供应链物流理论，物流系统要延伸到原材料的供应和产品生产领域。除物流作业功能之外，还应该具备根据市场需求规划采购、生产销售信息传递与反馈的功能。通过供应链信息协同调整生产、采购、销售计划，发挥物流管理在库存配置方面的作用，反映整个物流系统的运作机制。

物流系统所肩负的使命可以用总成本和物流服务来衡量。物流服务的衡量涉及存货的可得性、作业表现和服务的可靠性。存货的可得性是存货对需求的满足程度。作业表现体现在从处理订货、入库到交付的全过程中，涉及交付速度和交付的一致性。物流成本直接关系到所期望的物流服务水平，一般来说，对服务的期望越大，物流总成本也越高。有效的物流系统表现的关键是要在服务与总成本的开支之间形成一种均衡。

3.2.2　城市物流网络系统

1. 城市物流的概念

城市物流（Urban Logistics）是指为城市服务的物流，它服务于城市经济发展的需要，指物品在城市内部的实体流动，城市与外部区域的货物集散以及城市废弃物清理的过程，并存在不同的模式、体系和存在形态，和其他形式的物流有一定区别。

现在人们经常提到现代物流，经济学界对物流也有很多说法，称物流为"黑暗大陆"、"未被开垦的处女地"、"第三利润源泉"等，有"冰山学说"之说。这些都说明物流是现代企业发展的重点，是企业利润新的增长点，是提高企业竞争力的一剂良药，是企业迅速发展的催化剂。各种资料都反映不同行业，其物流费用都不同程度地占到商品价格的 45%~75%。

中国物流技术、管理水平发展的速度较国外发展速度慢些，只是近几年才觉醒，认识到实施现代物流管理的重要性，首先东南沿海城市的企业认识、发展了现代物流，从物流管理中取得了巨大的效益，提升了企业的竞争力，激发了企业的活力，而西部、北方城市的企业由于地域、经济发展速度的差距,企业的物流管理大部分停留在过去粗放型的物资供应、储存、运输、中转、装卸等单一的流程操作管理上,没有对现代物流有一个清晰的认识,更不要说城市物流、区域经济的考虑。东西部经济的差距从某种程度上可以说就是文化意识的差距,他们是一种现代、科学的管理思想、管理理念在经济发展中从感性到理性认识的过程与实际应用的体现。

塞翁失马,焉知祸福,差距、劣势从另一个角度来说可能就是优势,国外、东南沿海成功的经验,加快西部的成功,我们可以起点更高,规划更好。随着国家经济发展的重点向西部的倾斜,新疆特殊的经济与战略地位突现出来,同时西部经济发展水平与战略地位的不协调、矛盾性越发明显。整体上对区域经济快速发展的愿望与实际状况的巨大差距给政府、企业提出了严峻的要求,迫切需要发展经济,而经济的发展首当其冲的应该合理地、快速地发展现代物流。物流需要企业、社会去做,为了发展一窝蜂地都去做,可能就不能充分发挥现代物流的积极性,充分利用有限的资源,难以达到社会利润的最大化,从经济学的角度来说,边际收益没有达到最优,即利润最大化。作为国有大型企业、政府应该站在更高的位置,以战略、发展的眼光,从整体全局的角度看待物流,既要看到其紧迫性,又要认识到其重要性、合理性,做什么非一蹴而就,需要做综合、全面的分析,整体规划,建立城市物流的观念,认识到城市的兴起和城市区域经济的形成是社会生产力和商品经济的产物,是生产力空间存在的重要形式,也是社会再生产各环节:生产、分配、交换、消费,以及各经济部门在城市空间上的集中表现。也就是说,城市经济的形成是城市物流存在的条件,而城市物流又是促进城市区域经济快速发展的有效手段,他们是相辅相成,紧密联系的,他们的目标是一致的。

2. 城市物流的特点

1)物流活动频繁、信息量较大

主要原因在于城市作为社会经济活动的中心,其经济运行的速度要高于区域经济的运行速度。城市物流信息具有规模大;波动幅度大,繁忙时节和平常时节信息量差异很大;覆盖面广,信息的发源地、处理地点、传递路线和使用节点分散在广泛的区域;变动频繁等特点。

2)运输距离短、主要为公路运输

相对于区域物流来说,城市物流的运送距离较短,主要为公路运输,部分涉及管道和内河运输,基本不涉及航空、铁路和远洋运输。运输方式以直线、零担、联合及中转运输为主。小批量、多品种、高效率、近距离决定了城市运输工具具有小型化的趋势。

3)物流节点多、运送批量小、品种多、频率高

城市物流有很大一部分是为最终消费者服务的,小批量、多品种、高频率消费需求特点以及分布密度的不同,使城市物流具有节点多、运输批量小何频率高的特点。

4)受城市规划与各种管制的制约较多

这主要表现在两个方面:一是在仓储设施上,很多城市的发展规划都对其位置做了相应的限制;二是交通运输方面,很多城市都制定了相应的管制条例。比如,大型车辆的通行时间等。

5)物流设施布局相对均衡

一般来说,城市物流基础设施布局相对均衡,差异较小。

与其他物流相比，城市物流与其他物流的区别主要体现在以下几个方面。

（1）城市物流与企业物流的区别。第一，所配置的资源不同。对企业的物流而言，企业所能配置的资源仅限于企业内部资源；而对于城市物流而言，需要配置的资源包括整个城市内的运输资源、信息资源和政策资源等。第二，综合的程度不同。对企业而言，其物流系统只能在现有的道路以及企业本身拥有的物流设备基础上，进行其物流系统的设计；城市物流系统将在综合考虑多种运输方式、调整城市用地规划、搜集和处理所有物流信息，使物流资源得到最大限度的集成和最优的配置。

（2）城市物流与行业物流的区别。城市物流与行业物流相比，最主要的区别在于追求的目标不同。行业物流如商业物流追求的是本行业的效益最大化，城市物流追求的目标是整个城市社会成本的最小化，除了经济因素还包括环境、交通等因素。

（3）城市物流与国际、区域物流的区别。城市物流与国际物流、区域物流相比，最大的区别在于研究的内容不同。国际物流、区域物流的重点在于如何组织货物在大范围内的流动，主要考虑的是干线运输组织；而城市物流的重点是考虑如何保障整个城市的物流活动，满足人们生活、生产的需要，考虑的是货物在城市内的流动以及城市外界交换，以配送为主。

3. 城市物流网络系统规划的概念

所谓城市物流网络系统规划，就是根据城市的外部环境、城市的经济发展状况和功能定位，以及城市现有物流状况和未来物流需求，从城市的整体利益的角度出发，合理配置城市物流资源，建立起一个合适城市发展需要的有效的城市物流网络系统建设方案的过程。也就是说，城市物流系统规划所设计出的这个城市物流网络系统，是一个既适合并促进该城市经济发展、又适合并促进大范围经济发展物流系统。城市物流系统规划的前提是物流需求预测，其主要内容包括物流基础设施平台构建、物流公共信息平台构建、物流政策平台构建以及城市物流市场主体培育。

城市物流系统是一个涉及领域非常广泛的综合系统，它涉及交通运输、货运代理、仓储管理、流通加工、配送、信息服务、营销策划等领域。城市物流系统又是一个开放的复杂系统，影响其发展的内外部因素多且变化大，其依托的外部环境的变化也有很大的不确定性，因此，不论是改进现有物流系统还开发新物流系统，进行物流系统规划都显得尤为重要。总的来说，城市物流系统规划有利于社会经济的可持续发展，对物流业的发展、物流设备的配置、物流用地的布局、物流企业的经营与管理模式的确定，主要表现在以下几个方面。

1）进行物流系统规划有利于城市建设与发展

物流领域容易出现低水平的重复建设现象，需要有规划的制约。物流领域进入的门槛比较低，而发展的门槛比较高，这就使物流领域容易在初期出现在低水平层次的重复建设现象，如仓储设备的建设、物流园区的建设、信息系统建设等。物流领域的建设投资，尤其是基础建设的投资规模是比较大的，需要有规划的引导。如果没有科学的规划，就不能有效地利用资源，就可能给城市、社会、企业造成巨大损失。

2）进行物流系统规划有利于物流业的健康持续发展

物流系统规划指引物流业的发展。物流业的发展首先要社会有物资需求，其次需要一定的基础设施为依托。社会有什么样的物资需求、需求的数量多少、需求的分布情况等都需要进行物流系统规划加以确定；另外物流业发展所依托的基础设施利用情况、信息平台的需求情况、物流企业发展情况也需要物流系统规划辅助决策。因此有必要对物流业发展各阶段进行物流系统规划，为物流业走上正确的发展轨道提供科学的依据。

3) 进行物流系统规划有利于物流用地的合理布局和物流设施的合理配置

土地资源的利用是物流业发展在城市空间上的主要约束条件，对物流的影响主要是物流基础设施对物流条件的选择和各种物流需求在不同用地功能上的产生状况。因此，只有通过物流系统规划才能整体把握物流用地分布、数量情况，物流用地中仓储、车场的布局和规模以及配送中心和物流园区的选址、用地规模、功能设置等。

4) 做好城市物流规划，对于解决城市日益严峻的交通、环境污染等问题有巨大的作用

每个大中城市都存在着交通拥挤问题，城市内的交通包括客运和货运两部分，正确且合理地进行城市物流配送，不但可以保证城市的物资供应，还可以减少货运交通量，把更多的交通资源让位给客运，解决城市交通问题，而这同时也降低了城市的交通污染。

4. 城市物流网络系统规划的基本原则

不同的城市发展水平各不相同，客观情况千差万别，但是，城市物流的发展毕竟有其内在规律。为此，在进行城市物流系统规划时，必须遵循科学合理的规划原则，才能保证城市物流系统的正常有效运行，避免一些不必要的资源浪费，真正使物流系统为城市的经济发展和居民生活水平的改善发挥最大作用。

1) 物流规划应与城市整体规划一致的原则

城市物流规划首先应该与该城市的整体规划一致，与城市总体规划的功能、布局相协调。在做城市规划的时候就要充分考虑到物流规划，同时物流规划要在城市整体规划的前提下进行，必须与城市的总体规划保持一致，避免盲目地重复建设。

2) 物流规划坚持以市场需求为导向原则

城市物流系统的规划必须遵循市场化规律，使物流系统总体的经济运行取得最佳效益。只有根据市场需求，才能设计、构建出有生命力的、可操作的城市物流系统，才能规划合理的物流基础设施，才能构建高效的信息平台，才能出台到位的物流政策，才能使整体的城市物流系统走向合理化。

3) 城市物流系统规划既要立足于现实市场需求，又要考虑将来的发展需求

城市物流系统是为城市经济发展服务的，但它同时又必须有一定的超前性。城市管理者和经营者在制定城市物流系统规划时，既不能盲目追求规模大、功能全的规划，搞形象工程和政绩工程，又不能目光短浅，仅考虑当前需要。而是要立足于城市目前的经济发展状况和对将来的发展趋势的科学预测，使资源最大限度地发挥作用。

4) 整合各种城市物流资源，实现城市物流方式优势互补

当城市物流资源分散在不同企业或不同部门时，各种城市物流要素很难充分发挥其应有的作用。只有在全社会范围内对各种城市物流要素进行整体的优化组合和合理配置，才可以最大限度地发挥各种城市物流要素的作用，提高整个城市的物流效率。

5. 城市物流网络系统规划主体

在发达国家，物流市场已经充分发展，物流系统的规划主要是大型物流企业的发展规划，以微观的企业物流规划管理来进行供应链的整合。

在欧美，物流主要靠市场推进，物流系统的规划主要是大型物流专业公司的发展规

划,以微观的企业物流规划管理来进行供应链的整合。我因由于长期计划经济的影响,物流市场比较薄弱,缺乏大型的、成规模的专业化物流企业。同时物流资源大多分散在各部门,部门间目前还缺乏协调机制,在资源的市场整合方面也存在障碍。因此在我国物流发展的初期,现代物流还不能完全靠市场推进,而政府的推动作用非常重要。城市政府部门应当作为城市物流系统规划的主体,协调各部门利益,整合各方面资源,从宏观上主导城市物流系统规划。

同时,行业管理部门、行业协会基于对本系统的资源优化,制定的行业物流发展规划,也是城市物流系统总体规划的一部分,甚至城市内一些大型支柱企业的企业物流规划也可以融入城市物流总体规划中,作为公共物流系统规划的有益补充。

6. 城市物流网络系统规划框架

城市物流系统总体规划的框架和具体内容,目前还没有同意的看法和标准。通过一些中心城市物流规划的实践总结,城市物流网络系统总体规划的前提是城市物流需求预测及城市物流发展现状分析,城市物流网络系统规划的主要内容包括:城市物流基础设施平台构建、城市物流公共信息平台构建、城市物流政策平台构建、物流市场主体培育等。

1) 物流需求预测分析

物流需求预测和物流发展现状分析是物流系统规划的前提,合理的规划一定是建立在对现状的准确了解和对未来物流量科学预测的基础上的。物流业现状分析主要包括分析城市物流业发展水平、物流基础设施建设中存在的问题、信息系统建设的现状和需求等方面,可以通过调查和统计得到相关信息。物流发展预测分析主要包括货运量和物流总量的预测,不仅是确定物流基础设施的规模和布局的前提,而且对物流信息平台的构建、物流政策的出台和政府部门的宏观决策都有重要的意义。物流需求量受影响因素多,对其进行较为准确的预测是个较难的课题。

2) 物流基础设施规划

物流基础设施规划是城市物流系统规划的重要组成部分,是城市物流系统规划的硬件部分。物流基础设施的建设,不仅为了满足商品货运的需要,而且需要满足客运交通的要求。相对中心城市或枢纽城市,物流基础设施规划主要是指城市物流节点的空间分布和数量关系规划以及货运配送道路体系规划。基础设施建设投资巨大,应该充分利用现有基础设施,新的设施的规划建设要与城市和地区总体发展规划协调一致。

3) 物流信息平台规划

现代城市物流系统的高效运转离不开先进的物流公共信息平台,即城市物流系统的软件部分。城市物流信息平台可以看成是城市物流领域的神经网络,连接着城市物流系统的各个层次、各个方面,是支撑城市现代物流系统发展的关键性因素。物流信息平台规划就是根据物流业发展战略目标和城市定位,在分析各种物流模式下的功能与需求的基础上,提出城市物流信息平台发展的战略目标、建设策略、体系结构和功能模块等。

4) 物流政策平台规划

城市物流系统的发展肯定是政府和市场共同作用的结果,特别是发展初期,政府的政策扶持尤其重要。物流政策平台规划是制定与社会主义市场经济制度和城市物流产业发展相适应的法规框架和政策体系,目标是为城市物流的发展创造良好的柔性软环境。主要包括政府宏观引导、法规建设、市场运作、项目规划、协调服务,以及行业政策、行业标准、技术支持等一系列的政策和措施。物流政策平台规划还同时担负着为物流基础设施规划和物流信息平台规划的实施提供政策保障的任务。

5) 物流市场主体培育

有了物流基础平台、信息平台和政策平台，还不一定有发达的城市物流系统，成熟的物流市场主体必不可少。物流市场主体培育规划的主要任务是提出适合于改造传统物流企业和促进现代物流企业快速发展的对策措施。它是城市物流系统规划的重要目的和成果体现，可以包括引进国外物流巨头、运用产业、财政税收和金融等政策措施对本土物流企业加以支持，促进物流企业联盟与合资合作等。

3.2.3 区域物流网络系统

1. 区域物流的概念

区域通常指的是某一经济区域或特定的地域范围，根据区域大小物流网络可划分为地区物流网络、国家物流网络、国际物流网络等。区域物流中的"区域"是特定经济区域，经济区域与行政区域不同，它是社会经济活动专业化分工与协作的结果，具有特定的经济规律。区域内各要素相互制约，相互依存，共同推动区域经济的发展。但是，目前国内外学术界对区域物流尚没有统一的定义，崔伟教授认为，区域物流"是指一个地区范围或一个区域范围的货物运输、保管、包装、装卸、流通加工、配送和相关的信息传递活动，区域物流的主体是趋于货物运输；王莉教授认为，区域物流是"区域范围内的一切物流活动的总和，其具有明确的区域性、整体性、目的性、层次性、适应性和动态性"；还有其他的研究以系统论的观点来定义区域物流，认为区域物流是在一定经济区域范围内，为有效达成以低物流成本向顾客提供优质物流服务的系统，是所在区域内众多的物流环节和物流运作的各组成要素在物流运作机制的综合作用下，以提高物流效率，获取物流利润为核心目标的区域性物流综合体系。

笔者认为区域物流是在一定的经济区域地理环境条件下，以大中小型城市为中心而形成的一系列物流活动总和的网络系统，它的核心是大中型城市物流节点，属于全国物流、国际物流等宏观物流系统的重要组成部分，其基本构成单元是微观的企业物流，因此，区域物流系统是微观物流和宏观物流的交接系统。研究区域物流目的就是为了解决单一企业以外的各种物流问题，以实现区域或更大范围的物流合理化，服务于区域的经济发展，增强区域的物流功能，提高区域的经济实力。

2. 区域物流网络的概念

在现代交通经济学中，网络是指一定地域内各种交通线路与通信信息线路所构成的地域分布体系，它是地域经济空间中线状要素发展到较高阶段的产物。用图论来表述，网络可描述为若干有向线条和若干不同等级节点相连接的连通图。节点是网络的心脏，线路是节点间联系的通道，点、线、面空间结构要素之间客观上存在着几何学和物理学上相互必然的转换关系，即连点成线、交线成网和扩网成面。区域经济中，网络表示空间经济联系的通道，空间上表现为交织成网的交通和通信等线状基础设施；它还表示区域经济联系的系统，这种联系表现为地区之间和企业之间的经济、技术和信息等方面的联系，它反映了区域经济发展的一种有序结构。随着区域经济活动的高度化发展，由交通、通信等生产性基础设施构成的区域物流网络系统已成为地区经济发展的重要子系统。

目前学术界对区域物流网络，和区域物流一样还没有统一的定义，那么我们不妨从区域物流和网络的概念来定义区域物流网络。在微观领域，区域物流网络是一定的区域范围内一系列供应商、制造工厂和仓库的有机组合，其目的是为了加强供应链的管理，其本质就是物流过程中相互联系的组织和设施的集合。线路和节点相互关系、相互配置及结构、联系方式的不同，形成不同的物流网络。在宏观领域，区域物流网络是以综合物流枢纽中心、区域物流枢纽中心、城市物流枢纽中心等为网络节点，以物流通道为线路，彼此有机结合，构成了由多层次物流中心体系和交通运输网络体系而形成的综合物流网络体系，如图3-12所示。物流企业是区域物流网络系统运作的主体，地方政府则是区域物流政策制订的主体，是区域物流网络系统的宏观调控者。本书对区域物流网络的相关研究侧重于宏观领域。区域物流与区域物流网络的联系就是区域物流网络的本质问题是区域物流问题，区域物流网络是区域物流系统化的方法和手段。构建区域物流网络是政府从宏观角度促进区域经济一体化，鼓励物流产业发展，降低物流总成本而具体实施的。

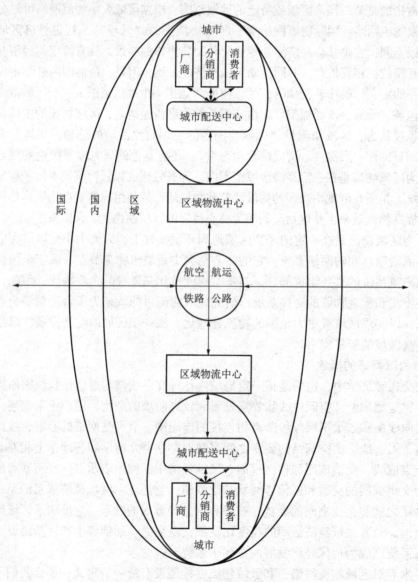

图3-12 区域物流网络内部构造及层级图

区域物流与区域物流网络的联系就是区域物流网络的本质问题是区域物流问题，区域物流网络是区域物流系统化的方法和手段。区域物流网络具有区域物流的一切特性，区域物流贯穿生产、流通、消费三大领域，流通过程伴随着大量物流信息，其涉及的人员、资金、经营网点范围广、数量大；区域物流的总目标是实现宏观和微观经济效益。但是，系统要素间有着非常强的"背反"现象，如物流成本与服务、物流成本与效率等都存在一定矛盾；企业的业务活动和企业间的物流常常跨越不同的地域，这使得区域物流的地域跨度更大。另外，由于区域之间产业的互补性，为了使需求得到快速的满足，企业通常采取存货的方式解决产需之间的时间矛盾，这更使得区域物流的时间跨度加大，这些无疑给区域物流的管理带来了麻烦，而且对信息的依赖程度加大。区域物流网络也同样具有这些特征，将区域物流网络体系系统化、最优化是现代物流区别于传统物流的特性。另外，由于区域之间产业的互补性，为了使需求得到快速的满足，企业通常采取存货的方式解决产需之间的时间矛盾，这更使得区域物流的时间跨度加大，这些无疑给区域物流的管理带来了麻烦，而且对信息的依赖程度加大。区域物流网络也同样具有这些特征，将区域物流网络体系系统化、最优化是现代物流区别于传统物流的最大特点。区域物流网络系统除了上述的一些特征外，还具有以下特性。

（1）开放性。区域物流网络是一个开放体系，能够不断地从外界（周边区域、全国范围以及跨国范围）获得物流要素和信息，同时又向外界传递物流要素和信息，从而维持着区域及不同区域物流要素的相互联系。

（2）动态性。物流经济要素的吸附性、物流动性和结合性，使得物流节点和物流通道具有很强的吸附性，能吸引更多的资源和空间，不断扩大物流经济要素的现有规模。随着物流网络与外部系统的物质和能量交换，其内部结构表现出起飞、扩张、膨胀、成熟、衰退等生命周期特征，具有发展性，在不同的发展阶段，物流网络呈现出不同的空间形态、产业结构特征及内外交流走势。物流网络节点和物流通道的吸附性，物流网络的发展性充分体现了区域物流网络的动态性。

（3）非均衡性。物流的发展水平总是以经济发展为基础，在现实经济生活中，不同的区域，社会资源的分布状况是不均衡的，其直接影响了提高物流发展程度的经济基础，因此经济的发展是不均衡的，从而决定了区域物流网络的非均衡性。

（4）网络节点物流利益的相对独立性。区域物流网络是由一系列的城市物流网络节点所有机组成的，这些城市都是相对独立的经济利益主体，每个地区都有其相应的经济利益，因此，它们之间避免不了竞争，但是只要正确的引导，适度的竞争是必要的，符合经济发展的需要。因为区域物流介于宏观物流与微观物流之间，应当接受国家的宏观调控，节点之间在竞争的同时还应当相互支持，到目前为止，经济落后的地区向发达地区输入了自然资源和劳动力，给予了多方面的帮助，另一方面，经济发达的地区也应该在经济规律的作用下产生生产要素向落后地区输送，这样才能实现区域经济的协调发展。

区域物流网络的基本功能如下。

（1）区域物流网络整体功能：整合功能。在现代物流中，整合就是要优化资源配置，就是要有进有退、有取有舍，就是要获得整体的最优。区域物流网络的作用就是整合区域内的物流基础设施资源、物流组织资源和物流信息资源，通过整合使物质资料和信息在区域范围内高效流动和传播，以达到降低物流成本，提高物流效率的目的。具体来说，区域内和区域间自然资源、经济发展不平衡，生产与消费、供给与需求的空间分离，引起不同区域的经济相互需求，产生物质资料的相互交换，通过区域物流网络削弱空间差异，使不同区域相互协调统一。虽然区域物流网络能缩小空间差异，但同时加剧了空间的不平衡。区域经济活动通过物流网络更加频繁，更加高效，随着技术进步和区域物流基础设施的改善，为物流经济要素的进一步聚集创造了条件，引起企业生产规模的扩大、城市规模的扩大等等，这样就产生了新的空间不平衡性。反过来这种不平衡又对区域物流网络提出了新的要求，从而推动了区域物流网络的发展，提高区域物流网络的有序性。也就是说区域物流网络的整合功能在推动区域经济发展的高速发展的同时，也促进了区域物流网络的有序发展，两者的关系总是相互促进，相互协调，共同发展。我国物流服务市场基本上还处于分散、割裂、封闭和无序竞争状态，区域物流企业在发展过程中存在诸多的问题，资源分散，重复建设严重，资源利用率和信息化水平低，这与区域经济的快速发展极不协调，要想提升区域的核心竞争力，推动区域经济的发展，就离不开区域物流网络的整合功能。

（2）区域物流网络中心城市功能：极化功能、扩散功能、创新功能。中心城市无论从物流总量还是从区位条件在区域物流网络中都处于"核心"地位，也是区域物流网络的经济增长中心、资源配置和调控中心、创新中心及区域行政调节中心。在区域物流网络中中心城市通常也分为多个级别，不同级别的中心城市在网络中的功能不同，辐射的地域范围也不同，可分为网络中心节点和网络次级节点，在不同的区域范围内发挥着中心节点的功能，从而推动区域经济的整体发展。

物流中心城市在经济发展中积累了巨大优势，如强大的科技力量、便捷的交通通信系统、完备的基础设施、优越的生产协作条件、雄厚的资本和集中的消费市场，其很自然成为区域物流网络的"增长中心"，按照佩罗克斯的增长极理论，增长总是要被极化的，产生"极化效应"。极化效应是指一个地区只要它的经济发展达到一定水平，超过了起飞阶段，就会具有一种自我发展的能力，可以不断地积累有利因素，为自己进一步发展创造有利条件。那么各种物流经济要素就会通过物流网络向中心城市聚集，使其物流及综合经济实力进一步加强，从而促进周围的物流经济发展，在区域物流网络初期，中心城市的极化作用明显。极化效应的对偶效应是扩散效应，当区域物流网络发展比较成熟是，扩散作用较为突出，物流经济要素从中心城市通过物流通道向物流网络外围扩散，这体现物流中心城市的辐射作用，其辐射的区域则相应成为其腹地，形成物流经济的极化区域和辐射区域。区域物流网络是区域内多元主体参与的，有多种创新资源流动的创新系统，其创新资源主要集中在中心城市，它的极化效应为创新功能的实现提供了人才、科技、资金，营造了良好的创新环境，通过不断地创新使中心城市向物流网络"外围"产生"扩散效应"，这一系列效应的产生都是紧密联系的，缺一不可，共同推动区域物流网络乃至区域经济的发展。

3. 区域物流网络系统构建

区域物流网络系统构建服务于现代物流发展，其作用体现在：①有利于第三方物流企业的组建和发展；②有利于物资流通行业内的经济组织重新整合；③有利于物流各个环节的衔接性；④区域物流网络的完善程度、整体优化对区域物资流通的快捷性有重要的影响。既然区域物流网络对经济和物流的发展有如此多的益处，那么就应该帮助政府构建更加完善合理的物流网络，其基本思路主要包括区域物流网络的服务对象、影响因素、组成要素、构建原则等。

1) 区域物流网络服务对象

物流作为第三产业，它是服务性产业，要构建区域物流网络，首先要明确区域物流网络的服务对象。区域物流是区域经济活动的重要组成部分，是区域功能得以发挥的有力支柱，因此，区域物流网络从根本上讲为区域经济服务的，满足经济社会发展的需要，以区域物流网络为平台积聚、扩散区域内外的各种物流经济要素，合理配置区域资源，因此，区域物流网络也是为现代物流发展服务的。

2) 区域物流网络影响因素

物流已渗透到经济生活的各个领域，凡是对物流有影响的因素，对所在的小区域都会有影响，只是影响程度大小不同而已，因此，这么看来，区域物流网络的影响因素有很多，而本书对区域物流网络的研究更多考虑的是宏观领域，侧重于区域物流网络的结构、规模及各中心节点功能的研究，所以影响因素也将从上述的几个方面去重点考虑，不难得出它们的影响因素有如下三点。

（1）区域地理位置和形态。区域地理形态将直接影响区域物流网络的轮廓，设置地理布局上的制约条件。因此，不同区域的物流网络都具有特定的地域形态特征，应结合具体情况具体分析。区域的地理位置决定区域物流网络的区域经济定位和网络中心城市的地理区位，其客观上决定了区域地理的现实状态，形成了不同区域地理位置的差异，这同时也造成了区域物流网络的差异。例如，内陆区域和沿海区域从事国际物流就有本质的区别，内陆区域要从事国际物流首先要经历国内物流，到达沿海区域之后在从事国际物流，很明显沿海区域的港口地区成为国际物流的中心节点，自然也成为某一国家和某一区域的物流中心。这些差异往往也是造成区域经济差异的主要原因。地理位置是一方面，形态也有很重要的影响，它直接决定了区域物流网络的轮廓，某种情况下是区域物流网络地理布局的制约条件。因此，不同区域的地理位置和形态，区域物流网络都有不同的结构和特定的地域形态特征，应视具体情况而定。

（2）区域经济发展状况。区域物流网络与区域经济关系密切，二者相互促进，共同发展，区域经济的发展水平决定区域物流的发展水平，其规模决定了区域物流网络的规模，区域的产业结构决定了区域物流的活动方式和服务水平，如东部沿海的高新技术产业和珠江三角的制造业，其原材料和成品可采用多种运输方式，对响应速度和物流服务要求较高；中西部的主体产业是原材料工业和农业，它们的产品基本上都是大宗货物运输，以铁路和水运为主。因此，一旦其产业结构发生变化，将对物流基础设施及区域物流服务水平、规模等有着重要的影响，同时对区域物流网络提出新的要求，构建的区域物流网络必须与区域经济发展相适应。

（3）区域物流基础设施发展水平。具体来说，物流基础设施是指公路、铁路、港口、机场、流通中心以及网络通信基础等。大型的物流基础设施建设一般都是由国家统一安排，地方政府只是作一些辅助性的建设，因此区域物流基础设施建设受到国家宏观经济建设的影响，并且与国家的产业发展、产业政策和基础设施的布局紧密相关。由于区域物流基础设施的建设周期长、投资大，在短时间难以有很明显的变化，所以政府相关部门要及早做好规划工作，否则将影响区域物流活动的开展。区域物流基础设施的规模也决定了区域物流网络的辐射范围。此外，还要考虑到区域物流网络的调控主体是政府，物流的运作主体是企业，这也是构建企业物流网络与区域物流网络所需要特别注意的。

3) 区域物流网络组成要素

区域物流网络组成要素如表 3-1 所示。

表 3-1 物流节点及线路的界定

区域物流网络要素	形式	功能
物流线路	公路、铁路、航空、航运	运输
物流节点	机场、港口、物流中心、配送中心、物流企业、物流枢纽城镇、仓库、车站等	存储、装卸搬运、配货、流通加工等

(1) 节点。物流节点是物流网络中线路与线路的交接点或衔接处，是物流经济活动的空间聚集点或转接点，在物流网络中起着十分重要的衔接、管理与控制作用。从实体网角度来说，区域物流节点既包括物流园区、物流中心和配送中心，也包括仓储中心、站场（汽车站、火车站、机场、港口等）、物流企业、物流枢纽城镇等。从区域的角度，城市可以抽象为区域物流的集散点，区域内各节点城市物流的集合构成了区域物流。本书所阐述的网络节点主要是指物流中心城市，它是区域物流网络的极核，物流经济要素在物流中心城市作点状聚集运动。本书中节点和结点是有区别的，节点理解为中间的点，尚有延续，而结点是结束的点。区域物流网络中的节点也可称为"网点"。在研究网络的点结构时可用节点城市重要度作为点结构的测度指标。节点城市越重要，表示该节点城市物流需求潜力越大。

(2) 线路。物流线路也称为物流通道，是物流网络中各种资源及信息流通的渠道。物流线路既包括虚拟的信息通信线路，也包括有形的物质流通线路。节点城市之间由于存在多种运输方式，物流线路可分解为公路、铁路、水路、航空、管道等五种物流线路，把所有物流线路汇集起来，可抽象为节点城市间的物流线路。在物流网络中，如果单纯只有线路和节点存在，没有联系，那么物流节点只能是孤立的、分散的，也根本谈不上物流网络，因此，联系也是物流网络形成的一个不可或缺的基本因素。物流网络的联系除了节点和线路之间物理上的逻辑联系（连接）之外，更重要的是节点与节点之间的各种经济联系，这些经济联系的存在和发展，给物流网络注入了能量和动力，才能推动物流网络的有效运作。在研究网络的线结构时可用节点城市吸引度作为物流联系能力的测度指标。该指标表示一个节点与其他节点物流联系量占区域物流联系总量的相对比重，其值越大，表示该节点在物流网络中的地位越重要。采用点线结合的方法评价节点城市在物流网络中的能力水平。

4) 区域物流网络构建原则

区域物流网络的构建主要涉及物流网络节点的选择、层次划分、功能定位、物流通道的完善等，重点是节点的选择、层次划分、功能定位，克服"重线路、轻节点"的传统做法，并注重节点和线路的协调发展。区域物流节点可划分为综合物流枢纽中心、区域物流枢纽中心、城市物流枢纽中心。由于区域物流网络受到多方面因素的影响和制约，因此必须统筹兼顾，合理安排，既要从宏观上把握，又要进行微观考虑，重点把握该地区的经济实力、物流基础设施条件、交通便利性、物流市场需求等，结合这些因素考虑后，对于区域物流网络的构建而言，应遵循以下原则。

(1) 匹配性原则。当区域物流网络的发展水平与区域经济的发展水平相匹配时，才能发挥其最大功效。因此构建的区域物流网络不能过于滞后，也不能太过超前，应与区域经济的发展相匹配。

（2）前瞻性原则。在构建区域物流网络前，应对区域、地区未来的发展方向、产业特点、经济趋势以及物流的发展做出科学的预测，是区域物流网络的构建具有适度的前瞻性与连贯性，以促进区域经济的发展。

（3）系统性原则。区域物流网络本身是一个复杂的系统，其内部包含多种物流要素，各种要素的影响因素众多，而且很多要素之间还存在大量的"背反"现象。区域物流系统是区域经济的重要组成部分，二者相互联系、相互制约，因此，在进行构建区域物流网络时，必须将其置于区域经济与社会发展规划之中。区域物流网络构建涉及范围广，包括若干个行政区域与行政管理主体，物流事业主体等，还要考虑各方的经济利益和管理权限，需要区域层面之上的国家层面的政策支持，而政策的实施需要站在系统的角度之上。因此，构建区域物流网络，必须对其各种要素进行系统思考和系统设计，不能顾此失彼，若只考虑局部环节，会使整个物流系统的效率受到影响。

（4）科学性原则。区域物流网络构建的科学性原则主要体现在对区域物流网络节点城市的现状与问题要进行科学的调查与分析，科学调查是科学分析的基础，只有对调查资料进行科学的处理和分析，才能得出科学的结论，另外要有科学的构建方法和步骤。

3.2.4 国际物流网络系统

国际物流概念的提出，是相对于国内物流，国际物流是国内物流超出国境范围内的延伸和拓展，是在世界范围内不同国家间进行的物流活动。当生产、运输、消费活动不仅仅局限在一个国家或地区，需要在不同国家和地区间进行，就产生了国际物流。国际物流克服了国境障碍和国家概念范围，是在世界范围内实现对货物运输的物理性活动。国际物流是国际贸易能否顺利实施的物质载体和现实基础，也是对国际贸易发展不可忽视的推动保障理论。国家与国家间的国际贸易开展，都离不开国际物流保驾护航，没有完善的国际物流，国际贸易很难顺利、快捷、高效地完成。

在社会化大生产不断深入的今天，任何一个国家都不能独自完成生产活动，都需要国际的分工与合作。而国际贸易则为这种生产的分工与合作提供了可能。国际贸易通过转让运输商品的使用权和所有权，从而实现了商品使用价值在世界范围内的流动，从而创造了价值。

而国际贸易的顺利实现，离不开商品和货物在世界范围的顺利、通畅、安全和快捷流动。这种跨国境的流动就是国际物流。没有国际物流，一国与另一国的贸易就很难实现。因此，国际物流是国际贸易的重要保障，没有国际物流，国际贸易就很难顺利完成。尤其是现今经济一体化日益明显，全球经济日益成为不可分割的整体，国际物流已经成为制约国际贸易发展的重要因素。

第二次世界大战后，随着世界经济的复苏和新科技革命的兴起，全球国际贸易也进入了一个新的发展阶段。同时由于第三次科技革命的推广，新的技术和新的发明不断得到应用，跨国公司开始出现和兴起。发达国家与发达国家之间，发达国家和发展中国家之间，资本、人力、资源等流动日益频繁，物流国际化的趋势在世界范围内越来越明显。同时，国际贸易的发展也对国际物流提出了一些新的要求，包括效率要求、质量要求、安全要求等，而这些要求反过来也促进了国际物流的发展。随着经济的发展和技术的进步，国际贸易的商品结构也在发生着变化，高附加值、高技术含量的商品比重不断增加，这些都对国际物流质量提出了要求。国际贸易涉及的国家多，一些国家政局动荡，罢工、战乱时有发生，受社会政治经济因素影响较大，另一方面，现代国际贸易涉及国家路途较远，运输时间长，运输地域辽阔，气候条件、地理条件等自然因素对国际贸易也会有影响。这些都对国际物流提出了安全要求，只有国际物流安全、保质保量地把货物运输到了目的地，国际贸易才能得以完成。

国际贸易对经济成本的要求也促进了国际物流的进步和发展。在新的经济形势下，国家之间和企业之间的竞争日渐激烈。控制成本已经成为竞争中获得优势的一个重要途径。现代国际贸易涉及环节多，这也使得通过控制物流成本来获得竞争优势具有可能。国际贸易对控制成本的要求，促进了国际物流不断朝着控制物流成本、保证物流服务水平、提高物流效率等方面努力。国际贸易控制成本的需要，也对国际物流提出了信息化要求。现代条件下的国际贸易，不同于传统的国际贸易，随着互联网的推广和普及，国际贸易形式也具有了网络化的趋势，这些也带动了物流业信息系统的升级与进步，提高了物流业的网络意识，从而也推动了国际物流运营和管理的效率。

随着科技进步和物流国际化进程，物流的运输方式也日益多样化。运输是物流的核心，运输的方式和效率直接制约了整个物流业的运转，进而影响国际贸易的顺利进行。现代物流业的发展，特别是国际联运的产生和发展，使得国际贸易更加频繁。国际联运中，国际多式运输最为重要。国际多式运输以多种运输方式混合运输货物，而且广泛采用集装箱运输。集装箱的大小样式全球统一，方便运输，这些都推动了国际贸易的发展。

现代国际物流也意味着现代的物流信息系统。作为国际物流现代化的重要标志，现代物流信息系统意味着更多的物流信息量，极大地增强了国际贸易的时效性，缩短了国际贸易收集信息、处理信息的时间，也缩短了国际贸易中的运输进程，既是物流精细化专业化的表现，也是国际物流跨越式发展的表现。正因为现代物流信息系统的产生，国际贸易中的物流配送速度变得更快，时间节约更多，效率更高，成本也更低，国际贸易变得更加便利，从而推动国际贸易在贸易额总量上的增长。

同时，在推动国际贸易发展的力量中，第三方物流也扮演了日益重要的角色。在传统贸易方式中，企业往往同时承担生产和物流双重任务。在社会生产日益专业化的今天，企业渐渐只承担研发和生产任务，而把物流运输任务委托给第三方企业，从而产生第三方物流。近年来，随着信息技术和交通技术的发展，以及网络技术进步和普及，第三方物流越来越走向专业化、高效化和集成化，从而在很大程度上，提高了运输的效率，降低了运输的成本，也大大减轻了企业物流运输负担，进而带动了国际贸易物流运输量的增加，促进了国际贸易的发展。

3.3 物流网络系统规划设计的原则与影响因素

3.3.1 物流系统运作流程

1. 物流运作流程概述

1）物流运作流程的概念

企业物流运作流程是指企业物流活动过程中完成物流目标的所有产生物流价值的行为集合和工作程序。借助哈默和钱比的观点，对企业物流运作流程冲击最大的主要有三要素，即顾客、竞争和变化。

（1）顾客。20世纪80年代以来，企业与顾客的关系发生了变化，顾客运用对商品和服务的选择权，决定企业的兴衰。一方面顾客对自己权利日益清楚，另一方面企业不断提供同类有差异化商品，使顾客的权利进一步增加，在企业的活动中处于主导地位。从而影响了企业物流运作流程设计。

（2）竞争。有市场就有竞争，而且竞争日益激烈，呈现新的特点，即在市场更为开放和世界统一市场形成的条件下，任何一个行业可以找到极具竞争优势的现代企业；竞争理念、方式和范围发生变化；竞争成为供应链体系的竞争；竞争要素的改变需要企业物流运作流程设计进行针对性的调整。

（3）变化。所谓变化就是指企业本身在变，企业的外部环境在变，顾客与竞争也在变。因此，企业物流运作流程必须以变化适应变化才能发展，才能成功。

2）物流运作流程的基本构造

企业物流运作流程基本上分为横向结构和纵向结构。

（1）横向结构。横向结构是指企业物流运作从投入到产出总过程相关的一系列基本流程，主要包括以下内容。

- 物流作业流程。即接单、采购、运输、库存、检验配送等组成的基本流程。
- 物流服务流程。主要是为顾客提供物流需求分析、系统设计、管理咨询等系统物流服务组成的基本流程。
- 物流信息流程。是指从各部门各方面收集信息、处理信息、汇总信息、传递信息、共享信息、创造信息价值等活动组成的基本流程。
- 物流管理流程。即对物流运作过程实施计划、组织、控制、协调以优化资源配置、提高管理效率的活动组成的基本流程。

（2）纵向结构。纵向结构是指从企业物流运作决策到物流运作执行的过程，主要包括以下内容。

- 物流运作决策流程。即企业从最高层到基层员工形成物流运作决策的基本流程，目标是实现企业物流的有效运作。
- 物流运作执行流程。即企业物流运作的实施流程，包括了执行方法、执行监督等。

2. 企业物流运作流程的功能与特征

1）企业物流运作流程的基本功能

（1）标准功能。任何运作流程需要建立一个明确的评价标准化。当企业物流战略目标发生变化，物流组织实施变革，物流外部环境发生变化时，企业物流运作流程就要按照新的标准重新进行设计。

（2）整合功能。没有合理的流程整合，就没有企业物流运作流程的发展。虽然专业分工导致了流程中工作环节或工作步骤的独立化、专门化，有助于更快更好地完成任务，但是企业物流运作流程则是先进行分工，形成一系列基本的工作环节、工作岗位、工作步骤，再按照工作的内在逻辑，按照完成任务和目标的先后形成一个有效的流程，对工作环节、岗位、步骤进行流程的整合。

（3）效率功能。一个流程可以分解成较为稳定的工作环节、工作岗位、工作步骤。在技术设备配置、人员素质提高的情况下，可以计算出每一个工作环节、工作步骤的完成时间，进而可以计算出企业物流运作的效率。

2) 企业物流运作流程的特性

（1）逻辑性。逻辑性是指流程包含着很多工作环节和工作步骤的全过程。任何流程都需要按照特点环节、步骤的顺序进行，具有较强的逻辑性。企业物流运作流程带有一定的经验和行为习惯，在与企业物流目标完成的效率要求、费用要求、时间要求相吻合时，就成为普遍规范。

（2）变动性。当企业物流运作目标、战略、组织机构发生变动时，相关的物流运作流程自然要发生变化，否则新的目标与战略就不可能实现。同时，物流运作流程内部的工作环节、工作步骤的变动也是经常发生的。

（3）可分解性。任何流程都可以按照工作环节、工作步骤分解开来，如何分解则视专业化要求及技术的可行性而定。当专业化和技术条件不一样时，同样一个企业物流运作流程的分解的方法和分解的结果是不同的。

3. 影响企业物流运作流程设计的因素

影响企业物流运作流程设计的因素有以下三个。

1) 企业宗旨

企业宗旨是指企业经营管理者信奉的行为准则和对社会、经济等方面的价值判断。企业宗旨是企业物流运作流程设计的基本出发点。企业物流运作流程必须围绕企业宗旨进行设计。

2) 企业经营战略目标

企业经营战略目标是企业宗旨在不同时期的具体体现。企业物流运作流程必须服从企业经营战略目标，围绕企业经营战略目标进行流程设计。

3) 技术条件

企业物流运作流程的设计与企业物流技术条件有着非常密切的关系。企业物流的技术条件决定着物流运作流程的基本路径、工作环节。没有技术条件的有效支持，企业物流运作流程的重新设计就不能成功。

4. 现代企业物流运作管理模式

1) 物流一体化运作管理模式

物流一体化是20世纪末最有影响的物流运作模式之一，是指不同的职能部门之间或不同的企业之间形成的物流合作。物流一体化又可分为三种运作形式：垂直一体化物流、水平一体化物流和网络一体化物流。

（1）垂直一体化物流。垂直一体化物流以战略为管理导向，要求企业的物流运作管理人员从面向企业内部发展为面向企业同供货商及用户的业务关系上。企业将超越现有的组织机构界限，将提供产品或运输服务等的供货商和用户纳入管理范围，作为物流运作管理的一项中心内容。垂直一体化物流的关键是力图从原材料到供货商和用户的合作关系上形成一种联合力量，以赢得竞争；而雄厚的物流技术基础、先进的管理方法和通信技术又使这一设想成为现实，并在此基础上继续发展。

（2）水平一体化物流。水平一体化物流是通过同一行业中各企业之间物流的合作以获得整体上的规模经济，从而提高了物流效率。例如，不同的企业可以用同样的装运方式进行不同类商品的共同运输。一个企业装运本企业商品的同时，也可以装运其他企业商品。不同商品的物流过程不仅在空间上是矛盾的,而且在时间上也有差异,这就需要靠掌握大量的有关物流需求和物流供应能力的信息来完成。有大量的企业参与,并且有大量的商品存在,企业间的合作才能提高物流效益。

(3)网络一体化物流。网络一体化物流是物流一体化的第三种形式,是垂直一体化物流与水平一体化物流的综合体。当物流一体化的某个环节同时又是其他物流一体化系统的组成部分时,以物流为联系的企业关系就会形成一种网络关系。物流网络能发挥规模经济作用的条件是:一体化、标准化和模块化。

随着物流一体化的深入发展,在企业经营集团化和国际化的背景下,形成了比较完整的供应链理论。供应链是指涉及将产品或服务提供给最终消费者的所有环节的企业所构成的上下游产业一体化体系。供应链管理强调核心企业与相关企业的协作关系,通过信息共享、技术扩散、资源优化配置高效的价值链激励体制等方法体现经营一体化。

供应链是对一体化的延伸,是从系统观点出发,通过对从原料、半成品和成品的生产、供应、销售直到最终消费者整个过程中的物流、资金流和信息流的协调,以引来满足顾客的需要。竞争优势来源于以价值链为联系的各个相关企业增值能力的总和。

2)物流准时化运作管理模式

准时物流是准时方式在物流领域的延伸。准时方式是生产领域中的一种包含物流理念的生产方式,是日本丰田汽车公司在20世纪70年代后期成功应用之后,被世界接受并广泛推广的一种先进管理方式。

准时制是指将必要的原材料、零部件以必要的数量在必要的时间送到特定的生产线,生产必要的产品。简而言之,准时制就是按必要的时间、必要的数量生产必要的产品。准时制是对生产领域物流新要求,其目的是使生产过程中的原材料、零部件及制成品高效率地在各个生产环节流动,缩短物质实体在生产过程中的停留时间,杜绝产品库存积压、短缺和浪费现象。

准时方式的目标就是减少甚至消除物资运行全过程中的存货,使整个物流系统是连贯的,中间没有停顿,也不需要设置节点。准时方式延伸发展到物流领域,形成了企业物流运作模式。准时物流运作系统的应用,需要在一定的环境条件下,并且需要进行成本和准时服务的效益权衡。

实施准时物流,首先要有可靠的资源保障。资源越丰富,系统的稳定性就越高;其次需要有比较完善的社会物流平台。社会物流的基础平台包括:运输线路、运输节点和当地的交通管理、道路通行状况。

在准时物流实施过程中,很关键的问题是选择好的合作伙伴。采用准时方式时,合作伙伴在相应的领域应该有快速反应的能力,并且要有高效的管理系统和运作经验。

3)物流精益化运作管理模式

精益物流(Lean Logistics)是起源于日本丰田汽车公司的一种物流管理思想,其目标是消灭物流过程中包括多余库存在内的一切浪费,并据此采取一系列具体措施。精益物流是精益思想在物流管理中的应用。精益思想的核心是:以尽可能少的投入(人力、物力、时间和场地)创造出尽可能多的价值,同时也越来越接近用户,提供他们确实需要的东西。精确地定义价值是精益思想的关键,物流管理学家从物流管理的角度对精益思想加以借鉴,并与供应链管理的思想融合起来,提出了精益物流的新概念。

精益物流是运用精益思想对企业物流活动进行管理,其基本原则是:
- 从顾客的角度,而不是从企业的角度来研究业务活动的价值;
- 按整个价值流确定供应、生产和配送产品中所有必需的步骤和活动;
- 创造无中断、无等待、无回流的增值活动流;
- 及时创造由顾客需求带动的有价值活动;
- 不断消除物流过程中的浪费现象,追求完美。

精益物流目标可概括为:企业在为客户提供满意的服务的同时,把浪费降到最低程度。企业物流活动中的浪费现象很多,常见的有:无需求造成的积压和多余库存、不必要的流通加工程序、不必要的物料移动、因供应链上游不按时交货而导致的等候、提供顾客不需要的服务等。努力消除各种浪费现象是精益物流最重要的内容。

精益物流的根本目的是要消除物流活动中的浪费现象,因此如何有效地识别浪费就成了精益物流的出发点。对此物流专家经过研究提供了一些识别方法,其中最常用的是过程活动图和实体结构图。

运用供应链管理的整体思维、站在顾客的立场、无限追求物流总成本的最低是精益物流真正核心所在。

4) 物流服务导向型运作管理模式

物流服务已成为企业发展战略的重要内容。长期以来,由于物流需求呈现单一化和大众化的特征,物流功能只是停留在商品运输和保管等一般性业务活动上。现在市场需求多样化、分散化,且发展变化十分迅速,企业经营只有根据市场的需求,才能确立和运用物流服务战略,才能使企业在激烈的市场竞争中求得生存和发展。物流服务能否适应企业经营发展需要,能否实现服务与成本之间的优化均衡,是决定企业经营绩效的重要因素。

物流服务是企业竞争优势的构成要素。现代企业的竞争力不是单个企业的竞争,现代企业的竞争优势,不是单一企业的优势,而是一种网络优势。只有形成企业的优质物流服务,企业才会在市场中拥有竞争力。

建立物流服务导向运作管理系统,首先需要确定物流服务的目标。物流服务管理的目标是以适当的成本实现高质量的物流服务。企业的物流服务应充分考虑客户的需要,根据市场环境变化和竞争格局加以调整。要积极通过与顾客沟通,进行顾客需求调查来确定物流服务的目标。其次,需要构建完善的物流服务信息系统,确保物流服务的质量和水平。

实施过程中,为了使物流服务有效地满足客户的需求,必须根据顾客需求的不同类型采取相应的物流服务策略,如支援型、维持型、被动型等。对直接利益的相关企业应当采取支援型策略;而对经营规模小的专业型顾客可以采取维持型策略;对经营规模小的综合性顾客应采取被动型策略,即在顾客提出物流服务需求后才开展相应的物流服务。同时,还需定时进行物流服务绩效评价,以确保物流服务的有效性。

3.3.2 物流系统模型设计

1. 物流系统的产业结构

1) 物流产业的特征

物流是一个由多个子系统组成的产业,物流产业具有以下四个特征:多行业性、基础性、服务性和综合性。

(1) 物流产业由多个行业组成。如果按照现行的行业分类标准来分析物流产业，可以发现，物流产业包括了铁路运输行业、公路运输行业、航空运输行业、水路运输行业、管道运输行业、包装行业、装卸行业、邮政行业、电信行业等。

(2) 物流产业是基础性产业。物流的运作必然依靠技术设施，这些设施作为固定的基础设施，对所有的生产、流通和消费活动都有影响，同时还会影响到其他相关行业。

(3) 物流产业是服务业。物流的许多环节（如交通运输）服务与消费是结合在一起的，服务只有被消费才能得以实现。

(4) 物流产业是综合性产业。从纵向分析，物流本身也是一个产业，只不过它具有特殊的产业特征，因此对物流产业需要有该产业的发展方针、战略和规划，需要有明确的产业政策，需要有统一的预算和统计口径，需要有特定的法律和规章，需要建立专业的运作机制等等；从横向分析，物流产业横跨多个基础性、服务性行业，它是为其他各个纵向行业服务的，物流涉及和影响国民经济的各个领域，并且它的影响还是基础性的，必须综合考虑国民经济各部门、各领域对物流需求的特点，综合采用各种手段来满足这些需求。

2) 物流产业结构划分

物流产业既是一个庞大的纵向经济领域，同时也是一个为其他所有经济领域服务的横向经济领域，是一个跨地区、跨行业、跨部门的综合性、基础性、服务性产业，物流产业结构可以从以下两个方面来划分。

(1) 按照物流业务环节划分。物流产业由从事下列一些业务环节的部门组成。

• 运输业，也称交通运输业，是物流产业中最重要的部分之一。它由各个利用各种运输工具、提供不同运输方式的运输服务的组织和个人组成。物流产业包括运输基础设施的经营和管理行业，以及这些运输工具的经营和管理行业。

• 仓储业。仓储业是物流产业的重要组成部分之一。物流产业包括仓储基础设施的经营和管理行业，以及仓储设备的经营和管理行业。

• 包装业。物流产业包括商品包装业。

• 装卸业。由于装卸和搬运是紧密结合在一起的活动，因此，有时也将装卸业称为装卸搬运业，它是附属于运输业和仓储业而产生的行业。

• 流通加工业。流通加工业是在流通过程中对商品进行加工的行业。由于流通加工是根据商品流通和具体的消费需要而进行的，所以，流通加工业的类型多。物流产业中的流通加工环节实质上是为满足物流流动和市场销售而进行的简单加工。

• 邮政业。邮政业指以由各种运输工具和运输方式及营业网点组成的专用邮政网络收寄、承运和投递包裹、信函、机要、特快、印刷品的行业。由于邮政业同其他任何物流业务一样，需要物流基础设施、物流设备、物流网络，有流体、载体、流向、流量和流程五要素，因此整个邮政行业也应属于物流产业的范围。

• 物流信息业。它包括供应链信息在物流过程中的流动和停留，以及进行物流过程本身产生的信息流（包括物流业务信息、物流企业管理信息等）。

现代物流业是建立在上述传统行业基础之上的，但有区别于传统行业。一般讲，现代物流业是由两个以上传统行业共同组成的。

(2) 按照物流业务组织化程度划分。按照物流业务组织化程度划分可以分为第一方物流（First Party Logistics）、第二方物流（Second Party Logistics）和第三方物流（Third Party

Logistics）。

- 第一方物流组织的核心业务是生产和供应商品，为了自身生产和销售业务需要而进行物流自身网络及设施设备的投资、经营与管理。
- 第二方物流组织的核心业务是采购并销售商品，为了销售业务需要而投资建设物流网络、物流设施和设备，并进行具体的物流业务运作组织和管理。
- 第三方物流组织是以物流业务为核心业务的组织，它应该是独立的、同第一方和第二方物流组织相比具有明显资源优势的物流公司。

2. 物流系统模型的内涵

1) 物流系统模型

为了实现系统开发、计划、设计和应用，需要定量或定性地分析和掌握系统的功能与特性。在物流研究中，定量的系统分析、系统综合已受到人们更多的重视，物流系统模型是开展这项工作的有效工具。

模型是对物流系统的特征要素、有关信息和变化规律的一种抽象表述，它反映了系统某些本质属性。模型描述了物流系统各要素间的相互关系、系统与环境之间的相互作用。物流系统模型更深刻、更普遍地反映所研究物流系统主题的特征。在物流系统工程中，能对所研究的系统进行抽象模型化，反映了人们对物流系统认识的飞跃。

物流系统建模就是把物流系统中各个组成部分的主要特征要素及其变化规律、各组成部分之间的输入输出关系建立系统模型，便于运用分析方法或计算机仿真方法得出物流系统的优化解。为了实现物流系统合理化，需要在物流系统的规划与运行过程中不断做出科学的决策。由于物流系统结构与行为过程的复杂性，只有综合运用定性、半定量与定量分析方法，才能建立恰当的物流系统模型，进而求得最佳的决策结果。因此，物流系统建模是物流合理化的重要前提。系统建模的作用如图3-13所示。

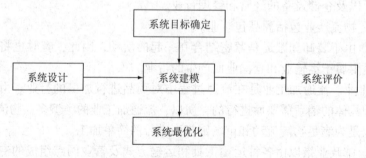

图3-13 系统模型的作用

2) 物流系统模型的主要要求

在进行物流系统建模时，对所建立的模型有以下具体的要求。

（1）保持足够的精度。模型应把本质的东西反映进去，把非本质的东西去掉，但又不影响模型反映现实的真实程度。

（2）简单实用。模型既要精确，又要力求简单。若模型过于复杂，一则难以推广，二则求解费用高。

（3）尽量借鉴标准形式。在模拟某些实际对象时，如有可能应尽量借鉴一些标准形式的模型，这样可以利用现有的数学方法或其他方法，有利于问题的解决。

3) 物流系统建模的意义

（1）由于物流系统中物流过程的实现非常复杂，难以或根本无法做实验，而模型化则提供了一种科学的方法，通过建立易于操作的模型，能帮助人们对物流过程有深刻的认识。

（2）把需要解决的系统问题，通过系统分析，明确其内部构成、系统特性和形式，针对系统的规模和目标，用数学表达式从整体上说明它们之间的结构关系和动态情况。

（3）建立模型能把非常复杂的物流系统的内部和外部关系，经过恰当的抽象、加工、逻辑整理，变成可以进行准确分析和处理的结构形式，从而能得到需要给出的结论。采用建模技术可以大大简化现实物流系统或新的物流系统的分析过程。

（4）物流系统建模还提供了计算机协同操作的连接条件，为计算机辅助物流管理系统（CALM）的建立做了理论准备，从而可加速系统的分析或决策过程，提高系统分析或决策的有效性。

4) 物流系统设计

物流系统设计是指经过系统分析，完成物流系统硬件结构和软件结构体系的构想，形成物流系统组织设计和技术方案的过程。物流系统组织设计是技术设计的前提，它确定了技术设计的纲领和基本要求。

物流系统设计的基本原则，是从物流的需求和供给两个方面谋求物流的大量化、时间和成本的均衡化、货物的直达化及搬运装卸的省力化。作为实现这种目的的有效条件有运输、保管等的共同化，订货、发货等的计划化，订货标准、物流批量标准等有关方面的标准化，和附带有流通加工和情报功能的扩大化等。物流结构既指物流网点的布局构成，也泛指物流各个环节（装卸、运输、仓储、加工、包装、发送等）的组合情况。物流网点在空间上的布局，在很大程度上影响物流的路线、方向和流程。而物流各环节的内部结构模式又直接影响着物流运动的成效

3. 物流系统模型的分类

物流系统模型按结构形式分为实物模型、图式模型、模拟模型和数学模型。

1) 实物模型

实物模型是现实系统的放大或缩小，它能表明系统的主要特性和各个组成部分之间的关系。如桥梁模型、电机模型、城市模型、风洞试验中的飞机模型等。这种模型的优点是比较形象，便于共同研究问题；它的缺点是不易说明数量关系，特别是不能揭示要素的内在联系，也不能用于优化。

2) 图式模型

图式模型是用图形、图表、符号等把系统的实际状态加以抽象的表现形式，如网络图（层次与顺序、时间与进度等）、物流图（物流量、流向等）。图式模型是在满足约束条件下的目标值的比较中选取较好值的一种方法，它在选优时只起辅助作用。当维数大于2时，该种模型作图的范围受到限制。其优点是直观、简单；缺点是不易优化，受变量因素的数量的限制。

3) 模拟模型

用一种原理上相似，而求解或控制处理容易的系统，代替或近似描述另一种系统，前者称为后者的模拟模型。它一般有两种类型：一种是可以接受输入并进行动态表演的可控模型，另一种是用计算机和程序语言表达的模拟模型，例如，物资集散中心站台数设置的模

拟、组装流水线投料批量的模拟等。通常用计算机模型模拟内部结构不清或因素复杂的系统是行之有效的。

4) 数学模型

数学模型是指对系统行为的一种数量描述。当把系统及其要素的相互关系用数学表达式、图像、图表等形式抽象地表示出来时，就是数学模型。它一般分为确定型和随机型，连续型和离散型。

4. 物流系统的建模方法

1) 优化方法

优化方法是运用线性规划、整数规划、非线性规划等数学规划技术来描述物流系统的数量关系，以便求得最优决策。由于物流系统庞大而复杂，建立整个系统的优化模型一般比较困难，而且用计算机求解大型优化问题的时间和费用太大，因此优化模型常用于物流系统的局部优化，并结合其他方法求得物流系统的次优解。

2) 计算机仿真方法

仿真方法是利用数学公式、逻辑表达式、图表、坐标等抽象概念来表示实际物流系统的内部状态和输入输出关系，得出数学模型，通过计算机对模型进行试验，通过实验取得改善物流系统或设计新的物流系统所需要的信息。虽然仿真方法在模型构造、程序调试、数据整理等方面的工作量大，但由于物流系统结构复杂，不确定情形多，所以仿真方法仍以其描述和求解问题的能力优势，成为物流建模的主要方法。

3) 启发式方法

启发式方法是针对优化方法的不足，运用一些经验法则来降低优化模型的数学精确程度，并通过模仿人的跟踪校正过程求取物流系统的满意解。启发式方法能同时满足详细描绘问题和求解的需要，比优化方法更为实用；其缺点是难以知道什么时候好的启发式解已经被求得。因此，只有当优化方法和模拟方法不必要或不实用时，才使用启发式方法。

4) IDEF 软件

IDEF 软件是一种流程图分析软件，可以非常容易地使用流程图来绘制和表述流程。它能够提供比传统流程图更多的信息。流程中包含的流程、流程约束、人和其他资源能够被整合到一起。

除了上面主要方法外，还有其他的建模方法，如用于预测的统计分析法，用于评价的加权函数法、功效系统法及模糊数学方法，用于仿真的排队理论，petri 网，线性规划等。

一个物流决策问题通常有多种建模方法，同时一种建模方法也可用于多个物流决策问题。物流决策问题与物流建模方法的多样化，构成了物流系统的模型体系，参见表 3-2。

表 3-2 物流系统的模型体系

决策问题	优化	启发式	计算机模拟	其他
系统效益水平			+	
系统布局与资源配置	+	+	+	
供货人、顾客、储运人选择			+	
库存策略		+		

续表

决策问题	优化	启发式	计算机模拟	其他
运输车辆及路径选择		+		
运输计划	+			
生产计划	+			
采　购	+			
预　测			+	+
评　价			+	+

注：打+表示相互对应。

3.3.3 物流网络规划设计的原则

为了达到物流网络系统节约社会资源、提高物流效率的目标，在进行物流网络构建时要遵循一些原则。

1. 按经济区域建立网络

物流网络系统构建必须既要考虑经济效益，也要考虑社会效益。考虑经济效益就是要通过建立物流网络降低综合物流成本。考虑社会效益是指物流网络系统要有利于资源的节约。

在一个经济区域内，各个地区或企业之间经济上的关联性和互补性往往会比较大，经济活动比较频繁，物流规模总量较大，物流成本占整个经济成本的比重大，物流改善潜力巨大。因此，在经济关联性较大的经济区域建立物流网络非常必要，要从整个经济区域的发展来考虑构建区域物流网络。

2. 以城市为中心布局网络

作为厂商和客户的集聚点，其基础节点建设与相关配套支持比较完备，作为物流网络布局的重点，可有效地发挥节省投资和提高效益的作用。因此，在宏观上进行物流网络布局时，要考虑物流网络覆盖经济区域的城市，把它们作为重要的物流节点；在微观上进行物流网络布局时，要考虑把中心城市作为依托，充分发挥中心城市现有的物流功能。

3. 以厂商集聚形成网络

聚集经济是现代经济发展的重要特征，厂房集聚不仅降低运营成本，而且将形成巨大的物流市场。物流作为一种实体经济活动，显然与商流存在明显区别，物流活动对地域、基础节点等依赖性很强，因此，很多企业把其生产基地设立在物流网络的中心。例如，美国很多大规模的跨国公司总部坐落在小城市，大量的商流活动在那里发生。天津经济技术开发区汇集了很多跨国公司的生产中心，形成了巨大的物流市场。因此，在进行物流网络构建时，需要在厂商物流集聚地形成物流网络的重点节点。

4. 建设信息化的物流网络

物流信息系统作为物流网络的一个重要组成部分，发挥着非常重要的作用。物流网络的要素不仅是指物流中心、仓库、节点、公路、铁路等有形的硬件，这些硬件只是保证物流活动的效率提高3~8倍，甚至会更高。

3.3.4 物流网络规划设计的步骤

在确定物流网络最佳规划和设计方案时，需要考虑诸多因素。设计合适的物流网络需要与物流系统战略总体规划目标保持高度的一致。物流网络的设计归根结底是为了实现物流系统战略规划的目标。

物流网络的规划设计是一个复杂的反复的过程。一般对于战略性和综合性的物流网络设计过程需要以下几个步骤。

1. 组建物流网络规划设计团队

最重要的就是成立负责物流网络规划设计过程各个方面的物流网络设计团队。这一团队可以包括企业高层管理人员、物流经理、物流专家及生产和销售部门的相关人员等。组建物流网络规划设计团队的关键就是参加人员必须了解企业总体发展战略、企业的根本业务需要和企业所参与的供应链。这个团队需要制定出物流网络设计的目标和评价参数，还要考虑使用物流外包如第三方物流供应的可能性，以充分利用外部提供的物流网络解决方案和物流资源。

2. 物流网络的数据收集

物流网络数据收集的主要目的是全面深入地了解当前的系统并且界定对未来系统的要求。一般来说，数据的收集包括对物流网络中各个节点资料的收集，例如，对于库存系统，需要获取空间利用率、仓库布局和设备、仓库管理程序等具体的数据；对于运输系统，应收集运费等级和折扣、运输操作程序、送货需求等资料。此外，还要收集客户需求情况和关键的物流环境要素的数据，并且界定出企业在相关供应链上的位置。

3. 备选方案的提出

在数据收集完成之后，需要利用各种定量、定性的方法建立恰当的模型，进行节点规划选址分析，提出物流网络规划的具体备选方案。各种用于取舍备选方案的数据来自实地调查、未来要求、数据库分析和客户服务调查，用于选择的方法随网络设计的目的不同而不同。主要的建模方法有模拟仿真方法和启发式方法等。

4. 相关方案的比较

备选物流网络设计方案的比较首先是各个方案实施费用的比较，如添置新的仓库设备、有关建筑物建造整改费用等都是用于进行各个备选方案优劣分析的重要因素。当然，各方案之间不能仅仅依靠经济分析来进行比较，还必须考虑每个方案对于客户服务水平的影响，不能一味地降低成本而使客户满意度下降。在得出结论后，就要制定各主要步骤的时间进度表，包括从现在的系统向未来系统转换等的执行时间表。

5. 方案的执行实施

物流网络规划的总体方向一旦确定，有效的执行方案就变得非常重要。这是物流网络规划设计的最后一个步骤，在方案的实施过程中应该不断地收集信息，发现问题，及时将具体实施过程中的问题汇总到管理层和物流规划设计团队，以期得到修正。

本章小结

本章叙述了物流网络系统的基本含义与组成要素，物流网络系统的结构模式，物流网络系统规划设计的原则与影响因素；介绍了城市物流网络系统、区域物流网络系统和国际物流网络系统各自的概念和特点；阐述了商物分离、供应链管理、业务流程重组等理论；从物流网络系统运作流程出发，重点论述了物流网络系统在规划设计中应考虑到影响因素，根据合理的设计原则和步骤对物流网络进行规划设计。

德国物流中心的建设

德国的物流中心协会成立于1993年，由不来梅物流中心牵头组建，现有协会成员15个。德国联邦政府交通部赋予物流中心协会负责物流方面经验交流的任务。物流中心协会成立后，担负起物流中心建设的咨询服务，对外联络、对外宣传，民间与官方的合作。德国的物流中心由民间或私营企业负责建设，物流中心协会向这些企业收取少量的会员费。

1. 物流中心规划

德国联邦政府20世纪80年代规划在全国建立40个物流中心。其中，不来梅州政府通过直接投资和土地置换的方式对物流中心进行投资。物流中心的原址是一片盐碱地，州政府从当地农、牧民手中以每平方米6~8马克的价格征用土地200公顷，由"经济促进公司"负责物流中心的建设工作。

经济促进公司由不来梅州政府的相关部门组成，是私营的事业单位。经济促进公司主要负责物流中心的三通一平和与物流中心相连的公路、铁路基础设施的建设工作，还代表州政府负责物流中心的招商工作。

经济促进公司通过招商让企业进入物流中心，进入物流中心的企业承担地面以上的建筑、设施的建设。经过三通一平的土地变卖或租用给进入物流中心的企业。第一阶段，每平方米土地卖30马克（租用30年后再签协议）；第二阶段，只卖不租，每平方米土地卖50马克；第三阶段，每平方米土地卖70马克。200公顷土地全部卖出或租用。

2. 物流中心的布局

物流中心的选址非常重要，德国政府对物流中心的选址和功能提出以下要求：

一是物流中心紧临港口，靠近铁路编组站，周围有高速公路网；

二是该区域内有许多大型的工商企业，工商企业是物流中心生存的基础；

三是附近有从事运输、仓储的物流企业；

四是有银行、保险等机构或企业；

五是物流中心要远离闹市区，面积至少在100公顷，周围要有发展空间。

物流中心的功能主要为区域的工业、销售企业提供物流服务，同时要成为当地的货物枢纽、集散地，通过其良好的集散条件，积极吸引物资到该区域，形成物资的交易中心，促进当地的经济发展。

3. 物流中心的组织结构

德国自定的物流企业的条件是：

(1) 有一定的资本，其资本额要达到国家或银行规定的最低注册资本；

(2) 具有经营物流业的能力，具备一定数量的物流管理人员和物流管理技能；

(3) 企业法人没有犯罪记录。

(资料来源：http：//wenku.baidu.com/view/ebbf5e66b52acfc789ebc9da.html)

思考题：

根据以上情况，回答下列问题：

(1) 你认为我国物流中心的建设发展思路应当是什么？

(2) 在物流中心的建设上政府与企业应当形成什么样的关系？

(3) 在物流中心的建设中，投资结构、组织形式、合理布局、管理机制等，如何做到最佳？

(4) 如何理解物流业发展中的因地制宜？这或许是最值得我们思考的问题。

参考思路：

1. 巧妙的政府投资。其实质是：政府并没有动用纳税人的一分钱，而是以差价和滚动的方式进行投资。

2. 有效的人事制度。

3. 科学布局。物流中心的选址非常重要，德国政府对物流中心的选址和功能提出要求，堪称长短期利益有效结合的典范。

4. 高效的组织管理机构。

5. 不受干预的独立经营。

6. 行业协会的独特作用。

 复习思考题

一、填空题

1. 所谓物流网络结构，是指由执行物流运动使命的_____和执行物流停顿使命的_____两种基本元素所组成的网络结构。

2. 供应链管理，即利用计算机网络技术全面规划供应链中的_____、_____、_____等，并进行_____、_____、_____与_____。

3. 区域物流是在一定的经济区域地理环境条件下，以_____为中心而形成的一系列物流活动总和的_____，它的核心是_____。

4. 传统流通过程是商物合一，即_____与_____两者共同组成商品流通活动。

5. 物流网络系统的规划大体上按照6个阶段进行：_____、_____、_____、_____、_____、_____。

二、选择题

1. 城市物流有很大一部分是为最终消费者服务的，具有_____、多品种、高频率消费需求特点。
   A. 大批量   B. 小批量   C. 大批次   D. 小批次

2. 供应链管理的方法有_____。
   A. 快速反应   B. 联合库存管理   C. 虚拟物流   D. 供应商管理库存

三、名词解释

物流网络系统；城市物流；区域物流；物流网络系统规划

四、简答题

1. 简述供应链管理的方法。
2. 简述物流网络系统的组成要素。
3. 物流网络系统结构都有哪几种，之间的区别是什么？
4. 简述城市物流网络的特点及规划基本原则。
5. 简述物流网络规划的基本步骤。

五、论述题

1. 试论述几种典型的分销物流系统运行模式及彼此之间的联系与区别。
2. 举例说明多核心节点结构的物流网络系统。
3. 根据物流网络规划设计原则和步骤，讨论在此过程中可能出现的问题及解决对策。

部分复习思考题参考答案

一、填空题

1. 线路　节点
2. 商流　物流　信息流　资金链　计划　组织　协调　控制
3. 大中小型城市　网络系统　大中型城市物流节点
4. 商流　物流
5. 调查分析　需求预测　规划设计　方案评估　实施　实效评估

二、选择题

1. B　2. ABCD

三、名词解释

（略）

四、简答题

（略）

五、论述题

（略）

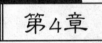

物流信息系统规划与设计

本章要点
- 物流信息系统的含义和内容；
- 物流信息系统设计的内容及总体设计；
- 电子商务的概念及其信息平台的构建。

 开篇案例

海尔物流信息系统建设

1. 研究背景

为了与国际接轨，建立起高效、迅速的现代物流系统，海尔采用了 SAP 公司的 ERP 系统和 BBP 系统（原材料网上采购系统），对企业进行流程改造。经过近两年的实施，海尔的现代物流管理系统不仅很好地提高了物流效率，而且将海尔的电子商务平台扩展到了包含客户和供应商在内的整个供应链管理，极大地推动了海尔电子商务的发展。

海尔集团认为，现代企业运作的驱动力只有一个：订单。没有订单，现代企业就不可能运作。围绕订单而进行的采购、设计、制造、销售等一系列工作，最重要的一个流程就是物流。离开物流的支持，企业的采购与制造、销售等行为就会带有一定的盲目性和不可预知性。

建立高效、迅速的现代物流系统，才能建立企业最核心的竞争力。海尔需要这样的一套信息系统，使其能够在物流方面一只手抓住用户的需求，另一只手抓住可以满足用户需求的全球供应链。海尔实施信息化管理的目的主要有以下两个方面。

（1）现代物流区别于传统物流的主要特征是速度，而海尔物流信息化建设需要以订单信息流为中心，使供应链上的信息同步传递，能够实现以速度取胜。

（2）海尔物流需要以信息技术为基础，能够向客户提供竞争对手所不能给予的增值服务，使海尔顺利从企业物流向物流企业转变。

2. 海尔物流信息系统构成

海尔采用了 SAP 公司提供的 ERP 系统和 BBP 系统，组建自己的物流管理系统。

1) ERP 系统

海尔物流的 ERP 系统共包括五大模块：MM（物料管理）、PP（制造与计划）、SD（销售与订单管理）、FI/CO（财务管理与成本管理）。

ERP 实施后，打破了原有的"信息孤岛"，使信息同步而集成，提高了信息的实时性与准确性，加快了对供应链的响应速度。如原来订单由客户下达传递到供应商需要 10 天以上的时间，而且准确率低，实施 ERP 后订单不但可 1 天内完成"客户——商流——工厂计划——仓库——采购——供应商"的过程，而且准确率极高。

另外，对于每笔收货，扫描系统能够自动检验采购订单，防止暗箱收货，而财务在收货的同时自动生成入库凭证，使财务人员从繁重的记账工作中解放出来，发挥出真正的财务管理与财务监督职能，而且效率与准确性大大提高。

2) BBP 系统

BBP 系统（原材料网上采购系统）主要是建立了与供应商之间基于因特网的业务和信息协同平台。该平台的主要功能如下。

(1) 通过平台的业务协同功能，既可以通过互联网进行招投标，又可以通过互联网将所有与供应商相关的物流管理业务信息，如采购计划、采购订单、库存信息、供应商供货清单、配额及采购价格和计划交货时间等发布给供应商，使供应商可以足不出户就全面了解与自己相关的物流管理信息（根据采购计划备货，根据采购订单送货等）。

(2) 对于非业务信息的协同，SAP 使用构架于 BBP 采购平台上的信息中心为海尔与供应商之间进行沟通交互和反馈提供集成环境。信息中心利用浏览器和互联网作为中介，整合了海尔过去通过纸张、传真、电话和电子邮件等手段才能完成的信息交互方式，实现了非业务数据的集中存储和网上发布。

3) "一流三网"

实施和完善后的海尔物流管理系统，可以用"一流三网"来概括。这充分体现了现代物流的特征："一流"是指以订单信息流为中心；"三网"分别是全球供应链资源网络、全球用户资源网络和计算机信息网络。

整个系统围绕订单信息流这一中心，将海尔遍布全球的分支机构整合之后的物流平台使供应链和客户、企业内部信息网络这"三网"同时开始执行，同步运动，为订单信息流的增值提供支持。

3. 物流信息系统实施

(1) 海尔选择了 SAP/R3 成熟的 ERP 系统，而不是请软件公司根据海尔物流的现状进行开发，主要目的是借助于成熟的先进流程提升自己的管理水平。

(2) 实施"一把手"工程与全员参与，有效推进信息系统的执行。

海尔物流所有信息化的建设均是基于流程的优化，提高对客户的响应速度来进行的，所以应用面涉及海尔物流内部与外部很多部门，有时打破旧的管理办法，推进新流程的阻力非常巨大。海尔物流的信息化建设一直是部门一把手亲自抓的工作，亲自抓，亲自在现场发现问题，亲力推动，保证了信息化实施的效果。如在 ERP 上线初期，BOM 与数据不准确是困扰系统正常运转的瓶颈，它牵扯到企业的基础管理工作与长期工作习惯的改变，物流推进本部部长发现问题后，亲自推动，制定出有效的管理模式，不但提高了系统的执行率，而且规范并提升了企业的基础管理（BOM 的准确率、现场管理），保证了信息系统作用发挥。

(3) 培训工作同步进行，保证信息系统的实施效果。

由于信息化工作的不断推进，原有的手工管理变为计算机操作，这对物流的基层工作者如保管员、司机、年纪较大的采购员均是挑战。在实施ERP信息系统时，海尔物流开展了全员培训，并对相关操作人员进行了严格的技能考试，考试通过后才能获得上岗证书。物流信息中心也开通了内部培训的网站，详细介绍系统的基础知识、业务操作指导书与对操作的问题进行答疑，这些均保证了信息化使用的效果。

该系统是为订单采购设计的，其结果使采购成本降低，库存资金周转从30天降到了12天，呆滞物料降低73.8%，库存面积减少50%，节约资金7亿元，同比减少67%。整合了2 336家供应商，优化为840家，提高了国际化大集团组成的供应商的比例，达到71.3%。

系统是基于SAP系统基础上开发而成的，所开发的ERP和BBP（基于协同电子商务解决方案）具有典型的企业标准化的特征，开发的系统覆盖了集团原材料的集中采购、库存和立体仓库的管理、19个事业部的生产计划、事业部原料配送、成本下线的原料消耗倒冲及物流本部零部件采购公司的财务等业务，建立了海尔集团的内部标准供应链。

目前海尔已实现了即时采购、即时配送和即时分拨物流的同步流程。100%的采购订单由网上下达，提高了劳动效率，以信息代替库存商品。

海尔的物流系统不仅实现了"零库存"、"零距离"和"零运营资本"，而且整合了内部，协同了供货商，提高了企业绩效和生产力，方便了使用者。

（资料来源：http：//wenku.baidu.com/view/707df9c1bb4cf7ec4afed051.html）

4.1 物流信息系统概述

现代物流理论认为：现代物流服务的核心目标是在物流整个运营过程中以最小的综合成本满足顾客的需求。现代物流具有及时化、信息化、自动化、智能化、服务化和网络化等特征。通过对物流信息系统合理的规划开发，整合各种资源，才能实现这些特征。

4.1.1 物流信息

1. 物流信息的定义

现代物流可以理解为物资的"物理性流通"与"信息性流通"的结合，信息在实现物流系统化、物流作业一体化方面发挥着重要作用。物流的信息化也成为现代物流的重要特征之一。

从物流信息来源看，一部分直接来之物流活动本身；另一部分则来自于商品交易活动和市场。因而，物流信息可以从狭义和广义两个方面来定义。

1）广义上的物流信息

广义上的物流信息，是指与物流活动（商品包装、商品运输、商品储存、商品装卸等）有关的一切信息。物流信息是反映物流各种活动内容的知识、资料、图像、数据、文件的总称。物流信息是物流活动中各个环节生成的信息，一般是随着从生产到消费的物流活动的产生而产生的信息流，与物流过程中的运输、保管、装卸、包装等各种职能有机结合在一起，是整个物流活动顺利进行所不可缺少的。

2）狭义上的物流信息

狭义上的物流信息，是指直接产生于物流活动的信息，如在运输、仓储、装卸、搬运、流通加工和配送等活动中产生的信息。在物流活动管理和决策中，如运输工具的选择、运输路线的确定、每次的运送批量、在途货物的跟踪、仓储的有效利用、最佳库存量的确定、订单管理、服务水平的提高等，都需要详细和准确的物流信息。

狭义的物流信息，是指与物流活动有关的信息；广义的物流信息不仅指与物流活动有关的信息，而且包括与其他物流活动有关的信息，如商品交易信息和市场信息等。在现代经营管理中，物流信息与商品交易信息、市场信息相互交叉、融合，有着密切的联系。广义的物流信息不仅能连接、整合从生产厂家经批发商和零售商最后到消费者的整个供应链，而且在应用现代信息技术的基础上能实现整个供应链活动的效率化。具体地说，就是利用物流信息对供应链中各个企业的计划、协调、顾客服务和控制活动进行有效的管理。

2. 物流信息的主要内容

物流信息包括伴随物流活动而发生的信息和在物流活动以外发生的但对物流有影响的信息。开展物流活动涉及面很广。首先，是与商流的联系，由于货源来自商业购销业务部门，只有时刻掌握有关货源方面的信息，才能做出开展物流活动的安排；其次，是与交通运输部门的联系，因为除部分的汽车短途运输外，运输工具由铁路、航运和港务等部门所掌握，只有随时了解车、船等运输信息，才能使商品流通顺利进行；再次，在运输市场和仓储市场，包含大量的物流活动信息与管理决策信息。由此可见，物流信息不仅量大，而且来源分散，更多更广地掌握物流信息，是开展物流活动的必要条件。

1）市场信息

直接的货源信息，是制定物流计划，确定月度、季度以至年度的运输量、储存量指标的基础，能起现实的微观效果。但是为了从宏观上进行决策，还必须对市场动态进行分析，注意掌握有关的市场信息。因为市场是经常变化的，这些变化不仅会直接影响到委托单位所提运输计划和储存计划的正确性，更为重要的是，市场的变化趋势必须引起物流企业宏观上的思考，以利在制订远期计划时做出正确的决策。

市场信息是多方面的，就其反映的性质来看主要有以下几种。

（1）货源信息，包括货源的分布、结构、供应能力。

（注：货源的多少是决定物流活动规模大小的基本因素，它既是商流信息的主要内容，也是物流信息的主要内容。）

货源信息一般包括以下几方面的内容。

- 商业购销部门的商品流转计划和供销合同，以及提出的委托运输与储存的计划和合同。
- 工农业生产部门自己销售量的统计和分析，以及提出的委托运输与储存计划和合同。
- 社会性物资的运输量和储存量分析，以及提出的委托运输与储存计划和合同。

根据以上几个方面的货源信息的分析，如果掌握的货源大于物流设施的能力，一方面要从充分发挥物流设施的使用效能，挖掘潜力，尽最大可能满足货主需要；同时在制订物流计划和签订储运合同时，也可在充足的货源中做出有力的选择。反之，如果掌握的货源信息小于物流设施的运能，则要采取有力的措施，积极组织货源，以取得物流企业最大的经济效益。

(2) 流通渠道的变化和竞争信息。

(3) 价格信息。

(4) 运输信息。

(5) 管理信息。

从广义上看，市场信息还包括社会上物流行业内的信息，也就是通常所说的行业信息。随着运输市场和仓储市场的形成，物流行业有了很大的发展，如城郊农村仓库发展迅速，社会托运行业的兴起，加上铁路、港务部门直接受理面的扩大等，这些行业的发展，不可避免地要吸引一部分货源。因此，了解同行的信息，对争取货源，决定竞争对策，同样具有重要意义。

2) 运能信息

运输能力的大小，对物流活动能否顺利开展，有着十分密切的关系。运输条件的变化，如铁路、公路、航空运力适量的变化，会使物流系统对运输工具和运输路线的选择发生变化。这些会影响到交货的及时性及费用是否增加。在我国运输长期处于短线的情况下，尤其是如此。运能信息主要有以下几个方面。

- 交通运输部门批准的运输月计划，包括追加、补充计划的可能性。
- 具体的装车、装船日期；对接运商品，着重掌握到达车、抵达日期的预报和确报。
- 运输业的运输能力，包括各地区地方船舶和车队的运输能力等。

运能信息对商品储存也有着直接的影响。有些待储商品是从外地运来的，要及时掌握到货的数量和日期，以利安排舱位；有些库存商品是待运商品，更要密切注意运能动态。

3) 企业物流信息

(1) 从商业企业物流系统来看，由于商品在系统内各环节流转，每个环节都会产生有哪些商品，每种商品的性能、状态如何，每种商品有多少，在本环节内某个时期可以向下一个环节输出多少商品及在本环节内某个时期需要上一个环节供应多少商品等信息。所以企业物流系统的各子系统都会产生商品的动态信息。

(2) 批发企业产生的物流信息。批发企业（或供应商）向零售企业物流系统发出发货通知。发货通知表明有哪些商品、有多少商品将要进入物流系统，所以供应商也是物流信息产生的来源。

(3) 零售企业产生的物流信息。零售企业营销决策部门下达采购计划向物流系统传递物流信息。这部分信息包括需要采购哪些原来没有采购的商品，采购多少；哪些商品不必再采购。这是零售企业在商品经营策略上发生变化时产生的物流信息。

零售企业物流系统产生的物流信息。还包括每种商品的库存量及需要配送中心供应哪些商品、供应多少、什么时候供应。

4) 物流管理信息

加强物流管理，实现物流系统化，是一项繁重的任务，即要认真总结多年来物流活动的经验，又要虚心学习国内外同行对物流管理的研究成果。因此，要尽可能地多收集一些国内外有关物流管理方面的信息，包括物流企业、物流中心的配置、物流网络的组织，及自动分拣系统、自动化仓库的使用情况等。

3. 物流信息的分类

按照信息在物流活动中所起的作用不同，物流信息可以分成如下几类。

1) 采购信息

采购信息伴随配送中心的采购活动产生,由配送中心向供应商发出的信息。采购活动为后序各项物流活动的开展提供了可能。采购单及相应的反馈信息构成采购信息,它是基本的物流信息。

2) 进货信息

下达完采购单之后,伴随商品的入库,进货信息产生。进货信息与采购信息关联密切。它详细记载到达商品的品种、数量、重量、规格、金额及供应商等情况。进货信息是制订采购计划的重要参考依据。

3) 库存信息

这是表示库存商品的数量、结构、状态的信息。库存商品是构成商品供应资源的组成部分。库存信息也是制订采购计划、确定经济订货批量的重要依据。

4) 订货信息

订货信息是由连锁门店向配送中心提出的,它详细反映了门店对要货商品的品种、规格、数量等的需求。正是订货信息触发了配送中心的物流运转过程,没有订货,配送中心就没有采购、加工、配送;没有订货,配送中心与仓库就没有了区别。

5) 流通加工信息

流通加工过程产生相应信息,这些信息反映商品再加工的情况。流通加工活动是由连锁门店的要求促成的。

6) 分拣配货信息

该信息往往由订货信息汇总而来,用于事前控制分拣配货活动并反馈该活动的完成情况。它有助于实现准确高效的配送服务。

7) 发货信息

它是商品实物流动的信号,标志着配送活动的开始。发货信息反映了物流的形态、方向、规模及与之相适应的各种运输手段,它与分拣配货信息内容有重叠。

8) 运输信息

运输信息反映了运输人员、运输车辆及运输路线优化等的详细情况。它常常夹杂在其他信息中,反映物流的具体运动形式。

9) 物流总控信息

物流活动中,控制是必不可少的管理手段。物流作业信息经汇总、分析、提炼,形成有关物流活动的各种控制和管理信息,用以指导协调物流活动,保证物流的正常高效运作。

信息的流动是双向的。采购信息、库存信息、发货信息等经管理人员汇总、分析,可以产生物流总控信息及合理的物流决策;而将物流总控信息反馈给采购、库存、发货等有关部门,又能很好地控制各物流作业的实施效果。物流总控系统成为调节各物流环节的中枢系统。

4. 物流信息的特征

物流信息相比较其他企业管理信息,如:产品研发信息、生产加工信息、人力资源信息等,有其自己特殊的特点。

1) 来源多样性

物流信息不仅包括企业内部的物流信息(如采购信息、库存信息等),还包括企业间的物流信息和与物流活动有关的基础设施的信息。企业竞争优势的获得需要供应链各个参与企业之间相互协调合作，协调合作的手段之一是信息的及时交换和共享。许多企业把物流信息标准化和格式化，利用 EDI 在相关企业间进行传送，实现信息分享。另外，物流活动还往往利用道路、港湾、机场等基础设施，同时为了高效完成物流活动，必须掌握与基础设施有关的信息，如在国际物流过程中必须掌握报关所需信息，港湾作业信息等。从宏观角度来看，国民经济计划，财政信贷等情况也是物流信息的来源。

2）量大快变性

物流信息随着物流活动及商品交易活动的展开而大量发生。多频度小数量的配送方式使库存、运输等物流活动的信息大量增加。零售商应用 POS 系统读取销售时点的商品品种、价格、数量等即时销售信息，并对这些销售信息进行加工整理，通过 EDI 向相关企业传送。同时为了使库存补充作业合理化，许多企业采用电子订购系统。随着企业间合作倾向的增强和信息技术的发展，物流信息量在今后将会越来越大。同时，多频度小数量的配送、利用 POS 系统的即时销售使得各种作业活动频繁发生，从而要求物流信息不断更新而且更新的速度越来越快。

3）处理的复杂性

物流信息不像其他信息那样，可以直接指导实践活动。它通常要经过反复的研究和处理，才能成为有实用价值的信息。而在大量的多种信息面前，分析其与物流活动的相关程度，再把处理后的信息拿去指导物流活动，这也是一个复杂的过程，这种复杂性是由物流信息来源的多样化造成的。

4）内外关联性

来自于物流过程的各种信息之间存在着十分密切的联系，如采购信息和库存信息之间存在着一定的数量关系，订货信息和分拣配货信息、发货信息之间又存在着因果关系等。物流信息与商流信息、生产信息等同样存在密切的联系。物流系统的这种联系性特征是研究物流与商流的关系、物流与生产的关系及物流各系统之间关系的基础，是建立物流信息系统的基础。

5. 物流信息的作用

信息在物流活动中具有十分重要的作用，通过对物流活动中信息的收集、传递、存储、处理、输出等，成为决策依据，对整个物流活动起到指挥、协调、支持和保障的作用，其主要表现为如下几个方面。

1）沟通联系的作用

物流系统是由许多行业、部门及众多企业群体构成的经济大系统，系统内部正是通过各种指令、计划、文件、数据、报表、凭证、广告、商情等物流信息，建立起各种纵向和横向的联系，沟通生产厂、批发商、零售商、物流服务商和消费者，满足各方的需要。因此，物流信息是沟通物流活动各环节之间联系的桥梁。

2）引导和协调的作用

物流信息随着物资、货币及物流当事人的行为等信息载体进入物流供应链中，同时信息的反馈也随着信息载体反馈给供应链上的各个环节，依靠物流信息及其反馈可以引导供应链结构的变动和物流布局的优化；协调物资结构，使供需之间平衡；协调人、财、物等物流资源的配置，促进物流资源的整合和合理使用等。

3) 管理控制的作用

通过移动通信、计算机信息网、电子数据交换（EDI）、全球定位系统等技术实现物流活动的电子化，如货物实时跟踪、车辆实时跟踪、库存自动补货等，用信息化作业代替传统的手工作业，实现物流运行、服务质量和成本等的管理控制。

4) 缩短物流管道的作用

为了应付需求波动，在物流供应链的不同节点上通常设置有库存，包括中间库存和最终库存，如零部件、在制品、制成品的库存等，这些库存增加了供应链的长度，增加了供应链成本。但是，如果能够实时地掌握供应链上不同节点的信息，增加供应链管道的透明度，如知道在供应管道中，什么时候、什么地方、多少数量的货物可以到达目的地，那么就可以发现供应链上的过多库存并进行缩减，从而缩短物流管道，提高物流服务水平。

5) 辅助决策分析的作用

物流信息是制订决策方案的重要基础和关键依据，物流管理决策过程的本身就是对物流信息进行深加工的过程，是对物流活动的发展变化规律性认识的过程。物流信息可以协助物流管理者鉴别、评估并比较物流战略和策略后的可选方案，如车辆调度、库存管理、设施选址、资源选择、流程设计及有关作业比较和安排的成本—收益分析等，在物流信息的帮助下作出科学的决策。

6) 支持战略计划的作用

作为决策分析的延伸，物流战略计划涉及物流活动的长期发展方向和经营方针的制定，如企业战略联盟的形成、以利润为基础的顾客服务分析及能力的提升和机会的开发。

7) 价值增值的作用

物流信息本身是有价值的，而在物流领域中，流通信息在实现其使用价值的同时，其自身的价值又呈现增长的趋势，即物流信息本身具有增值特征。另一方面，物流信息是影响物流的重要因素，它把物流的各个要素及有关因素有机地组合并联结起来，形成现实的生产力并创造出更高的社会生产力。

4.1.2 信息系统

1. 信息系统的定义

信息系统是由计算机硬件、网络和通信设备、计算机软件、信息资源、信息用户和规章制度组成的以处理信息流为目的的人机一体化系统。目的是及时、正确地收集、加工、存储、传递和提供信息，实现组织中各项活动的管理、调节和控制。

组织中的各项活动表现为物流、资金流、商流和信息流的流动。物流是实物的流动过程。物资的运输，产品从原材料采购、加工直至销售都是物流的表现形式；资金流指的是伴随物流而发生的资金的流动过程。商流是各项商务活动的工作流程。

在一个组织的全部活动中存在着各式各样的信息流，而且不同的信息流用于控制不同的活动。若几个信息流联结组织在一起，服务于同类的控制和管理目的，就形成基于信息流的网络系统。

一个组织的信息系统可以是企业的产、供、销、库存、计划、管理、预测、控制的综合系统，也可以是机关的事务处理、战略规划、管理决策、信息服务等的综合系统。

2. 信息系统的类型

（1）从发展和系统特点来看，信息系统可分为数据处理系统、管理信息系统、决策支持系统、专家系统和虚拟办公室五种类型。

（2）根据管理的职能不同，信息系统可分为经理信息系统、营销信息系统、制造信息系统、财务信息系统、人力资源信息系统、信息资源信息系统。

（3）按照信息系统的层次结构，信息系统可分为事务处理系统、运作信息处理系统、战术信息处理系统和战略信息处理系统，如图4-1所示。

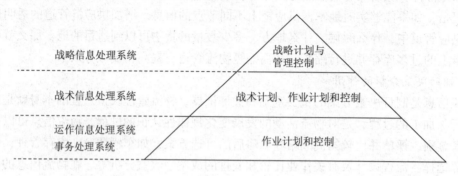

图4-1 信息系统管理决策层次结构

3. 信息系统在现代物流中的作用

企业的全球化迫使物流企业实施虚拟化管理，巨型物流公司及传统的运输公司等也需要以全球化的观点制定新的策略，力求在物流的需求与供给之间共享信息、共同合作，实时掌握从供应商到顾客的物资流动情况。在这种形势下，信息系统对现代物流的发展起到了非常关键的促进作用，主要表现为：①物流信息的充分获取和有效利用，使物流活动由无序趋向于有序；②弱化了供应链上企业间的界限，建立起一种跨企业的协作。

目前，我国物流能力的供给与需求的现状是，一方面表现在需求不能得到满足，物流"瓶颈"时有出现；另一方面存在大量物流能力过剩的现象。而信息系统能够在物流设施不增加的情况下使得物流能力得到充分释放，提高物流设施的使用效率，消除物流能力供需间的不平衡。

总之，建立物流信息系统可以产生如下好处。
- 提高物流运作的效率。
- 提高物流运作的透明度，使物流过程中货物的状态和变化透明化，能对物流进行跟踪。
- 促进和实现供应链信息共享和以顾客为中心的一体化管理。
- 促进物流决策的科学化。
- 促进物流服务系统与技术的创新。
- 能扩大物流服务的范围。

4.1.3 物流信息系统

1. 物流信息系统定义

物流信息系统是一个以采集、处理和提供物流信息服务为目标的系统，即可以采集、输入、处理数据、可以存储、管理、控制物流信息，可以向使用者报告物流信息，辅助决策，使其达到预定的目标。物流信息系统的概念图如图4-2所示。

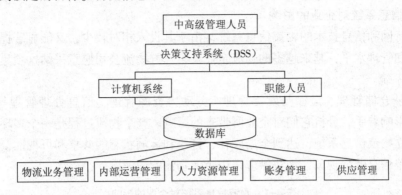

图4-2 物流信息系统概念图

物流信息系统是指由人员、设备和程序组成的、为物流管理者执行计划、实施、控制等职能提供信息的交互系统，它与物流作业系统一样都是物流系统的子系统。

物流信息系统是建立在物流信息的基础上的，只有具备了大量的物流信息，物流信息系统才能发挥作用。在物流管理中，人们要寻找最经济、最有效的方法来克服生产者和消费者之间的时间距离和空间距离，就必须传递和处理各种与物流相关的情报，这种情报就是物流信息。它与物流过程中的订货、收货、库存管理、发货、配送及回收等职能有机地联系在一起，使整个物流活动顺利进行。

在企业的整个生产经营活动中，物流信息系统与各种物流作业活动密切相关，具有有效管理物流作业系统的职能。它有两个主要作用：一是随时把握商品流动所带来的商品量的变化；二是提高各种有关物流业务的作业效率。

2. 物流信息系统产生的背景

随着物流供应链管理的不断发展，各种物流信息的复杂化，各个企业迫切要求物流信息化，而计算机网络技术的盛行又给物流信息化提供了技术上的支持。因此，物流信息系统为企业带来了更高的效率。企业是基于以下背景才大力开发物流信息系统的。

1）市场竞争加剧

当今世界市场，基本上都是买方市场，由消费者来选择购买哪个企业生产的产品，他们基本上有完全的决策自由。而市场上生产同一产品的企业多如牛毛，企业要想在竞争中胜出，就必须不断地推陈出新，以较低的成本迅速满足消费者时刻变化的消费需求，而这都需要快速反应的物流系统。要快速反应，信息反馈必须及时，这要求企业建立自己的物流信息系统。

2）供应链管理的发展

现代企业间的竞争在很大程度上表现为供应链之间的竞争，而在整个供应链中，环节较多，信息比较复杂，企业之间沟通很困难。各环节要想自由沟通，达到信息共享，建立供应链物流信息系统就势在必行。

3）社会信息化

电子计算机技术的迅速发展，网络的广泛延伸，使整个社会进入了网络时代。在这个网络时代，只有充分利用信息技术，企业才可能有较大的发展。更何况，信息技术的发展已经为信息系统的开发打下了坚实的基础。企业作为社会的一员，物流作为一种社会服务行业，必然要建立属于物流业自己的信息系统。

3. 物流信息系统对企业的影响

基于因特网和信息技术的物流信息系统，由于其投入相对较少，又能显著提高企业物流的运营效率和管理水平，越来越多的物流企业及第三方物流公司愿意采纳这项集物流管理和 IT 为一体的系统。

表 4-1 从仓储管理、运输与发货管理、劳动力资源管理、信息处理管理等对再生产、销售环节的影响着手，分析它们对企业所带来的影响。整个物流过程是一个多环节的复杂系统。通过建立物流信息系统，达到全局库存、订单和运输状态的共享和可视性，以降低供应链中需求订单信息畸变现象，加快供应链中企业物流响应速度。

表 4-1 物流信息系统对企业的影响

系统各子系统	影响
仓储管理	管理仓库货物的收发、分拣、摆放、补货、过库等，同时可以进行库存分析、与财务系统集成；帮助企业实现"逆向物流"
运输与发货管理	优化运输模式组合，如空运、陆运或水运等，寻求最佳的运输路线；可实现在途物品的跟踪，并在必要时调整运输模式，实现车队管理、运输计划、调度与跟踪、与运输商的电子数据交换
劳动力资源管理	能发挥人力资源的潜力，提高劳动生产率，建立员工的培训系统和绩效评估系统
信息处理管理	能完成大量的信息处理工作，包括数据收集、数据传输、数据存储、数据加工、信息输入输出

更关键的是，物流信息系统各子系统的整合采用最优化理论，将会使企业在物流的各环节综合考虑，从而制定全局优化的物流策略或物流执行指令，使各环节相互协调并保证物流信息通畅，进而保证物流活动正常而有规律地进行，最终实现物流价值。

4. 物流信息系统的分类

从不同的角度对物流管理系统进行分类，各分类情况如图 4-3 所示。

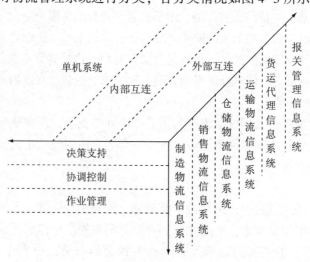

图 4-3 物流信息系统的分类

1) 按管理决策的层次分类

按管理决策的层次进行划分，物流信息系统可以分为物流作业管理系统、物流协调控制系统和物流决策支持系统，各系统功能如图4-4所示。

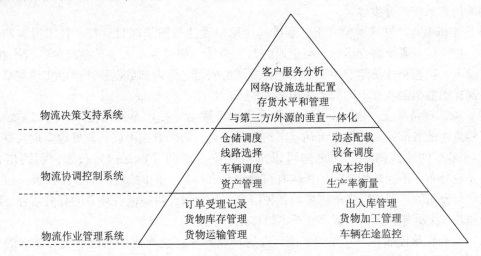

图4-4 按决策层次划分的物流信息系统

2) 按系统的应用对象分类

供应链上不同的环节、部门所实现的物流功能都不尽相同。根据在供应链上发挥的作用和所处的地位，物流信息系统可以分为面向制造企业的物流信息系统，面向零售商、中间商、供应商的物流信息系统，及面向物流企业的物流信息系统。

（1）面向制造企业的物流信息系统。制造企业在供应链中处于中间环节。在其物流业务管理中，既包括组织原材料、物料、日常消耗品等的供应链物流，也包括完成产品销售供货的销售物流，同时还包括在生产过程中的包装、搬运、存储等生产物流。

制造企业根据其销售情况确定生产计划后，就需要对所需原材料物资制订采购计划以配合生产进度，同时储备一定数量的产品以供应销售。当企业的生产管理系统将生产计划、采购计划、销售计划设计出来后转入物流系统，物流系统将采购计划、销售计划分解并设计成物流计划，然后执行物流计划、监督直至生产、销售完成，这样的过程交替出现、互相衔接。

（2）面向零售商、中间商、供应商的物流信息系统。零售商、中间商、供应商自己不生产商品，但它为客户提供商品、为制造商提供销售渠道，是客户与制造商的中介。专业性的零售商为客户提供同一类型的商品，综合性的零售商如超市、百货商店为人们提供不同种类的商品。面向零售商、中间商、供应商的物流信息系统是对不同商品物流配送的进、销、存进行管理的系统。

（3）面向物流企业的物流信息系统（3PLMIs）。在供应链中专门提供物流服务的物流企业发挥着重要的作用。这类企业包括船公司、货代公司、拖车公司、仓储公司、汽运公司、空运公司、专业的第三方物流企业等。这些企业提供的是无形的产品——物流服务。因此，面向不同的物流企业的物流信息系统各有不同，可以进一步划分为仓储管理系统、海运管理系统、汽车运输管理系统、铁路运输管理系统、货代管理系统、报关管理系统等。

3) 按系统采用的技术分类

根据其采用技术的不同，物流信息系统可以分为单机系统、内部网络系统及与合作伙伴和客户互连的系统。它们之间不是完全独立的，而是相互重叠、相互结合的。它们统一地构成了物流信息系统的分类体系。

（1）单机系统。在这种模式下，系统的应用也往往只限于账目管理、打印报表和简单的统计。物流信息系统独立运行，与企业的其他系统，如财务、人事等系统的运行不相干。这种情况下，物流企业虽然解决了手工制作单证的问题，但内部数据往往难以实现共享，可能存在同样的数据需要在不同的系统中重复输入的情况。

（2）内部网络系统。物流企业中常常采用大型数据库技术及网络技术。内部局域网建成后，物流企业各部门间的信息流动基本实现无纸化，内部数据可以比较好地实现共享。物流企业内部不同地区的子公司之间可以采用企业内联网（Intranet）技术，利用增值网络，将企业分布在不同地理区域的机构有机地结合在一起，同时结合 Internet 技术，随时随地向客户和公司的管理层提供所需要的各种信息，从而保证供应链各环节的有机结合。数据的整合和共享无疑能够大大地提高企业的整体效率。

（3）与合作伙伴和客户互连的系统。在这种模式中，企业内部网络系统与外部的其他合作伙伴及客户的管理信息系统（如 ERP）的接口已做好，数据可通过专门的通信通道进出物流企业，形成了物流企业的外部网（Extranet）。这种系统将企业内部网络 Intranet 和 Internet 有机地结合在一起，充分利用 Internet 技术所带来的便利，以较低的成本和能够迅速扩张的能力，为公司的管理层和协作伙伴及客户提供各种信息。

5. 物流信息系统的内容

物流信息系统根据不同企业的需要可以有不同层次、不同程度的应用和不同子系统的划分。例如有的企业由于规模小、业务少，可能使用的仅仅是单机系统或单功能系统，而另一些企业能使用功能强大的多功能系统。一般来说，一个完整、典型的物流信息系统可由作业信息处理系统、控制信息处理系统、决策支持系统三个子系统组成。

1) 作业信息处理系统

作业信息处理系统一般有电子自动订货系统（EOS）、销售时点信息系统（POS）、智能运输系统等类型。

电子自动订货系统是指企业利用通信网络（VAN 或 Internet）和终端设备以在线连接方式进行订货作业和订单信息交换的系统。电子订货系统按应用范围可分为企业内的 EOS（如连锁经营企业各连锁分店与总部之间建立的 EOS）、零售商与批发商之间的 EOS 及零售商、批发商与生产商之间的 EOS 等。及时准确地处理订单是 EOS 的重要职能。其中的订单处理子系统为企业与客户之间接受、传递、处理订单服务。订单处理子系统是面向整个订货周期的系统，即企业从发出订单到收到货物的期间。在这一期间内，要相继完成四项重要活动：订单传递、订单处理、订货准备、订货运输。其中实物流动由前向后，信息流动由后向前。订货周期中的任何一个环节缩短了时间，都可以为其他环节争取时间或者缩短订货周期，从而保证了客户服务水平的提高。因为从客户的角度来看，评价企业对客户需求的反应灵敏程度，是通过分析企业的订货周期的长短和稳定性来实现的。

销售时点信息系统（POS）是指通过自动读取设备在销售商品时直接读取商品销售信息如商品名、单价、销售数量、销售时间、购买顾客等，并通过通信网络和计算机系统传送至有关部门，进行商品库存的数量分析、指定货位和调整库存，以提高经营效率的系统。

智能运输系统（ITS）是典型的发货和配送系统，它将信息技术贯穿于发货和配送的全过程，能够快捷准确地将货物运达目的地。

2）控制信息处理系统

控制信息处理系统主要包括库存管理系统和配送管理系统。

库存管理系统负责利用收集到的物流信息，制定出最优库存方式、库存量、库存品种及安全防范措施等。

配送系统则将商品按配送方向、配送要求分类，制订科学、合理、经济的运输工具调配计划和配送路线计划等。

3）决策支持系统

物流决策支持系统（LDSS）是为管理层提供的信息系统资源，是给决策过程提供所需要的信息、数据支持、方案选择支持。一般应用于非常规、非结构化问题的决策。但是决策支持系统只是一套计算机化的工具，可以帮助管理者更好地做出决策，但不能代替管理者决策。

6. 物流信息系统的功能

物流信息系统是物流系统的神经中枢，它作为整个物流系统的指挥和控制系统，可以分为多种子系统或者多种基本功能。通常，可以将其基本功能归纳为以下几个方面：数据的收集和输入；信息的存储；信息的传输；信息的处理；信息的输出。

这五项功能是物流信息系统的基本功能，缺一不可。而且，只有五个方面都没有出错，最后得到的物流信息才具有实际使用价值，否则会造成严重的后果。

7. 信息系统与物流信息系统之间的关系

信息系统与物流信息系统之间的关系主要表现为几个方面：①信息系统为物流信息系统提供公共关键技术；②物流信息系统作为信息系统的特殊系统具有独特性；同时为其他信息系统提供 些成功的应用模版；③物流信息系统和信息系统相互融合。

8. 物流信息系统规划与开发过程

建立物流信息系统，不是单项数据处理的简单组合，必须要有系统规划。因为它涉及传统管理思想的转变、管理基础工作的整顿提高，及现代化物流管理方法的应用等诸多方面，是一项范围广、协调性强、人机紧密结合的系统工程。

物流信息系统规划是系统开发最重要的阶段，一旦有了好的系统规划，就可以按照数据处理系统的分析和设计持续进行工作，直到系统的实现。

物流信息系统的总体规划基本上分为四个基本步骤。

(1) 定义管理目标。确立各级管理的统一目标，局部目标要服从总体目标。

(2) 定义管理功能，确定管理过程中的主要活动和决策。

(3) 定义数据分类。在定义管理功能的基础上，将数据按支持一个或多个管理功能分类。

(4) 定义信息结构。确定信息系统各个部分及其相互数据之间的关系，导出各个独立性较强的模块，确定模块实现的优先关系，即划分子系统。

有了系统规划以后，还要进行非常复杂的开发过程。主要包括以下内容。

• 系统分析。主要对现行系统和管理方法及信息流程等有关情况进行现场调查，给出有关的调研图表，提出信息系统设计的目标及达到此目标的可能性。有时也称为系统的可行性论证。

• 系统逻辑设计。在系统调研的基础上，从整体上构造出物流信息系统的逻辑模型，对各种模型进行选优，确定最终的方案。

• 系统的物理设计。以逻辑模型为框架，利用各种编程方法，实现逻辑模型中的各个功能块，如确定并实现系统的输入、输出、存储及处理方法。此阶段的重要工作是程序设计。

• 系统实施。将系统的各个功能模块进行单独调试和联合调试，对其进行修改和完善，最后得到符合要求的物流信息系统软件。

• 系统维护与评价。在信息系统调试运行一段时间以后，根据现场要求与变化，对系统做一些必要的修改，进一步完善系统，最后和用户一起对系统的功能、效益做出评价。

4.2 物流信息系统需求分析

系统分析阶段的任务是：在详细调查的基础上，分析用户的需求和现行系统，分析和优化企业的业务流程，设计数据流程图，进而抽象出新系统的逻辑模型。

系统需求分析以详细调查为基础，对用户的需求进行分析，包括分析现行系统的信息需求、功能需求、辅助决策需求等，提出对新系统的设计要求，确定对系统的综合要求、系统功能要求、系统性能要求、运行要求和将来可能提出的要求。需求分析的结果是否能够准确地反映用户的实际要求，将直接影响到后面各个阶段的设计，并影响到系统的设计是否合理和实用。

一般物流企业需求特点分析如下：业务覆盖地域广；车辆众多，信息量大；区域与线路监控要求突出；与货运单据配合紧密；对货物安全保障要求高；对系统响应要求灵活、及时；需要查询服务信息的用户多；数据共享程度要求高；运行中的车辆位置分散，流动信息沟通困难；需要完善车辆统一信息管理。

尽管货运车辆是一种大范围活动的移动目标，对"货运车辆的监控管理"的需求有车辆、司机和货物的安全；对车辆（货物）位置和状态的及时掌握；及时与车辆进行信息沟通。状态信息和沟通信息是小数据量，如果不考虑实时传输货物条码信息，或者发送调度信息，其信息量一般也不会超过短信息的长度范围。所以，利用 GPRS 的短消息业务基本可满足系统通信的需要。

因此需求分析需要详细调查并掌握综合理论与有关知识。

4.2.1 系统需求调查

系统分析是指应用系统思想和方法，把复杂的对象分解成简单的组成部分，找出这些部分的基本属性和彼此间的关系。

1. 概念导入

系统需求是新系统必须完成的功能，也就是确定系统的功能范畴。在此活动中，系统分析员确定一组系统功能。在分析期间，分析员详细地定义和描述这些功能。换句话说，分析员把这些高层功能分解为详细的系统需求。一般而言，把系统需求分为两类：功能需求和技术需求。

功能需求是描述系统必须支持的功能和过程的系统需求。功能需求是系统必须完成的活动，也就是系统将要投入的商业应用。功能需求直接来自计划阶段确定的系统功能。例如，如果分析员正在开发一个工资系统，那么需要的商业应用也许包括这样一些功能：书写支票、计算佣金数量、计算工资税、维护雇员的相关信息和向 IRS 报告年终税费减免。这些就是新系统的功能。确定和描述所有这些商业应用需要花费大量的时间和精力，功能列表和有关特性可能因此变得非常复杂。

功能需求是根据组织进行商业交易的过程和商业规则确定的。有时，这些过程详细地纪录在文档中，因而易于确定和描述。一个现实中可行的例子是所有的新雇员必须填写一张表格来输入他们在工资系统中的相关属性信息。其他的商业规则也许非常隐蔽，难以发现。在电话购物的公司中，每个通过电话订货的顾客如果订购了某些促销商品，那么就可以获得额外的 2%的折扣。这些由处理电话订单的职员所出售的促销商品，由于没有公开做广告，因此其折扣率是额外的。这个规则也许是销售管理人员决定采用的新规则。这条规则可能在哪儿都没有记载，它能否包含在功能需求中将取决于经理是否记得向分析员描述。然而，发现这些规则对系统的最终设计有重大的影响。不知道这些规则，那么分析员设计的系统也许只允许使用固定的折扣率。如果包括了这个规则，就可以使得系统能够根据订单类型来处理可变的折扣率。重要的是系统分析员应该使用熟练的技巧来找出影响新系统的所有可用的商业规则。

技术需求是和组织的环境、硬件和软件有关的所有操作目标。例如，系统必须运行在 Windows NT 的客户–服务器环境下，系统的屏幕响应时间必须少于半秒，系统必须能够同时支持 100 个终端（在同样的响应时间内）。这些技术需求通常是以系统必须达到的具体目标来表述的。

对于新系统的完整定义，这两种类型的系统需求都是必不可少的。这两种系统需求都包含在系统需求调查中。功能需求通常记载在已建立的分析模型中，而技术需求则通常记载在技术需求的叙述性描述中。

2. 系统需求的资料来源

系统功能需求信息的主要来源是新系统的各种系统相关者。系统相关者是对系统的成功实施感兴趣的人。通常，系统相关者分为三类：

（1）用户，那些实际使用系统处理日常事务的人；

（2）客户，购买和拥有系统的人；

（3）技术人员，确保系统运行在组织的计算机环境下的人。

3. 识别系统需求

系统开发中分析阶段的目标是理解商业功能和开发系统需求。系统需求的开发过程包含四步。

（1）确定现有系统的物理过程和活动。

（2）从现有物理过程中提取商业逻辑功能。

（3）为将在新系统中使用的方法开发出商业逻辑功能。

（4）定义新系统的物理处理需求，如图 4-5 所示。

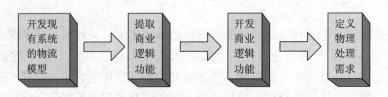

图 4-5　早期识别系统需求的办法

分析员通过比较现有商业功能和新系统的需求，使用一种更加快速的方法。如图 4-6 所示，为新系统开发一组逻辑系统需求。换句话说，系统开发的目标是马上开发出新系统的逻辑模型。回顾现有系统对理解商业需求是非常必要的，但是不必定义具体的商业过程。新系统的物理模型是系统设计的一部分。

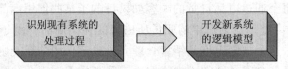

图 4-6　当前识别系统需求的方法

因此，项目小组只是开发四组文档中的一组文档。系统分析员必须掌握的一项重要技能是在调查现有系统和集中于新系统需求二者之间进行平衡的能力。

下面的识别系统需求信息收集的各种方法。在大多数情况下，分析员把几种方法结合起来使用，从而提高了效果和效率。这种组合的方法提供了一种全面的事实寻找方法，被广泛地用于庞大复杂的系统开发中。它们分别是：

- 向系统相关者分发和收集调查表；
- 复查现有的报表、表格和过程描述；
- 主持与用户的面谈和讨论；
- 观察商业过程和工作流。

4.2.2　获取需求模型

1. 需求分析方法

常见的需求分析方法有功能分析方法、结构化分析方法、信息建模法和面向对象的分析方法。

功能分析方法将系统看作若干功能模块的集合，每个功能又可以分解为若干子功能，子功能还可继续分解。分解的结果已经是系统的雏形。

结构化分析方法是一种以数据、数据的封闭性为基础，从问题空间到某种表示的映射方法，由数据流图表示。

信息建模法是从数据的角度对现实世界建立模型的。大型信息系统通常十分复杂，很难直接对它进行分析设计，人们经常借助模型来分析设计系统。信息系统包括数据处理、事务管理和决策支持。实质上，信息系统可以看成是由一系列有序的模型构成的，这些有序模型通常为：功能模型、信息模型、数据模型、控制模型和决策模型，所谓有序是指这些模型是分别在系统的不同开发阶段、不同开发层次上建立的。

面向对象的需求分析方法通过提供对象、对象间消息传递等语言机制，为需求建模活动提供直观、自然的语言支持和方法学指导。关键是识别问题域内的对象，分析它们之间的关系，并建立起三种模型：对象模型、动态模型和功能模型。

2. 组织结构与功能分析

1）组织结构分析

组织结构分析是在对组织内部进行部门划分的基础上，对各个部门之间的关系进行分析。组织的特点：①在交换物资、资金的过程中，产生信息流；②既是信息的接收者，又是信息的输出者；③组织具有层次性。对物流企业进行调查时，首先要了解其组织结构状况，企业组织结构是指企业内部的机构设置和权力的分配方式，并可按照企业内边界将企业管理组织和作业组的组织形式划分为直线制、直线职能制、事业部制和矩阵制。

组织结构调查内容：弄清组织内部的部门划分；各部门之间的领导与被领导关系；信息资料的传递关系；物资流动关系与资金流动关系；此外，还应详细了解各级组织存在的问题及对新系统的要求等。图4-7给出了第三方物流企业的组织结构图。

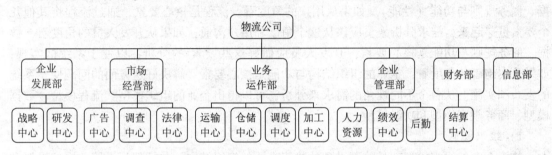

图4-7 第三方物流企业的组织结构图

组织结构虽然能够反映各部门之间的关系，却不能反映各部门的主要业务职能与所承担工作的关系。借助组织/功能关系表可以反映这种关系，如表4-2所示。

表4-2 某企业组织/功能关系表

序号	业务	企业发展部	市场经营部	业务运作部	企业管理部	财务部	信息部
1	物流项目开发	√	*	*	×	×	*
2	订单安排与计划	×	×	*	×	×	×
3	联运业务处理		√	*	√	√	×
4	统计分析	×	×	*	×	×	*
5	信息系统开发						*
6	人事管理	√	√	×	*	×	×

注：
"*"表示该项业务是对应组织的主要业务；
"×"表示该单位是参加协调该项业务的辅助单位；
"√"表示该单位是该项业务的相关单位；
空格表示该单位与对应业务无关。

2）功能分析

功能指的是完成某项工作的能力。为了实现系统目标，系统必须具有各种功能。各子系统功能的完成，又依赖于下面更具体的工作的完成。管理功能的调查是要确定系统的这种功能结构。业务功能一览表是一个完全以业务功能为主体的树型表，其目的在于描述组织内部各部分的业务和功能。功能调查就是要详细调查各部门的业务功能，作为划分子系统的依据。

物流信息系统受到组织结构的影响，但同时也对组织结构和功能产生重大影响。这种影响产生的结果是，组织结构发生重大变革，组织的功能出现重新组合。通过组织结构与功能分析，使组织的功能进一步理顺，促使组织结构形式由传统向现代组织转变，如扁平化、学习型组织等，按照业务流程，对功能重组，如业务流程重组理论等，不断优化企业的组织结构，以提高管理效率。

3. 不同视角获取的需求模型

物流企业的需求描述可以从两个方面进行，一是对客户现行系统的描述，二是对系统未来的设想。两种描述都要包括企业信息系统的 5 个基本要素，即企业的组织结构、流程、数据、商务规则与功能（性能）。如果从用户的角度看，流程是核心要素，通过流程将其他几个要素贯穿起来，需求分析人员应该从这个角度和用户沟通；如果从开发人员的角度看，数据、商务规则与功能是核心要素，开发人员应做好这些要素的分析，以便于系统的实现；如果从实施者的角度看，企业的组织结构与功能是核心要素，解决好这方面的问题便于系统的发布和实施。从各个不同视角的需求来分析，可以得出企业的组织模型、流程模型、数据模型、商务规则模型和功能模型。

1）组织模型

物流企业的组织模型就是前面讲到的物流企业的组织结构，包括部门设置、岗位设置和岗位职责等。一般用树型组织结构图来描述企业组织模型，表示各部门之间的领导关系，每个部门的人员配备和职责分工等情况。它是划分系统范围，进行系统网络划分的基础。在组织结构图中将逐层详细地描述用户的组织结构，简单地描述部门的职责。组织结构是用户企业业务流程与信息的载体，对分析人员理解企业的业务及系统的范围具有很好的帮助，也是需求获取步骤的基础工作之一。对每个岗位职责的详细描述是分析人员理解企业业务的基础。

2）流程模型

一个企业可能有多条作业流程和管理流程。企业的流程模型包括作业流程和管理流程，而每条流程都由活动、活动间逻辑关系、活动承担者及活动的执行方式 4 个要素构成，流程及其 4 个要素又涉及部门和岗位等。描述企业流程首先要有一个总的业务流程图，将企业中各种业务之间的关系描述出来。然后对每项业务进行详细描述，把业务流程与部门职责结合起来。详细业务流程图可以采用直式业务流程图形式。为了便于管理，对一个企业，需要定义关于业务流程图的描述标准，即采用相同的图例来描述。业务流程图 BFD 是一系列的依据现有流程绘制的业务流程图。

3）数据模型

企业的数据模型主要指企业中的信息载体的类型及对各类信息载体的详细刻画，包括企业的各种单据、账本、台账、计划和报表的描述，最好对各类信息载体进行汇总和分类。

常采用建模工具有信息关联图，即各个职能部门之间的信息往来，这是所有信息凭据和单据、报表的集合；数据流程图 DFD 是依照 BFD 转换过来的基于数据的企业信息流程处理规则；数据字典是基于 DFD 绘制的数据描述内容，有五项内容：数据加工、外部实体、数据存储、数据流和数据元素。

4）商务规则模型

企业的商务规则模型即企业中的商务规则有哪些，这些规则用在哪些地方。商务规则可以按影响的范围划分为两类，一类是局部的规则，如不允许出现负库存；另一类是整体的规则，如对所有的物料管理到批次。

5）功能模型

功能需求是用户最主要的需求，对用户功能需求的描述可以采用文字的描述，也可以采用语言加图形的描述方式，只要能够将用户的需求描述得完整、准确并易于理解即可。对功能需求比较复杂的系统，可以先描述一个概要；而对简单的系统可以直接进行详细描述。对用户的功能需求要进行分类，分类的方法应便于用户理解，如按照用户的部门设置进行分类，分别描述每个部门的需求，便于组织用户进行评审。常用工具为 IDEF0 模型。

4.3 物流信息系统规划设计原则与影响因素

4.3.1 系统设计的任务、方法和内容

系统设计是信息系统开发过程中的另一个重要阶段，是指根据前一阶段系统分析的结果，在已经获得批准的系统分析报告的基础上，进行新系统的设计。系统设计包括两个方面：首先是总体结构设计，又称为概念设计、方案设计；其次是具体物理模型设计，又称为详细设计。系统设计的主要目标是为了下一阶段的系统实现（如编程、调试、试运行等）制订详细方案。

到目前为止，系统设计所使用的主要方法是自顶向下结构化的设计方法。在局部环节上（规模小的系统）还可以使用原型方法、面向对象的方法。

系统设计的主要内容包括新系统总体结构框架设计、代码设计、数据库设计、输入/输出设计、处理流程及模块功能设计。系统设计的结果是一系列的系统设计文件，这些文件是物理地实现一个信息系统（包括安装硬件设备和编制软件程序）的重要基础。

4.3.2 物流系统设计原则

通常，在设计的过程中，应遵循系统性、灵活性、可靠性和积极性四大原则。根据现代物流信息管理系统在系统平台架构、技术路线运用、应用模式的灵活性等几个方面与传统应用系统的差异，在进行物流信息系统设计时，应充分总结和利用经验，统一标准、统一规范、统一开发、统一部署、统一关键指标体系。我们在设计系统的同时重点突出以下设计原则。

1. 总体规划、分阶段实施

物流系统需要从系统的长远发展进行规划，逐步完善和优化，实现统一、合理规划，集中管理，有组织有步骤实施。

2. 先进性与适用性原则

系统设计技术要领先，应用上要合理，方便管理和后期维护。用户操作简捷，易于上手

和掌握，以适应物流企业的业务发展需要。

3. 开放性与标准化原则

根据软件开发的标准化要求，设计开放式、模块化体系，使用符合国际国内标准的协议和技术，使系统的硬件平台、软件系统、操作系统平台等发挥最佳优势，而不应成为相互发展相互制约的因素。

4. 可靠性与安全性原则

安全可靠的运行是整个系统建设的基础。提供良好的安全可靠性策略，支持多种安全可靠性技术手段，制定严格的安全可靠性管理措施。系统需要有安全漏洞检测，可以具有容错功能，通过及时备份相关数据，保护系统的安全和数据的正确性和安全性。

5. 经济性与系统扩展灵活性原则。

系统的建设要充分考虑物流企业的经济投入成本，用发展的眼光来看到系统给企业带来的潜在利益，充分利用企业现有的软硬件资源，避免重复投资，同时又要保证系统的灵活扩展能力，以适应业务不断增长的发展趋势以及物流平台的发展规划。

6. 接口广泛性及标准化原则

为以开放式的方式实现服务共享和系统的扩展，使用跨平台、跨语言和技术的服务接口。系统应该适应外界环境变化的能力，系统有充分的适应能力满足新环境下的要求。

7. 业务开发的敏捷性与规范性原则

随着物流企业的业务转型改革进程不断深入，国内外物流行业市场竞争越来越激烈，新兴产品与服务不断创新，因此要求物流管理系统具备业务开发的敏捷性，能够支持迅速拓展业务的竞争要求；同时项目涉及的产品资源及组件库需要达到高复用率，应用的封装需要敏捷，流程和服务复杂的应用需要控制，引入高效的平台项目管理"工具"作为非常重要的一个目标，以便将未来平台的开发进行规范化。

8. 运维管理的高可靠性和易管理性原则

系统平台必须提供管理平台，可以通过高可用性群集、虚拟化技术、远程管理、监控手段与本地系统管理相结合的方式，简化管理员的管理维护工作，保证系统的高可用性。同时系统的结构设计要易于维护，组成系统的功能元素要具有一定的独立性，可以根据需求进行组合。

4.3.3 物流信息系统总体结构设计

1. 总体结构设计的定义

系统的总体结构设计，是指在系统分析的基础上，对整个系统的结构进行划分，对硬软件环境进行配置，对子系统与模块的处理流程进行确认，对新系统的总体结构型和可利用的资源进行宏观设计。

2. 子系统的划分原则

系统划分原则应遵循：①子系统要具有相对独立性；②子系统之间数据的依赖性要小，接口简单、明确；③子系统划分的结果要使数据冗余较小；④应便于系统分阶段实现；⑤应便于各类资源的充分利用；⑥模块之间的耦合要尽可能小，模块内部功能组合要尽可能紧凑；⑦模块的要合理，模块的规模要适当。

3. 系统划分的方法

系统划分的方法目前主要有六类：按照业务处理功能划分，按照业务先后顺序划分，按照数据拟合的程度划分，按照业务处理过程划分，按照业务处理时间划分，按照实际环境划分和网络分布划分。一般地，按照业务处理功能划分比较常用；对于业务流程分析的结果按照业务处理顺序划分，在一些时间和处理过程顺序要求特别强的系统中常用；对于数据联系的紧密程度，子系统内部聚合力强、外部通信压力小的情况下常用数据拟合程度划分；而业务处理过程的划分比较适合于开发资源较大、系统要分段实现的场合。其他两种划分可以在特殊环境中使用。

4. 评价指标

系统总体结构设计的评价指标如下。①系统的正确性；②系统的可靠性，包括系统的容错能力、恢复能力、安全性和保密性等，可靠系统的平均故障间隔时间长，恢复能力强的系统平均排除故障所用的修理时间短；③系统的运行效率。系统的响应时间和处理速度反映了系统的运行效率；④系统的可移植性和可修改性，可移植性是指系统可以不作改动或仅作少量改动，在不同的硬件环境或软件环境中运行；⑤系统对用户的友好性。

物流信息系统总体结构设计是根据系统分析的要求对新系统总体结构形式进行设计，其物流信息系统的子系统应按其功能进行划分，形成物流信息系统的功能模块（见图4-8）。

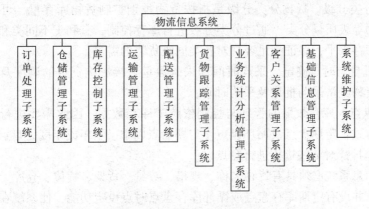

图4-8 物流信息系统划分

【例4-1】 货物入库管理信息系统和货物出库管理信息系统。

1. 货物入库管理信息系统

所谓货物入库管理信息系统是物流配送中心采购货物入库时使用的信息系统，包括入库作业处理信息系统和库存控制信息系统。货物入库管理信息系统的结构如下。

1) 入库作业信息系统

入库作业处理系统是物流配送中心组织货物入库作业时使用的信息系统，包括预订入库和实际入库。

（1）预订入库。预订入库是物流配送中心根据采购订单上的入库数据确定的，主要是为实际入库做准备。预定入库打印的定期入库数据报表，可以为入库月台、入库装卸搬运、设备安排提供依据。数据主要来自采购订单上的预订入库日期、入库货物品种、入库数量等，供应商预先通知的进货日期、货物品种及入库数量。

（2）实际入库。实际入库是物流配送中心仓库实际发生的货物入库，实际入库作业发生在厂商交货之后，输入数据包括采购订单号、厂商和供应商名称、货物名称、货物数量等，可输入采购订单号来查询货物名称、数量是否符合采购内容，并用以确定入库月台。然后由仓库保管人员指定卸货地点及摆放方式，并将货物叠于托盘上，仓库保管人员验收后将入库数据输入并存入数据库。货物入库后有两种处理方式：立即出库或上架入库再出库。

对于立即出库，入库信息系统需根据出货配送系统来确定出库数据，对于较紧俏的货物，一般入库后就会立即出库，这样可减轻仓库的作业量，也便于加快仓库周转，提高配送效率。立即出库还需与派车系统连接，以便及时安排出库用车。货物立即出库后应及时进行出库数据处理，打印出库单据和报表。

对于上架入库再出库，入库信息系统需根据货位和货架数据来决定上架入库，如果仓库货位货架有空余，就可上架入库；如果仓库货位货架没有空余，就不能立即入库，需考虑其他方案入库。货物上架入库如果是自动化立体仓库，还需与自动化仓储系统连接，以便自动化仓储设备操作作业。

2）库存控制信息系统

该系统是物流配送中心用于控制货物库存的信息系统。主要完成库存数量控制和库存量规划，以保证一个合理的库存水平，避免因库存积压过多或过少短缺造成损失。它包括货物分类分级、订购批量及订购时点确定、库存盘点。

（1）货物分类分级。货物分类分级是指按货物类别控制货物库存量，可按货物性质分类，也可按货物等级质量分类。通过分类分级进行库存控制，有利于不同类和不同级的货物保持一个合理库存水平，保证满足客户对各类同级货物的需求。

（2）订购批量与时点确定。采购时间和采购数量直接影响资金的调度及库存成本，采购前需要制定货物经济采购批量及采购时间。

（3）库存盘点。库存数量的管理与控制依赖于库存数据，因此需要进行库存盘点。一般有两种盘点方式：定期盘点及循环盘点。定期盘点以季、半年或年度为盘点时间，循环盘点则在普通工作日针对某些货物进行盘点。

库存控制信息系统必须具有货物名称、规格、数量、货架、货位、仓库、批号等数据分类查询的功能，并设有定期库存盘点或循环库存盘点时点设定功能，使系统在设定时间自动启动盘点系统，打印各种单据报表进行盘点。通过库存控制系统，能自动控制物流配送中心仓库保持一个合理的库存。

2. 货物出库管理信息系统

该系统是物流配送中心重要的信息系统之一，它对外作业主要是从客户取得货物订单，然后按客户订货要求进行订单处理、分拣、组配、发货直到实际将货物运送至客户手中为止，都是以客户为服务对象的。对内的作业内容则是进行货物订单需求统计，并传送到货物入库管理信息系统作为库存管理，从货物入库管理信息系统中取得入库数据资料；在货物发货后将应收账款账单传递至财务会计系统。

首先要减轻仓库作业的间接作业，出库业务的趋势是客户要求越来越高，客户需要快捷、方便、简单、一站式的出库手续。货物出库管理信息系统既要简化出库手续，减轻作业量，又要便于出库管理。其次要与仓库的运营模式相吻合，便于仓库保管人员操作使用。还要与出库机械化设备相吻合，充分发挥出库机械化设备作用，提高出库业务效率。

货物出库管理信息系统包括：订单处理信息系统、出库分析与预测信息系统、拣货与包装加工信息系统、派车与配送信息系统、仓储管理信息系统、应收账款信息系统。

1) 订单处理信息系统

该订单处理信息系统主要用于物流配送中心的货物订单的自动接收与转换，当系统收到客户的货物订单后，能自动转换成拣货分货指令、包装指令、加工指令、配装指令、派车指令、配送指令、应收账款指令等。

2) 出库分析与预测信息系统

(1) 出库分析与预测信息系统的构成。该系统包括出库分析信息系统、出库预测信息系统和货物管理信息系统。

①出库分析信息系统。它主要用于出库货物分析，是为了帮助仓库主管对现有出库信息有全面的了解，掌握仓库的全面情况。输入出库时间、货物类别、货物名称、客户名称、作业员名称等数据，可查询各个出库信息或出库统计资料。出库分析信息系统只读取数据库内容，包括订单数据库、出库配送控制数据库、入库数据库等。有总的货物出库统计表、年度货物出库统计表、年度及月份货物出库统计比较分析表、货物成本利润百分比分析报表，并可查询作业员出库业绩及各仓库经营业绩等数据。

②出库预测信息系统。它主要用于出库预测，帮助高层主管根据现有出库资料预测物流配送中心的发展趋势，预测未来库存需求量、客户需求。采用计算机和数学模型的预测可提高时效性和准确性。预测一般可根据预测模型或统计方法实现，包括最小平方法、平均数法、中位数法、众数法、移动平均法、时间序列分析法、指数平滑法、相关分析法、多元回归分析等。出库预测信息系统需将影响出库预测结果的外界数据转换成模型使用的参数，并按需求查询打印货物出库预测表、客户需求预测表、设备需求预测表、库存需求预测表、成本需求分析预测表等。

③货物管理信息系统。它主要用于出库货物管理，帮助仓库主管了解客户对货物的偏好趋势，一般只需要按需求输入查询即可。常用的货物管理报表包括货物出库分析表、畅销品及呆滞品分析表、货物周转率分析表、货物获利率分析表等。

(2) 出库分析与预测信息系统的设计要点。

- 具备按货物、客户、作业员、仓库等查询出库量、出库金额、成本、利润等数据及打印各种汇总报表的功能。
- 具有分析比较功能，能自动生成各种分析表格。
- 具有判断预测功能，能自动生成预测模型进行预测。
- 具有货物管理功能，能自动生成各种货物管理表格。
- 使用方便，便于仓库管理人员操作使用。

3) 拣货与包装加工信息系统

(1) 拣货与包装加工信息系统的构成。该信息系统根据客户订购的货物作出货前的准备工作，用于出货前的拣货、包装和流通加工，通常由仓库管理员和包装加工人员来使用。包括拣货信息系统和包装加工信息系统两种。

①拣货信息系统。用于物流配送中心出库拣货作业，主要帮助拣货作业人员分拣出库货物，输入出库订单上的货物名称、规格、数量等信息。拣货信息系统能自动分拣出货物，它是物流配送自动化的一个重要组成部分，可大大提高物流分拣作业效率，减少分拣工作量。

②包装加工信息系统。用于物流配送中心货物包装和加工作业的。主要帮助货物包装人

员和货物加工人员包装和加工。与自动包装设备和自动加工设备连接，能进行自动包装和自动加工，是物流配送自动化的重要组成部分，并能打印包装和加工货物的各种报表，大大提高包装和加工的作业效率。

（2）拣货与包装加工信息系统的设计要点。

①必须具备计划、工作调度、单据报表打印及与自动化机械设备连接、转换、传送等功能，能自动生成拣货、包装、流通加工的各种报表，能使用自动化机械设备。

②拣货系统需具备多种拣货方式，拣取的货物可由程序更换，并可设定不同仓储单位之间数量的转换。

③各种货物所需包装和加工处理的程序不同，包装、加工信息系统需要包装加工程序及设备需求设定的功能。

④使用操作方便，便于物流配送中心的包装人员、加工人员使用操作。

4）派车与配送信息系统

（1）派车与配送信息系统的构成。货物经分拣、包装、流通加工后即可集中在出货区内准备装车配送。派车与配送信息系统包括派车信息系统、配送信息系统。

①派车信息系统。派车信息系统是用于物流配送中心派车用，主要是帮助车辆调度人员调度派车。当输入车辆的车型、车号、司机、货物名称、规格、重量、运输线路、发货地、接货地等信息后，系统能自动生成运输调度指令并进行打印。大大提高物流配送派车的作业效率，是物流配送自动化、信息化的一个重要组成部分。

②配送信息系统。配送信息系统是用于物流配送中心配送货物，主要帮助物流配送人员进行货物配送。当输入配送货物名称、规格、计量单位、数量、单价、客户资料、配送线路等信息后，系统能自动生成货物配送单及各种配送报表。它是物流配送自动化、信息化的一个重要组成部分，可大大提高货物配送作业效率。

（2）派车与配送信息系统的设计要点。

①具备派车和配送的基本功能，能自动生成派车计划单和货物配送单，并能打印各种单据报表等。

②派车信息系统中司机及随车配送人员的调派要考虑工作能力和工作量，以便合理地安排司机和配送人员。系统中应有司机和配送人员的详细个人资料，以便系统及时提取。

③配送信息系统中所遇到困难及不能完成配送任务的原因也应在系统中反映，以便进行分析，避免下次配送时错误重复出现，以减少重复配送、差错。

④系统操作要简单方便，方便调度人员和配送人员使用，有较强的数据处理能力。

5）仓储管理信息系统

（1）仓库管理信息系统的构成。该系统包括月台使用信息系统、仓储区管理信息系统、包装物管理信息系统。

①月台使用信息系统。用于物流配送中心月台使用，主要帮助装卸人员装卸货物时使用月台，提高月台的使用效率，它是仓储管理信息系统的重要组成部分。

②仓储区管理信息系统。该系统是物流配送中心用于仓库区规划、使用和管理的信息系统，主要帮助仓储人员进行货物分类、货位分配与摆设、货位调用与作业。当仓库使用自动化设备时，能自动指挥自动化设备作业。它是仓储管理信息系统的重要组成部分。

③包装物管理信息系统。该系统是物流配送中心用于仓储包装物使用，主要是帮助仓储

人员在使用包装物进行货物包装时决定哪些货物该包装，用什么样的包装物，这些包装物是否流通，是否回收，如何流通和回收，包装物流通回收的价格计算等，是仓储管理信息系统的重要组成部分。

（2）仓储管理信息系统设计的要点。

①具备仓储管理信息系统的基本功能，能自动生成月台使用单据、仓储区和包装物等的各种使用单据，并能打印各种报表。

②月台使用信息系统必须考虑月台的长度，车辆的摆放，能容纳多少车辆，月台使用计划等因素。

③仓储区信息系统必须考虑仓库区位的规划，货位规划，货架摆设，自动化设备的使用等因素。

④包装物管理信息系统必须考虑包装物的购进、消耗、回收等因素。

⑤操作使用方便，便于仓储管理人员使用。

6）应收账款信息系统

该系统用于物流配送中心结账时使用的信息系统，主要帮助会计部门催收货款。当货物配送出库，货物送达客户后，订购数据即由订单数据库转入应收账款数据库，会计人员于结账日调用此系统，将应收账款按客户进行统计并打印催款单及发票。催款单和发票交给客户，当收到货款后，经会计人员确认后冲销应收账款，作为货款收入。

4.4 电子商务物流系统规划与设计

4.4.1 电子商务概述

1. 电子商务的概念

随着网络、通信和信息技术的迅猛发展，Internet 在全球迅速普及，使得现代商业具有了不断增长的供货能力、不断增长的客户需求和不断增长的全球竞争力三大特征。电子商务（Electronic Commerce，EC）正是为了适应这种以全球为市场的变化而出现和发展起来的。电子商务利用 Internet 技术，将企业、客户、供应商及其他商业和贸易所需的环节连接起来，将商业活动纳入网络中，彻底改变了原有的业务作业方式和手段，从而实现了充分利用有限资源、缩短商业环节和周期、提高应用效率、降低成本、提高用户服务质量的目标。

所谓电子商务，就是通过计算机网络进行的各项商务活动，包括广告、交易、支付、服务等活动。也就是说当企业将它的主要业务通过企业内部网（Intranet）、企业外部网（Extranet）及 Internet 与客户、供应商直接相连时，其中发生的各种活动即为电子商务。

电子商务的核心思想是指完全或部分采用"电子"形式完成各种商务活动，它是基于 Internet 环境下实现消费者的网上购物、商户之间的网上交易和在线电子支付的一种新型的商业运营模式。电子商务的实现分为两个层次，较低层次的电子商务如电子商情、电子贸易、电子合同等；高级即完整的电子商务应该是利用 Internet 进行全部的贸易活动，即在网上实现信息流、商流、资金流和部分物流的整合。如在网上实现查找客户、洽谈、订货、在线付（收）款、开具电子发票及电子报关、电子纳税等商务活动。

2. 电子商务的分类

电子商务的分类方法很多，可以按参与交易的对象、交易所涉及的商品内容和进行交易的企业所使用的网络类型等对其进行不同的分类。

1) 按参与交易的对象分类

按参与电子商务交易所涉及的对象，可以分为以下三个类别。

（1）企业与消费者之间的电子商务（Business to Customer，即 B to C）。这是消费者利用 Internet 直接参与经济活动的形式，类同于电子化的零售商务。如网上商店提供的服务。

（2）企业与企业之间的电子商务（Business to Business，即 B to B）。指的是企业利用 Internet 或其他网络寻找最佳贸易伙伴，完成从订购到结算的全部交易过程，包括向供应商订货、签约、接受发票、电子支付及在商贸过程中发生的其他问题如索赔、商品配送管理和运输跟踪等。

（3）企业与政府方面的电子商务（Business to Government，即 B to G）。这种商务活动覆盖了企业与政府组织间的各项事务。例如，企业与政府之间进行的各种手续的报批；政府通过 Internet 发布采购清单，企业以电子化方式响应；政府在网上以电子交换方式来完成对企业和电子交易的征税等。

2) 按交易所涉及的商品内容分类

电子商务主要包括两类商品的商务活动。

（1）有形产品电子商务。有形货物如食品、书籍等，通过网上交易应需要通过传统的渠道如邮政业的服务或配送中心的服务来完成送货。

（2）无形产品电子商务。无形电子商务涉及的商品是无形的货物（如计算机软件）和信息服务，直接就可以进行网上交易。

3) 按电子商务使用的网络类型分类

根据开展电子商务业务的企业所采用的网络框架的不同，电子商务可以分为如下三种形式。

（1）电子数据交换（Electronic Data Interchange，EDI）。EDI 主要应用于企业与企业、企业与批发商、批发商与零售商之间的批发业务。

（2）因特网（Internet）。是指利用连通全球网络开展的电子商务活动。这是目前电子商务的主要形式。

（3）企业内部网（Intranet）。是指在一个大型企业的内部或一个行业内开展的电子商务活动，通过这种形式形成一个商务活动链，以便提高工作效率和降低业务的成本。

3. 电子商务的功能

电子商务可提供网上交易和管理等全过程的服务，归纳起来，它可以提供以下功能服务。

1) 广告宣传

企业可在 Internet 上发布各类商业信息，并附带丰富的广告宣传，客户借助网上的检索工具（Search）可迅速地找到所需的商品信息。网上广告具有成本低廉，信息量丰富的特点。

2) 咨询洽谈

电子商务可借助于非实时的电子邮件（E-mail），新闻组（NewsGroup）和实时的讨论组（chat）、白板会议（Whiteboard Conference）来了解市场和商品信、洽谈交易事务。

3) 网上订购

电子商务可通过 Web 方式填写订单,实现网上订购。

4) 网上支付

电子商务要成为一个完整的过程,网上支付是重要的环节。客户和商家之间可采用信用卡账号进行支付。

5) 电子账户

网上支付必须要由电子金融来支持,即银行、信用卡公司及保险公司等金融单位要为金融服务提供网上操作的服务,而电子账户管理是其基本的组成部分。

6) 服务传递

要根据商品的内容决定网上订购货物的配送方式。

7) 意见征询

电子商务能通过 Web 方式广泛收集用户对销售服务的反馈意见,从而提高售后服务的水平,使企业获得更多改进产品、发现市场的商业机会。

8) 交易管理

整个商务交易管理将涉及,企业和企业、企业和客户及企业内部等各方面的协调和管理。因此,交易管理是涉及商务活动全过程的管理。

4.4.2 电子商务与物流

1. 电子商务与物流的连接模式

电子商务是网络通信技术在商品交换环节上的体现。而物流业主要是由运输业和仓储业这两个传统行业组成的,所以电子商务企业与物流企业的结合大体有三种模式。

1) 从电子商务企业向物流企业延伸

信息查询、交易在网上进行,物流业务由物流公司承担,而各种要素的整合则由电子商务企业来完成。如代为选择物流企业、物流方式和运输手段;代付运费、保管费及保险费;代为生产提单和送达提单;代为结算货款,提供信息查询功能等。而物流企业则只从事保管、分拣、加工、配送和运输等传统服务。

2) 从物流企业向电子商务企业延伸

信息查询、交易、货物送达均由物流企业完成。物流企业将交易与物流有机地结合在一起,从而简化了商务环节。

3) 现货仓单交易

电子商务企业指定商品交割仓库,卖方将货物存入交割仓库,仓库开出仓单,卖方凭仓单在电子商务交易系统进行交易。交易成功,卖方转让仓单给买方,买方依据仓单提货。

无论何种形式,未来的趋势都是电子商务企业和物流企业进一步融合。

2. 电子商务下的物流服务内容

电子商务与非电子商务就实现商品销售的本质而言并无区别,物流是实现销售过程的最终环节,因此电子商务中的物流服务内容与非电子商务基本相同,但也有其特殊服务内容。电子商务的物流服务内容大致可分为以下两个方面。

1) 电子商务下的物流服务与非电子商务下的物流服务

(1) 运输功能。指将消费者网上订购的货物送到指定的地点。网站经营者既可自己组织送货，也可以将物流业务外包给第三方物流公司。第三方物流公司拥有或掌握一定规模的运输工具，其物流设施往往覆盖全国抑或更大一个区域的网络。它接收订单后，首先为客户设计最合适的物流系统，选择满足客户需要的运输方式，然后组织网络内部的运输作业，在规定的时间内将客户的商品运抵目的地，整个过程高效快捷。

（2）储存功能。电子商务企业既需要建立 Internet 网站，同时又需要建立或具备物流中心，物流中心的主要设施之一就是仓库及附属设备。电子商务企业的目的不是要在物流中心的仓库中储存商品，而是要通过仓储保证市场分销活动的开展，同时尽可能地降低库存占压的资金，减少储存成本，因此，提供社会化物流服务的公共型物流中心需要配备高效率的分拣、传送、储存、拣选设备。在电子商务条件下，可以利用完善的信息网络，用虚拟库存（Virtual Inventory）代替实物库存，通过使上游的生产厂商和下游的经销商、物流服务商共用数据库，共享库存信息等方法，将供应链上各环节的信息系统有效地集成起来，以尽可能低的实物库存水平满足市场的需要。

（3）装卸搬运功能。这是为了加快商品的流通速度必须具备的功能，第三方物流公司可以提供更加专业化的装载、卸载、提升、运送、码垛等装卸搬运机械，以提高装卸搬运作业效率，减少作业对商品造成的损坏，降低订货周期，加速商品流通。

（4）包装功能。物流的包装作业主要是在商品的销售包装的基础上，重新进行组合、拼装、加固，以形成适合于物流和配送的组合包装单元。

（5）流通加工功能。其目的是方便生产或销售。专业化的物流中心常常与固定的制造商或分销商进行长期合作，为制造商或分销商完成一定的加工作业，如贴标签、制作并粘贴条码等。

（6）物流信息处理功能。目的是将各个物流环节各种物流作业的信息进行实时采集、分析、传递，并向货主提供各种作业明细信息及咨询信息。

2）增值性物流服务

电子商务下的物流服务内容除传统的仓储运输外，还提供增值性的物流服务。这主要包括以下几层含义和内容。

（1）增加便利性的服务一切能够简化手续、简化操作的服务都是增值性服务。一般在提供电子商务的物流服务时，推行一条龙门到门服务，提供完备的操作或作业提示，免培训、免维护、省力化设计或安装，代办业务，24小时营业，自动订货、传递信息和转账，物流全过程追踪等都是对电子商务销售有用的增值性服务。其中，传递信息和转账服务往往采用电子订货系统（Electronic Order System，EOS）、电子数据交换（EDI）、电子资金转账（Electronic Funds Transfer，EFT）进行。

（2）加快反应速度的服务。这是一项使流通过程变快的服务。快速反应（Quick Response，简称 QR）已成为物流发展的动力之一。它可以通过两条途径予以解决，一是提高运输基础设施和设备的效率，如修建高速公路、铁路提速、汽车加速等。这是一种速度的保障，但在需求方对速度的要求越来越高的情况下，它也变成了一种约束。二是采用具有重大推广价值的增值性物流服务方案，如优化电子商务系统的配送中心、物流中心网络，重新设计适合于电子商务的流通渠道，以此来减少物流环节、简化物流过程，提高物流系统的快速反应性能。

（3）降低成本的服务发展电子商务，要探求能够降低物流成本的物流方案，以发掘第三利润源泉。可供考虑的方案包括：采用在第三方物流服务商、电子商务经营者之间或电子商务经营者与普通商务经营者联合，采取物流共同化计划，同时，具有一定的商务规模的电子商务企业可以通过采用比较适用但投资较少的物流技术和设施设备，或推行物流管理技术，如单品管理技术、条码技术和信息技术等，提高物流的效率和效益，降低物流成本。

(4) 延伸服务这是一项将供应链集成在一起的服务。向上可以延伸到市场调查与预测、采购及订单处理，向下可以延伸到配送、物流咨询、物流方案的选择与规划、库存控制决策、货款回收与结算、教育与培训、物流系统设计与规划方案的制作等。延伸服务最具有增值性，但也是最难提供的服务，能否提供此类增值服务，目前已成为衡量一个物流企业是否真正具有竞争力的标准。

3. 电子商务对物流网络的影响

电子商务环境下物流网络的变化表现在：一个方面是和信息直接相关的物流网络，另一方面是实际的物流网络。

1) 物流网络信息化

物流网络信息化是物流信息化的必然，是电子商务下物流活动的主要特征之一。当今世界 Internet 等全球网络资源的可用性及网络技术的普及为物流网络信息化提供了良好的外部环境。

网络信息化主要指以下两种情况：①物流配送系统的计算机通信网络，包括物流配送中心与供应商或制造商的联系要通过计算机网络，与下游顾客之间的联系也要通过计算机网络；②企业内部的网络，即 Intranet。

2) 实体物流网络的变化

物流网络可划分成线路和结点两部分，其相互交织联结，就成了物流网络。实体物流网络的变化体现在以下几个方面。

(1) 仓库数目将减少，库存集中化。配送与 JIT 的运用已使某些企业实现了零库存生产，将来由于物流业会成为制造业的仓库与用户的实物供应者，工厂、商场等都会实现零库存，自然也不会再设仓库了。配送中心的库存将取代社会上千家万户的零散库存。

(2) 将来的物流结点的主要形式是配送中心。现在，仓库的专业分工将其分为两种类型，一类是以长期贮藏为主要功能的"保管仓库"，另一类是以货物的流转为主要功能的"流通仓库"。在电子商务环境下，货物流转更快，制造业都实现"零库存"，仓库又为第三方物流企业所经营，这些都决定了"保管仓库"进一步减少，而"流通仓库"将发展为配送中心。物流中心已成为城市功能的有机组成部分，一般来说，其选址应处于市区边缘和交通枢纽结点。目前在实践中，城市综合物流中心的筹建已经开始，它是上述变化的一个具体体现。城市综合物流中心将铁路货运站、铁路编组站和公路货运站的配送、仓储、信息设施集约在一起，可以减少必须经过大规模编组站进行编组的铁道运输方式，实现各城市综合物流中心之间的直达货物列车运行，使"一次运输"顺畅化；又可以利用公路运输实行货物的集散，完成"二次运输"；还可以实现配送中心的公用化、社会化，并使库存集中化。

(3) 综合物流中心将与大型配送中心合而为一。

4.4.3 电子商务环境下的物流信息交易平台

1. 物流信息交易平台的概念

物流的理想状态是物尽其用，货畅其流，最大限度地满足生产和消费的需要。要实现这一目标，就必须具有一个完备而有效的物流平台的支持。物流平台主要包括两个方面，一是物流基础设施平台，包括公路、铁路、航运、海运、仓储、海关等与物流相关的基础设施；二是物流信息交易平台。

所谓物流信息交易平台就是通过对物流共用信息的采集和集成，为生产商、销售商及物流企业的信息系统提供物流基础信息，满足企业信息系统对物流公用信息的需求，支撑企业物流信息系统各种功能的实现，支持企业间实时、快捷的网上交易。同时，通过物流共享信息，支持政府部门间、行业管理与市场规范化管理方面协同工作机制的建立和运作。

近年来，随着我国对交通、物流基础设施的投入不断加大，已经在公路、铁路、水运、航空、大型货物集散中心的建设和规划等方面取得了长足的进步，对加快现代物流配送的发展起到了很好地支撑作用。相比之下，物流信息交易平台的建设目前正处于起步阶段，虽然一些城市和地区正在着手进行物流信息交易平台的规划建设，如上海市、深圳市等，但普及范围比较小，整体水平还比较落后，至今尚未建立起一个成熟的地区性或全国性的物流信息交易平台。因此，建设物流信息交易平台，实现我国物流平台建设的"两翼齐飞"，已成为完善我国物流基础条件建设，实现物流集成化、网络化、信息化的重要任务。

2. 物流信息交易平台的运作方式

物流信息交易平台在具体运作时，可采用以下方式。

（1）通过因特网可以将分布在不同地区的若干家物流企业联结在一起，远程进行业内信息发布和业务数据传输。

（2）系统通过公共网络将各地用户的订单汇总起来，由物流信息交易平台进行物流资源统一调控，通过规模物流，达到以最低的成本为客户提供最好的服务的目标。

（3）为客户提供全面的物流信息，及个性化的物流服务。

（4）对于不具备全面开展信息化能力的中小型物流企业而言，通过网上会员注册就可以加入物流信息交易平台。

4.4.4　构建物流信息交易平台的关键技术

1. 物流接口无缝化

1）含义

物流接口无缝化是指按照物流目标系统化和物流要素集成化原则要求对物流网络构成要素中的流体、载体、流向、流量、流程等流动要素，信息、资金、机构、人员等生产要素，技术标准、运作规范、管理制度等机制要素进行内部和外部连接，使系统要素之间，系统与系统之间成为无缝连接的整体过程。

2）物流接口无缝化原理简介

物流接口无缝化原理是指对物流网络构成要素中的流动要素、生产要素、机制要素等进行内部和外部的连接，使物流系统要素之间、物流系统之间成为无缝连接的整体的过程，受物流目标系统化和物流要素集成化两个原理的指导。实际上，物流网络上的各节点往往是独立的，其间存在的缝隙就是它们之间的距离，这种缝隙就造成了存在于物流系统内或系统外边界上的差异，这些差异的多少和大小，直接影响着物流效益的高低。

3）目的

物流接口无缝化的目的是为了消除那些存在于系统内和系统外在边界上的差异，从而提高系统集成度，使物流系统要素集成为一个完整的系统，以实现物流系统的整体目标。物流系统需要连接的要素很多，对于企业来说，企业生产物流、企业供应物流、企业销售物流、企业回收物流和企业废弃物流等不同的具体的物流活动之间、企业与其所处的上下游供应链成员之间都有许多方面需要实现无缝连接。

4) 物流接口无缝化的现实意义

(1) 对企业本身的意义。物流接口无缝化，对企业提高其内部物流效率、降低物流成本、从而增强企业竞争力具有深远的意义。如上所述，企业物流可区分为企业生产物流、企业供应物流、企业销售物流、企业回收物流和企业废弃物流等五个不同的具体的物流活动，每个物流活动内部及各物流活动之间都可以通过接口无缝化来降低物流成本。以生产物流为例，在生产过程中，物料需要不断地进行移动，从上一个生产流程进入下一个生产流程，从上一个生产环节进入下一个生产环节。在这个过程中如果能实现无缝化连接，将会大大提高整个生产流程的速度，从而节省时间，进而降低整个物流链上的库存数量，有效降低成本。也就是说，企业通过在其内部实施物流接口无缝化，可以有效地实现其内部供应链的有效整合，从而为企业内部供应链与外部供应链的整合打下良好的基础。当然，企业内部供应链要服从于其所处的整条供应链，否则，企业将面临供应链的重新选择和转换，这意味着企业将为此付出巨大的代价，而且有时企业常无法做到这一点。

(2) 对企业所处的整个供应链的意义。美国著名的供应链管理专家克里斯托弗曾说过："市场中只有供应链而没有企业"，"21 世纪的竞争不再是企业与企业之间的竞争，而是供应链与供应链之间的竞争"。当供应链上的成员实现了内部供应链与外部供应链的有效整合之后，整个供应链的效率将大大提高。物流接口无缝化，是实现企业内部和外部供应链整合的重要途径，能有效提高整个供应链的运营绩效和竞争能力，从而实现供应链上各节点企业核心竞争力的整合，为企业的发展提供强有力的支持和保证。当企业通过积极参与国家标准和国际标准的制定、积极实现物流载体无缝化时，不仅可以借助国家的强制力量，使自己的标准成为通用标准，提高整个供应链的运营绩效和竞争能力及自身的知名度，巩固自己在整个供应链中的主导地位，而且还可以借助标准，打击竞争对手，提高整个供应链的竞争力，同时还能够提高企业内各职能部门、各位员工的标准化意识，为企业实现物流接口无缝化打下坚实的基础。

5) 实现物流接口无缝化的途径

(1) 从流动要素来看，要将流体、载体、流向、流量、流程等五个方面的要素进行无缝连接，尤其是载体的无缝连接。目前，载体的无缝连接受到了较高的重视，托盘化和集装箱化思想已普遍被企业所接受，国际国内都有相应的国际标准和国家标准。流体、流向、流量、流程等也在借助各种方法、各种信息系统、信息共享技术等，努力向无缝连接靠近。在此需要指出的是，企业不仅要重视供应链各节点之间的无缝化连接，也要重视自身内部，尤其是生产物流中的无缝连接。因为对于企业来说，实现生产物流的无缝化连接，虽然自身容易做到，却往往被有意无意地忽视了。

(2) 从生产要素来看，要将生产的信息、资金、机构、人员等连接起来，从而形成物流网络正常运行的重要支撑。要实现生产要素的无缝连接，离不开信息技术和网络技术的支持。在现代物流中，信息是一个核心要素，离开信息的支持，现代物流的就无法实现。一些信息技术，如商品条码技术、物流条码技术、EDI、DRP 等，都是现代物流管理中常用的技术,保证信息通过接口后能被识别和认同,而不是每跨越一个边界系统,原有的信息就要被推翻进而进行重新编制。

(3) 从物流系统的运作机制来看,要将不同企业、不同地区、不同行业的技术标准、运作规范、管理制度等进行无缝化连接,保证物流运作机制的畅通。这在国际物流中尤其重要。国际标准组织对国际化物流标准做出了一系列的规定,国际物流标准化体系不仅包括物流系统的内部设施、机械设备、专用工具等标准化体系,还包括与物流相关的领域,如包装、装卸、运输、信息等方面的标准体系。根据实现物流接口无缝化的途径可以看到,实现供应链无缝连接的方法很多,如 JIT、MRP、MRP II、ERP、QR、ECR 等。在这些提高物流效益的物流接口无缝化物流工程方法中,JIT 物流能有效解决企业物流过程中的各种浪费现象,比如因无需要造成的积压和多余的库存、因供应链上游不能及时交货或提供服务而等候、产品的缺陷、不必要的移动与操作等,从而实现企业对顾客的快速反应和整条供应链上的库存水平最小化,即达到反应快速化和成本最低化。这里所说的 JIT 管理,不只局限于及时生产,而是把 JIT 的管理理念和方法应用到整个物流管理过程中,以实现企业对顾客的快速反应和整条供应链上的库存水平最小化,从而实现反应快速化和成本最小化。

2. GIS 技术

地理信息系统(Geographic Information System,GIS)是以地理空间数据为基础,采用地理模型分析方法,适时地提供多种空间的和动态的地理信息,对各种地理空间信息进行收集、存储、分析和可视化表达,是一种为地理研究和地理决策服务的计算机技术系统。

GIS 物流分析软件集成了车辆路线模型、网络物流模型、分配集合模型和设施定位模型等。

1) 车辆路线模型

用于解决一个起始点、多个终点的货物运输中,如何降低物流作业费用,并保证服务质量的问题,包括决定使用多少辆车,每辆车的行驶路线等。

2) 网络网络模型

用于解决寻求最有效的分配货物路径问题,也就是物流网点布局问题。

3) 分配集合模型

可以根据各个要素的相似点把同一层上的所有或部分要素分为几个组,用以解决确定服务范围和销售市场范围等问题。

4) 设施定位模型

用于确定一个或多个设施的位置。在物流系统中,仓库和运输线共同组成了物流网络,仓库处于网络的节点上,节点决定着线路如何根据供求的实际需要并结合经济效益等原则,在既定区域内设立多少个仓库,每个仓库的位置,每个仓库的规模和仓库之间的物流关系等,运用此模型均能很容易地得到解决。

3. RFID 技术

RFID(Radio Frequency Identification)即射频识别技术,又称电子标签,是 20 世纪 90 年代开始兴起的一种自动识别技术。射频识别技术是一项利用射频信号通过空间耦合(交变磁场或电磁场)实现无接触信息传递并通过所传递的信息达到识别目的的技术。

在运输管理方面采用射频识别技术,只需要在货物的外包装上的安装电子标签,在运输检查站或中转站设置阅读器,就可以实现资产的可视化管理。在运输过程中,阅读器将电子标签的信息通过卫星或电话线传输到运输部门的数据库,电子标签每通过一个检查站,数据库的数据就得到更新。当电子标签到达终点时,数据库关闭。与此同时,货主可以根据权限,访问在途可视化网页,了解货物的具体位置,这对提高物流企业的服务水平有着重要意义。

4. GPS 技术

全球定位系统(Global Positioning System,GPS)是一个中距离圆形轨道卫星导航系统。它可以为地球表面绝大部分地区(98%)提供准确的定位、测速和高精度的时间标准。GPS 在物流中的应用介绍如下。

1)用于汽车自定位、跟踪调度

据丰田汽车公司的统计和预测,日本车载导航系统的市场在 1995 年至 2000 年间将平均每年增长 35% 以上,全世界在车辆导航上的投资将平均每年增长 60.8%,因此,车辆导航将成为未来全球卫星定位系统应用的主要领域之一。我国已有数十家公司在开发和销售车载导航系统。

2)用于铁路运输管理

我国铁路开发的基于 GPS 的计算机管理信息系统,可以通过 GPS 和计算机网络实时收集全路列车、机车、车辆、集装箱及所运货物的动态信息,实现列车、货物追踪管理。只要知道货车的车种、车型、车号,就可以立即从近 10 万公里的铁路网上流动着的几十万辆货车中找到该货车,还能得知这辆货车现在何处运行或停在何处,及所有的车载货物发货信息。铁路部门运用这项技术可大大提高其路网及其运营的透明度,为货主提供更高质量的服务。

3)用于军事物流

全球定位系统首先是因为军事目的而建立的,在军事物流中,如后勤装备的保障等方面,应用相当普遍,尤其是在美国,其在世界各地驻扎的大量军队无论是在战时还是在平时都对后勤补给提出很高的需求,

5. 基于功能模块的开发技术

为了满足各种用户对信息交易平台的服务请求,需要针对不同的用户主体及其服务内容,采用结构化设计思想,开发出相应的功能模块和操作界面。功能模块应与信息交易平台的数据库和应用服务器之间有良好的接口,由服务器端对相关信息进行分析和处理,并针对用户主体的服务需求做出响应,另外,还应有便于用户主体操作的友好的输出界面。为保证信息交易平台的安全性和服务响应的有效性与快速性,应针对平台和用户主体在服务器端和客户端分别开发功能模块。

6. 基于中间件的开发技术

中间件是一种由应用程序接口定义的软件,它用于在客户机与服务器或者服务器与服务器之间传送高级信息。中间件有很多种类型,以 CORBA(Common Object Request Broker Architecture)为核心的一类面向对象的中间件以对象请求的方式把面向对象的技术引入分布式计算,从而有效地解决了各子系统软件在分布式异构环境下的互操作性问题。

在物流信息交易平台中,由于平台的用户服务主体多种多样,针对不同用户的服务需求所进行的系统分析及所调用的分析工具也各不相同,但它们必须统一到平台之下。CORBA 的关键在于其定义了包含几乎现有 C/S 模式中间件每一种格式的中间件,它能够提供一种

分布式对象的操作机制，在这一机制下所有服务应用程序均被封装成对象，外界通过应用程序接口（Application Programming Interface，API）引用对象所提供的服务，并采用接口描述语言（Interface Description Language，IDL）对对象接口进行描述。当客户端发出对象引用的请求后，通过对象请求代理（Object Request Broker，ORB）进行服务对象定位及对象和方法的激活，取得服务器端对象的实例，并在服务器端真正实现客户端的服务请求。CORBA的这种面向对象的特征，允许将现有应用软件都合并到对象总线上来。同时，CORBA技术也是解决分布式异构环境的最有效的技术。信息的分布性是物流信息交易平台的基本特点，CORBA是构建分布式信息系统的一种重要技术规范，它能从异构的系统中获取相关信息，以便于物流信息交易平台对信息资源的合理整合和优化利用，实现对不同类型信息系统的集成。此外，采用CORBA技术建立的物流信息交易平台具有良好的开放性和扩展性。

7. 数据挖掘技术

数据挖掘（Data Mining）是近年来随着数据库和人工智能技术的发展而出现的全新信息技术。数据挖掘可以描述为：是从大型数据库的数据中提取人们感兴趣的知识的过程，这些知识是隐含的、事先未知的潜在的有用信息，提取的知识表示为概念、规则、规律、模式等形式。数据挖掘可以从实例数据中直接导出规则，用于构造知识库，从而能提供有效的决策支持和分析帮助。数据挖掘有以下两个主要任务。

1) 机器的数据库理解

将数据库变换为在表述上可为计算机理解的更为简洁的模型，然后利用这个模型求解新问题。

2) 人对数据库的理解

根据需求简化数据并将其翻译为自然的表示形式（如，数学公式、自然语言与图表等），发现隐含在大量数据中的规律并使之为人所理解。

在物流信息交易平台建设中采用数据挖掘技术，目的是在掌握了大量的全局的物流信息的情况下，利用该技术查找和发掘出深层有用的物流信息，从而实现对用户主体信息服务和辅助决策支持。

8. 数据仓库技术

数据仓库的主要思想是：建立一个虚拟的集成数据库，存储现有的真实的历史数据，从而尽可能地降低物理上和语义上的不一致问题，使现有的数据不仅可以应用于简单的事务处理中，也可以用于管理目的。数据仓库的概念可描述为：数据仓库是面向主题的、集成的、稳定的、不同时间的数据集合，用于支持经营管理中决策制定过程。也就是说，数据仓库是把分布在企业网络中不同信息岛上的商业数据转换成公共的数据模型并集成到一起，存储在一个单一的集成关系型数据库中。数据仓库就是集成信息的存储中心，利用这种集成信息，可方便用户对信息的访问，便于决策人员对一段时间内的历史数据进行分析，研究事物发展的趋势，进行辅助决策。

数据仓库一般包括以下三个基本的功能部分。

1) 数据获取

数据获取是数据进入仓库的入口，它负责从外部数据源获取数据。数据被区分出来，进行拷贝或重新定义格式等处理后，准备载入数据仓库。

2) 数据存储和管理

负责数据仓库的内部维护和管理，是数据仓库最为关键的部分，提供的服务包括数据存储的组织、数据的维护、数据的分发、数据仓库的例行维护等。

3) 信息访问

属于数据仓库的前端，面向不同种类的最终用户，其性能主要集中在多维分析、数理统计和数据挖掘方面，而多维分析又是数据仓库的重要访问形式。相应地，进行数据访问的软件工具，主要是查询生成工具、多维分析工具和数据挖掘工具等。由于因特网的发展，使得多维分析领域的工具和产品更加注重提供基于 Web 的前端联机分析界面，而不仅仅是在网上发布数据。数据仓库的最终用户可以通过访问提取信息、分析数据集、实施决策。

作为数据仓库系统三要素之一的信息访问部分，是最终用户赖以从数据仓库中提取信息、分析数据、实施决策的必经途径，其最终目的也是面向高层的决策支持，但用于决策支持的信息必须通过数据挖掘才能获取。事实上，数据仓库无论是在纵向上还是在横向上都为数据挖掘提供了更广阔的发掘空间。一方面，由于数据仓库完成了数据的收集、集成、存储、管理等工作，使得数据挖掘面对的是经初步加工的数据，从而能更专注于知识的发现；另一方面，由于数据仓库所具有的新的特点，又对数据挖掘技术提出了新的更高的要求。因此，数据挖掘技术要充分发挥潜力，必须和数据仓库的发展结合起来。

4.4.5 物流信息交易平台的功能框架

1. 物流信息交易平台的总体功能

物流信息交易平台的建设，在总体上，应达到如下的功能目标。

(1) 保证货物运输的准时性。

(2) 提供货物与车辆的实时跟踪功能，提高运输的可靠性。

(3) 快速响应用户的需求。

(4) 降低运输及仓储的费用，提高运作水平。

(5) 提高资源配置的合理性。

2. 物流信息交易平台的主要功能

为达到上述功能目标，物流信息交易平台的功能一般包括基本功能和扩展功能两大部分。

1) 基本功能

(1) 数据交换功能。这是信息交易平台的核心功能，主要是指电子单证的翻译、转换和通信，包括网上报关、报检、许可证申请、结算、缴税、退税、客户与商家的业务往来等与信息交易平台连接的用户之间的信息交换。在数据交换功能中，所有需要传递数据的企业都与信息交易平台相连，要传递的单证信息先传递到信息交易平台，再由信息交易平台根据电子数据中的接收方转发到相应企业，接收企业将收到的电子单证信息经转换后送到内部系统进行处理。此外，还有一项很重要的功能，即存证管理功能。存证管理是将用户在信息平台上产生的单证信息加上附加信息，按一定的格式以文件形式保存下来，以备将来发生业务纠纷时查询、举证之用。

(2) 信息发布服务功能。该功能以 Web 站点的形式实现，企业只要通过 Internet 链接到信息平台 Web 站点上，就可以获取站点上提供的物流信息。这类信息包括水、陆、航空、多式联运价格体系、新闻和公告、电子政务指南、货源和运力、航班航期、空车配载、铁路车次、适箱货源、联盟会员、职业培训、政策法规等。此项功能要求信息交易平台基于B/S模式组建应用，内部应建立管理信息服务系统，同时在物流服务前端现场配备工作站，实行计算机全程管理，并采用公告板方式及时发布、搜集、下载有关信息。具体设计公告板时，可采用公益性公告服务和付费公告服务两种形式。

（3）会员服务功能。目的是为注册会员提供个性化服务。主要包括会员单证管理、会员的货物状态和位置跟踪、交易跟踪、交易统计、会员资信评估等内容。在此功能模块中要建立接口系统，接入合作伙伴信息、客户信息系统及业务管理系统，实行订单管理、物流服务查询及物流信息反馈。

（4）在线交易功能。交易系统为供方和需方提供一个虚拟交易市场，双方可发布和查询供需信息，对感兴趣的信息可与发布者作进一步洽谈，交易系统可以为双方进行交易撮合。如货主在因特网的公告板上输入托运单，让承运人为这些托运单竞标，有交易市场公开竞标和企业自由竞标两种方式。物流信息交易平台支持物流服务提供的规格、拍卖规则和成交的自动撮合。在这个功能模块中，要建立商务信息系统，以电子数据处理、因特网络、数据交换和资金汇总技术为基础，集信息交流、商业谈判、订货、发货、运输、报关、保险、商检、动植物检验和银行结算为一身，加速业务开展，并规范整个电子商务环境下的商贸业务的发生、发展和结算过程。

2）扩展功能

物流信息交易平台除提供以上基本服务功能之外，还应提供智能配送、货物跟踪、库存管理、辅助决策、金融服务、运输管理、进出口申报作业管理、费用结算、合同及协议管理、第三方认证等增值性服务功能。

（1）智能配送功能。它要求利用物流中心的运输资源、商家的供货信息和消费者的购物信息进行最优化配送，使配送成本最低，在用户要求的时间内将货物送达。通常的解决方法是建立数学模型，由计算机运用数学规划方法给出决策方案，管理人员再根据实际情况进行选择。智能配送要解决的典型问题包括：路线的选择、配送的发送顺序、配送的车辆类型、客户限制的发送时间。

为保证该功能的实施，必须做到以下几点。

· 建设GPS货物跟踪系统，方便用户随时随地通过电话或因特网查询自己货物的状态和位置，并动态提供最佳路线。

· 建设与结算支付相关的金融、保险、税务、外汇系统，以真正实现一体化的网上交易。

· 建立基于Web的EDI，这样，通过因特网也能获得EDI服务。

（2）货物跟踪功能。采用GPS/GIS系统跟踪货物的状态和位置。状态和位置数据存放在数据库中，用户可通过呼叫中心（Call Center）或web站点获得跟踪信息。

（3）库存管理功能。利用物流信息交易平台对整个供应链进行整合，并对库存实施监控，使库存量能在满足客户服务的条件下达到最低库存。最低库存量的获得需要大量历史数据的积累和分析，要考虑客户服务水平、库存成本、运输成本等方面的综合因素，最终使总成本达到最小。可解决的典型问题包括：下一轮生产周期应生产的产品数量；补充货物的最佳数量；补充货物的最低库存点（即安全库存）。企业可以根据信息交易平台的监控信息，采用最经济的库存方式来满足订货的需求，降低由于配送和库存产生的费用，针对不同客户的运送时间的要求来定义库存管理规则。

（4）决策分析功能。目的是建立物流业务的数学模型，通过对已有数据的分析，帮助管理人员鉴别、评估和比较物流战略和策略上的可选方案。典型的分析包括车辆日程安排、行驶路线选择、仓储设施选址、客户服务分析等。

（5）金融服务功能。在建立有关电子商务和物流的法律法规的和网络安全技术的进一步完善后，可通过物流信息交易平台网络实现金融服务，如保险、银行、税务、外汇等。在此类功能服务中，信息交易平台起到信息传递的作用，具体业务在相关部门内部处理，处理结果通过信息交易平台返回客户。

（6）运输管理功能。电子商务基于协作的特点是物流信息交易平台的客户共享运输管理工具的基础。货主和多式物流服务提供商可以通过共同的运输管理功能支持诸如托运单的合并装载，不同的运输模式与相应的服务提供商之间的匹配，以降低运输成本。

同时，物流信息交易平台支持运输优化，可以为承运人和运输工具所有者提供增值服务。通过开放和安全可靠的实时物流信息，物流信息交易平台可以支持用户使用运输优化工具来支持动态的运输路线安排、运输工具的实时调度等。

（7）进出口申报作业管理功能。贸易全球化趋势要求物流信息交易平台能够针对进出口环节复杂的作业程序提供相应的解决方案。物流信息交易平台可以通过支持国际贸易环境下的作业处理和单证管理，例如提供与通关作业相集成的应用环境来满足物流客户的需求。

（8）费用结算功能。物流信息交易平台应能追踪供应链管理的全过程，其管理能力可以一直延伸到供应链周期的结束阶段，通过集成化的工具监督整个物流服务过程，如费用审计、发票的生成、清款、收款、付款等作业流程，可以让货主和承运人加速物流的结算业务。

（9）合同及协议管理功能。物流信息交易平台必须具备支持多样化的服务协议管理的能力。包括更好的运输安排、更准确的总成本计算模式及标准化的协议条款选择，以加速交易双方的谈判效率和合同的签订，并以第三方的角色监督物流服务在协议合同约束下的履行情况。

（10）第三方认证 CA 功能。物流信息交易平台在提供网上实时交易功能时，应融入第三方认证技术。第三方认证包括对用户的身份验证、物流单据的认证、与外部接口的认证等。

4.4.6 电子商务下的物流信息交易平台的系统架构

构建电子商务环境下的物流信息交易平台，就系统结构而言，应具有三层结构（如图4-9 所示）。

1. 物流信息交易平台的最底层

物流信息交易平台的最底层是强大的开放式供应链事务处理系统，它是构建与实体物流相配合的虚拟作业环境的核心。供应链事务处理系统能将不同的作业系统、不同的数据源、不同的数据格式整合成准确、实时的标准化规范数据，并提供强大的基于可定制的商业规则的数据交换能力。

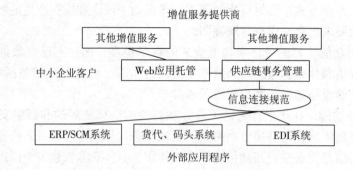

图 4-9 物流信息平台系统结构

具体来说,它提供的主要功能如下。

(1) 实时管理。目的是实时跟踪和监测供应链运作的全过程。通过实时的管理,掌控供应链的实际状况,及时对物流环节中的突发事件做出反应,以减少和避免损失。

(2) 开放式的数据管理系统一方面兼容现有的系统信息,如 EDI 仓单,一方面也可导入无线射频识别(RFID)、定位系统(GPS)等信息,经整合而转换为相应的供应链信息,如设备状况、库存、装运信息和订单信息等。

(3) 安全及验证技术系统通过对电子文档进行第三方认证,促进订仓、排载、配送调度指令无纸化的广泛应用,推动作业流程的虚拟化。

(4) 事务处理能力。系统应支持区域级的大量物流事务的并发处理,全天候的可靠性管理。并可根据实际应用规模的发展进行升级扩展。

(5) 灵活性及扩展性系统应支持所有的企业间或端对端的供应链管理解决方案,与企业内部系统(如 ERP)都设有相应的接口,并可根据新的物流应用进行扩展。

(6) 全程供应链管理系统应支持从订单到运输的全程供应链管理,并对物流事务做出智能化响应。

2. 物流信息交易平台的中间层

在开放式的供应链事务处理系统的基础上,不同的企业、行业联盟、公共型的物流系统运营商可以构建基于应用托管模式的单独的物流交换作业系统。为此,物流信息交易平台应以数据中心(IDC)的形式向物流行业提供应用托管业务,支持物流企业以低成本外包信息系统,使得企业在降低物流作业成本的同时将注意力集中在其关键物流作业的运作上,从而提高物流效率。应用托管主要有以下两种形式。

(1) 电子商务应用托管。这种方式面向需要对分布式大量物流事务进行并发处理的大型物流应用。通过提供全天候的可靠性管理,及对物流事务的智能化处理等,满足高端物流项目对信息平台的要求。

(2) 面向中小企业的行业化应用托管。这种方式面向广大中小规模的物流服务商。物流信息交易平台提供高效、低成本的物流管理专业工具,包括仓储管理、运输和配送管理、国际贸易业务管理等。

3. 物流信息交易平台的最高层

物流信息交易平台应支持多种类型的物流增值功能,例如对货物的跟踪、零担运输的合并、多式物流的整合、金融服务等。物流增值功能可以是供应链事务处理系统的一个高端的应用层面，也可以是外部增值服务提供商提供的服务，客户通过该层获取物流信息交易平台所提供的服务功能。

4.4.7 物流信息交易平台的内容框架

从形式上看，物流信息交易平台相当于一个面向物流行业、多个企业的综合性特大物流电子商务社区，它提出面向企业和用户服务的虚拟电子交易市场和管理咨询的经营理念，它以各行业的供应链交易和咨询服务为中心，涵盖各行业的制造、商贸、服务成员，既为企业提供行业信息、交易平台又为各会员企业提供物流服务信息，并实现在线交易等一系列管理流程。

在物流信息交易平台的设计中，可以构建一个服务产品丰富、商家云集、买卖频繁、跨区域、跨行业的虚拟电子交易市场，其服务内容可以设计有以下几种形式。

1. 供应链集成服务

物流信息交易平台应提供从订单管理、仓储管理、运输管理直至财务结算管理的整个物流供应链管理，并允许物流伙伴通过平台查看供应链执行的细节，以便优化供应链。

2. 社区服务

在物流信息交易平台中，可规划专门的社区为物流企业和客户提供专项的信息服务。具体的可有以下几种表现形式。

（1）公告栏。允许社区成员发布与物流业务相关的信息内容。

（2）分类索引。允许社区成员列出在物流服务采购目录以外的商品。

（3）招聘栏。允许社区成员进行行业内招聘。

（4）提醒。提醒社区成员诸如：行业内新成员加入、拍卖信息等。

（5）邮件箱。社区成员不仅可以收发电子邮件，还可以间接从其他成员那里收到报价和建议书。

（6）交流区。允许社区成员上传或下载有关物流资料文档。

3. 竞拍服务

竞拍服务使买方和卖方企业借助于物流信息交易平台进行实时的网上竞价，从而迅速而有效地实施 B to B 模式的动态网上交易，实现报价/投标管理的全程自动化。

竞拍服务可采用以下最流行的竞拍方式和形式。

（1）呈递竞拍。允许卖方发送货物或服务，买方竞争出卖方接受的最优价。

（2）反向竞拍。允许买方查询货物和服务或对他们感兴趣的货物和服务提交报价需求，并邀请供应商进行交互式的在线竞拍，报出最优价。

（3）交易。允许买方和卖方同时进行货物或服务的交易。

（4）竞拍形式。支持最流行的竞拍形式，可根据公司的业务需求定制竞拍准则、设定竞拍项目、定义决胜条件。

4. 物流目录服务

可根据买方、卖方灵活多变的业务需求，在物流信息交易平台上提供各类物流服务、产品目录，以供贸易伙伴查询。

（1）产品目录服务。客户利用该服务直接访问供应商或贸易伙伴的产品目录，并可以选择订购。

（2）管理目录服务。用于集成供应商的原始数据生成可用的目录，向注册订阅的客户提供物流服务采购目录内容；同时，它还能够针对不同的买方提供满足单方面需求的目录，而且这些相互独立的目录可根据买方的特性支持不同的价格策略、多样化的货币政策、价格清单及定价有效期。

（3）目录引擎。为物流服务采购应用提供尽可能多样的目录，并提供目录搜索服务。

5. 会员专项服务

物流信息交易平台可分为面向企业界和面向非会员企业用户两个相互关联的区域，以便面对不同的客户群提供不同的服务。

对会员企业可提供以下服务。

（1）提供快捷、实时的行业新闻、行业动态、行业科技发展信息及企业生产经营所需要的信息。

（2）为会员企业提供形象展示广告、物流服务的详细介绍。

（3）允许会员企业在平台上发布招商引资信息、项目招标投标等。

（4）根据会员企业的供需信息进行交易的搜索、撮合和自助式采购。

本章小结

本章叙述了物流信息系统的基本概念，物流信息系统需求分析，物流信息系统规划设计原则与影响因素，电子商务物流信息系统规划与设计；介绍了物流信息系统与传统系统之间的联系与差别，并对物流信息系统进行需求分析。阐述了物流信息系统规划设计的总原则和设计特点，以及在实施过程中应考虑的影响因素。最后，结合电子商务，介绍了构建物流信息交易平台的关键技术，以及如何在电子商务背景下进行合理的物流信息系统构建。

保斯公司：监控全球资源运输

保斯公司（Bose Corporation）是国际著名的生产高保真喇叭的公司，它采用 JIT 的生产模式。它的零部件在全球范围内购买，等于将零部件的制造工作外包给全球范围内的供应商，它的供应商分布在北美、远东和欧洲。采购与物流部的总监 Lance Dixon 认为，"采用 JIT 供应方式就可以保持低的库存水平"，但是他们仍然采用其他各种方法来保证低库存水平与零部件外购之间的平衡。

保斯公司采购策略的核心之一是控制运输，这包括控制计划内和计划外的不可预知的意外情况。它不仅控制内向的运输，而且控制外向的运输，控制范围始于供应商将零部件转交到运输商手中，直到产品到用户手中为止。为了保证控制的效率，保斯公司减少了运输供应商的数量，但是与这些供应商保持紧密的、利益共享的合作关系。

保斯公司与位于 Jacksonville 的 PIE 全国运输公司、位于波士顿的 Florida W. N. Proctor 公司保持着紧密的合作关系，他们是保斯公司国际物流系统的关键运输商。同时保斯公司建立了一套 EDI 系统标准，使公司可以与 PIE 的 230 个电脑终端保持动态联系。如果一件国内货物将要发出，有关信息立即可以发送到终端。Proctor 公司主要处理国际货运，当一件货发到飞机或货轮上时，有关信息也将同步发送到 Proctor 公司的信息系统上。所有相关的货运信息将用于有效地控制库存。通过这些方法，保斯公司实现有效的全球资源配置。

思考题：
根据以上情况，回答下列问题：
（1）物流监控系统对运输的监控是在哪两个系统中进行的？案例中所陈述的是哪个系统？
（2）Proctor 公司是如何监控运输的？
（3）保斯公司自己如何监控运输活动？

参考思路：
（1）物流监控系统对运输的监控是在两个相关但分开的系统——货物流与资金流——中进行的。本案例中陈述的是货物流。
（2）Proctor 公司使用现代的货物跟踪系统提供货物的实时信息给服务与销售人员和客户，以确保有效率的运作。
正如案例中所提到的，当一件货发到飞机或货轮上时，有关信息也将同步发送到 Proctor 公司的信息系统上，从而利用相关的货运信息有效地控制库存，确保客户的利益。
（3）保斯公司建立了一套 EDI 系统标准，使公司可以与 PIE 的 230 个电脑终端保持动态联系。如果一件国内货物将要发出，有关信息立即可以发送到终端。这样，保斯公司通过货物运动和交付的跟踪系统完成了自身对运输活动的监控。

 复习思考题

一、填空题
1. 信息系统从其发展和系统特点来看，可分为_____、_____、_____、_____和_____五种类型。
2. _____是新系统必须完成的功能，也就是确定系统的功能范畴。
3. 系统的总体结构设计，是指在_____的基础上，对整个系统在结构上的划分。
4. 电子商务的核心思想是指完全或部分采用"_____"形式完成各种商务活动，它是基于_____环境下实现消费者的网上购物、商户之间的网上交易和在线电子支付的一种新型的商业运营模式。
5. _____用于集成供应商的原始数据生成可用的目录，向注册订阅的客户提供物流服务采购目录内容。

二、单项选择题
1. 物流信息系统的基本功能有信息采集、储存、（　　）及信息处理与输出
 A. 信息分析 B. 信息加工 C. 信息传输 D. 信息保存
2. （　　）是一种以数据、数据的封闭性为基础，从问题空间到某种表示的映射方法。
 A. 结构化分析方法 B. 功能分析方法
 C. 信息建模法 D. 面向对象的分析方法
3. （　　）允许卖方发送货物或服务，买方竞争出卖方接受的最优价。
 A. 呈递竞拍 B. 反向竞拍 C. 交易 D. 竞拍形式

三、多项选择题

1. 物流信息与其他信息相比具有（　　）的特征。
   A. 信息量大　　　B. 更新快　　　C. 来源多样化　　　D. 涵盖面广
2. 系统功能需求信息的主要来源是新系统的各种系统相关者。系统相关者是对系统的成功实施感兴趣的人。系统相关者包括（　　）。
   A. 制造商　　　B. 用户　　　C. 客户　　　D. 技术人员
3. 电子商务企业与物流企业的结合模式有（　　）。
   A. 从电子商务企业向物流企业延伸
   B. 现货仓单交易
   C. 从物流企业向电子商务企业延伸
   D. 配送中心与电子商务企业结合

四、名词解释

物流信息；信息系统；电子商务；物流信息交易平台

五、简答题

1. 物流信息系统的内容包括什么？
2. 简述系统总体结构设计的评价指标。
3. 系统总体结构设计的原则是什么？
4. 电子商务环境下的增值性物流服务的内容是什么？
5. 简述物流信息交易平台的内容框架。

六、论述题

1. 试论述物流信息系统的设计过程。
2. 试论述电子商务信息平台的架构。

部分复习思考题参考答案

一、填空题

1. 数据处理系统　管理信息系统　决策支持系统　专家系统　虚拟办公室
2. 系统需求
3. 系统分析
4. 电子　Internet
5. 管理目录服务

二、单项选择题

1. C；2. A；3. A；

三、多项选择题

1. AC；2. BCD；3. ABC；

四、名词解释（略）

五、简答题（略）

六、论述题（略）

第5章

物流生产系统规划

本章要点

- 掌握设施布局规划的概念和方法;
- 物料搬运系统的分析设计方法;
- 精益物流系统规划与设计;
- 现代集成制造物流系统规划与设计;
- 根据 SLP 和 SHA,并结合精益思想设计企业物流系统。

开篇案例

华联印刷生产物流系统管理初探

华联印刷的采购物流、生产物流和销售物流管理既相互独立,又相互交叉、密不可分。相互独立使各系统调度灵活性高,便于调度;相互交叉可整合资源,节省成本。

1. 生产车间整体布局

华联印刷的生产车间和库房布局是"以装订车间为中心",这一点是在大厦设计时就进行了充分考虑和论证的。印刷的主要承印物纸张及其经过印刷和其他加工后的半成品和成品是生产物流管理的主要对象,其在生产过程中种类繁多、流动总量巨大,如何使这些原材料、半成品和成品流动的距离最短,使生产流程中的主要物流距离和位置最为合理,是生产物流管理的关键所在。

华联印刷的生产车间分布在一、二两层楼内。以装订车间为中心的生产布局是指将一层上万平方米的生产车间分为三部分,中间部分是生产量最大的平装生产线(胶装和骑马订),两侧分别是平张纸印刷机和卷筒纸印刷机,这样既有利于调整两侧印刷机的震动平衡,更有利于平装产品的流程。商业轮转印刷机印刷的产品绝大多数为胶装或骑马订装,并且印完的产品已完成了折页,印数大,半成品多。从轮转机收纸部分到胶订机只有一墙之隔,距离不超过10米,这样印下来的半成品可随时转移到胶订机做准备,如事先调试好机器,待印帖齐全后,成品很快就能下线。华联印刷二层生产车间包括折页和精装的各工序。

并与一层的平张纸印刷处于同一垂直位置。精装装订的产品一般均采用平张纸印刷，并且印数相对较小，半成品流量较小，但半成品要经过折页、配页、锁线等几道工序，半成品在车间停留时间较长。虽然需要经过货梯运输，但运输总量不会很大。

纸张是印刷的主要承印物，也是在生产物流中主要的货物。在布局上，平张纸库与平张纸印刷车间相连，卷筒纸库与轮转印刷车间衔接，这样虽每月有上千吨的纸张吞吐量，在库房出入货与生产的衔接上仍然是有条不紊的。从整体上看，平张纸卸货台、平张纸仓、平印车间、平装装订依次连成一条线，保证了平张印刷的进纸、存纸、切纸、印刷和装订过程中的物流距离最短；卷筒纸卸货台、卷筒纸仓、轮转车间、平装装订依次连成一条线，确保了轮转印刷的进纸、存纸、纸张准备、印刷和装订过程中的物流距离最为合理；平装装订和成品库、成品出货台连成一条线，这样确保了装订后的成品直接入库和出货。

生产布局的合理安排确保了生产过程中纸流最短。华联印刷的西大门和南大门为24小时有人值守，可以保证供货商按时卸货。

2. 生产物流管理

生产物流管理是指企业生产加工活动中，原材料、在制品、半成品、成品在工厂范围内的流动，生产物流贯穿于产品生产工艺流程的全过程。华联印刷生产物流管理是以工程单为主线，明确每一订单的具体要求，对常规的做法进行规范，保证物流的顺畅和高效。

以下是华联印刷在生产物流管理方面的几点具体做法。

1) 物流过程中的保护措施

上机前的白纸、半成品、成品在上下工序流动过程中，均以塑料薄膜缠绕保护，对整台产品加标志，这种措施使产品在搬运过程中得到防护，牢固而不易倒塌，因此可加快运输速度。此外，因整台产品码放后及时被防护，不存在台上的产品被搬移的可能（如整台被破坏将很容易判断并及时清查），这样只需查看整台产品的标志，就能清楚得知产品数量，提高了产品数量清点的效率和准确性。

2) 统一定制码放产品用台板

不同车间根据本部门常见产品种类和规格，定制了相应规格的可重复使用的塑料卡板，并分别用不同颜色区分其所属部门。这种方式使得不同工序的半成品与台板相匹配，整齐美观，台板的使用井然有序，减少了台板不合适或找台板耗费无效时间，将无效工作减到最小。

3) 规范产品包装

所有产品在制造加工的同时，均同时加工完成具有明确标志且与产品规格相匹配的成品包装箱，包括产品名称、每箱数量等要素。如属国内运输，则按国内运输的标准制作；如是发往国际，则包装箱、卡板按国际标准制作。清晰的标志提高了货物查找的准确率，对成品货物运输体积和重量的估算更为准确，为成品运输提供可靠资料，使运输车辆的准备有据可依。

思考题：生产物流系统的有效布局与管理对企业生产运营起到什么积极的作用？

5.1 设施布局规划

5.1.1 设施布局规划概述

1. 设施布局规划的含义和内容

设施布局规划是指根据企业经营目标和生产纲领，在已经确认的空间场所内，按照从原材料接收、零件和产品制造、产品包装、发运等全过程，力争将人员、设备和物料所需要的空间做最适当的分配和最有效的组合，以获得最大的经济效益。

设施布局包括工厂总体布局和车间布局。工厂总体布局设计应解决工厂各个组成部分，包括生产车间、辅助生产车间、仓库、动力站、办公室、露天作业场地等各种作业单元相互位置；解决运输线、管线及美化设施的相互位置；同时应解决物流的流向和流程、厂内外运输连接及运输方式。

车间布局设计应解决生产工段、辅助服务部门、储存设施等作业单元；解决工作地、设备、通道、管线之间的相互位置；同时解决物料搬运流程及运输方式。

这里所用的"作业单元"（Activity）一词，是指布局图中各个不同的工作区或存在物，是设施的基本区划。这个术语，可以是某个厂区的一个建筑物、一个车间、一个重要出入口；也可以是一个车间的一台机器、一个办公室的一个部门。作业单元可大可小，可分可合，究竟怎么划分，要看规划设计工作所处的阶段或层次、所面临的设计对象。对于一个现有设施，可以使用原有组成部分的名称划分作业单元或进行新的分合。对于新的项目，规划设计人员要逐个确定所有的作业单元，这对于布局设计的顺利进行十分必要。

2. 设施布局规划的原则

在根据当地规划要求和工厂生产需要确定适当的厂址位置的前提下，应按以下原则进行工厂布局。

1）符合工艺过程的要求

尽量使得生产对象流动顺畅，避免工序间往返交错，使设备投资最小，生产周期最短。

2）有效利用空间

使场地利用达到适当的建筑占地系数（建筑物、构筑物占地面积与场地总面积的比率），使得建筑物内部的设备占有空间和单位制品的占有空间较小。

3）物料搬运费用最少

要便于物料的输入和产品、废料等物料运输路线短捷，尽量避免运输的往返和交叉。

4）保持生产和安排的柔性

使之适应产品需求的变化、工艺和设备的更新及扩大生产能力的需要。

5）适应组织结构的合理化和管理的方便

使有密切联系或者性质相近的作业单元布局在一个区域并就近布局，甚至合并在同一建筑内。

6）为职工提供方便、安全、舒适的作业环境

使之符合生理、心理要求，为提高生产效率和保证职工身心健康创造条件。

3. 设施布局基本流动模式

对于生产、储运部门来说，物料一般沿通道流动，设备一般沿通道两侧布局，因此，通道的形式决定了物料、人员在车间内部的流动模式。选择车间内部流动模式的一个重要因素是车间入口和出口的位置。常常由于外部运输条件或者原有布局的限制，需要按照给定的入、出口位置来规划流动模式。此外，流动模式还受生产工艺流程、生产线长度、场地、建筑物外形、物料搬运方式与设备、储存要求等方面的影响。基本流动模式有如图 5-1 所示的五种。

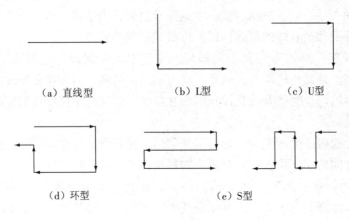

图 5-1 基本流动模式

1) 直线型

直线型是最简单的流动模式，入口与出口位置相对，建筑只有一跨，外形为长方形，设备沿通道两侧布局。

2) L 型

适用于现有设施或建筑物不允许直线流动的情况，设备布局与直线型相似，入口与出口分别对于建筑物两相邻侧面。

3) U 型

适用于入口与出口在建筑物统一侧面的情况，生产线长度基本上相当于建筑物长度的两倍，一般建筑物为两跨，外形形似于正方形。

4) 环型

适用于要求物料返回到起点的情况。

5) S 型

在固定面积上可以安排较长的生产线。

5.1.2 设施布局规划的基本类型

设施布局形式受工作流形式的限制，包括三种基本类型（工艺原则布局、产品原则布局、定位布局）和一种混合类型（成组技术布局）。

1. 工艺原则布局

工艺原则布局（Process Layout）也称为机群式布局。这种布局形式的特点就是把同种类型的设备和人员集中布局在一个地方，如车床组、磨床组等。这种布局方式便于调整设备和人员，容易适应产品的变化，生产系统的柔性大大增加，但是，当工件需要经过多种设备进行加工时，工件就不得不往返于各工序之间，增加了产品搬运次数与搬运距离，常常带来物料交叉搬运与逆向流动的问题。这种布局形式通常适用于单件生产及多品种小批量生产模式。

工艺原则布局是最常用的方法，它用来对具有类似工艺流程的工作部门进行布局，使其相对位置达到最优。在很多设备安排中，最优布局通常意味着对相互之间的运输量很大的部门采取相邻布局，从而使总的物流运输管理费用最少。医院是采用工艺原则布局的典型。

2. 产品原则布局

产品原则布局（Product Layout）也称为流水线布局或对象布局原则。当产品品种很少而生产数量又很大时，应按产品的加工工艺过程顺序配置设备，形成流水生产线，这是大量生产中典型的设备布局方式。由于产品原则布局是按产品的加工、装配工艺过程顺序配置各道工序所需设备、人员及物料的，因此能最大限度地满足固定品种的产品的生产过程对空间和时间的客观要求，生产效率非常高，单件产品生产成本低，但生产适应性即柔性差，适用于少品种大量生产。

产品原则布局与工艺原则布局之间最基本的区别是工作流程的路线不同。在工艺原则布局中，物流线路是高度可变的，而产品原则布局中，设备和车间服务于专门的产品线，从而避免物料迂回，实现物料的直线运动。只有当给定产品或零件的批量远远大于所生产的产品或零件的种类时，采用产品原则布局才有意义。

在特殊情况下的产品原则布局，如：装配线的布局，工厂设计人员将会面临较复杂的问题——如何达到装配线的均衡流动，使在装配线上操作的工人停工时间最短。这时往往面临以下两个问题。

（1）在给定的周期时间内，求工作地点的最小数量——布局问题。

（2）在已定的工作地点数量条件下，求最小的周期时间——编制进度表问题。

"装配线"是由一些物料搬运设备连接起来的连续生产线。

"工作地点"或称"工作站"，通常是为完成给定工作量的特定的位置，装配线是由多个工作站组成，在整个产品工艺流程中，每一个工作站对应完成各个工序的内容。

而每一个工作站要完成的操作、传递、装配都是由许多操作单元组成，称为任务、要素或基本工作单元。这种基本工作单元是操作、传递、装配作业中不可再分的实际作用任务。

"周期时间"是指相邻产品通过装配线尾端的间隔时间。通常装配线是以相同的时间间隔顺次经过各个工作站的移动输送生产线。这种时间间隔称为工作站周期。

装配线平衡是一个与设施布局相牵连的问题，它是将所有基本工作单元分派到各个工作站，以使每个工作地点在周期时间内都处于繁忙状态，完成最多的操作量，从而使各个工作地点的未工作时间（闲置时间）最少。由于各个基本工作单元有作业先后关系，它决定了装配过程中操作完成的先后次序，所以它成为装配线平衡中关键问题之一。

下面用例子说明产品原则布局在装配线平衡中的应用过程。

【例5-1】 J型手推车要在一个传送带上组装，每天需生产500辆，每天的生产时间为420分钟。表5-1列出了手推车的组装步骤及其时间，请根据周期时间和作业次序的限制，求使工作地点数量最少的平衡方式。

表 5-1　J 型手推车装配步骤与时间

基本工作单元/作业	完成时间/s	说　　明	紧前工序
A	45	安装后轴支架，并将 4 个螺母紧固在 4 根丝杆上	—
B	11	插入后轴	A
C	9	拧紧后轴支架螺母，将其紧固在丝杆上	B
D	50	安装前轴支架，并将 4 个螺母紧固在 4 根丝杆上	—
E	15	拧紧前轴装配螺钉	D
F	12	安置 1#后车轮，紧固轮壳轴承盖	C
G	12	安置 2#后车轮，紧固轮壳轴承盖	C
H	12	安置 1#前车轮，紧固轮壳轴承盖	E
I	12	安置 2#前车轮，紧固轮壳轴承盖	E
J	8	沿前轴装配手推车手把，并用手拧紧螺栓与螺母	F, G, H, I
K	9	紧固螺栓与螺母	J

完成作业所需要的时间总量为 195 s

解：步骤 1：绘制双代号网络图，如图 5-2 所示。

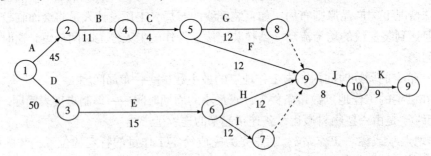

图 5-2　J 型小推车装配网络图

步骤 2：确定工作站周期（周期时间）

$$周期时间(C)=\frac{每天生产时间}{每天计划产量}=\frac{60P}{D}=\frac{60\times420}{500}=50.4 \text{ s} \quad (5-1)$$

步骤 3：计算满足周期时间要求的最少工作站理论值（取不小于计算值的最小整数）

$$工作地数量(N_{\min})=\frac{完成作业所需时间总量}{周期时间}=\frac{T}{60\frac{P}{D}}=\frac{500\times195}{60\times420}=3.87\approx4 \quad (5-2)$$

步骤 4：选择作业分配规则，以确定装配线的平衡。
规则 1：首先分配后续工作较多的作业。
规则 2：首先分配操作时间最长的作业。
依据规则 1，如表 5-2 所示。

表 5-2 作业排列一览表

作 业	下面的作业数目
A	6
B、D	5
C、E	4
F、G、H、I	2
J	1
K	0

步骤 5：分配各工作地点的作业，分配结果如表 5-3 所示。

表 5-3 根据规则 1 确定的装配线平衡

	作业	作业时间/s	剩余的未分配时间/s	可行的遗留作业	最多的后续作业	操作时间最长的作业
工作地点 1	A	45	5.4	没有		
工作地点 2	D	50	0.4	没有		
工作地点 3	B	11	39.4	C、E	C、E	E
	E	15	24.4	C、H、I	C	
	C	9	15.4	F、G、H、I	F、G、H、I	F、G、H、I
	F	12	3.4	没有		
工作地点 4	G	12	38.4	H、I	H、I	H、I
	H	12	26.4	I		
	I	12	14.4	J		
	J	8	6.4	没有		
工作地点 5	K	9	41.4	没有		

步骤 6：计算装配线平衡后的效率

$$效率 = \frac{完成作业所需的时间总量}{实际工作地点数 \times 时间周期}$$

$$= \frac{\sum_{i=1}^{11} t_i}{N \times C} = \frac{195}{5 \times 50.4} = 77\% \quad (5-3)$$

步骤 7：由于效率不高，根据规则 2 确定装配线平衡，如表 5-4 所示。

此时，效率 $= \frac{195}{4 \times 50.4} = 97\%$。按规则 2 布局装配线基本满足要求。

若按两个规则排列任务均不满意，可选用其他的决策准则重新对装配线进行平衡。

表 5-4　根据规则 2 确定的装配线的平衡

	作业	作业时间/s	剩余的未分配时间/s	可行的遗留作业	最多的后续作业	操作时间最长的作业
工作地点 1	D	50	0.4	没有		
工作地点 2	A	45	5.4	没有		
工作地点 3	E	15	35.4	B, H, I	H, I	H, I
	H	12	23.4	B, I	I	
	I	12	11.4	B		
	B	11	0.4	没有		
工作地点 4	C	9	41.4	F, G	F, G	F, G
	F	12	29.4	G	G	
	G	12	17.4	J	K	
	J	8	9.4	K	K	
	K	9	0.4	没有		

3. 定位布局

定位布局（Fixed Layout）应用于特大型装备的制造。制造过程中，先把设备的基座、机架或主机定位在固定的安装位（如船台）上，然后再将其他材料和零部件均向固定的安装位流动完成各制造工序。飞机制造厂、造船厂、建筑工地等都是这种布局方式的实例。

4. 成组技术布局

成组技术布局（Group Layout）又称为混合原则布局。在产品品种较多，每种产品的产量又是中等程度的情况下，将工件按其外形与加工工艺的相似性进行编码分组，同组零件用相似的工艺过程进行加工，同时将设备成组布局，即把使用频率高的机器群按工艺过程顺序布局组合成成组制造单元，整个生产系统由数个成组制造单元构成。这种布局方式既有流水线的生产效率又有机群式布局的柔性，可以提高设备开工率、减少物流量及加工时间。成组技术布局适用于多品种、中小批量的生产类型。

成组技术（单元式）布局是将不同的机器分成单元来生产具有相似形状和工艺要求的产品。成组原则相比产品原则的优势，具体如下。

（1）改善人际关系。单元包括几个操作人员组成团队共同完成全部任务。

（2）提高操作技能。在有限的生产周期中操作人员除了加工有限数量的不同零件外，还相互学习，熟练掌握生产的多种技能。

（3）减少在制品和物料搬运。一个生产单元完成几个生产步骤，大大减少零件在不同工序中的移动。

（4）缩短生产准备时间。相似零件的成组使加工种类减少，从而提高模具的更换速度。

成组技术布局现在被广泛应用于金属加工、计算机芯片制造和装配作业。成组技术布局可以通过以下三个步骤来实现。

（1）将零件分类，建立零件分类编码系统。该步骤需要建立并维护计算机化零件分类与编码系统。尽管许多公司都已开发了简便程序来对零件进行分组，但仍有很多不足。

（2）识别零件组的物流类型，以此作为工艺布局和再布局的基础。

（3）将机器和工艺分组，组成工作单元。在分组过程中经常会发现，有一些零件由于与其他零件联系不明显而不能分组，一些专用设备由于在各加工单元中的普遍使用而不能具体分到任一单元中去。这些无法分组的零件和设备都放到"公用单元"中。

5.1.3 系统布局规划过程

工厂布局的程序和方法，以理查德·缪瑟提出的系统布局规划法最为著名。

1. SLP 法概述

最初的设施布局设计主要直接凭经验和感觉。但到了 20 世纪 50 年代，布局设计从传统的只涉及较小系统发展到大而复杂的系统设计，凭经验已难以胜任。于是，在综合各学科发展的基础上，布局设计中运用了系统工程的概念和系统分析的方法。

1961 年，美国学者理查德·缪瑟提出了极具代表性的系统布局规划（System Layout Planning）理论，简称 SLP 法。缪瑟的系统布局规划方法是一种条理性很强、物流分析与作业单元关系密切程度分析相结合，求得合理布局的技术，因此在布局设计领域获得极其广泛的运用。20 世纪 80 年代，该方法传入中国并逐步成为工厂布局设计的主流方法。SLP 将设施规划和设计向科学化、精确化和量化方向迈进了下一步。主要有以下特点：

- 定性分析与定量分析有机结合；
- 以大量的图表分析和图形模型分析为手段，直观清晰；
- 采用了严密的系统分析手段和规范的设计步骤，逻辑性和条理性较强；
- 着眼于整个物流系统，反复修正与调整，设计方案具有很强的合理性和实用性；
- 操作性和实践性强，适用范围广，可以应用于各种类型的企业。

但由于历史的局限性，SLP 法没有充分考虑利用计算机技术。传统的 SLP 法主要是手工布局，受主观经验、自身知识及能力等多种因素的影响，往往得不到较优解。

因此，针对 SLP 法的这些优缺点，相关学者做了相应的改进，20 世纪 60 年代以来，以 J. M. 摩尔等为代表的一批设施规划与设计学者开始利用计算机的强大功能，帮助人们解决设施布局的复杂任务，节省了大量的人力和物力。

20 世纪 80 年代，日本物流技术研究所铃木震提出的 EIQ 分析法应用于系统布局设计，一定程度上大大改善了 SLP 方法，拓宽了 SLP 方法的应用范围。

缪瑟自己也在 20 世纪 90 年代，在 SLP 的基础上，针对日常处理最多的布局规划中的中小项目，提出了简化的系统布局规划（Simplified Systematic Layout Planning，SSLP），SSLP 比 SLP 在工作过程方面大为简化。

同时，威廉·温拿等工厂设计师们在实践中不断对 SLP 进行发展和完善，在 20 世纪 90 年代提出了新的战略化（Strategic Facilities Planning，SFP）。其核心思想表现为以下两个方面。

第一，把设施布局提升至战略高度，通过一次根本性的再聚焦及精益原则来提高企业整体生产力。实施的关键是企业流程再造原理，进行业务重组。

第二，新的战略设施规划融合了优良的计算机辅助设施布局方法，一定程度上实现了设施布局的快速响应,在设施布局项目向大型化、复杂化方向发展的今天,考虑到时效性,计算机辅助设施布局方法已经逐渐成为设施布局设计的主流。

2. SLP法基本思路、要素、阶段和步骤

在SLP法中,缪瑟将研究设施布局问题的依据和切入点,归纳为P(产品)、Q(产量)、R(工艺过程)、S(辅助部门)、T(时间)这五个基本要素。

采用SLP法进行总体布局的基本思路如下:

(1)对各作业单元之间的相互关系作出分析,包括物流关系和非物流关系,经过综合得到作业单元相互关系图;

(2)根据相互关系图中作业单元之间相互关系的密切程度,决定各作业单元之间距离的远近,安排各作业单元的位置,绘制作业单元位置相关图,将各作业单元实际占地面积与作业单元位置相关图结合起来,形成作业单元空间相关图;

(3)通过作业单元空间相关图的修正和调整,得到数个可行的布局方案;

(4)采用系统评价方法对各个方案定并评价择优,以得分最多的布局方案作为最佳布局方案,具体流程如图5-3所示。

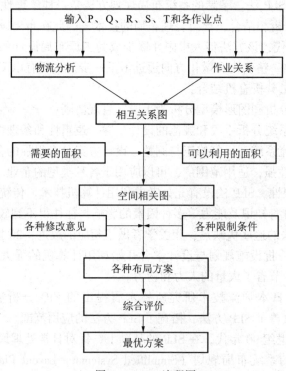

图5-3 SLP流程图

3. 阶段结构

企业物流系统布局设计要分四个阶段进行,称为"布局设计四个阶段",即确定位置阶段、总体区划阶段、详细布局阶段和施工安装阶段。如图5-4所示。

4. SLP法基本要素分析

在SLP法中,缪瑟最初是以工厂布局问题为依据和出发点的,故把P(产品或材料或服务)、Q(数量或产量)、R(生产路线或工艺过程)、S(辅助服务部门)和T(时间或时间

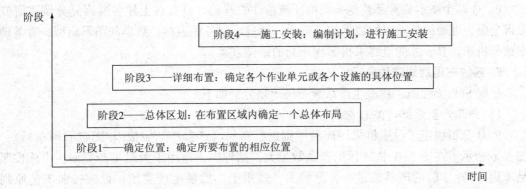

图 5-4 系统布置设计四阶段

安排）作为五个基本要素。这五个基本要素是设施规划时不可缺少的基础资料。如图 5-5 所示。

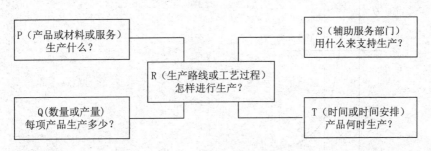

图 5-5 解决布局问题的五个要素之间的关系

（1）P（产品或材料或服务）。指系统所生产的商品、原材料、加工的零件、成品或提供服务的项目。这些资料由生产纲领（工厂的和车间的）和产品设计提供，包括项目、种类、型号、零件号、材料等。产品这一要素影响着设施的组成及其相互关系、设备的类型、物料搬运的方式等。

（2）Q（数量或产量）。指所生产、供应或使用的商品量或服务的工作量。其资料由生产统计和产品设计提供，用件数、重量、体积或销售的价值表示。数量这一要素影响着设施规模、设备数量、运输量、建筑物面积等到因素。

（3）R（生产路线或工艺过程）。这一要素是工艺过程设计的成果，可用设备表、工艺路线卡、工艺过程图等表示。它影响着各作业单元之间的关系、物料搬运路线、仓库及堆放地的位置等。

（4）S（辅助服务部门）。指公用、辅助、服务部门，包括工具、维修、动力、收货、发运、铁路专用线、卫生站、更衣室、食堂、厕所等，由有关专业设计人员提供。这些部门是生产的支持系统，在某种意义上加强了生产能力。有时，辅助服务部门的总面积大于生产部门所占的面积，必须给予足够重视。

（5）T（时间或时间安排）。指在什么时候、用多长时间生产出产品，包括各工序的操作时间、更换批量的次数。在工艺过程设计中，根据时间因素可以求出设备的数量、需要的面积和人员，平衡各工序的生产能力。这些都是影响着仓储、收货、发运及辅助部门配合的因素。

P，Q 两个基本要素是其他一切特征或条件的基础。只有在上述各要素充分调查研究并取得全面、准确的各项原始数据的基础上，通过绘制各种表格、数学和图形模型，有条理的细致分析和计算，才能最终求得工程布局的最佳方案。

5. 系统布局规划流程分析

根据 SLP 流程图，物流生产系统布局规划分析如下。

1）产品产量分析（P-Q 分析）

P-Q 分析决定了设施将采用何种原则进行布局（产品/工艺/成组/固定原则布局），如图 5-6 所示。在图 5-6 中 M 区的产品数量大，品种少，适用于大量生产类型，设施按照产品原则布局；J 区的产品数量少，品种多，适用于小批量生产类型，设施按照工艺原则布局；而介于 M 区与 J 区之间的产品生产类型为成批生产，设施按照成组原则布局。

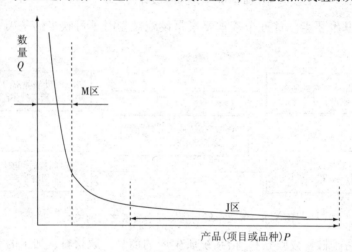

图 5-6 P-Q 关系

一般来说，P-Q 分析分为以下两个步骤。

（1）将各种产品、材料或者有关生产项目分组归类。

（2）统计或计算每一组或类的产品数量。需要说明的是，产量的计算单位应该反映出生产过程的重复性，如件数、重量或体积。

P-Q 分析的结果不仅是确定生产方式和布局形式的基础，也是划分作业单元的基础。

2）物流分析与物流相关表

物流分析包括确定物料在生产过程中的每个必要的工序之间移动的最有效顺序及其移动的强度和数量。

一个有效的工艺流程是指在工艺过程内按顺序一直不断地向前移动直至完成，中间没有过多的迂回或者倒流。各条路线上的物料移动量就是反映工序或作业单元之间相互关系密切程度的基本衡量标准，一定时间周期内的物料移动量称为物流强度，对于相似的物料，可以用重量、体积、托盘或货箱作为计量单位。当比较不同性质的物料搬运状况时，各种物料的物流强度大小应酌情考虑物料搬运的困难程度。

（1）物流分析。当物料流动是工艺过程的主要部分时，物流分析就成为布局设计的核心，而物流分析的基础是生产路线。根据工艺路线和工艺过程的原始资料进行物流分析，其方法有单品种/多品种工艺过程图分析、从至表（From-To Chart）分析等。

设有个三个产品 A、B、C，每个产品的每天搬运托盘如表 5-5 所示。

表 5-5　产品搬运托盘数

产品	A	B	C
每天的托盘数	8	3	5

制成从至表，表 5-6 表示及其和作业单元的相互距离，表 5-7 表示茶品及每日搬运托盘数，表 5-8 表示产品及搬运总量。将表 5-8 产品及搬运总量从至表中的物流强度按作业单元汇总到表 5-9 中物流强度汇总表中。

表 5-6　作业单元距离从至表

	原料	锯床	车床	钻床	铣床	检验	包装	成品
原料		8	20	36	44	30	18	10
锯床			12	28	36	22	10	18
车床				16	24	10	22	30
钻床					8	18	30	38
铣床						26	38	46
检验							12	20
包装								8
成品								

表 5-7　产品及搬运托盘数从至表

	原料	锯床	车床	钻床	铣床	检验	包装	成品
原料		AC13		B3				
锯床			C5		A8			
车床				C5	AB11			
钻床			B3		C5	A8		
铣床				A8		ABC16		
检验			A8				ABC16	
包装								ABC16
成品								

表 5-8 产品及搬运总量从至表

	原料	锯床	车床	钻床	铣床	检验	包装	成品	合计
原料		AC104		B108					212
锯床			C60		A288				348
车床				C80	AB264				344
钻床			B48		C40	A144			232
铣床				A64		ABC416			480
检验			A80				ABC192		272
包装								ABC128	128
成品									0
合计	0	104	188	252	592	560	192	128	2016

表 5-9 物流强度汇总表

序号（作业单元对）	作业单元对	物流强度	序号（作业单元对）	作业单元对	物流强度
1 (1-2)	原料-锯床	104	8 (4-5)	钻床-铣床	40
2 (1-4)	原料-钻床	108	9 (4-6)	钻床-检验	144
3 (2-3)	锯床-车床	60	10 (5-4)	铣床-钻床	64
4 (2-5)	锯床-铣床	288	11 (5-6)	铣床-检验	416
5 (3-4)	车床-钻床	80	12 (6-3)	检验-车床	80
6 (3-5)	车床-铣床	264	13 (6-7)	检验-包装	192
7 (4-3)	钻床-车床	48	14 (7-8)	包装-成品	128

当存在物流倒流现象时，倒流物流量出现在从至表中的下三角方阵中，此时从至表中任何两个作业单元之间的物流流量（物流强度）等于正向物流量与逆向物流量之和。见表 5-10。

表 5-10 物流强度汇总表（续）

序号	作业单元对	物流强度	序号	作业单元对	物流强度
1	(1-2)	104	7	(4-5)	40
2	(1-4)	108		(5-4)	64	104
3	(2-3)	60	8	(4-6)	144
4	(2-5)	288	9	(5-6)	416
5	(3-4)	80	128	10	(6-3)	80
	(4-3)	48		11	(6-7)	192
6	(3-5)	264	12	(7-8)	128/2016

将表 5-10 中各作业单元对按物流强度打小排序绘制成表 5-11。

表 5-11　各作业单元按物流强度大小排序

序号	作业单元对	物流强度	序号	作业单元对	物流强度
1	(5-6)	416	7	(3-4)	128
2	(2-5)	288	8	(1-4)	108
3	(3-5)	264	9	(1-2)	104
4	(6-7)	192	10	(4-5)	104
5	(4-6)	144	11	(6-3)	80
6	(7-8)	128	12	(2-3)	60/2016

（2）物流强度等级。由于直接分析大量物流数据比较困难且没有必要，SLP 中将物流强度转化为五个等级，分别用符号 A、E、I、O、U 来表示，其物流强度逐渐减小，对应着超高物流强度、特高物流强度、较大物流强度、一般物流强度和可忽略搬运五种物流强度。作业单元对或称为物流路线的物流强度等级应按物流路线比例或承担的物流量比例来确定，可参考表 5-12。

表 5-12　物流强度等级比例划分表

物流强度等级	符号	等物流路线比例/%	承担的物流量比例/%
超高物流强度	A	10	40
特高物流强度	E	30	30
较大物流强度	I	30	20
一般物流强度	O	40	10
可忽略搬运	U		

参考表 5-12 物流强度等级比例划分表，可将表 5-11 所示的物流强度排序绘制成表 5-13 的物流强度分析表。

表 5-13　物流强度分析表

序号	作业单元对	物流强度	物流强度等级
1	5—6	400	A
2	2—5	300	E
3	3—5	250	E
4	6—7	200	E
5	4—6	150	I
6	7—8	150	I
7	3—4	150	I
8	1—4	100	I

续表

序号	作业单元对	物流强度	物流强度等级
9	1—2	100	O
10	4—5	100	O
11	6—3	50	O
12	2—3	30	O

（3）物流相关表。为了能够简单明了表示所有作业单元之间的物流相互关系，仿照从至表结构，构造一种作业单元之间的物流关系表，称之为原始物流相关表，如表5-14所示。

表5-14 原始物流相关表

从 \ 至	1 原料	2 锯床	3 车床	4 钻床	5 铣床	6 检验	7 包装	8 成品
1 原料		O	U	I	U	U	U	U
2 锯床	O		O	U	E	U	U	U
3 车床	U	O		I	E	O	U	U
4 钻床	I	U	I		O	I	U	U
5 铣床	U	E	E	O		A	U	U
6 检验	U	U	O	I	A		E	U
7 包装	U	U	U	U	U	E		I
8 成品	U	U	U	U	U	U	I	

在这个表中不区分物料移动的起始与终止作业单元，在行与列相交方格中填入行作业单元与列作业单元的物流强度等级，因为行作业单元与列作业单元排列顺序相同，所以得到的是右上三角形表格和左下三角形矩阵表格对称的仿真表格，除掉多余的左下三角形表格，将右上三角形矩阵表格变形，就得到了SLP中著名的物流相关表，见表5-15。

表5-15 作业单元物流相关表

1	原料
2	锯床
3	车床
4	钻床
5	铣床
6	检验
7	包装
8	成品

3）作业单元相互关系分析

"相互关系图"（Relationship Chart）是一张图表，将所分析的所有作业单元之间的关系用"相互关系图"来描述，以说明作业单元两两之间的密切程度。作业单元间相互关系密切程度的典型影响因素一般可以考虑以下方面：①物流；②工艺流程；③作业性质相似；④使用相同的设备；⑤使用同一场所；⑥使用相同的文件档案；⑦使用相同的公用设施；⑧使用同一组人员；⑨工作联系频繁程度；⑩监督和管理方便；噪声、振动、烟尘、易燃易爆危险品的影响。

每个项目中重点考虑的因素不应超过 8~10 个，确定了作业单元之间相互关系密切程度的影响因素以后，就可以给出作业单元间的关系密切程度等级，即 A（绝对重要）、E（特别重要）、I（重要）、O（一般密切程度）、U（不重要）、X（负的密切程度：不希望接近，酌情而定）。

4）物流与作业单元综合相互关系分析

在大多数工厂中，各作业单元之间既有物流关系也有非物流的关系，两作业单元之间的相互关系应包括物流关系与非物流关系，因此在 SLP 中，要将作业单元之间的物流相互关系与非物流的相互关系进行合并，求出合成的相互关系——综合相互关系，然后由各作业单元间综合相互关系出发，实现各作业单元的合理布局。

综合相互关系，即用图例、符号、数字、颜色画出各个作业单元的相互关系。在绘制时，可以考虑或不考虑作业单元的实际位置，也可以不考虑作业单元所需的面积。

5）物流与作业单元相互关系图解

在作业单元相互关系图完成后，可以绘制物流与作业单元相互关系图（Material Flow and Activity Relationship Diagram）。在考虑或不考虑作业单元的实际位置，并且在不考虑作业单元所需面积的基础上，用不同的表示物流等级的线条将作业单元之间的两两密切程度描述清楚。

6）面积相互关系

在物流与作业单元相互关系图上，将各个作业单元的面积用诸如计算法、转换法、标准面积法、概略布局法等面积计算方法确定后，可利用"面积相互关系图"（Space Relationship Diagram）绘制出各个作业单元的区块布局图。

（1）如果物流很重要而非物流不重要，可把面积和物流图结合起来，即在图上把每一个作业单元按物流关系用比例画出，并标明面积。这在一张方格纸上很容易画出。

（2）如果物流不重要而非物流很重要，可把面积和作业单元相关图结合起来。

（3）如果物流和非物流都重要，则可把面积和物流及非物流相关图结合起来，按同样方式画出，并标明面积，如图 5-7 所示。

7）调整与修正

要使面积关系图成为合格的方案，需要进行必要的调整，考虑的因素包括外部场地的条件、搬运方式、仓库、建筑、公共设施及人员的需要等。

在考虑布局时，常遇到一些实际条件的限制，而构成有约束作用的修正因素，如设施原有的搬运、建筑规范、资金的投入等等，也是影响设施布局的重要限制因素。

8）评价与选择

可采用加权因素法，或是费用对比法评比出较好的方案以供选择。

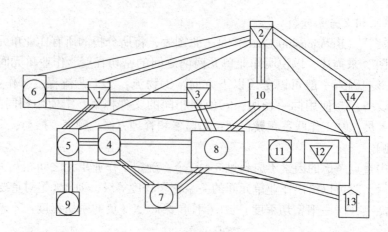

图 5-7 某叉车总装厂的面积相关图

总之,P-Q 分析是实际布局设计的重要准备工作,而以流程为主的工业设施中,物流分析是布局设计的最重要方面,物流关系和作业单元相互关系结合起来而成的"物流和作业单元相互关系图",加之作业单元的实际面积将构成一个设施的基本布局图,并对其调整,在综合考虑各种修正因素和限制条件下进行修正、筛选,形成若干个可供选择的方案。这就是系统布局规划的基本流程。

5.1.4 系统布局规划的问题分析

直接应用 SLP 法进行设施布局规划存在以下几个方面的问题。

1. 不适合现代企业的生产特点

传统的 SLP 方法是基于计划推动式生产的方法,而现代企业的生产是基于市场订单需求,属于拉动式生产。

2. 缺少物流战略规划

战略规划比任何其他因素对现代企业设施布局规划的影响都要大。布局设计各项问题的分析都要基于企业经营战略、以实现战略规划为目标 传统的设施布局方法缺少战略规划.影响现代企业的持续发展。

3. 缺少动态柔性

SLP 方法基本上是静态的,缺乏动态柔性。而现代企业的生产经营是以市场为导向的,随机性、时效性等特点很明显,要求其布局设计和生产系统具有适当的弹性,柔性能紧随市场变化及时、适度地进行调整。

4. SLP 方法缺少动线分析过程

所谓动线,就是货物和人员的移动路线。在整个企业范围内货物和人员的流动不能发生阻断、迂回、绕行和相互干扰等现象,要求动线具有完整性、合理性和流畅性。在总体规划方案初步确定后,就要及时地进行动线分析,以便做出相应的调整。

5. 由于历史的局限性,SLP 方法没有充分考虑利用计算机技术

传统的方法主要是手工布局,受主观经验、自身知识及能力等多种因素的影响,虽然在布局过程中考虑了系统优化,但往往得不到较优解,而且手工布局程序烦琐,导致设计者最终提供给决策者的方案较少,可供决策者选择的余地太小,不利于科学决策。

基于上述原因，本书将在 5.3 节中论述精益生产物流系统的规划与设计。

5.2 物料搬运系统的分析设计方法

5.2.1 物料搬运的基本原则与结构布局

1. 物料搬运合理化原则

物料搬运合理化原则概括如下。

（1）减少搬运环节，简化物流流程，实现物流合理化。

（2）实行集中作业，提高作业效率，充分发挥机械设备的利用率。

（3）贯彻系统化、标准化的原则，协调各方面，推行物流标准化。

（4）合理配载货物，同时注意营运安全。大力推行使用托盘和集装箱，推行将一定数量的货物汇集起来，成为大件货物利于机械搬运、运输、存储，形成单元货载系统。

（5）提倡文明装卸，轻拿轻放；规范作业程序，减少事故，提高安全性。

（6）利用重力。由高处向低处移动，有利于节约能源，减轻劳力，如利用滑槽。当重力成为阻力发生作用时，应把物品装载到滚轮输送机上。

（7）步步活化，省力节能。提高搬运活性，放在仓库里的货物都是待运物品，因此应使之处在易于移动的状态。

2. 具体表现为 20 条基本原则

（1）规划原则。以获得系统整体最大工作效益为目标，规划所有的物料搬运和物料存储工作。

（2）系统化原则。尽可能广泛地把各种搬运活动当作一个整体，使之组成相互协调的搬运系统。其范围包括供货厂商、收货、储存、生产、检验、包装、成品储存、发货、运输和消费用户等。

（3）物流顺畅原则。在确定生产顺序与设备平面布局时，应力求物流系统的最优化。

（4）精简原则。减少、取消或合并不必要的运动与设备，以简化搬运工作。

（5）利用重力原则。在可能的条件下，尽量利用重力搬运物料，但应注意防止磕碰。

（6）充分利用空间原则。最大可能地充分利用建筑物的整个空间。

（7）集装单元化原则。尽可能地采用标准的容器与装载工具来集装物料搬运，以利搬运过程的标准化、集装化。

（8）机械化原则。合理采用搬运机械设备和提高搬运机械化程度。

（9）自动化原则。在生产、搬运和储存过程采用合理的作业自动化。

（10）最少设备原则。考虑被搬运物料的各个方面的特点，包括物料的运动方式和采用的搬运方法，选择最少设备。

（11）标准化原则。使搬运方法、搬运设备搬运器具的类型、尺码标准化。

（12）灵活性原则。在专用设备并非必要的情况下，所采用的搬运方法和搬运设备应能适应各种不同的搬运任务和实际应用的要求。

（13）减轻自重原则。降低移动式设备的自重与载荷的比例。

（14）充分利用原则。力求使人员与搬运设备得到充分利用。

(15) 维修保养原则。为全部搬运设备制定预防性保养和计划维修制度。

(16) 摒弃落后原则。当出现可提高效率的方法和设备时,合理更新陈旧设备与过时的方法。

(17) 控制原则。利用物料搬运工作改进对生产、库存和接订单发货等工作的控制管理。

(18) 生产能力原则。利用搬运设备促使系统达到所要求的生产能力。

(19) 搬运作业效能原则。以每搬运一件单元货物所耗成本的指标考核搬运作业的效能。

(20) 安全原则。为保证搬运的安全,提供合适的方法和设备。

为了提高物流质量和效率,搬运作业需达到几个基本要求:

- 力求装卸设备、设施、工艺等标准化;
- 提高成品货物集装化或粒状货物散装化作业水平;
- 提高搬运的连续性;
- 做好装卸现场组织工作。

5.2.2 搬运系统分析与设计

1. 搬运系统分析概念

1) 搬运系统分析

搬运系统分析(System Handing Analysis,SHA)是理查德·缪瑟提出的一种系统分析方法,适用于一切物料搬运项目。SHA 方法包括:一种解决问题的方法,一系列依次进行的步骤和一整套关于记录、评定等级和图表化的图例符号。

搬运系统分析过程如图 5-8 所示。

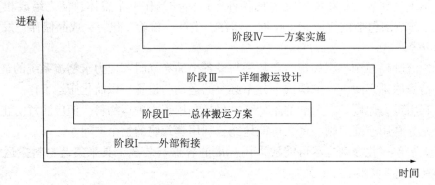

图 5-8 SHA 的四阶段

2) SHA 的四个阶段

阶段 I——外部衔接。这个阶段要弄清所分析区域的物料进出情况。

阶段 II——总体搬运方案。本阶段拟定出各主要区域之间搬运物料方法,对物料的搬运路线、搬运设备及容器类型做出初步决策。

阶段 III——详细搬运设计。这个阶段要考虑每个主要区域内部各工作地之间的物料搬运,要确定详细的物料搬运方法。

阶段 IV——方案实施。这个阶段要进行必要的准备工作,订购设备,完成人员培训,安排进度并安装具体的搬运设施。然后对所规划的搬运方法完成实验工作，验证操作程序，以确保在全部安装之后它能正常工作。

这四个阶段依次交叉进行，体现并行设计思想。

3）程序模式

物料搬运的程序模式是以物料、移动和方法三项为基础的。因此，物料搬运分析是：分析所要搬运的物料、分析需要进行的移动和确定经济实用的物料搬运方法。"SHA 的程序模式"是一个分步骤进行的程序，问题越复杂，这个模式就越有用。如图 5-9 所示。

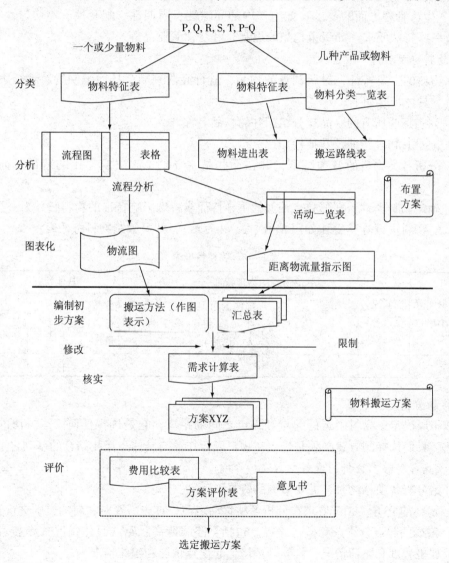

图 5-9　SHA 模式程序图

4）搬运系统设计要素

搬运系统的输入数据，与系统布局规划的输入数据相似，主要输入数据有 5 个：P——物料（产品、部件、零件、商品）、Q——数量（销售量或合同订货量）、R——路线（操作顺序和加工过程)、S——后勤与服务（如库存管理、订货单管理、维修等)、T——时间因素（时间要求和操作次数)。

2. 物料分类

1) 物料分类的主要依据

（1）物料的可运性。影响可运性的主要因素是物料本身的物理、化学特性，外界的因素（如工位器具、托盘、货架和搬运设备等）也有重要影响。

（2）物流条件。其中包括生产工艺方面的要求，质量保证体系方面的要求（如精密件的搬运）、生产管理方面的要求（如生产中的间隙性、周期性、配套性、不均匀性等）、环保要求及一些特殊要求（如贵重物品的控制）和法律管制品等。

2) 物料分类程序

根据物料的主要特征，对所调查的物品，进行经验判断，从而编制物料特征表（参见表5-16）。具体步骤如下。

（1）列表标明所有的物品或分组归并的物品名称。

（2）记录其物理特征及其他特征。

（3）分析各类物料的各项特征，并在那些是主导的、起决定作用的特征下面划出标记线。

（4）确定物料类别，把那具有相似的主导特征或特殊影响特征的物料归并为一类。

（5）对物料进行分类后（如用a、b、c、d表示)，即可编制物料特征表。

表5-16 物料特征表

物料名称	物料实际最小单位	单位物料的物理特征						其他特征			类别
		尺寸/cm			重量/kg	形状	损伤的可能性（物料、人、设施）	状态（温度、稳定性、刚度）	数量（产量）或批量	时间性	特殊控制	
		长	宽	高								

3. 移动分析

设施布局决定了物料搬运的起点和终点之间的距离，它是选择任何搬运方法的主要因素。因此，我们选择的方案必须是建立在物料搬运作业与具体布局相结合的基础之上。

1) 收集各种移动分析的资料

在开始分析各项移动时，需要掌握的资料如下。

（1）物料的分类。SHA要求在分析各项移动之前，首先需要对物料的类别进行分析。

（2）路线的起点、终点和搬运路径。包括：路线距离；路线具体情况（衔接程度和直线程度，拥挤程度和路面情况，气候与环境，起讫点情况和组织情况)。

（3）物流的物流量和物流条件。物流量是指在一定时间内在一条具体路线上移动的物料数量。

物流量的计量单位一般是每小时多少吨或每天多少吨来表示。但是有时物流量的这些典型计量单位并没有真正的可比性。例如，一种空心的大件，如果只用重量来表示，那还不能真正说明它的可运性，而且无法与重量相同但质地密实的物品比较。在碰到这类问题时，应该采用"马格数"的概念来计量。

物流条件包括数量条件、管理条件、时间条件。

①数量条件。物料的组成，每次搬运的件数，批量大小，少量多批还是大量少批，搬运的频繁性，每个时期的数量，以及以上这些情况的规律性。

②管理条件。指控制各项搬运活动的规章制度或者方针政策，以及它们的稳定性。

③时间条件。指对搬运快慢缓急程度的要求。搬运活动是否与有关人员、有关事项及有关的其他物料协调一致，是否稳定并有规律，是否天天如此。

2）移动分析方法

目前常用的方法有以下两种。

(1) 流程分析法。这种方法是每次只观察一类物料，并跟随着它沿着整个生产过程收集资料（必要时跟随从原料库到成品库的全过程），然后编制出流程图表（或流程），当物料品种很少或是单一品种时，常采用该方法。

(2) 起讫点分析法。这种方法有两种不同的分析思路。

①在物料品种数目不太多时，首先通过观察每次移动的起讫点收集资料，然后分析各条搬运路线，绘制出搬运路线表。

②若物料品种数目多，则对一个区域进行观察，收集运进运出这个区域的一切物料的有关资料，编写物料进出表。

3）搬运活动一览表

编制该表是为了把收集到的资料进行汇总，编制在一张表上，达到明了、全面地了解情况及运用的目的。在表中要对每条路线、每类物料和每项移动的物流量及运输工作量进行计算，并按A、E、I、O、U进行等评级定。A——超高物流量，E——特大物流量，I——较大物流量，O——普通物流量，U——可忽略物流量。

简要来说，搬运活动一览表包含下列资料。

(1) 列出所有路线，并排出每条路线的方向、距离和具体情况。

(2) 列出所有物料的类别。

(3) 列出各项移动（每类物料在每条路线上的移动），包括：物流量，运输工作量，搬运活动的具体情况，各项搬运活动相对重要性等级。

(4) 列出每条路线，包括：总的物流量及每类物料的流量；总的运输工作量及其每类物料的运输工作量，每条路线的相对重要性等级。

(5) 列出每类物料，包括：总的物流量及每条路线上的物流量；总的运输工作量及每条路线上的运输工作量；各类物料的相对重要性等级。

(6) 整个搬运分析中，总的物流量和总的运输工作量。

(7) 其他资料，如每项搬运中的具体件数。

4. 各种移动的图表化

图表化就是将各项移动的分析结果标注在区域布局图上，起到一目了然的作用。各种移动的图表化是SHA程序模式中的一个重要步骤。

物流图表化有以下几种不同的方法。

(1) 物流流程简图，用简单的图标描述物流流程，但是它没有联系到布局。因此图中无工作区域的正确位置及距离，所以不能用来选择搬运方案。

（2）在布局上绘制的物流图，由于注明了准确位置、距离、物流量和方向，可用来选择搬运方案。

（3）坐标指示图。坐标指示图是距离与物流量指示图。图上的横坐标表示距离，纵坐标表示物流量。每一项搬运活动按其距离和物流量用一个具体的点标明在坐标图上。

制图时，可以绘制单独的搬运活动（每条路线上的每类物料），也可绘制每条路线上所有各类物料的总的搬运活动，或者把这两者画在同一张图表上。

5. 物料搬运方法选择

从 SHA 模式可以看出，到这一步骤之前，已搜集分析了所需要的资料。为了表达清楚，还进行了图表化。但在实际着手解决问题以前，还需要了解物料搬运方法。

1) 搬运路线系统

从地理和物理两方面观点来看，所谓物料搬运系统，就是把各项物料移动结合在一起的总的方式。物料搬运路线系统一般分为以下几种类型。

（1）直接型路线系统。各种物料能各自从起点移动到重点的称为直接型路线系统。

（2）间接型路线系统。把几个搬运活动组合在一起，在相同的路线上用同样的设备，把物料从一个区域移到其他区域，包括渠道型和中心型两种方式。

要根据各种搬运路线系统的特点，来选择物料搬运路线系统。

（1）对于直接型物料搬运路线系统来说，各种物料从起点到终点经过的路线最短。当物流量大、距离短或距离中等时，一般采用这种形式是最经济的。尤其当物料有一定特殊性而时间又比较紧迫时更为有利。

（2）对于渠道型物料搬运路线系统，一些物料在预定路线上移动，与来自不同地点的其他物料一起运到同一个终点。当物流量为中等或少量，而距离为中等或较长时，采用这种形式比较经济。尤其当布局不规则分散时更为有利。

（3）对于中心型物料搬运路线系统来说，各种物料从起点移动到一个中心分拣处或者分发区，然后再运往终点。物流量小而距离中等或者较远时，这种形式非常经济。尤其当厂区外形基本是方正的且管理水平较高时。

一般可以根据距离与物流量指示图来选择其路线形式。若物流量大而距离又长，则说明这样的布局不合理。

2) 物料搬运设备

SHA 对物料搬运设备的分类采用了一个与众不同的方法，就是根据费用进行分类。具体来说，就是把物料搬运分为四类。

- 简单搬运设备：设备价格便宜，但可变费用高。
- 复杂搬运设备：设备价格高，但可变费用低。
- 简单运输设备：设备价格便宜，可变费用高。
- 复杂运输设备：设备价格高，可变费用低。

可根据距离与物流指示图，选择不同类型的搬运设备：

- 简单的搬运设备：距离短，物流量小；
- 简单的运输设备：距离长，物流量小；
- 复杂的搬运设备：距离短，物流量大；
- 复杂的运输设备：距离长，物流量大。

3）运输单元

运输单元是指物料搬运时的状态，就是搬运物料的单位。搬运的物料一般有三种情况可供选择：散装的、单件的或装在某种容器中的。

一般来说，散装搬运是最简单和最便宜的移动物料的方法，当然，物料在散装搬运中必须不被破坏，不受损失，或不对周围环境引起任何危险，散装搬运通常要求物料数量很大。

单件搬运常用于尺寸大、外形复杂、容易损坏和易于抓取的物品。

大部分的搬运活动要使用容器或托架。

标准化的集装单元，其尺寸外形和设计都彼此一致，这就能节省在每个搬运终端（即起点和终点）的费用。而且标准化还能简化物料分类，从而减少搬运设备数量及种类。

4）物料搬运方法

搬运方法是指一定类型的搬运设备与一定类型的运输单元相结合，进行一定模式的搬运活动，以形成一定路线系统。

一个工厂或仓库的每项搬运活动都可以采用各种方法进行。综合各种作业所制定的各种中搬运方法的组合，就形成物料搬运方案。

6. 初步搬运方案

在对物料进行了分类，对布局方案中的各项活动进行了分析和图表化，并对 SHA 中所有的各种搬运方法具备一定的只是和理解之后，就可以初步确定具体的搬运方案。然后对这些初步方案进行修改并计算各项需求量，把各项初步确定的搬运方法编成几个搬运方案，并设这些方案为"方案 X"，"方案 Y"，"方案 Z"。

前面已经讲过，把一定的搬运系统、搬运设备和运输单元叫作"方法"。任何一种方法都是使某种物料在某一路线上移动。几条路线或者几种物料可以采用同一种搬运方法，也可以采用不同的方法。不管是哪种情况，一个搬运方案都是几种搬运方法的组合。

在 SHA 中，把制定物料搬运方法叫作"系统化方案汇总"，即：确定系统（搬运的路线系统）、确定设备（装卸或运输设备）及确定运输单元（单件、单元运输件、容器、托架及附件）。

1）SHA 方法用的图例符号

在 SHA 中，除了各个区域、物料和物流量用的符号外，还有一些字母符号用于搬运路线系统、搬运设备和运输单元。路线系统大致包括直接系统和间接系统：D——直接型路线系统；K——渠道型路线系统；G——中心型路线系统。如图 5-10 所示。

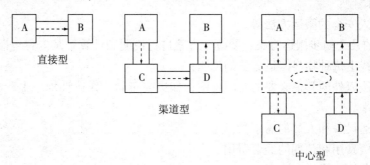

图 5-10 物料搬运路线分类

2) 在普通工作表格上表示搬运方法

编制搬运方案的方法之一是填写工作表格，列出每条路线上每种（或每类）物料的路线系统、搬运设备和运输单元。如果物料品种是单一的或者只有很少几种，而且在各条路线上是顺次流通而无折返的，那么这种表格就很实用。

另一种方法是直接在以前编制的流程图上记载建议采用的搬运方法。

第三种方法是把每项建议的方法标注在以前编制的物流图（或其复制件）上，一般来说，这种做法使人看起来更容易理解。

3) 在汇总表上表示搬运方法

编制汇总表同编制搬运活动一览表一样，就是每条线路填一横行，每类物料占一竖栏。在搬运活动一览表上记载的是每类物体在每条线路上移动的"工作量"。而填汇总表只是用"搬运方法"来取代"工作量"。适用于路线和物料类别比较多的场合。

采用前面规定的代号和符号，把每项移动（一种物料在一条路线上的移动）建议的路线系统、设备和运输单元填写在汇总表中相应的格内。汇总表上还有一些其他空格，供其他资料数据使用。

从一张汇总表上可以全面了解所有物料搬运情况，还可以汇总各种搬运方法，可以编合各种路线和各类物料的同类路线系统、设备和运输单元。这样就能把全部搬运规划记在一张表上，并把它连同修改布局的建议提交审批。

7. 方案的修改和限制

初步确定的方案是否符合实际、切实可行，必须根据实际的限制条件进行修改。

解决物料搬运问题，除了路线、设备和运输单元以外，还要考虑正确和有效地操作设备问题、协调和辅助物料搬运正常进行的问题（如生产和库存的协调）等。

各物料搬运方案中经常涉及的修改和限制的内容有：

- 已确定的同外部衔接的搬运方法；
- 既满足目前生产需要，又能适应远期发展或变化；
- 和生产流程或设备保持一致；
- 可以利用的现有公用设施和辅助设施；
- 面积、空间对布局方案的限制条件；
- 建筑物及其结构特征；
- 库存制度以及存放物料的方法和设备；
- 投资的限制；
- 影响工人安全的搬运方法等。

对修改后的几个初步搬运方案，要逐个方案进行说明和计算，其内容包括：

- 每条路线上每种物料搬运方法的说明；
- 搬运方法以外的其他必要的变动说明，如更改布局、作业计划、生产流程、建筑物、公用设施、道路等；
- 计算搬运设备和人员的需求量；
- 计算投资费用和预期的经营费用。

8. 各项需求的计算

对初步搬运方案进行修改以后，就开始逐一说明和计算那些被认为是最有现实意义的方案。一般要提出 2~5 个方案进行比较。对每一个方案需做如下说明。

(1) 说明每条路线上每种物料搬运方法。

(2) 说明搬运方法意外的其他必要变动，如更改布局、作业计划、生产流程、建筑物、公用设施、道路等。

(3) 计算搬运设备和人员的需要量。

(4) 计算投资数和预期经营费用。

9. 方案的评价方法

评价分析方法有两类：一类为成本费用或财务比较，一类为无形因素比较。

1) 成本费用或财务比较
- 投资费用，包括基建投资和项目费用等。
- 经营费用，包括物料、人员、管理费用等。

2) 无形因素比较

常用的方法有优缺点比较法和加权因素比较法。

无形因素包括的内容很多，主要有：

(1) 与生产流程的关系及其服务的能力；

(2) 搬运方法的通用性和适应性；

(3) 灵活性（已确定的搬运方法是否易于变动或重新安排）和柔性（搬运方法是否便于今后拓展）；

(4) 布局和建筑物扩充的灵活性是否受到搬运方法的限制；

(5) 面积和空间的利用；

(6) 安全和建筑物管理；

(7) 是否便于管理和控制；

(8) 可能发生故障的频率及对生产造成的中断、破坏和混乱的程度；

(9) 能否适应生产周期时间的要求和对生产流程时间的影响；

(10) 与仓库设施是否协调；

(11) 同外部运输是否适应等。

10. 搬运方案的详细设计

搬运方案的详细设计是在搬运方案初步设计的总体方案基础上，制定从工作地到工作地，或从具体取货点到具体缺货点之间的搬运方法。详细搬运方案必须与总体搬运方案协调一致。

实际上，SHA 的方案初步设计阶段和方案详细设计阶段用的是同样的模式，只是在实际运用中两个阶段的设计区域范围不同、详细程度不同。详细设计阶段需求大量的资料、更具体的指标和更多的实际条件。

5.3 精益物流系统规划与设计

5.3.1 精益物流系统的定义

精益物流系统起源于精益生产方式，精益生产方式又称丰田生产方式，它产生于日本丰田公司,后经美国麻省理工学院教授研究和总结,被正式发表于《改变世界的机器》一书中。精益生产方式不仅可以应用于生产系统,也可以应用于物流、销售、行政等系统中,精益物流系统是它应用于物流管理中的一个具体表现。

精益物流系统是 JIT 管理理念的发展,其内涵已远远超过 JIT 的概念,它是通过消除生产和供应链管理中的非增值浪费,以减少备货时间,提高客户满意度,同时追求把物流服务过程中的浪费和延迟降低至最低程度,以不断提高物流服务过程中的增值效益。简言之,它有两个主要目标,即提高客户满意度和物流增值效益。

精益物流系统是生产领域管理思想在物流领域的创新应用,它完全实现了杜绝浪费,以速度提升了物品的相对使用价值,以标准化、数据化和精确化的管理思想改变了传统物流系统粗放式管理模式,所以精益物流系统是现代化物流系统的必经之路。

5.3.2 精益物流系统的特征

1. 拉动式生产系统

在精益物流系统中,强调以顾客为中心,以杜绝浪费为目标,顾客需求是企业价值流的源头,是驱动企业生产的原动力,而物流系统作为生产系统的服务系统,也必须树立客户第一位的思想。拉动式需求是一种逆向的需求模式,即上游根据下游的需求布局生产,制订采购、库存、运输等计划,一旦客户发出需求指令,必须快速及时地提供服务。拉动式物流模式如图 5-11 所示。

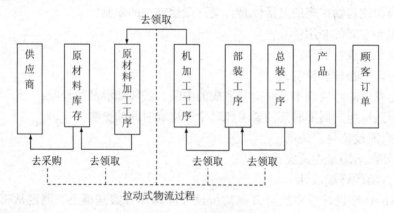

图 5-11 拉动式物流过程

精益物流系统运用看板对物品的移动进行管理,在看板管理下,必须遵从以下各个原则,才能符合精益物流系统的要求,保证准时化生产顺利进行,它们分别是:

(1) 前一道工序不向后一道工序输送次品;
(2) 前一道工序只按后一道工序的取货量进行生产;
(3) 保证均衡生产,各工序均匀领取零部件;
(4) 根据看板进行微小调整,对成品率低的产品稍微多一些,对成品率高的产品则压到最低限度向前一道工序订货;
(5) 生产工序必须稳定合理,尽量减少看板数量。

2. 准时且准确

准时是现代物流系统达到内部畅通、节奏适度的关键因素，而准确是保证物流系统实现精益化的必要条件。准时必须保证订购的货物在要求的时间被运送至正确的地点，同时还必须保证货物的安全和质量；准确包含的内容比较广，包括准确的客户、准确的客户需求、准确的运货数量和准确的信息传递等。准时和准确是物流系统从粗放型到集约型运作的必备条件，是精益化的一个显著特点，也是保证物流系统高效运行的前提。

3. 高质量与低成本兼备

精益物流系统强调以客户为中心，不仅要满足客户的需求，还要以创新的理念和高质量的服务不断提高顾客满意度，这是精益物流系统的主要目标之一，所以，高质量的服务是精益物流系统的必备特征。精益物流系统的另外一个主要特征是杜绝浪费，降低成本，从而提高物流服务中的增值效益，在精益物流系统中，企业通过合理配置基本资源进行快速反应和准时化生产，大大消除了如设备空耗、人员冗余、操作延迟等资源浪费现象，保证其物流服务的低成本。

4. 信息网络化

物流系统是一个涉及内容广、参与主体多的复杂的系统，它的运作需要大量的数据、文字信息，并需要供应链上各主体信息的共享，所以必须依赖于功能强大的计算机网络，实现信息的网络化。信息网络的实现不仅能保证精益物流系统的精确化，而且能够节约大量的时间、人力和物力资源。所以精益物流系统必须以信息网络为运作平台，以信息化促进精益化的实现。

5. 系统集成化

精益物流系统是高度集成化和系统化的系统，它由提供物流服务的硬件资源、软件资源（计算机信息网络和精益化组织结构）和使物流系统实现精益化的决策组成，其中硬件资源是基础，软件资源是手段，决策促使硬件和软件资源合理配置，是物流系统精益化的关键。企业利用高度集成的精益化物流系统，可以最大化资源利用率、彻底消除浪费、提供满足客户要求的精益服务质量。

6. 持续改善

精益物流系统具有动态性，对物流活动的改进和完善是一个不断循环的过程，它遵循这样的循环过程：发现问题，改进，消除浪费，形成新的价值流，发现新问题，持续改进，消除新的浪费。此过程不是简单的循环过程，而是一个服务质量和资源浪费被持续改善的良性循环过程，它使得浪费不断减少，提前期不断缩短，物流总成本不断降低，保证了物流系统的不断更新，并且面对新环境、新情况和新问题，能够表现出高度的柔性。所以说建立精益化的物流系统是企业应对竞争日益加剧的国际竞争，不断提高企业核心竞争力的战略化决策。

5.3.3 精益物流系统的总体结构

精益物流系统的结构包括四个部分。

1. 由硬件资源、软件资源和管理决策组成的平台

硬件资源包括物流运作的基础设施、基础设备，如仓储设施、配送设施、运输车辆等；软件资源两个部分：计算机信息网络和精益化组织结构，精益物流系统必须由稳定的计算机网络来支撑，否则很难实现高效与准时。精益化物流系统必须有配套的精益化物流组织的实施和操作，传统的职能部门组织很难适应这种高速准时化的生产方式，因为庞大的组织需要花费大量的人力、物力和财力来处理部门之间、部门内部之间的关系，这势必会阻碍精益化的进程，所以必须按照精益化思想对组织进行变革，使其适应这种精益化物流系统。

2. 客户需求拉动模式

客户需求拉动模式是精益物流的重要特征，体现了客户在精益物流系统中的中心地位。

3. 包括供应商、生产商、销售商、物流商、客户在内的活动主体，其中客户是中心

物流商将供应商、生产商、销售商和客户有机的联系在一起，物流商有可能是供应商、生产商和销售商本身，它在中间起到纽带的作用，保证商品从生产到消费的顺利进行。

4. 由供应物流、生产物流、销售物流和回收物流持续改善的各环节组成的循环链

其中每个系统都是持续改善的循环系统，只要发现浪费，立即采取措施，进行改进，消除浪费，实现精益物流系统的提高增值效益和顾客满意度的目标。精益供应物流主要是通过缩短原材料交货周期，转移库存压力来实现；精益生产物流主要通过看板管理、均衡化生产和准时制来实现；精益销售物流以客户需求为核心，由此减少了库存和降低了成本，有的销售商采取零库存的方式，将库存完全转移给供应商或者生产商，将市场风险降至最低。

这四个部分相辅相成，缺一不可，构成了精益物流系统的总体框架，如图5-12所示。

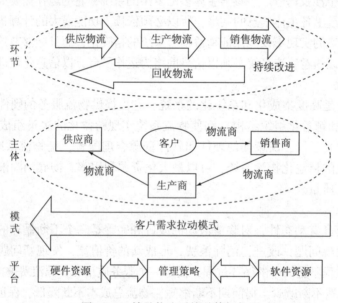

图 5-12 精益物流系统总体框架图

5.3.4 基于精益物流系统的工厂布局

1. 精益物流系统的工厂布局

1) 车间设备布局

（1）"河流水系"状的总装配线布局。

（2）单条生产线。实现"混流"生产。

2) 生产线布局——U 型布局

精益物流系统改变了传统的设备布局方式，采用了 U 型布局方式。这种布局是按照零部件工艺的要求，将所需要的机器设备串联在一起布局成 U 型生产单元并在此基础上，将几个 U 型生产单元结合在一起，连接成一个整合的生产线。

2. 精益物流系统的工厂布局优化分析

精益物流系统的工厂布局受多种因素的影响和制约（如政策法规、周边环境等），但不管是全局优化还是局部优化，最终目的都是要达到总体的最优化。因此，精益物流系统的工厂布局优化分析可以采用定性与定量相结合的方法，通过对多个指标进行比较而得出一个最优的结果。这种对多个指标进行比较的方法属于多目标决策问题，可表示为

$$U_{max} = \sum_{i=1}^{n} W_i f_i \quad 0 \leq W_i \leq 1 \tag{5-4}$$

$$\sum_{i=1}^{n} W_i = 1 \quad i = 1, 2, 3, \cdots, n \tag{5-5}$$

式中：U_{max}——目标函数；

W_i——第 i 个指标的权系数；

f_i——第 i 个标准化后的指标值。

注：由于各指标的重要程度不同。不能同等对待，所以需要给每个指标设定一定的权数来表示其重要性，且各指标的权系数之和等于 1。

3. 基于精益设计的生产系统规划

（1）调研企业情况，包括厂房布局（包含仓库及存放区）、设施布局情况，产品的工艺过程，设备状况（包含尺寸、生产能力、维修），生产计划执行情况，产品质量要求。

（2）典型产品的选择。可以根据帕累托图选择有代表性的累计产量高的产品。

（3）产品工艺流程分析。绘制工艺流程图，分析所有所选产品的工艺流程，这样是为了确定物料在生产过程中都经过哪些必要工序，每个必要的工序之间移动的最有效顺序及其移动的强度和数量。

一个有效的工艺流程是指物料在工艺过程内按照顺序一致不断地向前移动直到完成，中间没有过多的迂回和倒流。各条线路上的物料移动量就是反映工序或者作业单元之间相互关系密切程度的基本衡量标准，一定时间周期内的物料移动量称为物流强度。

在进行了有效的工艺流程分析之后，按照一定的工艺流程、作业单元的顺序进行物流分析，确定各作业单元的物流强度大小，作业单元之间相互关系。在此基础上进行相关的搬运分析和设施布局改善。

（4）生产系统模拟仿真。借助于 Flexsim 仿真软件对生产过程进行模拟分析，包括车间布局、工艺路线、物流过程、计划的完成情况、设备的利用情况等，进而发现问题和影响效率的"瓶颈"。

（5）仿真结果分析。针对上述分析所发现的问题进行逐一解决，消除浪费、改善"瓶颈"环节，优化现有生产系统。

（6）对改善后的生产系统再进行仿真。通过再次仿真，对设计上新的生产系统产能进行验证，并对设计方案能否达到产品大纲要求进行验证，对车间布局、物流过程提出可能的改善方案，如图 5-13 所示。

1）生产能力分析

在实现精益设计、优化生产系统工作中，首先需要进行的就是生产能力的分析，解决产能匹配的问题。

生产能力的分析是基于对企业情况、产品和工艺流程深入了解的基础上进行的。流程如图 5-14 所示。

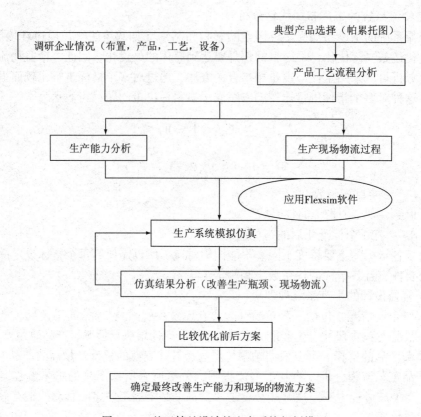

图 5-13　基于精益设计的生产系统规划模型

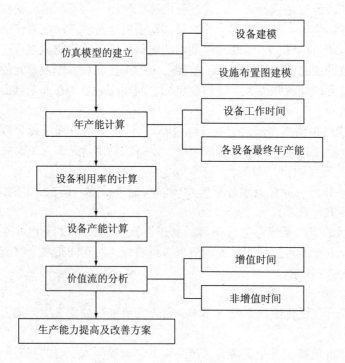

图 5-14　生产能力分析框架

(1) 仿真模型的建立。

建立过程包括：①设备的建模，设备的尺寸大小，占地面积；②仿真模型的设施布局图：各设备厂地的具体位置，各设备之间的距离。

(2) 年产能的计算。根据仿真模型输入产品的工艺过程，按顺序经过哪些设备（即工序如何），每道工序的处理时间，搬运工具在搬运物料时的速度频率，得出工序间的搬运时间。

然后设定一定的工作时间（通常为一年），通过仿真得到各项设备工作时间和每个设备最终的产能。

其中，工作时间包含平均停留时间、空闲时间、加工时间和堵塞时间。

对于同一设备群落的设备，可以按照一定的规则或者顺序，让产品有序地进入该设备群落进行加工。比如按照就近原则，产品进入较为靠近的设备加工，如果较为靠近的设备正在工作，可以选择进入同一群落的下一设备。

(3) 设备利用率的计算。依据仿真模型的运行，得到设备利用率，如果是同一机群的多个设备，根据仿真结果得出的每台设备的利用率可以求出该机群设备的平均利用率。

(4) 设备产能计算。根据仿真报告，可计算出各设备（工序）的年最大产能=年产量/设备利用率。通过比较每道工序的最大产能，可以找出限制产品最终产能的瓶颈工序，改进该工序的生产，提高产品的产能。

(5) 价值流的分析。根据仿真模型，得到产品在各道工序（设备）的停留时间，绘制生产产品的价值流图，区分增值和非增值时间。其中增值时间为加工时间，等待运输和堵塞时间均为非增值时间。通过价值流的分析可以衡量整个生产工艺过程实现增值的情况，通过减少非增值时间来优化生产系统。

(6) 根据所得瓶颈工序和设备对原生产系统进行完善，增加增值时间，减少非增值时间。

2) 现场物流改善

在制造业加工的生产流程中，以工艺流程分析为基础的物流流程是设备现场布局设计的中心环节。物流状况的优劣是设备布局方案优劣的关键。因此，依据精益设计思想进行系统布局规划，从物流分析精益设计入手进行设备的系统布局规划，根据现场管理的基本原则和现场物流改善的分析模式，完成现场物流的基于精益设计的优化布局，提高生产过程中物流效率和设备的利用率，实施准时制物流（Just-In Time Logistics），实现精益生产。

☆背景知识：什么是准时制物流

准时制物流是一种建立在JIT管理理念基础上的现代物流方式。

JIT已在现代制造业中广泛应用，每个现代制造企业都在企业的设计中使用JIT的一些方法。JIT技术因物流业的发展而日趋成熟，将会给企业创造更大的价值。

随着现代物流业的不断发展，人们已将着眼点放在如何降低物流成本上，先进的企业管理理论和实践也正朝着精细化方向发展，其中以汽车制造和电子技术产业为代表的准时制（JIT）管理在现代制造业中已得到广泛应用。近几十年来，世界上许多著名跨国公司纷纷应用JIT管理，取得了很高的经济效益，如日本丰田汽车公司、美国福特汽车公司、IBM公司都曾成功地实施了JIT管理。因此，专家们认为，成功应用JIT管理是世界一流制造企业的标志之一。

1. 准时制物流的原理

JIT（Just-in-Time）物流管理于20世纪50年代首创于日本丰田汽车公司，1972年后被广泛应用于日本汽车和电子工业。JIT管理为日本企业生产高质量、低成本的产品提供了保证。准时制物流是伴随制造业准时生产而产生的，随着准时生产的发展与!普及，准时制物流得到了迅速发展和广泛应用。

JIT物流是精益思想的表现，是一组活动的集合，其目的在于原材料、制品及产成品保持最小库存的情况下，能保持连续、高节奏的大批量生产。零件从上道工序准时到达下道工序，并被下道工序迅速加工和转移。"准时制"是基于任何工序只在需要时才生产必要制品的逻辑。

从理论上讲，当一件产品产生订单时，市场就从生产系统的终端——在此例中是指从总装线开始——拉动一个产品。首先，总装线工人从物流的上游工位一个一个地拉动下游的工位，重复这一过程，直到供应商的原材料投入工序。

2. 汽车制造业实施 JIT 的目的和前提条件

实施JIT的目的是消除浪费，优化程序，实现高效、低成本运营。先让我们了解一下丰田公司对浪费的定义："除对生产不可缺少的最小数量的设备、原材料、零部件和工人（工作时间）外的任何东西。"在汽车制造业中，JIT管理非常适合零件有多种变化形式的情况。实施JIT物流管理，可以实现：减少工人每天必须完成的大量重复无序的工作；增加现场工作环境的有效使用面积；降低库存；缩短反应时间等。为了保证实现准时制物流，JIT管理要求生产全过程的各个阶段都要具有高水平的质量、良好的供应商关系及对最终产品需求的准确预测。

3. 准时制拉动式物流管理模式的应用

在一些发达国家，许多企业看到了JIT的好处。有一项对欧洲200家企业进行的研究表明，JIT管理对企业能力的改善包括库存平均减少50%，产品生产周期缩短50%~70%；供货时间缩短50%；生产效率提高20%~50%；JIT的投资回收期也少于9个月。

我国汽车行业已全面推行准时制拉动式物流管理，逐渐形成了以市场需求为中心、以主机总装配线的要求为导向的物流过程控制，逐步建立了一套适合自身发展的物流管理系统，有足够的柔性去满足企业生产提出的各项要求，适应多变的市场环境。JIT管理意味着在必要的时候生产必要的产品，不过量生产，因为企业没有必要再投入原材料、精力和时间，在JIT情况下理想的批量规模是1。JIT思想与那种依靠额外库存以防止出现工作失误的做法形成了鲜明的对比。当所有的等待数量变为零时，库存投资实现最小化，提前期大大缩短，企业对需求变化快速反应，质量问题会得以迅速曝光。JIT物流的实施同传统的生产物资管理比较，它完善了企业管理，为企业节省了大量的成本，产生了巨大的经济效益和社会效益。

我国汽车制造业大致有三种准时制物流管理形式，即计划管理、看板管理、同步管理。

1）计划管理

计划管理就是按生产计划组织生产供货，它实际是以计划消耗来计算的一种要货方式。遵循的原则是：在第M天的需求基础上进行预测，并计算出M+N天的供应量，依次循环滚动。它实际比较接近于传统的计划供应方式，之所以也被列入准时制物流管理范围，是因为其预测和计划周期较短。计划管理模式适用于零件品种需求变化较小，且消耗连续的汽车零部件。但计划管理的不足在于：当生产计划调整时，不能做出快速反应，易造成产品库存过多。

2）看板式管理

看板式管理是电子技术与现代物流的完美结合，同时也是一种需求拉动型的管理模式。它采用条码技术、网络技术进行生产物流管理，是一种反应速度较快、信息较为准确的新型管理模式。信息的主要载体是看板，在看板上记录着零件号、要货时间、零件名称、零件的储存地点、零件数量、所用工位器具的型号等，以此作为各工序进货、出库、运输、生产、验收的凭证。在看板式管理模式下每一次物料的供应都是对实际消耗的合理补充，充分体现了准时制物流的原则。

3）同步管理

同步管理是JIT管理的高级方式，适用于单位价值较高、变化形式多样的总成零件。要求供应商与主机厂共享同一软件平台，单一零件按明确的方式备货，通过取样点对整车数据下载分析，按装配车间装配工位上零件的准确要求实现供货。信息共享是实现同步管理的前提条件，同步管理需要根据生产线运行情况进行同步供应，以满足工艺需要，减少库存费用和对生产面积的占用。在流水线上，当车身通过某一工序时，它立即向下游工序发出所需装配某种零件的需求信息。同样，当生产商收到要货信息后，就会根据要货指令将所需的品种、数量并按要求的时间准时地送达，不会产生多余库存。"同步管理"在企业中的应用，标志着准时制拉动式生产方式已经进入了较高级阶段。

21世纪，随着信息技术的飞速发展，物流业正沿着标准化、集成化、网络化和准时化的轨道迅猛发展。准时制物流的发展使企业竞争力增强，内部资源利用率提高。随着精益生产理论不断深入人心，准时制物流和信息技术的紧密结合将使物的流动更具目的性和经济性，不仅是汽车制造公司，就连食品、日用品等行业都将受精益理念的影响，大面积采用准时制物流进行生产和配送。因此，我们可以说，现代准时制物流包含的理念将改变人们的生活方式。

现代准时制物流的发展目标是，把电子信息通信技术广泛应用于物流领域，用信息系统整合生产商、经销商、物流公司、供应商之间的管理。

JIT已在现代制造业中广泛应用，每个现代制造企业都在企业的设计中使用JIT的一些方法。JIT技术因物流业的发展而日趋成熟，将会给企业创造更大的价值。

5.3.5 精益物流系统的发展

1. 精益生产（LP）与六西格玛

六西格玛是在20世纪90年代中期被GE从全面质量管理方法演变成的一种高效的企业流程设计、改善和优化技术，它提供了一系列同等的适用于设计、生产和服务的新产品开发工具。其核心是追求零缺陷生产，防范产品责任风险，降低成本，提高生产率和市场占有率，提高顾客满意度和忠诚度。随着六西格玛在制造业和服务业的广泛应用，它也成为有效的物流管理手段，尤其是在物流质量管理、物流成本管理和物流供应链管理方面。

六西格玛与精益生产思想有很多共同点，二者都以顾客为中心，强调以满足客户的需求和期望来提高客户满意度；二者都强调对流程的优化、减少浪费、降低成本和提高运营效率。但是由于出自不同背景和使用不同的技术和方法，使二者也有很多不同点，如表5-17所示。

表5-17　六西格玛与精益生产思想的区别

	六西格玛	精益生产
文化背景	六西格玛源于西方，由摩托罗拉公司的比尔·史密斯提出，其初衷是降低产品及流程的缺陷次数，防止产品变异，提升产品品质	精益生产思想源于日本丰田公司，它提倡消灭故障，消除一切浪费，向零缺陷、零故障进军。它综合了大量生产和单件生产方式的优点，力求在大量生产中实现多品种和高质量产品的低生产成本
运作模式	基于项目的进行管理，通过DMAIC程序的实施，采用由上而下的管理方式，有计划有步骤地完成项目的目标	着眼于系统的优化，基于价值增加流程来考虑整个生产链的管理，立足于整个生产系统的资源的有效配置
改进方式	采用突破式的改进策略，要求每个项目都有突破性的进展，希望通过这种改进能够给组织带来巨大的效益	采用持续的改善策略，沿着既定的技术路径，通过不断的改进，提供更优质的产品和服务
解决问题的方法	采用数据分析的方法，通过量化分析，让数据说话，做出决策	采用直接解决问题的方法，它强调现场管理的作用，一旦发现问题，立即停下来解决
关注对象	关注变异，力求减少和消除被动，希望通过减少变异来减少浪费	关注浪费，希望通过消除浪费来最大化资源的使用效率

2. 精益六西格玛

从上表中的比较可以看出：六西格玛有很多精益生产所没有的优点，而精益生产也能够弥补六西格玛的一些不足，比如，六西格玛关注产品质量，精益生产强调速度，如果将二者融合，则兼顾了质量和速度两个方面；六西格玛倾向于用数据说话，而精益生产喜欢从现场管理中发现问题，用事实说话，如果二者结合，就可以使得精益生产的持续改进的依据更加客观，而数据的不全面或者不准确都能够造成六西格玛判断的失误，用精益生产进行辅助决策能够减少这种失误发生的可能性。所以将精益生产和六西格玛思想进行融合，更胜于二者单独的改进方式，其对供应、生产、销售和物流系统的改善有更大的帮助。

精益六西格玛是将精益和六西格玛思想有效整合后所形成的一种新的系统改进方法，它通过提高客户满意度、降低系统总成本、提高产品和服务质量、加速流程的改善和优化资本的投入，最终实现系统效益的最大化。精益六西格玛给物流管理带来了新的管理工具和方法，精益六西格玛物流系统就是在精益六西格玛管理思想影响下所产生的新型物流系统。

3. 精益六西格玛物流系统

精益六西格玛物流系统是指以追求高速度、高流动、零浪费、零缺陷为目标，实现高的顾客满意度和增值价值的物流系统。精益六西格玛物流系统是更先进的、对目标要求更高的物流系统，它不仅仅对速度有较高的要求，而且对产品或者服务的质量和成本的要求极高。所以建立精益六西格玛物流系统之前，必须考虑以下几个方面的内容。

（1）高层领导的支持力度。精益六西格玛物流系统是一个近乎完美的体系，实施起来需要耗费大量的人力、物力和财力，高层领导强有力的支持是精益六西格玛物流系统能否成功实施的关键因素。

（2）员工的整体素质。精益六西格玛物流系统需要所有员工的参与，员工的技术水平和综合能力与精益六西格玛物流系统实施的成效密切相关。所以在实施以前，应对员工进行精益生产和六西格玛相关知识进行培训，使其理解精益六西格玛的内涵和本质。

（3）完善的计算机信息网络。精益六西格玛是用事实和数据说话的，所以必须建立健全稳定的数据管理体系，以保证企业运用真实、有效的数据实施变革。

5.4 现代集成制造物流系统规划与设计

5.4.1 集成与集成化物流系统

所谓集成是指把部分组合成为一个整体，但它不是把部分简单地加和，其组合的整体必须具有目的性、主体行为性、相容互补性、整体优化性的特点。经集成后的整体显然具有单个部分或部分简单加和所不具有的优势和特征，所以集成思想被广泛应用于采购、生产制造、销售和物流等各个领域，成功地解决了很多复杂系统的优化问题。

集成化物流系统是集成化思想在构造物流系统中的一个具体应用，它是将物流服务供应链上所有节点企业看作为一个整体，基于共同的目标，通过一定的制度安排而组成的集成化供应链物流管理体系，它以计算机网络技术和信息技术为支柱，以全球性物流资源为可选对象，通过不同职能部门之间或不同企业之间在物流上的合作，将原材料、半成品和产成品的生产、供应、销售结合成有机整体，达到降低物流成本，提高物流效率的效果。

集成化物流系统是现代物流系统的高级模式，它以系统理论、协同理论、集成理论和供应链管理理论为理论基础，准时化速度、高效率、最低化总成本和高质量全方位的服务要求是集成化物流系统形成的动因，其优化途径是通过供应链节点之间、节点内部之间的合作、资源共享，最终实现集聚优势和协同放大的目的。集成化物流系统提倡合作、资源共享，是一种适应世界经济全球化程度不断加大、竞争日益激烈和资源日益短缺的新型物流模式。

5.4.2 集成化物流系统的特征

集成化物流系统以传统物流系统为基础，但是它有许多传统物流系统所不具有和不可模拟的新特征，总结下来，主要有以下几个。

1. 组织虚拟性

在集成化物流系统中，并不存在一个正式的类似公司或协会的组织机构。维系集成化物流系统运作的是一个虚拟性的组织，组织成员之间因为共同的目标和利益被组织在一起，各成员之间通过信息共享、资金和物质等方面的协调与合作，优化组织目标，实现整体绩效，以达到组织内部成员"多赢"的目的。各成员之间不仅是合作关系，很大程度上还是竞争的关系，但是面对大环境下更加激烈的竞争，他们选择优势互补，通过实现整体功能的倍增和高效来达到自我竞争力的提高。

2. 大跨度性

集成化物流系统是一个大跨度的系统，主要体现于两个方面：一是地域跨度较大，经济全球化使得跨国公司和跨国界的合作愈来愈多，它们开始在全球范围内统筹资源，安排生产和流通活动。全球化带来的另外一个后果是客户的多样性和产品的个性化要求，这要求物流系统所提供的服务质量更高、更加全面，同时地域范围的扩大对货物的流通速度也相应提高了很多，这就要求物流系统全球范围内建立节点网络，以适应这种全球化的变化。另一方面是时间跨度大，集成物流系统内各要素或成员之间建立的是长期的战略联盟伙伴关系，不再是传统物流系统中合作关系随着短暂的交易活动的结束而结束的短期利益关系，他们的业务合作时间跨度要长得多，时间跨度长也可以理解成集成化物流系统的内部要素之间的稳定性的增强。

3. 显著的协同效应

所谓协同效应是指若干要素的有效组合、协调共同发挥作用，可以比各个因素的单独作用产生更大的效果，即产生"1+1>2"或"合力大于分力之和"的效果。集成化物流系统的指导思想是聚合优势、竞争力互补，获得整体绩效。集成化物流系统中，各成员之间有共同的目标，团结合作、资源共享，优化组织目标，最终实现物流系统整体效益的提升。各成员之间合作得以维持的主要原因是依靠整体物流系统，或者通过合作能够产生大于自身独自竞争所产生的效益，即通过集成化的物流系统能够达到整体绩效协同放大的效果。

4. 高水平的信息技术

集成化物流系统的发展，是伴随着信息化水平的不断升级而实现的。因为集成化物流系统的组织是"虚拟的"，所以成员之间的交流与合作主要依靠庞大而可靠的计算机信息网络平台，集成化物流系统能否成功运行在很大程度上要依赖计算机信息技术的先进程度。集成化物流系统要求的信息技术主要包括：条码技术、电子订货系统、电子数据交换系统、数据库技术、地理信息技术、计算机集成制造系统、企业资源计划、有效客户反映系统等，高水平的计算机信息技术随着经济的发展和技术的进步不断地被开发和应用，因此集成化物流系统也随着信息技术的潜在发展空间而存在极大的发展潜能。

5. 服务面向全球化

由于企业之间合作意识的增强和眼界的开阔，集成化物流系统的活动范围和生存空间已经延伸至全球各地的每个角落，客户对服务的多样性和全面化也提出了更高的要求，因此，集成化物流系统所提供的物流服务必须提高到国际化的水准，这样才具有全球竞争力。

5.4.3 物流系统的集成过程分析

物流系统的集成必须具备三要素：传统物流的功能、现代化技术和高素质的物流管理人员。其中传统物流功能是集成化的基础，现代化的技术是手段，高素质的物流管理人员是集成化成功的关键。

传统的物流功能包括包装、运输、存储、装卸、搬运、流通加工和配送等，它们是相互独立和相互分离的几块内容，在集成化物流系统中，必须对各类功能进行整合，使其成为相互联系、相互配合的有机整体；现代化信息技术的飞速发展为物流系统集成化的实现提供了技术和管理手段，成为推动物流系统集成化的技术动力，其中条码识别技术、电子扫描技术、计算机芯片存储技术和全球定位系统都是集成化物流系统必不可少的信息技术；集成化物流系统应是一个人机协同化系统，人是物流系统活动的施加者，是实现物流系统集成化的重要因素，物流系统的集成化的过程，是物流组织系统、运作方式和物流管理思想发生变革的过程，如果物流管理人员素质低下，其知识构架不能满足新的集成化物流系统的需要，就会阻碍物流系统的集成化进程，所以，在集成化过程中，应该对物流管理人员进行新知识和新技术的培训，加快其知识更新速度，以提高物流系统的集成化速度和质量。

在具备了物流系统集成的三个基本要素以后，就可以着手进行集成化了，在开始之前，我们应该明确集成化的运作过程，一般而言，集成化遵循由内到外的集成规则，即首先进行内部职能集成化，然后进行内部总体集成化，最后再完成外部集成化。

1. 内部职能集成

传统的物流系统中，部门分割现象特别严重，由于缺乏部门之间的协调和合作，导致作业的重复和资源的浪费，信息也经常被扭曲和延迟，权责界限模糊不清；各个部门把注意力集中于自己的职能优势上，以自身利益最大化为目标，这种组织结构在处理业务时，会阻碍任何正在执行的交叉职能过程，同时也阻碍了各功能领域之间进行协调的可能。所以必须打破这种职能式分割的管理方式，根据物流活动的性质和相关性，将物流活动集成为三大管理职能：物料供应管理、制造支持管理和分销管理，如图 5-15 所示。

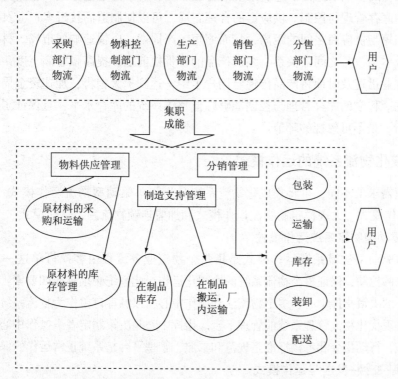

图 5-15 物流系统的内部职能集成

物料管理是对企业输入物流或者原地物流的管理，包括：原材料的采购和运输的管理、原材料的库存管理；制造支持管理包括对在制品库存、在制品搬运和厂内运输的管理；分销管理是对企业输出物流的管理，包括包装、运输、装卸、流通加工、库存控制和配送等。内部职能的集成化降低了部门分割程度，放大了和清晰化了部门经理的权限，使物流活动的进行更加灵活，也方便了相关联的物流活动的相互配合。

从以上可以看出，物流系统的内部集成主要实现的是物流相关功能的集成，即用集中式代替分散式的管理，提高了系统的运行速度和效率，实现了物流系统集成化的第一步。

2. 内部总体集成化

内部总体集成的任务是将物料供应管理、制造支持管理和分销管理作为一体化物流过程，实现集成化。这一阶段解决了传统职能运作中的组织结构、绩效管理和奖励机制、库存调节作用等因素对集成管理的影响，使企业的总体库存得到有效的控制，彻底打破了职能分割的壁垒，是完成物流系统集成化的必经一步。

3. 外部集成化

外部集成化是指将企业视为包含一系列物流增值活动的供应链的一部分，企业与供应商、销售商和顾客之间建立战略合作伙伴关系，通过加强相互之间的协调与合作，进一步降低成本、减少风险、优化资源配置、提高物流系统的运作效率，以获得更大的整体竞争优势。

外部集成化的重点工作是供应链系统的合理布局、科学的运输方式和合适的分销渠道的选择、科学的库存管理与控制。供应链的合理布局，可以使制造商接近客户，及时了解掌握市场需求，缩短与供应商之间的距离，从而缩短生产周期，以快速响应市场。科学的运输方式能够平衡成本与效益之间的关系，缩短产品的订货提前期，提高顾客满意度。正确的分销渠道可以使企业迅速及时地将产品传递至用户手中，达到扩大销售、加速资金周转、降低流通费用的目的。科学的库存管理与控制能够降低整体系统的库存水平，且保证了生产流通体系的正常运行，是不可忽视的环节。

5.4.4 集成化物流系统的运作模式

根据物流需求的不同，可将集成化物流系统分为订单驱动型物流运作模式、"收集–交换–发送"运作模式、大规模定制物流运作模式和加盟连锁物流系统运作模式。

1. 订单驱动型物流系统运作模式

所谓订单驱动型物流系统运作模式是指整个物流业务流程由客户订单这一需求媒介拉动，通过订单的拉动，保证整个物流系统的协同化运作。此系统必须具备四要素：集成化物流服务商为中心的决策指挥中心，多个物流活动操作中心，以顾客订单作为物流系统的行动指令和考核标准，现代化物流管理系统的管理平台。指挥中心是决策制定者，操作中心负责物流服务的具体实施，行动指令和考核标准是规范和参照，管理平台是系统正常运作的保证。

2. "收集–交换–发送"运作模式

收集体现的是规模化处理，交换实现了个性化的要求，发送是物流服务价值实现环节。配送中心和物流中心是实现三步骤的实体基础，这种模式能够满足跨地域、大范围的物流服务需求，其运作模式如图 5-16 所示。

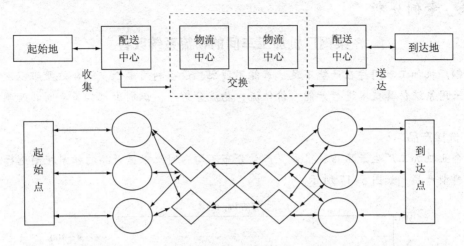

图 5-16 "收集-交换-发送"运作模式图

3. 大规模定制物流模式

大规模定制物流模式是根据顾客的不同物流需求进行市场细分，运用现代信息技术、物流技术以及先进的物流管理方法，通过对物流功能的整合和模块化和标准化，实现以大规模物流成本、质量和效率为顾客提供个性化的定制服务。这种模式下，物流系统主要有以下几个特征。

- 以顾客需求为中心。
- 以物流市场细分为手段；划分不同的顾客群，识别不同顾客群的特征，实施差别化战略，以满足不同顾客的物流服务要求。
- 以物流功能模块化、标准化为基础。
- 以现代化信息技术和物流技术为支撑，实现对顾客需求的快速、有效、低成本和高质量的物流服务。

4. 加盟连锁物流系统运作模式

加盟连锁物流系统运作模式是借用商业连锁理念发展而来的一种新型物流运作模式，是以网络技术为支撑，以加盟连锁的形式进行物流网络扩张的网络型运作模式。这种模式能够快速集聚人才、资金和客户资源，以速度占领市场，实现物流系统的最终目标。这种模式对规范化要求比较高，强调以整体的身份面对市场和客户，是一种创新型的集成化物流系统运作模式。

本章小结

本章叙述了物流生产系统规划概念；介绍了物料搬运的基本原则和搬运系统分析设计方法；基于精益思想，阐述了物流系统的总体结构和工厂布局；同时介绍了现代物流集成制造系统规划与设计的特征、运作模式等；重点阐述了 SLP 方法在设施布局中的应用。

案例分析

某钢厂机加工车间的物流系统改善

某钢厂机加工车间存在产能不足、产能不匹配、设备利用率低、综合效益难以发挥的状况，试采用系统仿真技术进行产能、价值流、物流分析等，识别出机加工车间的瓶颈，并进行改进。

1. 选择产品

该企业机加工厂生产品品种很多，产量分布不均。因此根据产品的帕累托图选择具有代表性的典型产品，如图5-17所示。

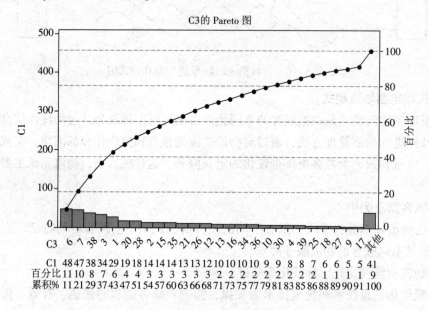

图5-17 产品帕累托图

选择累积频率大于85%的20种典型产品作为仿真分析研究对象。同时根据调研确定产品加工工时。

2. 产品工艺过程

产品主要精加工工艺如图5-18所示。

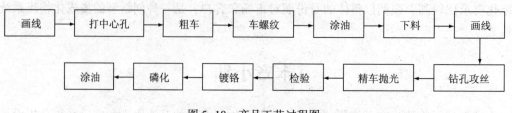

图5-18 产品工艺过程图

3. 仿真模型建立

（1）部分设备建模如图5-19所示。

C61125车床

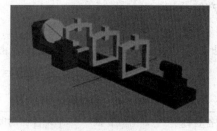
C61125车床仿真模型

镀铬设备

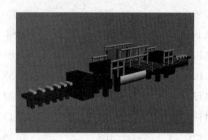
镀铬设备仿真模型

图 5-19　设备建模

（2）设施布局建模，如仿真模型的设施布局平面图如图 5-20 所示，透视图如图 5-21 所示。

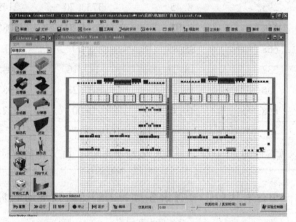

图 5-20　仿真模型的设施布局平面图

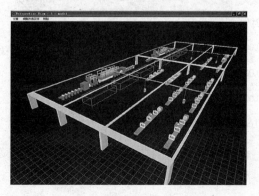

图 5-21　仿真模型的设施布局透视图

4. 产能分析

(1) 年产能计算。若一年工作 355 天, 每天 3 班, 每班 8 小时, 使仿真模型运行 1 年, 得出如表 5-18 的仿真报告。成品库输出即为一年产量, 由仿真报告可知, 在生产正常情况下, 理想年产能 668 根, 折合约 3000 t。

表 5-18 仿真标准报告

设备名称	输出/根	平均停留时间/h	空闲时间/h	处理时间/h	堵塞时间/h
数控管螺纹车床	747	6.08	1681.53	4482.00	61.56
锯床 G4250	748	2.13	4634.61	1120.50	96.47
打中心孔设备	747	1.88	4823.05	1340.50	59.87
车床 C61100_ 1	132	42.61	589.76	5560.89	7.51
车床 C61100_ 2	137	39.58	758.73	5389.21	8.03
车床 C61125_ 1	133	39.77	947.18	5197.10	13.33
车床 C61125_ 2	121	40.17	1383.54	4768.12	12.17
车床 C61125_ 3	108	36.25	2295.10	3862.40	11.66
车床 C61125_ 4	71	35.95	3672.92	2509.00	7.67
车床 C61125_ 5	36	35.43	4949.77	1253.00	4.16
车床 C61125_ 6	8	37.49	5925.16	295.00	0.93
抛光机_ 1	295	8.45	3733.70	2149.00	47.02
抛光机_ 2	451	8.01	2611.54	3088.00	74.18
未镀铬仓库	668	85.83	0.00	0.00	6225.09
镀铬设备_ 1	332	18.37	123.16	6045.54	56.39
镀铬设备_ 2	336	18.17	107.28	5987.70	130.10
成品库	668	0.00	0.00	6225.09	0.00

时间: 1 年 = 300×7×3 = 6300h

仿真时间: 实际时间 = 10000 : 1 (工厂实际运作时间 (h) 比仿真时间 (h))

(2) 设备利用率, 由仿真模型, 可得出各机加工和运输设备的利用率如图 5-22 所示。

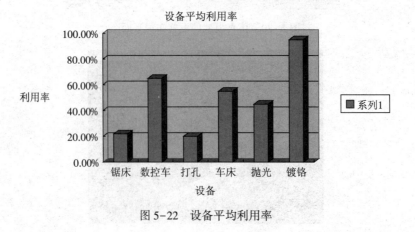

图 5-22 设备平均利用率

(3)设备产能匹配。根据仿真报告,可计算出各设备的年最大产能=年产量/设备利用率,如图5-23所示。

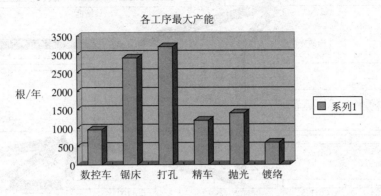

图5-23 设备最大产能

(4)价值流分析。为区分增值和非增值时间,绘制芯棒机加工车间的价值流图,如图5-24所示。

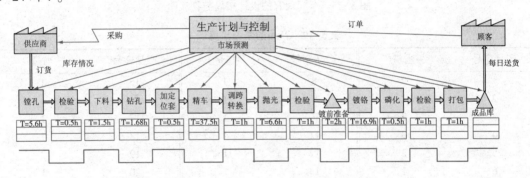

图5-24 价值流图

一件产品从原材料到机加工完成共需155.51h,其中增值时间68.78h,占总时间的44.2%。理想无浪费情况下,一件产品从原材料到机加工完成共需约71.68h(把各工序平均处理时间和等待加工时间相加),其中增值时间68.78h,增值时间占总时间96%,究其原因是镀铬设备产能不足。

5. 现场布局改善

(1)根据已选定的产品和工艺得到现场物流图,如图5-25所示。

(2)物流分析。

①工艺路线、产量及物流当量的确定

根据已选20种典型产品和如图5-18所示产品工艺过程,得出产品的产量(根数),调研所得产品的每根重量(t),可以得出每种产品的物流当量,设每10 t为1物流当量。那么,物流当量=$\dfrac{产量\times 每根重量}{10}$,然后进位取整,得到对应的物流当量。如表5-19所示。

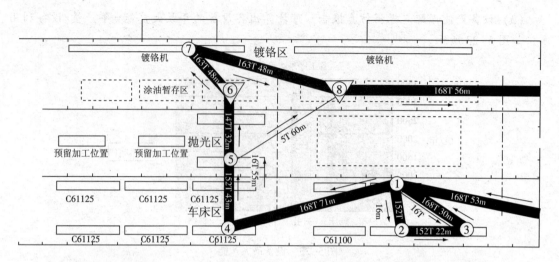

车间的各个功能区：1—打中心孔设备；2—数控管螺纹车床；3—锯床；4—车床；5—抛光机；6—暂存涂油区；7—镀铬机；8—成品暂存区，以下同

图 5-25　车间现有的设计布局与物流图

表 5-19　产品的物流当量表

产品序号	当量	产品序号	当量	产品序号	当量
1	2	8	1	15	1
2	1	9	1	16	1
3	2	10	1	17	1
4	3	11	1	18	1
5	2	12	1	19	2
6	1	13	1	20	1
7	1	14	2		

② 部门面积估算，见表 5-20。

表 5-20　部门面积估算表

功能区	面积/m²	估算面积/m²	功能区	面积/m²	估算面积/m²
1 打中心孔设备	54	70	5 抛光机	144	200
2 数控管螺纹车床	66	80	6 暂存涂油区	475.52	600
3 锯床	54	70	7 镀铬机	896	1 000
4 车床	522	600	8 成品暂存区	475.52	600

注：估算面积是在实际面积的基础上考虑到实际需要而做的近似比例的扩大和取整。

③ 从至表。由表 5-19 和产品工艺路线可以得出按当量物流量计算的物流从至表，见表 5-21。

表 5-21 按当量物流量计算的从至表

从/至	1	2	3	4	5	6	7	8
1	-	23	4	27	0	0	0	0
2	0	-	23	0	0	0	0	0
3	27	0	-	0	0	0	0	0
4	0	0	0	-	23	4	0	0
5	0	0	0	0	-	22	0	1
6	0	0	0	0	0	-	26	0
7	0	0	0	0	0	0	-	26
8	0	0	0	0	0	0	0	-

④各工作区物流强度关系图。根据表 5-21，划定当量物流量等级，见表 5-22，其中 A、E、I、O、U 分别表示相对应的当量物流量区间，并依次降低。

表 5-22 物流强度划分表

A	E	I	O	U
>=21	11~20	4~10	1~3	0

考虑的理由：1. 物流；2. 工艺流程；3. 联系的频繁程度；4. 粉尘、噪声污染

根据表 5-21 和表 5-22 绘制各工作区物流强度关系图，见图 5-26。

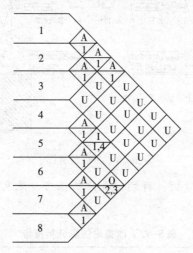

图 5-26 物流强度关系图
1-打中心孔设备；2-数控管螺纹车床；
3-锯床；4-车床；5-抛光机；6-暂存涂油区；7-镀铬机；8-成品暂存区

⑤线性关系图。由图 5-25 和图 5-26 得到机加工新建厂空间关系如图 5-27 所示。

在图 5-27 中，有效面积估算值为 3 220，结合车间面积 13 608m²，可以得到机加工新建厂设计图中的布局图的空间利用率：3220/13608×100%＝23.66%，空间利用率不足 30%。

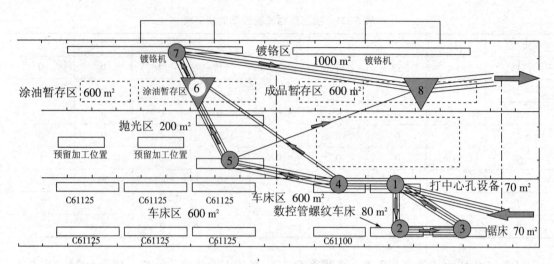

图 5-27 空间关系图

⑥改善建议。针对以上出现问题,增加一台镀铬设备并将布局进行调整,得出改进布局如图 5-28 所示。

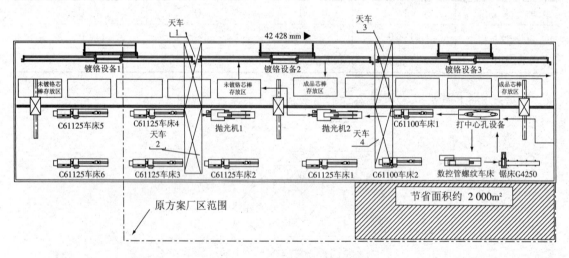

图 5-28 布局改善图

对改善后的方案进行仿真分析,得到仿真分析报告,见表 5-23。改善后的年生产能力为 987 根,约 4 400 t。

表 5-23 改善后仿真分析报告

设备	输出/根	平均停留时间/h
锯床 G4250	991	2.11
车床 C61100_2	145	39.99
数控管螺纹车床	992	6.11
打中心孔设备	992	2.06

续表

设备	输出/根	平均停留时间/h
车床 C61100_ 1	135	43.33
车床 C61125_ 2	135	40.58
车床 C61125_ 1	141	39.84
车床 C61125_ 3	133	38.76
车床 C61125_ 4	126	38.74
车床 C61125_ 5	107	36.68
车床 C61125_ 6	70	38.07
抛光机_ 1	461	8.10
抛光机_ 2	531	8.36
未镀铬芯棒存放区	988	17.99
镀铬设备_ 1	331	18.32
镀铬设备_ 2	322	18.92
镀铬设备_ 3	334	17.89
成品库	987	0.00

对改善后的设备利用率进行分析，将前后进行对比，如图 5-29 所示，可见改善后抛光、车床、数控车床的设备利用率得到显著的提高，打孔设备的利用率也有所增加，生产趋于均衡。

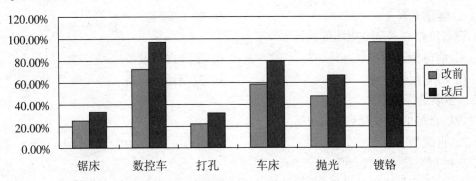

图 5-29　方案改善前后设备利用率对比

改善后方案年产 987 根，主要生产设备的利用率达到 60% 以上，生产趋于均衡，占地面积较原方案缩减 2 000m²，从投资收益比较来看，增加一台设备，而每年产能增幅 47%，可实现快速投资回报率，体现精益设计思想，因此，此物流系统规划方案可。

思考题：1. 企业物流系统分析方法的模式是什么？
　　　　2. 试述物流合理化途径。
　　　　3. 实地参观某企业物流系统，对其进行评价，并提出改进意见。

复习思考题

一、填空题

1. 设施布局规划是通过对系统_____、_____、_____进行分析，对_____、_____、_____、_____和_____做出有机的组合与合理配置，达到系统内部布局最优化。
2. 系统布局规划的五项要素是_____、_____、_____、_____和_____。
3. 作业单元相互关系等级可分为_____、_____、_____、_____和_____。
4. 物料分类的依据是_____、_____、_____。
5. 订单驱动型物流系统必须具备的四要素是：_____、_____、_____、_____。

二、单项选择题

1. （　　）设施布局的基本模式适用于固定面积上安排较长的生产线。
   A. 直线型　　　B. U型　　　C. 环型　　　D. S型
2. 将相似设备或功能集中布局在一个地方的布局形式是（　　）。
   A. 工艺原则布局　　　B. 定位布局
   C. 产品原则布局　　　D. 成组技术布局
3. 定位布局优点不包括（　　）。
   A. 物料移动少　　　B. 当采用班组方式时，可提高作业连续性
   C. 高度柔性　　　D. 生产计划需要加强控制和协调
4. 系统布局规划的第二阶段是（　　）。
   A. 确定位置　　　B. 总体区划
   C. 详细布局　　　D. 施工安装
5. 设备价格高，可变费用低的是（　　）。
   A. 简单搬运设备　　　B. 复杂搬运设备
   C. 简单运输设备　　　D. 复杂运输设备

三、多项选择题

1. 设施布局的基本流动模式包括（　　）。
   A. 直线型　　　B. U型　　　C. 环型　　　D. S型
2. 成组布局技术的优点是（　　）。
   A. 由于产品成组，设备利用率较高　　　B. 有利于发挥班组合作精神
   C. 缩短生产准备时间　　　D. 兼有产品原则布局和工艺原则布局的优点
3. 物料搬运路线系统一般分为（　　）。
   A. 直线型　　　B. 渠道型　　　C. 中心型　　　D. U型
4. 成本费用或财务比较包括（　　）因素。
   A. 投资费用　　　B. 经营费用
   C. 与生产流程的关系及其服务的能力　　　D. 搬运方法的通用性和适应性

5. 六西格玛与精益生产思想共同点包括（　　）。
　　A. 以顾客为中心　　　　　　B. 强调对流程的优化
　　C. 都源于日本丰田公司　　　D. 都采取突破式改进策略

四、判断题

1. 直线形是最简单的流动模式，入口与出口位置相对，建筑只有一跨，外形为长方形，设备沿通道两侧布局。　　　　　　　　　　　　　　　　　　　　　　（　　）
2. 搬运分析的评价分析方法只有成本费用比较。　　　　　　　　　　　　（　　）
3. 简单搬运设备，设备价格便宜，但可变费用高。　　　　　　　　　　　（　　）
4. 协同效应是指若干要素的有效组合、协调共同发挥作用，可以比各个因素的单独作用产生更大的效果。　　　　　　　　　　　　　　　　　　　　　　　　（　　）
5. 拉动式需求是一种逆向的需求模式。　　　　　　　　　　　　　　　　（　　）

五、名词解释

工艺原则布局；定位布局；精益物流系统；集成化物流系统

六、简答题

1. 列出你认为学校布局设计应遵循的主要原则（至少五项）。
2. 工艺原则布局与产品原则布局形式有什么区别？
3. 精益物流系统的结构包括哪些？
4. 简述精益化物流系统特征。
5. SHA 包括哪几个阶段？

七、论述题

请论述现代制造技术对生产物流系统的影响。

八、计算设计题

1. 某企业有7个部门，已经绘制了两个从至表，表5-24表示一般物品的物流量，表5-25表示重要物品的物流量。已确定重要物品的流动的重要性是一般物品流动的一倍，试将两个从至表综合为一个作业相关图。

表 5-24　一般物品从至表

	A	B	C	D	E	F	G
A		36		9	18		
B			9				30
C						18	
D	6						
E			21				
F							18
G							

表 5-25 重要物品从至表

	A	B	C	D	E	F	G
A						6	
B	6			1			4
C		8		3		2	
D	1	2	4			3	
E		2				9	
F			3				
G		3			1		

2. 一条装配线的预定日产量为 360 单位。该装配线每天运行 450min。表 5-26 给出了该产品的作业时间和前接作业。

表 5-26 作业时间和工序

作业	作业时间/s	紧前工序
A	30	—
B	35	A
C	30	A
D	35	B
E	15	C
F	65	C
G	40	E，F
H	25	D，G

(1) 试绘出流程图。
(2) 周期时间是多少？
(3) 后续作业最多规则平衡该装配线。用最长的作业时间作为第二个规则。
做装配线平衡的效率是多少？……

部分复习思考题参考答案

一、填空题

1. 物流　人流　信息　建筑物　机器　设备　运输通道　场地
2. P 产品（或材料或服务）　Q 数量（或产量）　R 生产路线（工艺过程）　S 辅助服务部门　T 时间（或时间安排）
3. A 绝对重要　E 绝对重要　I 重要　O 一般密切程度　U 不重要　X 负的密切程度
4. 物料的可运性　物流条件
5. 集成化物流服务商为中心的决策指挥中心　多个物流活动操作中心　以顾客订单作为物流系统的行动指令和考核标准　现代化物流管理系统的管理平台

二、单项选择题

1. D　　2. A　　3. D　　4. B　　5. D

三、多项选择题

1. ABCD　　2. ABCD　　3. ABC　　4. AB　　5. AB

四、判断题

1. √　　2. ×　　3. √　　4. √　　5. √

第6章

物流配送中心系统布局规划与设计

本章要点

- 物流配送中心的功能与作业区域结构；
- 系统布局规划设计的目标、原则和主要内容；
- 物流配送中心系统布局的主要方法、优化模型；
- 系统布局规划法——SLP法。

 开篇案例

沃尔玛：神奇的配送中心

沃尔玛是全球第一个发射物流通信卫星的企业，很快就超过了美国零售业的龙头——凯玛特和西尔斯，成为全球零售业的"巨无霸"。而这些奇迹的取得，有赖于高速运转的全球物流配送中心。1990年，沃尔玛在全球有14个配送中心，到2001年一共建立了70个配送中心。作为世界500强企业，沃尔玛到现在为止只在几个国家运作，只在它看准有发展潜力的地区经营。沃尔玛在经营方面十分谨慎，在这样的情况下发展到70个，说明它的物流配送中心的组织结构调整做得比较到位。

沃尔玛配送中心设立在100多家零售店的中央位置，也就是配送中心设立在销售主市场。这使得一个配送中心可以满足100多个附近周边城市的销售网点的需求。另外，运输的半径基本上比较短、比较均匀，以320 km为一个商圈建立一个配送中心。

1. 沃尔玛配送中心采用的作业方式

（1）一端为装货月台，另一端为卸货月台。配送中心就是一个大型仓库，但是概念上与仓库有所区别。配送中心的一端是装货月台，另一端是卸货月台，两项作业分开。这种方式看似与装卸在一起的方式没有什么区别，但是运作效率由此提高很多。

（2）交叉配送（Cross Docking, CD）。交叉配送的作业方式非常独特，而且效率极高。进货时直接装车出货，没有入库存储与分拣作业，降低了成本，加速了流通。商品在配送中心停留不超过48小时。沃尔玛要卖的商品有几万个品种，吃、穿、住、用、行各方面都有。

第 6 章 物流配送中心系统布局规划与设计

尤其像食品、快速消费品这些商品的停留时间直接影响到使用。

2. 沃尔玛如何不断完善其配送中心的组织结构

每家店每天送一次货（竞争对手每五天一次）。至少一天送货一次意味着可以减少商店或者零售店里的库存。这就使得零售场地和人力管理成本都大大降低。要达到这样的目标就要通过不断地完善组织结构，使得建立一种运作模式能够满足这样的需求。

截至 2014 年 4 月 30 日，沃尔玛已经在中国 21 个省、自治区、4 个直辖市的约 170 个城市开设了 400 多家商场、7 家配送中心和 9 家鲜食配送中心，说明它的物流配送中心的组织结构调整做得比较到位。

配送成本占其销售额的 2%，是竞争对手的 50%（而对手只有 50% 货物是集中配送）。沃尔玛的配送成本占其销售额的 2%，而一般来说物流成本占整个销售额的 10% 左右，有些食品行业甚至达到 20% 或者 30%。沃尔玛始终如一的思想就是要把最好的东西用最低的价格卖给消费者，这也是它成功的所在。另外竞争对手一般只有 50% 的货物进行集中配送，而沃尔玛百分之九十几是进行集中配送的，只有少数可以从加工厂直接送到店里去，这样成本与对手就相差很多了。

（资料来源：http://cache.baiducontent.com/c？m=9d78d 编选：中国电子商务研究中心）

6.1 物流配送中心系统布局规划设计概述

物流配送中心等设施的系统布局规划设计应遵循一般设施规划设计的理论与方法。设施规划设计理论起源于早期制造业的"工厂设计"研究，最初主要解决操作法工程（Methods Engineering）、工厂布局（Plant Layout）和物料搬运（Material Handling）。在此期间，主要凭设计者个人的主观判断、经验积累或其他定性分析方法开展工厂布局规划。随着研究的深入，运筹学、统计数学、概率论广泛应用到生产建设领域，同时系统工程理论、电子计算机技术也得到普遍应用。工厂设计和物流分析逐渐运用系统工程的概念和系统分析方法，"工厂设计"也逐渐被"设施规划"、"设施设计"所涵盖。管理科学、工程数学、系统分析的应用也为布局规划设计由定性分析转向定量分析创造了条件。

当然，随着应用数学与计算机技术的发展，人们越来越多地利用先进的数学建模或是计算机仿真等技术来解决物流设施系统布局问题。

6.1.1 物流配送中心的功能与作业区域结构布局

1. 物流配送中心的功能概述

1）商品展示与交易功能

商品展示与交易是现代物流配送中心的一个重要功能。在互联网时代，许多直销商通过网站进行营销，并通过物流配送中心完成交易，从而降低经营成本。同时中心也是实物商品展览的场所，可以进行常年展览与定期展览。在日本东京和平岛物流（配送）中心就专门设立了商品展示与贸易大楼。

2）集货转运功能

此功能主要是将分散的、小批量的货物集中起来，全球集中处理与中转，生产型物流中心往往需要从各地采购原材料、零部件，在进入生产组装线之前进行集货处理；同时对产成品集中保管、统一配送。商业型物流中心也需要采购上万种商品进行集货处理，统一配送与补货。而社会公共物流中心则需要实现转运、换载、配载与配送等功能。

3) 储存保管功能

为了满足市场需求的及时性与不确定性，不论是哪一类物流配送中心，或多或少都有一定的安全库存，根据商品的特性及生产闲置时间的不同，安全库存的数量也不同。因此，物流配送中心均具备储存保管功能。在物流配送中心一般都有保管的储放区。

4) 分拣配送功能

物流配送中心的另一重要功能是分拣配送功能。中心根据客户的多品种小批量的需求进行货物分拣配货作业，并以最快的速度送达客户手中或在指定时间内配送到客户。这种分拣配送的效率是物流服务质量的集中体现。

5) 流通加工功能

物流配送中心还会根据客户的需要，进行一些流通加工作业，这些作业包括原材料简单加工、货物分类、大包装拆箱改包装、产品组合包装、商标与标签粘贴作业等。流通加工功能是提升物流配送中心服务品质的重要手段。

6) 信息提供功能

集多种功能于一身的物流配送中心必然是物流信息的集散地，物流配送中心具有信息中心的作用，货物到达、配送、装卸、搬运、储存保管、交易、客户、价格、运输工具及运行时间等各种信息在这里交汇、收集、整理和发布。

2. 物流配送中心的作业区域结构布局

1) 管理指挥区（办公区）

这个区域既可集中于物流中心某一位置，也可分散设置于其他区域中。主要包括营业事务处理场所、内部指挥管理场所、信息处理与发布场所、商品展览展销场所等，其职责是对外负责收集、汇总和发布各种信息，对内负责协调、组织各种活动，指挥调度各种资源，共同完成物流中心的各种功能。

2) 接货区

该区域完成接货及入库前的工作。如接货、卸货、清点、检验、分类等各项准备工作。接货区的主要设备包括进货铁路或公路、装卸货站台、暂存验收检查区域。

3. 储存区

在该工作区域内，存储或分类存储经过检验的货物。进货在该工作区域要有一定时间，并且占据一定的位置。该工作区域和进出的接货区相比，该区域所占面积较大，在许多物流（配送）中心里往往占总面积的一半左右。对于某些特殊物流配送中心（如水泥、煤炭），其面积占总面积的一半以上。

4. 理货、备货区

在该区域内，主要进行货物的分货、拣货、配货作业，目的是为送货做准备。区域面积随物流中心的不同而有较大变化，如对多用户、多品种、少批量、多批次处理的物流配送中心，分货、拣货、配货工作复杂，该区域所占面积很大。而在另一些中心里，该区域面积却较小。

5. 分放、配装区

在这一工作区内，按用户需求，将配好的货暂放暂存等待外运，或根据每一个用户货物状况决定配送方式，然后直接装车或运到发货站台装车。该区域的货物是暂存，时间短，周转快，所占面积相对较小。

6. 发货区

在这个区域内将准备好的货物装入外运车辆发出。该工作区结构与接货区类似，有站台、外运线路等设施。发货区一般位于整个工作区域的末端。

7. 加工区

许多物流配送中心都设有加工区，在该作业区内，进行分装、包装、切裁、下料、混配等各种类型的流通加工。加工区在物流配送中心所占面积较大，但设施设备随加工种类不同有所区别。

除了以上主要工作区外，物流配送中心还包括其他一些附属区域，如停车场、生活区、区内道路等。

6.1.2 规划设计的目标和原则

1. 物流配送中心规划设计的目标

在物流配送中心规划设计时合理地布局各个功能区的位置非常重要，物流配送中心规划设计要达到的目标如下。

（1）有效地利用空间、设备、人员和能源。

（2）最大限度地减少物料搬运。

（3）简化作业流程。

（4）缩短生产周期。

（5）力求投资最低。

（6）为员工提供方便、舒适、安全和卫生的工作环境。

2. 规划设计的原则

为了达到这些目标，在规划设计时应遵循一些基本的原则。

（1）运用系统的观点。运用系统分析的方法，求得整体化，同时也要把定性分析与定量分析结合起来。

（2）以物流的效率作为区域布局的出发点，并贯穿于整个设计过程。

（3）先从整体到局部进行设计，再从局部到整体实现。布局规划总是先进行总体布局，再进行详细设计；而详细设计的方案要回到总体布局方案中去评价，并加以改进。

（4）减少和消除不必要的作业流程，这是提高生产效率和减少消耗的最有效的方法之一。

（5）重视人的因素，以人为本。作业地点的规划，实际是人机环境的综合，要注意中心周围的绿化建设，以营造一个良好、舒适的工作环境。

（6）对土地使用进行合理规划，注重保护环境和经营安全。土地的使用要根据明确的功能加以区分，货物存储区域应按照无污染、轻度污染和重度污染分开。还要根据实际需要和货物吞吐能力，合理地规划设计各功能区的占地情况，同时还要考虑防洪排泄、防火因素对规划设计的指标要求。

6.1.3 规划设计的主要内容

物流配送中心规划设计，根据规划设计的目标和原则，可包括物流作业区布局、辅助作业区布局和建筑外围区域布局。

1. 物流作业区域的布局

以物流作业为主，仅考虑物流相关作业区域的配置形式，由于物流配送中心内的基本作业形态大部分为流程式作业，不同订单具有相同的作业程序，因此适合以生产线式的布局方法进行配置规划。若是订单种类、货物特性或提炼方法有很大的差别，则可以考虑将物流作业区域分为多个不同形态的作业线，以区分处理订单内容，再经由集货作业予以合并，如此可有效率地处理不同性质的物流作业，这有些类似于传统制造业工厂中的成组布局。

2. 辅助作业区域的布局

除了物流作业以外，物流配送中心还包括一些行政管理、信息服务等内容的辅助作业区域，这些区域与物流作业区域之间无直接流程性的关系，因此适合以关系型的布局模式作为区域布局的规划方法。这种配置模式有两种参考方法。

（1）可视物流作业区域为一个整体性的活动区域，分析各辅助作业区域与物流作业区域之间的相关活动的紧密关系，来决定各区域之间相邻与否的程度。

（2）将各物流作业区域分别独立出来，与各辅助作业区域一起综合分析其活动的相关性，来决定各区域的配置。

采用第一种方法较为普遍，也较为简便，可以减少相关分析阶段各区域间的复杂度，但也会增加配置空间的限制。因此在规划时，要配合规划人员的一些经验判断，作适当的人工调整。

3. 建筑外围区域的布局

除了各作业区域的布局规划外，还需对建筑外围的相关区域进行布局。如内部通道，对外出入大门及外围道路形式等，在进行建筑外围区域布局时特别需要注意未来可能的扩充方向及经营规模变动等因素，以保留适当的变动弹性。

在一般情况下，整个区域布局规划是按上诉顺序进行的，如果在实际道路形式、大门位置等条件已有初步方案或已确定的情况下，则需要先规划建筑外围区域的布局形式，再进行物流作业区域与辅助作业区域的规划，这样可以减少不必要的修正调整工作，以适应实际的地理空间限制。

6.2 物流配送中心系统布局规划方法

6.2.1 物流配送中心系统布局规划主要方法

物流配送中心系统布局的方法总结起来可以分为以下几类。

1. 摆样法

这是一种最早的布局方法。利用二维平面比例模拟方法，按一定比例制成的样片在同一比例的平面图上表示设施的组成、设施、设备或活动，通过相互关系分析，调整样品位置可得到较好的布局方案。这种方法适用于简单的布局规划，对复杂的系统就不能十分准确，而且花费的时间较多。

2. 图解法

该方法产生于 20 世纪 50 年代，有螺线规划法、简化布局规划法及运输行程图等。其优点在于将摆样法与数学模型结合起来，但现在应用较少。

3. 系统布局规划法——SLP 法

SLP 是最具代表性的布局方法，它是工厂布局规划，从定性阶段发展到定量阶段，以大量的图表分析和图形模型为手段，把量的概念引入设计分析的全过程，通过引入量化的关系密级的概念，建立各作业单元之间的物流相关关系与非物流作业单元相关关系图标，从而构成布局规划模型，是当前布局规划的主流方法。

4. 数学模型法

把物流系统抽象为一种数学表达式，通过求解数学表达式找到最优解，运用运筹学、系统工程中的模拟优化技术研究最优布局方案，用数学模型提高系统布局的精确性和效率，常用的运筹学方法有最短路法、最小费用最大流法、线性规划、随机规划、多目标规划、模糊评价法等。

但是数学模型的求解往往很困难，可以利用计算机的强大功能，帮助人们解决设施布局的复杂任务。计算机辅助求解的布局方法有很多，根据算法可分为两大类。

（1）构建法。这类方法根据 SLP 理论由物流、非物流信息出发，逐一设施进行选择和放置决策，从无到有，生成比较好的（可能是最优的）平面布局图，如：CORELAP、ALDEP。

（2）改进算法。对初始布局方案进行改进，交代待布局部门的位置，通过对布局对象间有规律的交换，保留新的优化方案，寻找一个成本最小的布局方案。如：CRAFT、MultiPLE。

近十几年来，人工智能技术（AI）的发展为平面布局提供了功能强大的算法。由于平面布局是典型的 NP（Nondeterministic Polynomial）问题，人工智能技术成为在有效时间内寻找满意解的可行算法。它们应用快速并行处理，可以同时得到多个解，丰富了被选方案；并且它们允许代价更高的解出现，从而可以跳出局部最优点，解决对初始解敏感的问题。

6.2.2 优化问题

设施内部平面布局问题是一种组合优化问题。数学模型的变量是各个工作区在空间中的位置组成的向量，约束条件是各个工作区在空间中的位置约束，而根据实际需要，可以是单一的，也可以是多个的，大多数设施内部平面布局问题都是以工作区间物料搬运费用最小为目标。因此，物流配送中心的系统布局优化问题的数学模型可以抽象为如下形式。

$$\min f = \sum_{i,j} \sum_{k,m} c d_{ij} l_{km} x_{ik} x_{jm} + \sum_{i,k} F_{ik} x_{ik} \tag{6-1}$$

$$\text{s.t.} \quad \sum_{k} x_{ik} = 1, \quad i = 1, 2, \cdots, n \tag{6-2}$$

$$\sum_{i} x_{ik} = 1, \quad k = 1, 2, \cdots, n \tag{6-3}$$

$$x \in \{1, 2\}$$

式中：c——单位物流量移动单位距离的费用；

d_{ij}——第 i 个工作区与第 j 个工作区之间的物流量；

l_{km}——第 k 个位置与第 m 个位置间的距离;

F_{ik}——第 i 个工作区布局在第 k 个位置所需的固定费用;

x_{ik}——0-1 决策变量,1 表示第 i 个工作区布局在第 k 个位置上。

式(6-1)为目标函数,式(6-2)表示一个工作区只能布局在一个位置上,式(6-3)表明一个位置只能被一个工作区布局。这是一个非线性整数规划模型。

6.3 物流配送中心 SLP 法规划

6.3.1 物流配送中心 SLP 法基本要素分析

在 SLP 法中,缪瑟最初是以工厂布局问题为依据和出发点的,故把产品 P、数量 Q、生产路线 R、辅助部门 S 和时间安排 T 作为五个基本要素。这五项基本要素是设施规划时不可缺少的基础资料。而在物流配送中心布局规划中,可以把这些要素的概念适当修正为:物流对象 P、物流量 Q、物流作业路线 R、辅助部门 S 和作业时间安排 T。其中物流对象 P、物流量 Q、物流作业路线 R 是重点分析的对象。

1. 物流对象

在物流配送中心规划中,物流对象 P(Product)是进出物流配送中心的货物,不同的物流对象对整个物流作业路线的设计、设施装备、存储条件都有不同的要求,一定程度上决定了布局规划的不同。因此,需要对货物进行分类,物品特征分析结果是货物分类的重要参考因素,如按储存保管特征可分为干货区、冷冻区及冷藏区,按货物重量可分为重物区、轻物区等。因此,在进行物流配送中心规划时首先需要对货物进行物品特征分析,以归划分不同的储存和作业区域及作业线路。

2. 物流量

在物流配送中心规划中,物流量 Q(Quantity)是指各类货物在物流配送中心里的物流作业量。物流量不仅直接决定着装卸、搬运等物流成本,一定程度上也影响着物流设施的规模、设施数量、建筑物面积、运输量等。但是物流量的确定比较麻烦,为了准确地测定物流配送中心的物流量,需要收集每一类货物出入中心的数量及各作业单元之间的流量变化。在收集过程中必须考虑物流配送中心各个作业单元的基本储运单位,一般物流配送中心的储运单位包括 P(托盘)、C(箱子)和 B(单品),而不同的储运单位,其配备的储运和搬运设备也不同,所需要的空间也有区别。因此掌握物流量的同时,掌握储运单位转换也相当重要,需要将这些包装单位(P、C、B)纳入分析范围,即所谓的 PCB 分析。

在考虑实际的物流量的同时,还要对未来货物量变动趋势有一定的预见性,对未来的流量进行预测。

3. 物流作业路线

物流作业路线 R(Route)是指各物流对象在各作业单元之间的移动路线。作业路线既反映物流配送中心的各作业单元的物流作业流程,也反映各个功能区之间的联系,是后面物流相关分析的依据。SLP 设计的原则就是使物流作业路线简捷顺直,减少不必要的搬运,并试图使下列因素降到最低:①移动距离;②返回次数;③交叉运输;④费用。而物流作业路线的确定往往受物流配送中心的运作模式和管理模式等的影响。

物流配送中心各作业单元的物流作业路线类型及描述如表6-1所示。

表6-1 作业单元的物流作业路线类型

项次	作业单元间的物流路线类型	图示	描述
1	直线型		适用于出入口在作业区域两侧、作业流程简单、规划较小的物流作业，无论订单大小与配货品种多少，均需通过作业区域全程
2	双直线型		适用于出入口在作业区域两侧、作业流程相似，但是有两种不同进出货形态或作业需求的物流作业
3	锯齿型或S型		适用于较长的流程，需要多排并列的作业区
4	U型		适用于出入口在作业区域的同侧的作业，可依出入货频率大小安排接近进出口端的储区，以缩短拣货搬运路线
5	分流型		适用于批量拣取后进行分流配送的作业
6	集中型		适用于因储存区特点将订单分割在不同区域拣取后进行集货的作业

4. 辅助部门

辅助部门S（Subsidiary）在工厂中，指保证生产正常运行的辅助服务性活动、设施及服务的人员，包括道路、生活设施、消防设施、照明、采暖通风、办公室、生产管理、质量控制及废物处理等；它是生产的支持系统，从某种意义上来说对生产系统的正常运行起着举足轻重的作用。

5. 作业时间安排

在工厂中，作业时间安排T（Time）是指时间或时间安排，指在什么时候、用多长的时间生产出产品，包括作业、工序、流动、周转等标准时间。这些因素决定着设备的数量、需要的面积和人员、工序的平衡安排等。

6.3.2 物流配送中心 SLP 法规划步骤

1. 物流分析

物流分析主要是确定物流对象在物流作业过程中每个作业单元之间移动的最有效顺序及移动的强度和数量。物流分析是物流配送中心布局规划的核心工作。物流分析通过对基础数据相互之间的依赖关系的分析,为后续的布局规划提供参考,物流分析方法通常由物流对象 P 和物流量 Q 的性质决定,不同的运作类型,应采用不同的分析方法。

1) 物流作业过程图

对于物流量 Q 很大而物流对象 P 的种类或品种比较少的物流系统,采用标准符号绘制物流作业过程图,在作业过程中注明各作业单元之间的物流量,可以直观地反映物流配送中心的作业情况。因此,只要物流对象比较单一,无论物流配送中心规模大小,都适合用物流作业过程图来进行物流分析。

2) 从至表(物流流向流量表)

当物流对象 P 种类很多,物流量 Q 也比较大时,用从至表研究物流状态是比较方便的。通常用一张方阵表来表示各物流作业单元之间的物流方向和物流量。方阵表中的行表示物流作业单元之间物流的源头,而列表示物流的目的地,行列交叉点表示从源头到目的地的物流量。如表 6-2 所示。

表 6-2 物流从至表

从/至	作业单元 1	作业单元 2	…	作业单元 n
作业单元 1				
作业单元 2				
⋮				
作业单元 n				

3) 成组分析法

当物流对象的品种较多,而物流量的规模较小时,可以将作业流程相似的物流对象进行分组归类,根据每一组物流对象及其对应的物流量画出从至表。

物流分析是物流配送中心规划的重要依据,但有时还存在一些非物流关系,这些非物流关系可能对物流运作产生重大影响,是必须要重视的。

2. 作业单元相关性分析

在物流配送中心内还存在一些管理或辅助性的功能区域,这些区域尽管本身没有物流活动,但却与作业区有密切业务关系,而这些非物流的业务关系必须通过作业单元相关性分析来反映。不同的是,物流分析的基础是物流对象 P、物流量 Q、物流路线 R,而作业单元关系分析是以物流对象 P、物流量 Q 和辅助部门 S 为基础的。

而评价作业单元相互关系主要考虑以下几个方面。

(1) 程序性关系。因物料流、信息流而建立的关系。

(2) 组织与管理上的关系。部门组织上形成的关系。

(3) 功能上的关系。区域间因功能需要而形成的关系。

(4) 环境上的关系。因操作环境、安全考虑需保持的关系。

根据相关因素，可以对任何两个区域的相关性进行评价。评价相关紧密性程度的参考因素主要包括人员往返接触的程度、文件往返频度、组织与管理关系、使用共享设备与否、使用相同空间区域与否、物料搬运次数、配合业务流程的顺利情况、是否进行类似性质的活动、作业安全上的考虑、工作环境改善、提高工作效率及人员作业区域的分布等内容。工作区之间的关系密切程度可划分为 A、E、I、O、U、X 六个等级，其含义及表示方法如表 6-3 所示。根据 Heragu 的建议，一般来说，一个布局内 A、E、I 级的关系，不超过 10%～30%，其余为一般关系（O、U 级），X 的关系需视具体情况而定。

表 6-3 作业单元相互关系等级及表示方法等级表

符号	含义	色彩	线型	占有比例/%
A	绝对重要（Absolutely Important）	红色	4 条平行线	2～5
E	特别重要（Especially Important）	橙色或黄色	3 条平行线	3～10
I	重要（Important）	绿色	2 条平行线	5～15
O	一般（Common）	蓝色	1 条平行线	10～25
U	不重要（Unimportant）	无色	无	25～60
X	禁止（Forbidden）	褐色	折线	待定

为了简明地表示所有作业单元之间的物流关系，采用作业单元相互关系图来描述，即在行与列交叉的菱形框中填入相关的作业单元之间的物流强度等级，来反映所有的物流关系，如图 6-1 所示。在绘制作业单元相互关系图时，也可将确定各作业单元之间的物流关系等级的所有理由列成编码表，根据编码表，将关系等级与确定该等级的理由一同填入行与列交叉的菱形框中。

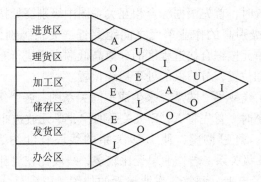

图 6-1 作业单元相互关系图

3. 作业单元综合相互关系分析

物流配送中心系统布局规划中，各作业单元之间既有物流联系又有非物流联系。在 SLP 法中，要将作业单元之间的物流关系和非物流关系进行合并，求出综合相互关系，然后由这个综合相互关系出发，实现各作业单元的合理布局，综合过程按以下步骤进行。

(1) 确定物流关系与非物流关系的相对重要性。一般来说，物流与非物流之间的比重应介于1：3至3：1之间。在实际布局中，一般相对重要性的比值 $m:n$ 取 3：1，2：1，1：1，1：2，1：3 几个值。

(2) 将关系密切程度等级量化。一般取 A=4，E=3，I=2，O=1，U=0，X=-1。

(3) 计算两个作业单元之间综合相互关系的量化值。设两作业单元为 i, j，其综合相互关系的值为 TR_{ij}，物流关系的量化值为 LR_{ij}，非物流关系密切程度的量化值为 NR_{ij}，则 $TR_{ij} = m \times LR_{ij} + n \times NR_{ij}$。

(4) 综合相互关系等级划分。对 TR_{ij} 进行等级划分，建立作业单元综合相互关系图。根据递减的 TR_{ij} 值再将关系等级划分为 A、E、I、O、U、X 六个等级。划分等级的比例如表6-4所示。

表6-4 综合相互关系表及比例

符号	含义	所占比例/%
A	绝对重要	1~3
E	特别重要	2~5
I	重要	3~8
O	一般	5~15
U	不重要	20~85
X	禁止	

在对物流与非物流相互关系进行合并时，任何一级物流相互关系与 X 级非物流相互关系等级合并后的等级不应该超过 O 级，对于某些极不希望靠近的作业单元可以设为 XX 级，表示绝对不能相互靠近。

(5) 结果调整，建立综合相互关系图，其形式与图6-1中作业单元相互关系图一致。

4. 作业单元位置和空间关系图确定

在布局规划确定位置时，首先根据综合相互关系图中级别高低按顺序先后确定不同级别作业单元的位置，关系级别高的作业单元之间距离近，关系级别低的作业单元之间距离远，而同一级别的作业单元按综合接近程度的分值高低顺序来进行布局。作业单元综合接近程度分值高的应处于中间位置，分值低的处于边缘位置。

在SLP法中，采用了线型图"试错"来生成空间关系图，各个级别的线型表示如表6-2所示。在绘制线型布局图时，首先将 A、E 级关系的作业单元放进布局图中，同级别的关系用相同长度的线段表示。经过调整，使 E 级关系的线段长度约为 A 级关系的两倍。随后，按同样的规则布局 I 级关系。若作业单元比较多，线段比较混乱，则可不必画出 O 级关系，但 X 级关系必须表示出来。调整各作业单元的位置，以满足关系的亲疏程度。根据图6-1中的关系等级可生成初步线型图，如图6-2所示。

作业单元空间形状的确定是和物流配送中心的平面形状和建筑空间几何形状结合起来的。各作业单元的占地面积由设备占地面积、物流模式、人员活动场地等因素所决定，将各个作业单元的面积加入到布局图中，生成空间关系布局图。

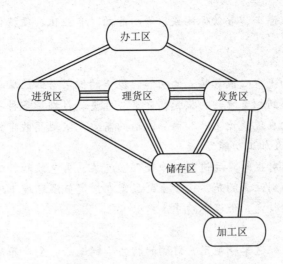

图 6-2　空间关系布局图

SLP 法中直接生成的空间关系图只能代表理想情况下的布局方案。在实际规划中，还需要考虑场址条件和周围情况、建筑特征、容积率，绿地与环境保护空间的比例及限制、人员需要、搬运方法、资金等实际限制条件，以及各种修改意见，通过调整修正得到多种可行的布局方案。

5. 方案评价与选择

对调整修正得到的多个可行的布局方案进行综合评价，在综合评价的基础上，最后选择一个最优的布局优化方案，绘制布局优化图，完成物流配送中心系统布局的规划与设计。

本章小结

物流配送中心系统布局方法主要包括摆样法、图解法、数学模型法、系统布局规划法（SLP 法）等。

运用系统布局规划法（SLP）进行物流中心规划，主要包括六个步骤：①进行资料分析，确定各作业单元物流从至表；②绘制物流作业单元相互关系图；③确定作业单元非物流相关关系表；④确定作业单元综合关系计算表；⑤绘制作业单元位置线型图；⑥结合物流中心占地面积限制、各作业区面积要求、各类物流对象的业务特征和实际建设情况等制约条件，生成布局优化方案，绘制布局优化图。

 **案例分析**

冷链物流中心的布局及功能区划

1. 冷链物流中心的功能分析

现代冷链物流中心不应仅局限于利用冷库进行低温仓储这样单一的物流业务，而是应具备集低温仓储、预处理与包装加工、分拨配送、产品展示交易、办公综合管理及信息处理、车辆调度管理及维护、停车、餐饮休闲娱乐等功能的、专业化、便捷化的物流服务站。各项功能逐一说明如下。

1）低温仓储功能

低温仓储是冷链物流中心最具特点的功能。现今的低温仓储已从单纯地利用冷库进行生鲜品的储存保管，发展到担负货物的接受、分类、计量、存档等多种功能。应能满足生鲜品低温储存的要求，能适应现代化生产和商品流通的需要，实现高效率物流作业需要。

2）预处理、包装及加工功能

该功能主要作用是对生鲜产品进行预冷处理、包装、再包装和加工，这是冷链物流中心的特色功能之一。需特别注意的是，由于生鲜品需在恒定低温环境下进行物流作业，因此该项功能的实施也应处于特定、低温环境中。

3）分拨配送功能

分拨配送是指利用配送车辆把用户订购的物品从制造厂、生产基地、批发商、经销商或物流中心，送到用户手中的工作。进行配送规划主要应注意以下工作。

（1）根据用户分布情况确定基本配送区域的划分，根据订单货品特性进行配送批次的决定，根据各用户的交货时间配送暂定先后次序。

（2）根据各用户的订货量、体积、重量和车辆的可调派状况、最大载重量限制、用户点卸货特性及运送成本来进行车辆的安排。

（3）根据交通状况、用户点位置及运送时间的限制来进行路径顺序的安排。

（4）根据货物的运输温度、性态、形状、容积、重量最终决定车辆的装载方式。

4）展示交易功能

该功能主要进行展销与配送信息的发布，生鲜产品的展示，客户信息的收集、处理等工作，为全国众多农产品、生鲜水产品、果蔬生产商、速冻食品生产、加工企业及冷链物流企业提供设立办事处服务，为它们提供良好的办公环境、一流的商务服务平台；为生产、经销企业提供设施完善的商品立体化、多元化展示销售服务。

借助于展示交易，低温物流中心将为各大农产品、生鲜水产品、果蔬生产商、速冻食品生产、加工企业提供多元化的展示交易平台及全程周到的物流服务，而农产品、生鲜水产品、果蔬生产商、速冻食品生产、加工企业也能在良好的基础上进行市场交流和客户拓展，双方都能得到良好的经济效益。

5）办公综合管理功能

办公综合管理是冷链物流中心的信息、管理与办公中枢，主要为政府物流领导部门及物流中心内各进驻企业提供办公场所，信息管理同时为货运和货代公司提供物流信息服务。主要实现以下四个方面的服务。

（1）为物流中心管理机构提供舒适、方便、快捷、高层次的办公环境。

（2）为入驻低温物流中心的企业提供办公场所及便捷的商务服务。

（3）构建物流信息平台，为货运和货代公司提供完善的信息服务。

（4）建立现代化的监控中心，对物流中心进行监控。

该功能主要实现采购与供应信息的汇集，采购商与供应商交易的促成，订单的获取、分发、传递及分析，运输、仓储、配送等各项作业过程的信息管理，以及电子商务平台的交易与处理。办公综合管理对整个物流中心的运营情况有掌握和控制的作用，其职责主要是处理配送基地的日常物流活动事务、提供汽配与整车的公用物流信息平台和物流交易平台；管理整个物流中心的运作情况。结算中心和物流信息管理中心专门负责配送基地的交易金额的金融结算和公司内外信息的沟通，另外为国家工商、税务、银行等提供一定的商务环境。

6) 车辆调度管理及维护功能

车辆调度的职能是对物流中心的低温运输作业车辆进行安排和调配，在需要的时间按照客户的需求将货物送到目的地，同时还考虑到各个作业环节在车辆的使用上进行合理的分配，完成高峰作业期对运输车辆的分配和调节。车辆维护主要用于对配送车辆的日常维护的修理作业，为进入物流中心的车辆提供维修、清洁、保养及提供汽车配套零部件等服务。因为进入物流中心的大多是一些长途运输的货车，长距离的行驶容易使车辆超负荷运行，另外，低温运输车辆在技术上更需要经常维护以保证运输温度的恒定。通过汽车配套维修服务中心的服务功能，保证了车辆的正常运行，防患于未然，解除了驾驶员的后顾之忧，提高了运输效率和质量。

7) 停车功能

冷链物流中心内部的停车功能主要指以下几方面。

(1) 为在冷链物流中心进行作业的低温货运车辆提供停放场所。

(2) 根据冷链物流中心作业与管理需要制订车辆调度计划。

(3) 为冷链物流中心的低温货运车辆进行检查、保养等提供了场所。

(4) 由于业务和交流的需要，为外来车辆提供停放场所。

8) 餐饮休闲娱乐

该功能主要为在冷链物流中心内部进行交易的人员、工作人员、运输司机及外来人员提供包括餐饮、休闲娱乐等方面的服务。一个物流中心的运作，得益于管理工作的高效组织。现代冷链物流中心的建设和规划，不仅要设计物流作业的区域，同时也要为中心内所进驻的企业及企业的员工提供良好的生活、娱乐、休闲条件。主要提供商务洽谈的服务设施，以及为车辆驾驶员提供食宿服务，为驾驶员解除旅途疲劳，恢复精力创造条件，为中心内的员工与车辆驾驶员提供餐饮和娱乐服务，这对于缓解人们工作压力，补充体力，更高效率地投入工作具有重要作用。

以上是现代冷链物流中心应具备的功能，在实际规划建设中，不同功能类型的低温物流中心内部的功能侧重也有所不同，如仓储型的冷链物流中心一般位于大型生鲜品生产基地附近，其功能应偏向于生鲜品的预冷处理、包装及储藏，而流通型、配送型的冷链物流中心多位于城市近郊，其功能应偏向于对城市大型超市、市场及便利店进行配送服务。在实际规划项目中，应根据情况对冷链物流中心的功能进行调整与设置。

2. 冷链物流中心的功能区设置

冷链物流中心内部分为物流作业区域和辅助性区域两大部分，其中物流作业区域有低温仓储区（其中根据储藏温度的差别与冷藏方式的差别细分为冷冻仓储区、冷藏仓储区、气调仓储区）、预处理加工包装区、分拨配送区、展示交易区和办公综合管理区；辅助性区域有车辆调度管理及维护区、停车区、生活综合服务区、道路、绿地等。如表6-5所示。

表 6-5　低温物流中心功能区设置

分类	名称
物流作业区域	低温仓储区
	预处理加工包装区
	分拨配送区
	展示交易区
	办公综合管理区
辅助性区域	车辆调度管理及维护区
	停车区
	生活综合服务区
	道路
	绿地

3. 冷链物流中心的功能区布局

1）布局的原则

规划建设冷链物流中心是为实现现代化的冷链物流提供物流作业场地。中心规划的合理与否，直接决定了冷链物流是否便捷、高效、节约、畅通。冷链物流中心，需要在布局时遵循一定的原则。

（1）冷链物流中心功能分区须明确、合理、得当，布局紧凑，节约用地、设备、空间、能源和人力资源。

（2）设施的规划及布局应该留有发展的空间和适应于变化的规划。如发达国家有些工业厂房都是组合式的，设备安装也有利于变动和调整。

（3）与外界保持良好的交通和运输联系，出入口和内部道路符合客流与车流的集散要求，各运动流线保持顺畅、快捷。

（4）最大限度地减少物料搬运，简化作业过程。以最少的运输与搬运量，使货物的流动以最快的速度到达用户的手中，并满足客户的要求。

（5）建筑物布置应不破坏当地整体景观，与周边环境相协调。

（6）使彼此之间货物流量大的设施布置得近一些，而物流量小的设施与设备可布置得远一些。同时尽量避免货物运输的迂回和倒流，迂回和倒流现象会严重影响低温物流中心的整体效率与效益，甚至会影响低温物流中心货物的流畅和环境。因此必须将迂回和倒流减少到最低程度，使整个低温物流中心的设施布局达到整体最优。

2）布局的方法

布局是系统规划的重要一环，它既受到系统其他设计环节的影响，也对系统的其他设计环节产生影响。从过去到现在，国内外应用的方法主要有以下几种。

（1）摆样法。它是最早的布局方法。利用二维平面比例模拟方法，按一定比例制成的样片在同一比例的平面图上表示设施系统的组成、设施、机器或活动，通过对关系的分析，调整样片的位置可得到较好的布置方案。这种方法适用于较简单的布局规划，对于复杂的系统，该法就不能十分准确，而且花费时间多。

（2）数学模型法。运用运筹学、系统工程中的模型优化技术研究最优布局方案，为工业工程师提供数学模型，以提高系统布置的精确性和效率。但是用数学模型解决布局问题存在两大困难。首先，当问题的条件过于复杂时，简化的数学模型很难得出符合实际要求的准确结果；其次，布局规划最终希望得到布局图，但用数学模型得不到。

（3）图解法。它产生于20世纪50年代，有螺线规划法、简化布置规划法及运输行程图等。其优点在于将摆样法与数学模型结合起来，但在实践中较少应用。

（4）系统布局规划法（SLP）本来是用在工厂系统布置设计中，是把产品、产量、生产路线、辅助服务部门及生产时间安排作为布置设计工作的基本出发点来看待的一种布局方法。

SLP法是当前布局规划的主流方法，考虑到工厂布局和物流中心布局的相似性，选择SLP法作为冷链物流中心平面布局的方法。首先分析物料流程与作业单元的相关关系，得到作业单元相关关系图，再通过对冷链物流中心客流、车流进行分析，对建筑物、运输通道和场地做出有机的组合与合理配置，达到系统内部布局的最优化。操作程序如图6-3所示。

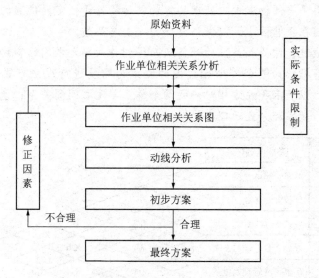

图6-3　SLP设计程序模式图

3）功能区布局

（1）作业单元相关关系分析。在功能区布局中，各个区域除了通过物流联系外，还有人际、工作事务、行政事务等活动，对于这类布局的基本出发点是人员联系、信息联系、生产管理方便、服务对象便利、客流合理、生产环境对人员影响小、社会联系方便等。这种联系都可以表示为各种单元之间的联系。通过单元之间活动的频繁程度可以说明单元之间关系是密切或者疏远。再根据单元之间关系的密切程度来布置设施设备。采用密切程度代码来反映不同单元之间的密切关系。密切程度代码如表6-6所示。

表 6-6 密切程度代码

密切程序代码	A	E	I	O	U	X
实际含义	绝对很必要	特别重要	重要	一般	不重要	不要靠近
所占比例/%	2%~5%	3%~10%	5%~15%	10%~20%	45%~80%	不希望接近

还要用一种理由代码来说明达到此种密切程度的理由,如表6-7所示。

表 6-7 密切程度理由代码

理由代码	1	2	3	4	5	6
理由	同一性质	物流	服务	方便	联系	噪声粉尘

对冷链物流中心内部平面布局来说,低温仓储区、预处理加工包装区、分拨配送区、展示交易区、办公综合管理区、车辆调度管理及维护区、生活综合服务区和停车区是主要的功能区块。需要特别说明的是,在常温物流中心中,也有将加工区单独划分为一块物流作业场地的规划方式,但由于冷链物流中心处理的货物需始终处于恒定、低温的环境下,因此将预处理加工包装区规划在仓储区中,以保证货物的安全与品质。

对以上作业区域进行作业相关性的分析从而得到作业单元之间的密切程度,作为物流中心布局规划的理论基础。如图6-4所示,图的左方为需要进行设施布置的各作业单元;图中右上方的每个菱形框表示和左方相对应的两个作业单元之间的关系;菱形框中的字母部分表示密切程度代码,数字部分表示理由代码。

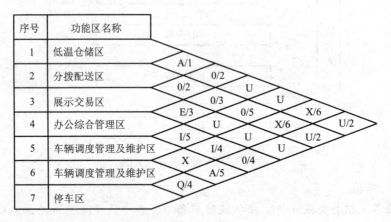

图 6-4 作业单元相互关系表

根据上述作业单元相互关系表,画出作业单元间的关系连线图,如图6-5所示。该图比较直观地反映出各作业单元之间的关系密切程度,作业单元间连线越粗表示关系越密切,反之不密切。该图是进行物流中心初步布置的依据。

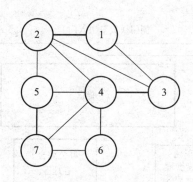

图 6-5 作业单元关系连线图

根据各功能区间的关系连线图,考虑到相关作业单元的要求,结合规划布局的原则等,以一定比例关系初步规划出块状区面积相互关系图,如图 6-6 所示。

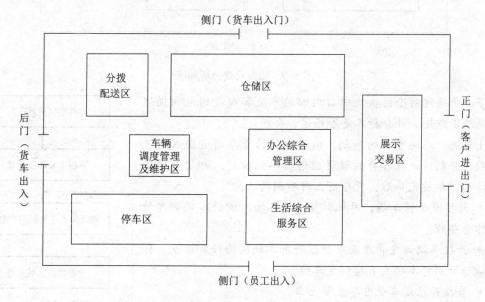

图 6-6 初步布置方案图

(2)动线分析。冷链物流中心的平面布局要保证其内部物流流程的连续性,为此应将所有的建筑物、道路、功能区域按物流流程进行联系和组合,应尽量避免作业线的交叉和迂回。

具体地说,就是要满足低温物流作业要求和内部交通便利。在对冷链物流中心进行平面布局时,应尽量避免各种动线互相交叉干扰,保证分区明确;动线要力求简捷、明确、通畅、不迂回,尽量缩短流动距离;尽量避免车流、人流混杂拥挤。最后根据物流动线及作业流程,配置各区域的位置。如图 6-7 所示。

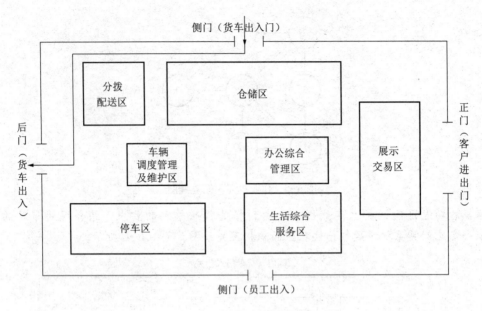

图 6-7 物流动线分析程序

下面将通过对冷链物流中心内部的车流和人流的流向描述绘制动线示意图,并分析其是否畅通、合理。

① 车流。运送货物的车辆,通过专门的货车通道进入物流中心后,分别停放在各自的储区前进行单证核对、卸货与货物检查活动,卸货完毕后,货车有三种不同的去向。

- 开往货车停车场,司机到货车停车场附近的车辆调度管理区休息整理。
- 开往车辆调度管理及维护区进行车辆的检修、清洗、保养等活动后到停车场或直接到发车位。
- 直接开往发车位准备装货上车。

货车流程如图 6-8 所示。

根据货车的运输流程,画出物流中心货车动线。如图 6-9 所示。

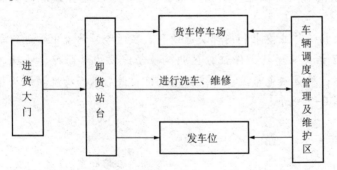

图 6-9 货车动线示意图

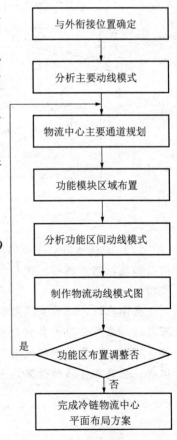

图 6-8 货车流程图

客户车辆从冷链物流中心正门进入，在停车场停车。顾客下车在商品展示交易区进行订货、购物等商贸活动，在办公综合管理区资讯信息、办理相关手续等，在生活综合服务区休息，最后到达停车区取车，从正门离开冷链物流中心。如图6-10所示。

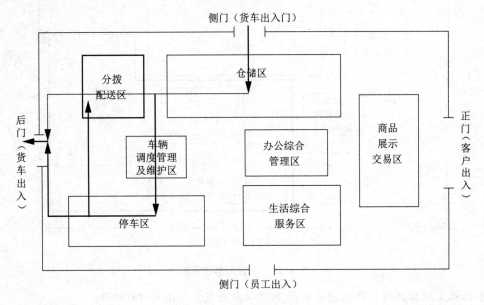

图 6-10　客车流程图

根据客车流程，得到客车在物流中心内动线，如图6-11所示。

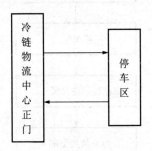

图 6-11　客车动线示意图

批发顾客开车至冷链物流中心，将车辆停放于停车场，进入商品展示交易中心选购货物，下单后到办公楼批发部办理提货手续并办理付款。结束后到停车场取车离开冷链物流中心。

② 人流。批发顾客流程如图 6-12 所示。

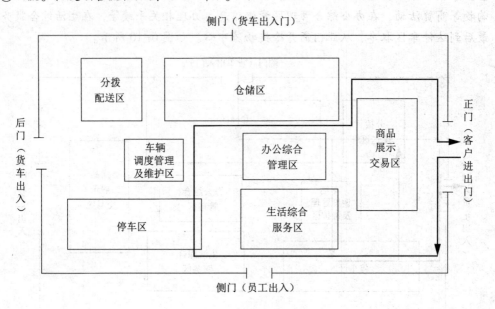

图 6-12 批发顾客流程图

根据批发顾客流程，得到顾客在物流中心内动线，如图 6-13 所示。

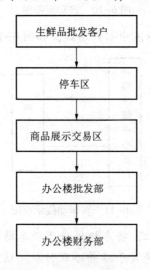

图 6-13 批发顾客动线示意图

零售顾客进入冷链物流中心，将车停放在停车区后，步行进入商品展示交易区。在商品展示交易区选中所要购买商品后，各柜组的营业员开出零售小票，顾客持零售小票到款台，计算机系统根据零售小票填"零售单"，顾客付款并凭 POS 机上打印出的"零售单"到柜台取货。顾客流程如图 6-14 所示。

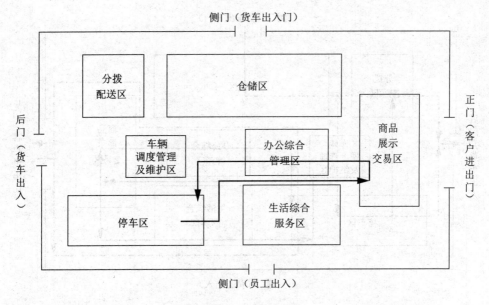

图 6-14 零售流程图

根据零售顾客流程图,得出零售顾客动线,如图 6-15 所示。

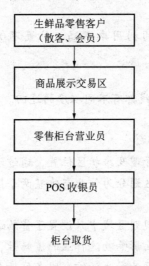

图 6-15 零售顾客动线示意图

(3)修正因素分析。将冷链物流中心内的车流与客流动线叠加,其中货车车流、客车车流及客流分别以虚线、点虚线和实线表示,如图 6-16 所示。

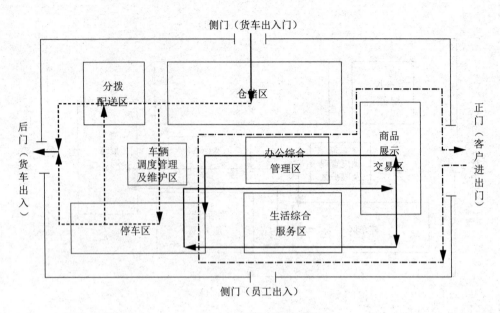

图 6-16 各功能区动线汇总图

对动线模式进行分析可以看出，货车动线与客车动线分属两大区域，互不影响。但存在如下问题。

- 车辆调度管理及维护区的利用率不高，位置不够理想，停车场与分拨配送区较远，不利于装车作业的高效进行。
- 停车场内客车货车混杂。
- 客车车流与人流的走行动线都有不同程度的迂回。
- 中心内部人流动线过长。

因此调整如下。

调整停车场位置与车辆调度管理及维护区位置，通过动线分析，用停车区将仓储区、分拨配送区与车辆调度管理及维护区划分为作业与休整两个区域，更有利于货运车辆的调配和运输。

增设小型车辆停车场。原有规划区域中只设置了货物运输车辆停车场，客户用车与员工用车若与货车共用停车场，一方面影响物流作业的流畅性，另一方面增加交通事故的发生概率，因此经过调整，在展示交易区旁和生活综合服务区旁各增设一个小型车辆停车场。

（4）功能区布局方案。经过优化，调整以后的物流中心功能分区布局示意图如图 6-17 所示。

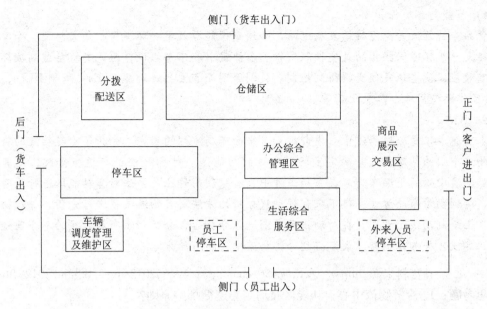

图6-17 物流中心功能分区布局示意图

4. 辅助性区域及设施规划

对冷链物流中心的辅助设施进行合理规划,能够使冷链物流中心的功能区域划分明确、运输管理方便、生产协调生活方便。同时冷链物流中心的规划风格与城市规划及周围的环境协调统一,也能够树立良好的企业形象。

1) 道路

冷链物流中心内部的道路主要分为货运车辆道路、小型车辆道路及人行道路。在作业区,小型车辆道路应尽量避免与货运车辆道路发生平面交叉,在生活区则避免人行道路与车辆道路发生平面交叉。道路与相邻建筑物的距离应尽量取较小值以节约用地,同时布置道路网时也应考虑防火急救等方面的要求,此外还应考虑工程管线的设置及绿化用地的要求。

2) 防火通道与消防设施

由于冷库的特殊性,需特别注意劳动安全。冷库大多采用氨作为制冷剂,氨在我国国家标准中属于4级轻度危害的有毒物质,当空气中的氨体积分数达到16%~25%时,遇明火即可引起爆炸。因此对冷链物流中心消防安全防范提出更高要求,在规划设计冷链物流中心时必须考虑消防通道的通畅。

冷链物流中心外侧应设有环行消防通道。建筑物与周边建筑物之间保持足够的防火间距和留有环形车道。消防车道的宽度不应小于3.5 m,道路上空遇有管架等障碍物时,其净高不应小于4 m。环形消防车道至少应有两处与其他车道连通,尽头或消防车道应设回车道或面积不小于12 m×12 m的回车场,供大型消防车使用的回车场面积不应小于15 m×15 m。

3) 绿地

随着社会的不断发展进步,人们越来越注重工作和整体环境的质量。因而中心内的环境的塑造对于改善物流中心环境,建设现代化的物流中心,起到相当重要的作用。冷链物流中心的设计应从整体空间环境出发,充分发挥绿化的环境效用,与不同功能区内建筑的形态相组合,给人以视觉上的美感。在绿地规划时应符合当地规划部门的相关要求。

4) 节能与环境保护

食品冷链物流若走可持续发展道路，必须重视能源效率和环境保护两大问题。冷库是能源消耗大户，环境保护指的是要按照蒙特利尔协定书和京都协议，避免臭氧层遭到破坏和考虑温室效应，使全球气候变暖得到控制。就制冷剂而言主要是淘汰 CFCs，限制 HCFs，改用 HFCs 及扩大使用氨、二氧化碳等。

5. 小结

本文完成了对冷链物流中心内部规划、平面布局流程的研究。分析了冷链物流的特点和冷链物流中心的特殊性，并确定了物流中心的功能区。对 SLP 法进行适当修改，使其适用于冷链物流中心的平面布局。在布局工作中，首先利用作业关系法对各功能区进行紧密程度分析，得到初步布局方案，接下来利用动线分析的方法对其物流流程进行分析，并在初步布局方案上绘制动线示意图。在对动线示意图进行分析后，分析初步布局方案的不合理处，给出修正建议，并加以调整，最终得到冷链物流中心的布局方案。

（资料来源：http://www.soo56.com/news/492652012-6-5_0.htm. 2012-06-05）

思考题：1. 冷链物流中心，功能区布局需要遵循哪些原则？

2. 冷链物流中心，动线规划主要考虑哪些因素？

参考思路：

1. 功能区布局需要遵循的原则如下。

（1）冷链物流中心功能分区须明确、合理、得当，布局紧凑，节约用地、设备、空间、能源和人力资源。

（2）设施的规划及布局应该留有发展的空间和适应于变化的规划。

（3）与外界保持良好的交通和运输联系，出入口和内部道路符合客流与车流的集散要求，各运动流线保持顺畅、短捷。

（4）最大限度地减少物料搬运，简化作业过程。

（5）建筑物布置应当使总体景观与周边环境相协调。

（6）彼此之间货物流量大的设施布置得近一些，物流量小的设施与设备可布置得远一些。同时尽量避免货物运输的迂回和倒流，迂回和倒流现象会严重影响低温物流中心的整体效率与效益，甚至会影响低温物流中心货物的流畅和环境。因此必须将迂回和倒流减少到最低程度，使整个低温物流中心的设施布局达到整体最优。

2. 动线规划考虑因素如下。

冷链物流中心的平面布局要保证其内部物流流程的连续性。为此应将所有的建筑物、道路、功能区域按物流流程进行联系和组合，应尽量避免作业线的交叉和迂回。具体地说，就是要满足低温物流作业要求和内部交通便利。在对冷链物流中心进行平面布局时，应尽量避免各种动线互相交叉干扰，保证分区明确；动线要力求简捷、明确、通畅、不迂回，尽量缩短流动距离；尽量避免车流、人流混杂拥挤。最后根据物流动线及作业流程，配置各区域的位置。

复习思考题

一、填空题

1. 物流配送中心的功能主要包括_____、_____、_____、_____、_____、_____和_____。
2. 物流配送中心系统布局规划的主要方法有_____、_____、_____、_____。
3. SLP法五个基本要素包括_____、_____、_____、_____和_____。

二、单项选择题

1. 物流系统布局规划要分四个阶段进行，即确定位置阶段、总体区划阶段、详细布局阶段和（　　）阶段。
   A. 规划　　　　B. 设计　　　　C. 预决算　　　　D. 施工安装
2. 在物流配送中心规划设计中，需要经历物流配送中心选址、平面布局、（　　）、辅助部门设置、方案评价与选择等众多细化的工作。
   A. 结构设计　　B. 功能设计　　C. 搬运系统设计　　D. 设备设计
3. 求解最优布局方案，常用的数学模型法有（　　）、最小费用最大流法、随机规划、多目标规划等。
   A. 最短路法　　B. 层次分析法　　C. 包络分析法　　D. 线性加权和法

三、多项选择题

1. 物流配送中心的作业区域结构一般由如下工作区组成：办公区、接货区、储存区、（　　）。
   A. 理货区　　　B. 配装区　　　C. 发货区　　　D. 加工区
2. 在进行物流配送中心规划设计时，根据规划设计的目标和原则，规划设计主要内容包括（　　）。
   A. 物流作业区布局　　　　B. 辅助作业区布局
   C. 建筑外围区域布局　　　D. 园林绿化区布局
3. 采用SLP法进行总平面布局的基本思路，①对各作业单元之间的相互关系作出分析，包括（　　）和（　　），经过综合得到作业单元相互关系图；②根据相互关系图中作业单元之间相互关系的密切程度，决定各作业单元之间距离的远近，安排各作业单元的位置，绘制作业单元位置相关图，将各作业单元实际占地面积与作业单元位置相关图结合起来，形成作业单元（　　）；③通过作业单元空间相关图的修正和调整，得到数个可行的布局方案；④采用系统评价方法对各个方案定并评价择优，以得分最多的布局方案作为最佳布局方案，生成（　　）。
   A. 物流关系　　B. 非物流关系　　C. 空间相关图　　D. 空间关系布局图

四、名词解释

系统布局规划法（SLP法）；物流作业路线；物流关系

五、简答题

1. 简述系统布局规划法（SLP法）的五个基本要素。

2. 简述系统布局规划法（SLP 法）的四个基本思路。
3. 简述系统布局规划法（SLP 法）的六个规划步骤。

基于 SLP 系统布局规划法的物流中心规划设计

1. 物流中心简介

YC 物流集团有限公司旗下的 YC 物流中心，主要经营货物配送、货物运输、仓储、信息服务、汽车及配件、维修发动机、工程机械、能源化工、物流汽贸、零部件、专用汽车等项目。2002 年 10 月份公司通过 ISO 9001:2000 版质量体系认证并获得国家道路货物运输一级企业资质，是全国仅有的 20 家一级企业之一。固定货物：柴油机、挖掘机、重工机械、药材，其工程机械、能源化工、物流汽贸、零部件等产品的储存与配送有遍布全国的物流网络，是功能最全的大型现代化物流中心，在物流、车辆调配等方面与全国主要物流枢纽城市及物流中心连成信息网络，提供实时动态的综合信息服务；同时，在国内首创以物流信息服务为主，集仓储配送、车辆调度、维修配件、停车、后勤服务于一身的物流集散基地及以汽车售后服务市场为专业功能的汽配物流中心区。

1）服务功能

建立广西最大、功能最全的大型物流综合场站，在物流、车辆调配等方面与全国主要物流枢纽城市及物流中心连成信息网络，提供实时动态的综合信息服务，并发展成为以物流信息服务为主，融仓储配送、车辆调度、维修配件、停车、后勤服务为一体的物流集散基地。

2）物流中心理念

诚信：做持久的品牌企业，对客户、合作伙伴、员工及股东，诚信为本。

便捷式：菜单式地选择和组合，配对门对门，提供更高效的配送服务。

个性化：根据客户的个性化需求，选择合适的配送方式。

3）物流中心作业区域设置

物流中心的作业区域包括物流作业区及外围辅助活动区。物流作业区如装卸货、入库、订单拣取、出库、出货等，通常具有物流相关性；而外围辅助活动区如办公室、计算机室、维修间等，则具有业务上的相关性。经作业流程规划后即可针对物流中心的营运特性规划所需作业区域。

4）物流中心作业区域的布置

（1）决定物流中心对外的联外道路型式。确定配送中心联外道路、进出口方位及厂区配置型式。

（2）决定物流中心厂房空间范围、大小及长宽比例。

（3）决定物流中心内由进货到出货的主要物流路线型式。决定其物流模式，如 U 型、双排型等。

（4）按物流相关表和物流路线配置各区域位置。首先将面积较大且长宽比例不易变动的区域先置入建筑平面内，如自动仓库、分类输送机等作业区；再按物流相关表中物流相关强度的大小安排其他区域的布置。

5) 行政活动区域的配置

一般物流中心行政办公区均采用集中式布置，并与物流仓储区分隔，但也应进行合理的配置。由于目前物流中心仓储区一般采用立体化设备较多，其高度需求与办公区不同，故办公区布置应进一步考虑空间的有效利用，如采用多楼层办公室、单独利用某一楼层、利用进出货区上层的空间等方式。

（1）行政活动区域内的配置方法。首先选择与各部门活动相关性最高的部门区域先行置入规划范围内，再按活动相关表，将各部门按照其与已置入区域关系的重要程度依次置入布置范围内。

（2）确定各种布置组合。根据物流相关表和活动相关表，探讨各种可能的区域布置组合。根据以上方法，可以逐步完成各区域的概略配置。然后再将各区域的面积置入各区相对位置，并作适当调整，减少区域重叠或空隙，即可得到面积相关配置图。最后经调整部分作业区域的面积或长宽比例后，即得到作业区域配置图。

作业区域面积表如表 6-8 所示。

表 6-8　作业区域面积表

序号	1	2	3	4	5	6	7	8	9
物流区	理货区	储存区	分拣区	加工区	展示区	交易区	配载区	垃圾区	综合服务区
面积/m²	60	50	50	50	60	80	20	40	50

2. 物流流量分析

1) 物流从至表

首先，进行物流流量分析。物流流量分析主要是用物流强度和物流相关表来表示各功能区域之间的物流关系强弱，最后绘制物流相关图。物流从至表如表 6-9 所示。

表 6-9　物流从至表

从/至	理货区	储存区	分拣区	加工区	展示区	交易区	配载区	垃圾区	综合服务区
理货区	—	100	420	100					
储存区		—					120		
分拣区			—		20	32	220		
加工区				—	6	30	200		
展示区					—		14		
交易区						—		12	
配载区							—		
垃圾区								—	
综合服务区									—

根据各区域间物流量的大小,将其分为五个级别,分别用 A、E、I、O、U 表示,其中 A 占物流量的 40%;E 占物流量的 30%;I 占物流量的 20%;O 占物流量的 10%;U 占物流量的 0%。作出各作业单元相互关系图,如图 6-18 所示。

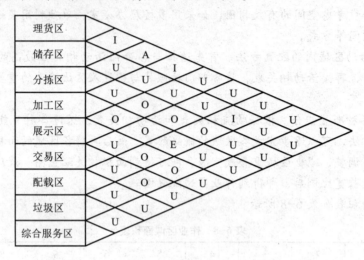

图 6-18 作业单元相互关系图

2) 作业区域物流等级划分表

作业区域物流等级别划分如表 6-10 所示。

表 6-10 物流等级表

作业对	物流强度	物流等级
理货区—分拣区	420	A
分拣区—配载区	220	E
加工区—配载区	200	E
储存区—配载区	120	I
理货区—储存区	100	I
理货区—加工区	100	I
分拣区—交易区	32	O
加工区—交易区	30	O
分拣区—展示区	20	O
配货区—配载区	14	O
交易区—垃圾区	12	O
加工区—展示区	6	O

根据作业区域物流等级分表,可以得出作业区域物流相互关系图。

3) 非物流相关性分析

非物流关系定性密切程度等级包括 A、E、I、O、U 五种,其比例一般如表 6-11 所示。

表 6-11　非物流相关性表

符号	A	E	I	O	U
意义	绝对重要	特别重要	重要	一般	不重要
量化值	4	3	2	1	0
比例/%	2~5	3~10	5~15	10~25	45~80

该公司物流配送中心共有 8 个区域,所得非物流作业单元相关图如图 6-19 所示。

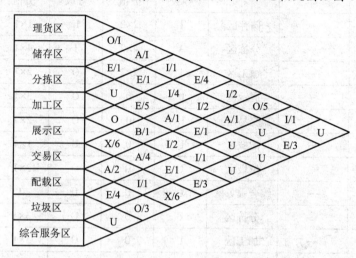

图 6-19　非物流作业单元相关图

4) 作业单元相互关系影响因素表

作业单元相互关系影响因素如表 6-12 所示。

表 6-12　作业单元相互关系影响因素表

编号	理由
1	作业流程的连续性
2	物料搬运
3	管理方便
4	人员联系
5	作业性质相似
6	安全卫生
7	使用相同的设备

5) 综合关系计算表

在大多数工厂中,各作业单元之间既有物流关系,也有非物流关系,两作业单元之间的相互关系应包括物流关系与非物流关系。因此,用 SLP 法将作业单元间的物流关系与非物流关系进行综合,得到综合关系,然后又从各作业单元间综合相互关系出发实现各作业单元的合理布置。

取加权值为2:1。A=4　E=3　I=2　O=1　U=0　X=-1得出如表6-13所示的综合关系计算表。

表6-13　综合关系计算表

序号	作业单元对			关系密切程度				综合关系	
	作业单元1	—	作业单元2	物流关系（3）		非物流关系（1）			
				等级	分值	等级	分值	分值	等级
1	理货区	—	储存区	I	2×2	U	1×1	5	O
2	理货区	—	分拣区	A	4×2	I	4×1	12	A
3	理货区	—	加工区	I	2×2	O	2×1	6	U
4	理货区	—	展示区	U	0	O	3×1	3	U
5	理货区	—	交易区	U	0	O	2×1	2	U
6	理货区	—	配载区	U	0	U	1×1	1	U
7	理货区	—	垃圾区	U	0	O	2×1	2	U
8	理货区	—	综合服务区	U	0	U	0	0	U
9	储存区	—	分拣区	U	0	O	3×1	3	U
10	储存区	—	加工区	U	0	O	3×1	3	U
11	储存区	—	展示区	U	0	O	2×1	2	U
12	储存区	—	交易区	U	0	O	2×1	2	U
13	储存区	—	配载区	I	2×2	I	4×1	8	E
14	储存区	—	垃圾区	U	0	U	0	0	U
15	储存区	—	综合服务区	U	0	O	3×1	3	U
14	分拣区	—	加工区	U	0	U	0	0	U
15	分拣区	—	展示区	O	1×2	O	3×1	5	O
16	分拣区	—	交易区	O	1×2	I	4×1	6	I
17	分拣区	—	配载区	E	1×2	O	3×1	5	O
18	分拣区	—	垃圾区	U	0	U	0	0	U
19	分拣区	—	综合服务区	U	1×2	U	0	2	U
20	加工区	—	展示区	O	1×2	O	3×1	5	O
21	加工区	—	交易区	O	3×2	O	2×1	8	E
22	加工区	—	配载区	E	0	O	2×1	2	U
23	加工区	—	垃圾区	U	0	U	0	0	U
24	加工区	—	综合服务区	U	0	U	1×1	1	U

续表

序号	作业单元对			关系密切程度				综合关系	
	作业单元1	—	作业单元2	物流关系（3）		非物流关系（1）			
				等级	分值	等级	分值	分值	等级
25	展示区	—	交易区	U	1×2	I	4×1	6	I
26	展示区	—	配载区	O	1×2	O	3×1	5	O
27	展示区	—	垃圾区	U	0	O	3×1	3	U
28	展示区	—	综合服务区	U	0	I	4×1	4	U
29	交易区	—	配载区	U	1×2	O	2×1	4	U
30	交易区	—	垃圾区	O	0	U	−1×1	−1	U
31	交易区	—	综合服务区	U	0	O	3×1	3	U
32	配载区	—	垃圾区	U	0	U	1×1	1	U
33	配载区	—	综合服务区	U	0	U	0	0	U
34	垃圾区	—	综合服务区	U	0	U	0	0	U
35	综合服务区	—	垃圾区	U	0	U	0	0	U

3. 布置方案的评价和选择

1）加权因素比较法

加权因素比较法的基本思想是把布置方案的各影响因素，不论是定性的还是定量的，都划分等级，每一个等级都赋予一个分值来表示该因素对布置方案取舍的影响程度，同时根据不同因素对布置方案取舍的影响重要程度设立加权值，以此来计算布置方案的评分值，评定方案的优劣。

依据某一因素与其他因素的相对重要性，来确定该因素的加权值。具体是把最重要的因素确定下来，然后定出该因素的加权值，一般为10。然后将其他各因素的重要程度与该因素比较，确定适当的加权值。各因素的加权值通常是采用集体评定后求平均值的方式确定。评价结果一般划分成评价因素等级。评价因素等级的划分参照SLP法，划分为A，E，I，O，U五级，如表6-14所示。

表6-14 因素权重赋分表

等级	符号	效果	分值
优秀	A	效果完美	4
良好	E	效果很好	3
中等	I	达到主要要求	2
一般	O	效果一般	1
差	U	效果欠佳	0

在此物流中心的规划设计中主要考虑以下五个因素并赋予权值：
- 物流作业效率　　　　　　　　　　　　　　　　　　　　　　　0.4
- 空间利用率　　　　　　　　　　　　　　　　　　　　　　　　0.2
- 工作环境的舒适及安全性　　　　　　　　　　　　　　　　　　0.1
- 柔性空间规划　　　　　　　　　　　　　　　　　　　　　　　0.2
- 减少货损　　　　　　　　　　　　　　　　　　　　　　　　　0.1

2）规划方案评价表

因素评价等级表如表6-15所示。

表6-15　因素评价等级表

考虑因素	评价等级
物流作业效率	A（4）
空间利用率	E（3）
工作环境的舒适及安全性	I（2）
柔性空间规划	E（3）
减少货损	I（2）

根据公式计算得 $T = 4 \times 0.4 + 3 \times 0.2 + 2 \times 0.1 + 3 \times 0.2 + 2 \times 0.1 = 3.2$，在方案的实施过程中，可采取多种评价方式对方案进行综合评价并最终选取最优方案。

3）绘制布局优化图

考虑上述影响因素，最后得出布局方案，绘制布局优化图。如图6-20所示。

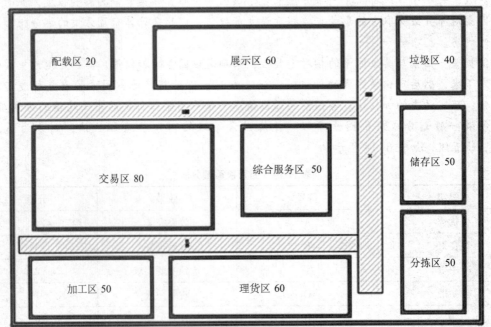

图6-20　YC物流中心布局优化图

问题：1. 加权因素比较法的基本思想是什么？
2. 案例表明，运用改进的 SLP 法可以获得更加符合物流生产作业流线的功能区布局方案，SLP 法改进的关键是什么？
3. 在物流设施布局过程中，如何理解 SLP 法对于物流企业的物流设施布局优化具有很好的实用价值和指导意义？

部分复习思考题参考答案

一、填空题
1. 商品展示与交易　集货转运　储存保管　流通加工　分拣　配送　信息处理
2. 摆样法　图解法　系统布局规划法——SLP 法　数学模型法
3. 物流对象 P　物流量 Q　物流作业路线 R　辅助部门 S　作业时间安排 T

二、单项选择题
1. D　2. B　3. A

三、多项选择题
1. ABCD　2. ABC　3. ABCD

四、名词解释（略）

五、简答题（略）

六、案例分析题（答题思路）

1. 加权因素比较法的基本思想是把布置方案的各影响因素，不论是定性的还是定量的，都划分等级，每一个等级都赋予一个分值来表示该因素对布置方案的影响程度。

2. YC 物流中心功能区布局实例表明，运用改进的 SLP 法可以获得更加符合物流生产作业流线的功能区布局方案，验证了改进方法的可行性和有效性。

3. 在物流设施布局过程中，SLP 法对于物流企业的物流设施布局优化具有很好的实用价值和指导意义。

第7章

物流园区功能布局规划与设计

本章要点

- 物流园区的概念、内涵、特征、分类、功能和基本要求;
- 物流园区规划设计方法——MSFLB 五步规划法;
- 物流园区建设与运作模式;
- 国内外物流园区发展趋势。

 开篇案例

上海吴淞国际物流园

上海吴淞国际物流园是上海市政府"十一五"期间规划的区域性园区,是由宝山区委、区政府结合"精钢宝山"、港口、综合交通优势建设的现代综合物流园区,地处杨行镇,位于宝山综合交通枢纽中心,与张华浜、军工路、宝山国际集装箱港口分别相距 4 km、4.9 km 和 6 km;离吴淞越江隧道出口 3 km。上海吴淞国际物流园区规划总面积 8.3 km²,体现"立足国内,面向海外,连接南北,贯通东西"的特点,是实现多式联运的最佳区域。

园区在功能定位上紧紧抓住上海提升城市国际竞争力的发展主线,顺应上海重点发展现代物流业的总体要求,契合宝山区打造"精钢宝山"、建设世界级精品钢基地的功能定位,加快整合宝山区制造、港口、货场、运输等优势资源,着力打造以国际集装箱多式联运和钢铁物流服务业为主体、融国际采购分拨配送于一体的国际性综合物流园区。形成三大基地,一个中心,即钢铁物流基地、城市配送物流基地、铁路集装箱物流体系的重要物流基地和农产品交易定价中心。

1. 钢铁物流服务基地,即上海宝山国际钢铁物流商务区

上海宝山国际钢铁物流服务业基地位于友谊路以南、铁山路以东、宝钢铁路专用线以西北,是上海市 20 个现代服务业集聚区之一。

钢铁物流服务业基地紧紧抓住上海提升城市国际竞争力的发展主线,顺应上海加快发展服务经济为主的产业结构总体要求,契合宝山区打造"精钢宝山"战略规划,借鉴世界先

进的总部经济概念，加快整合宝山区制造业、港口、货场、运输等优势资源，着力拓展和延伸钢铁特别是精品钢产业链，规划建设一个以国际钢铁总部经济集聚区、不锈钢加工与配送中心为重点，以钢铁物流区、商务服务区、综合配套区为支撑，集总部经济、加工与配送、生产性服务、会展及文化等综合配套功能于一身，具有国际影响力和竞争优势的生产性服务业集聚区。

2. 城市配送物流基地

城市配送物流基地主要位于融宝杨路以南，水产路以北，主要发展以社会化运作的第三方物流为主的国际采购分拨配送，集商流、物流、信息流和资金流为一体，其目的是寻求信息成本、制造成本、物流成本及与贸易相关的服务成本叠加后的最低成本。

本区域规划时，主要依托吴淞国际物流园有利的地理位置和各种优势，建立对外辐射长江流域及内陆省份，对内辐射本市六区一县（嘉定、长宁、普陀、闸北、虹口、杨浦及崇明）的物流集散点和物流供应链，建立为周边或华东地区大商场、大卖场、大型超市等服务的商业采购中心，以及为制造企业提供原材料和配件的集拼、分拨、包装、配送等城市配送功能的物流基地。早在2001年我们为开发物流园区抓住核心项目起步，由上海北洋储运有限公司投资4 200万元，建立宝山公共型海关监管区。在上海海关和海关总署的支持下，2001年4月对外正式运营。宝山海关进驻，实行信息化、网络化、无纸化通关，发展到一关三检，海关、出入境检验检疫局进驻，实行24小时检验、通关，为开发物流园区奠定了坚实的基础。目前，有上海宝湾、招商局物流、中集汽车物流、中储配送等大型物流企业入驻。

3. 江杨农产品物流基地——农产品交易定价中心

江杨农产品物流基地北靠外环线，南依蕴藻浜，西邻杨盛河，东旁江杨北路，地理位置优越，是上海市政府规划的东南西北四大中心批发市场之一。江杨农产品批发市场属于综合性批发市场，含江阳水产品批发市场，市场共分蔬菜、肉类、冻品、干货食品、粮油、果品、水产七大区。目前江杨农产品批发市场是上海市北部最大、设施最先进的综合性农产品市场，为2006年国家商业部"双百市场工程"，2007年度上海市服务业重要推进项目。

基地建立了综合信息系统，以信息为中心，以计算机网络为基础，实现市场全局数据的集中和分散管理，达到经营管理和办公自动化，为客户服务规范化。信息系统主要覆盖电子结算系统、综合管理系统、市场监控系统和市场检测系统。

基地同时建成了以下四大中心。

1) 服务中心

设立市场总服务台，"时平"热线，各经营部门设立分线，健全经营者信息，利用网络、网址、短信向基地和上下客户及时提供市场动态、价格情况、商品需求等信息，为"三农"做好服务。

2) 监控中心

充分利用监控设施，扩大监控范围，不留死角，提示预防和监控突发事件的能力。

3) 检测中心

食品检测覆盖全部业态和重点品种，逐步发展到与商品基地联手，对源头的商品进行控制，逐步打响"江杨"品牌，与蔬菜、水果配送企业联手，对麦德龙、家乐福、大润发、家得利超市提供的商品进行100%食品检测，确保商品为绿色安全的食品，让消费者放心。

4）信息中心

利用信息系统及时统计和反映交易数据、进场车流和商户数据。建立公司门户网站，对外发布信息。通过普发短消息方式，给上下家客户传送提示信息，市场与配送企业联手，拓展无公害的、有特色的基地，包括部分订单产品。给进入大卖场超市的 100 多家商品打上江杨市场的标识，逐步树立"江杨品牌"。

基地目前已通过了"ISO 9001：200 质量管理体系"和"绿色市场"双认证复查工作，并报国家级标准化农产品批发市场申请。为建立长效管理机制奠定了基础，使江杨农产品批发市场成为国内农产品交易定价中心之一。

（资料来源：上海吴淞国际物流园区官方网站，www.wusongwl.com）

7.1 物流园区概述

物流园区在物流产业中具有重要地位，是物流产业成功所必需的点、线、面结合的网络中的重要节点，物流园区规划和设计的好坏对物流产业发展非常重要。

7.1.1 物流园区的概念

物流园区（Logistics Park）是指在物流作业集中的地区，在几种运输方式衔接地，将多种物流设施和不同类型的物流企业在空间上集中布局的场所，也是一个有一定规模的和具有多种服务功能的物流企业的集结点。

物流园区在国内和国外还没有统一通用的定义，不同国家称谓也不一样。物流园区最早出现在日本东京，又称物流团地。日本从 1965 年起在规划城市发展的时候，政府从城市整体利益出发，为解决城市功能紊乱，缓解城市交通拥挤，减轻产业对环境的压力，保持产业凝聚力，顺应物流业发展趋势，实现货畅其流，在郊区或城乡边缘地带主要交通干道附近专辟用地，确定了若干集运输、仓储、市场、信息、管理功能于身的物流团地，通过逐步配套完善各项基础设施、服务设施，提供各种优惠政策，吸引大型物流（配送）中心在此聚集，使其获得规模效益，对于整合市场、实现降低物流成本经营起到了重大作用，同时，减轻大型配送中心在市中心分布所带来的种种不利影响，成为支撑日本现代经济的基础产业。

在欧洲，物流园区被称之为货运村（A Freight Village）。货运村是指在一定区域范围内，所有有关商品运输、物流和配送的活动，包括国际和国内运输，通过各种经营者（OPERATOR）实现。这些经营者可能是建在那里的建筑和设施（仓库、拆货中心、存货区、办公场所、停车场等）的拥有者或租赁者。同时，为了遵守自由竞争的规则，一个货运村必须允许所有与上面陈述的业务活动关系密切的企业进入。一个货运村也必须具备所有公共设施以实现上面提及的所有运作。如果可能，它也应当包括对员工和使用者的设备的公共服务。为了鼓励商品搬运的多式联运，必须通过更适宜的多样性的运输模式（集陆路、铁路、深海、深水港、内河、空运服务于一个货运村）。最后，一个货运村必须通过一个单一的主体经营（RUN），或者公共的或者私有的，这一点是必需的。

这个定义是由一个称为"欧洲平台"的机构在 1992 年 9 月 18 日制定的，这个定义明确了这样几个内容。

(1) 在货运村内实现运输、物流和配送等所有业务活动——业务活动或范围。
(2) 经营者是物流及相关设施的拥有者和租赁者——所有者及经营者。
(3) 企业进入遵守自由竞争的原则——市场规则。
(4) 货运村必须具备所有的公共设施——基本或基础设施。
(5) 多样性的运输模式——多样化的运输方式。
(6) 一个单一的运营主体——运营主体。

在国内，第一个物流园区是深圳平湖物流基地。始建于1998年12月1日，第一次提出物流基地这个概念，叫作"建设物流事业基础的一个特定区域"。它的特征有三：一是综合集约性，二是独立专业性，三是公共公益性。物流基地即从事专业物流产业、具有公共公益特性的相对集中的独立区域。

一般认为，物流园区是指在几种运输方式衔接地形成的物流节点活动的空间集聚体，是在政府规划指导下多种现代物流设施设备和多家物流组织机构在空间上集中布局的大型场所，是具有一定规模和多种服务功能的新型物流业务载体。它按照专业化、规模化的原则组织物流活动，园区内各经营主体通过共享相关基础设施和配套服务设施，发挥整体优势和互补优势，进而实现物流集聚的集约化、规模化效应，促进载体城市的可持续发展。

物流园区是对物流组织管理节点进行相对集中建设与发展的、具有经济开发性质的城市物流功能区域；同时，也是依托相关物流服务设施降低物流成本、提高物流运作效率，改善与企业服务有关的流通加工、原材料采购，便于与消费地直接联系的生产等活动，具有产业发展性质的经济功能区。其外延方面：作为城市物流功能区，物流园区包括物流中心、配送中心、运输枢纽设施、运输组织及管理中心和物流信息中心，以及适应城市物流管理与运作需要的物流基础设施；作为经济功能区，其主要作用是开展满足城市居民消费、就近生产、区域生产组织所需要的企业生产和经营活动。因此，现代物流园区主要具有两大功能，即物流组织管理功能和依托物流服务的经济开发功能。

中华人民共和国国家国家标准《物流术语》（GB/T 18354）中对物流园区的定义是：为了实现物流设施集约化和物流运作共同化，或者出于城市物流设施空间布局合理化的目的而在城市周边等各区域，集中建设的物流设施群与众多物流业者在地域上的物理集结地。

7.1.2 物流园区的内涵

物流园区将众多物流企业聚集在一起，实行专业化和规模化经营，发挥整体优势，促进物流技术和服务水平的提高，共享相关设施，降低运营成本，提高规模效益。其内涵可归纳为以下三点。

（1）物流园区是由分布相对集中的多个物流组织设施和不同的专业化物流企业构成的具有产业组织、经济运行等物流组织功能的规模化、功能化的区域。这首先是一个空间概念，与工业园区、经济开发区、高新技术开发区等概念一样，具有产业一致性或相关性，拥有集中连片的物流用地空间。

（2）物流园区是对物流组织管理节点进行相对集中建设与发展的具有经济开发性质的城市物流功能区域。作为城市物流功能区，物流园区包括物流中心、配送中心、运输枢纽设施、运输组织及管理中心和物流信息管理中心等适应城市物流管理与运作需要的物流基础设施。

（3）物流园区也是依托相关物流服务设施，进行与降低物流成本、提高物流运作效率和改善企业服务有关的，流通加工、原材料采购和便于与消费地直接联系的生产等活动的具有产业发展性质的经济功能区。作为经济功能区，其主要任务是开展满足城市居民消费、就近生产、区域生产组织所需要的企业生产、经营活动。

7.1.3 物流园区的特征

1. 多模式运输手段的集合

多模式运输方式即多式联运，以海运-铁路、公路-铁路、海运-公路等多种方式联合运输为基本手段发展国际国内的中转物流。物流园区也因此呈现一体化枢纽功能。

2. 多状态作业方式的集约

物流园区的物流组织和服务功能不同于单一任务的配送中心或具有一定专业性的物流中心，其功能特性体现在多种作业方式的综合、集约等特点，包括仓储、配送、货物集散、集拼箱、包装、加工及商品的交易和展示等诸多方面。同时也体现在技术、设备、规模管理等方面的集约。

3. 多方面运行系统的协调

运行系统的协调表现为对线路和进出量的调节上。物流园区的这一功能体现为其指挥、管理和信息中心功能，通过信息的传递、集中和调配，使多种运行系统协调共同为园区各物流中心服务。

4. 多角度城市需求的选择

物流园区与城市发展呈现互动关系，如何协助城市理顺功能，满足城市需求是物流园区又一功能特征。物流园区的配置应着眼于其服务区域的辐射方向、中心城市的发展速度，从而保证物流园区的生命周期和城市发展协调统一。

5. 多体系服务手段的配套

物流园区应具备综合的服务性功能，如结算功能、需求预测功能、物流系统设计咨询功能、专业教育与培训功能、共同配送功能等。多种服务手段的配套是物流组织和物流服务的重要功能特征。

物流园区、物流中心和配送中心功能对照表见表7-1。

表7-1 物流园区、物流中心和配送中心比较表

比较对象	规模	综合程度	服务对象	功能	层次关系
物流园区	超大规模	必定是综合性的物流设施	综合型的基础服务设施，面向全社会	具有综合运输、多式联运、干线终端等大规划处理货物和提供相关服务的功能	综合型的大型物流节点

续表

比较对象	规模	综合程度	服务对象	功能	层次关系
物流中心	大规模和中等规模	有一定的综合性	局部领域经营服务	主要是分销功能	专业范畴的综合型大型物流节点
配送中心	依据专业化配送和市场大小而定，一般比较小	专业化的，局部范围的	面向特定用户和市场	向最终用户提供送货服务的功能	专业清晰，规模适应于需求的专业性物流节点

7.1.4 物流园区的分类

1. 按经营主体划分

按经营主体划分，物流园区可分为政府主导型物流园区与市场主导型物流园区。大多数物流园区都是政府主导型的，浙江传化物流园区及德力西、物美集团联合投资的物流园区等是市场主导型的。

2. 按产业依托划分

按产业依托划分，物流园区可分为基于物流产业的物流园区与基于其他产业的物流园区。大多数的物流园区都是基于物流产业、以物流企业为主体的。外高桥物流园区、北京空港物流园区等是基于其他产业的物流园区。

3. 按功能定位划分

按功能空位划分，物流园区可分为综合化物流园区和专业化物流园区。具体体现在物流园区物流功能、服务功能、运行管理体系等多方面的综合，体现其现代化、多功能、社会化、大规模的特点，而不同物流区的专业化程度提高则表现出现代化和专业化的基本属性。

4. 按满足物流服务需求划分

按满足物流服务需求，物流园区又可划分为以下几类。

（1）区域物流组织型物流园区。其功能是满足所在区域的物流组织与管理。如深圳市的港口物流园区、成都龙泉公路口岸物流园区等。

（2）商贸型物流园区。商贸型物流园区在功能上主要是为所在区域或特定商品的贸易活动创造集中交易和区域运输、城市配送服务条件。商贸型流通物流园区基本位于传统、优势商品集散地，对扩大交易规模和降低交易成本具有重要作用。

（3）运输枢纽型物流园区。物流园区作为物流相对集中的区域，从运输组织与服务的角度，可以实现规模化运输，反过来，规模化进行运输组织也就为物流组织与管理活动的集中创造了基础条件。因此，建设专门的运输枢纽型的物流园区，形成区域运输组织功能也是物流园区的重要类型之一。

5. 按物流园区依托对象划分

根据2008年国家标准《物流园区分类与基本要求》，根据物流园区所依托的对象和功能定位，可划分为以下几类。

(1) 货运服务型。依托空运或海运或陆运枢纽而规划，提供大批量货物转换的配套设施，实现不同运输形式的有效衔接，主要服务于国际性或区域性物流运输及转换。其中，空港物流园区依托机场，以空运、快运为主，衔接航空与公路转运；海港物流园区依托港口，衔接海运与内河、铁路、公路转运；陆港物流园区依托公路或铁路枢纽，以公路干线运输为主，衔接公铁转运。

(2) 生产服务型。依托经济开发区、高新技术园区等制造产业园区而规划，提供制造型企业一体化物流服务，主要服务于生产制造业物料供应与产品销售。

(3) 商贸服务型。依托各类大型商品贸易现货市场、专业市场而规划，为商贸市场服务，提供商品的集散、运输、配送、仓储、信息处理、流通加工等物流服务，主要服务于商贸流通业商品集散。

(4) 综合服务型。依托城市配送、生产制造业、商贸流通业等多元对象而规划，位于城市交通运输主要节点，提供综合物流功能服务，主要服务于城市配送与区域运输。

7.1.5 物流园区的功能

物流园区是集停车、配载、配送、存储、运输、装卸、加工等功能于一身，具有高科技、高效率特征的新型货运集散中心。不同性质、不同规模、不同类型的物流园区，其功能也不相同。一般来说，物流园区由以下功能组成。

1. 基本功能

物流园区的基本功能如下。

(1) 停车。物流园区中具有现代化的停车场。现代化停车场的特征是环境优美整洁，实行信息化管理，可提供安全可靠方便、高效低成本的服务。

(2) 配载。从人工无序、不安全、高费用、低效率的现状逐步实现计算机优化配载。

(3) 仓储保管。物流园区可以发挥仓库的集中储存保管功能，通过与企业建立供应链联盟，还可以为企业提供集中库存功能和相应的调节功能，从而减少客户对仓库设施的投资和占用。按照物流园区所在地的实际物流需求相应地建造普通仓库、标准仓库、专用仓库，甚至建立自动化立体仓库（如医药、电子、汽车等）。

(4) 中转和衔接。作为现代化的物流节点，物流园区对多种运输方式的有效衔接是其最基本的功能之一，其主要表现在实现公路、铁路、海运、空运等多种不同运输形式的有效衔接上。

提供中转服务也是物流园区的基本功能之一，特别是对于枢纽型的物流园区这一功能更为重要。由于物流园区的特殊性，它们大都建在交通枢纽，是国家与国家、地区与地区、城市与城市商品运输的节点和中转地，大批量的货物从这里中转流通，所以说物流园区具有明显的中转功能。

通过与不同等级物流节点的有效衔接，再通过中转，将本地运往其他地区的货物集零为整组织发运，将其他地区进入本地的部分货物化整为零组织运转，完成货物的集散作业；开展货物分拨、集装箱中转、集装箱拼装拆箱等业务。

(5) 加工。物流园区并不是一个简单的只提供单纯中转、物资集散、配送等功能的物流节点，它还为各方面的用户提供加工服务，以增加商品的价值，其内容主要包括商品的包装、整理、加固、换装、改装、条码的印制、粘贴等。

(6) 配送。配送是一种现代流通方式，集经营、服务、社会集中库存、分拣、装卸、搬运于一身，通过配货、送货形式最终完成社会物流活动。对物流园区而言，既可以由入驻企业自己实现配送功能，也可以通过引进第三方物流企业来实现这一功能。

(7) 信息服务。物流园区作为一种现代化的物流节点，高科技和高效率是其基本特征。它可以通过高科技，高效率地向各需求方提供信息咨询服务，其提供的信息包括交易信息、仓储信息、运输信息、市场信息等。物流园区是物流信息的汇集地，能够提供订货、储存、加工、运输、销售等服务信息，以及客户需要的物流服务相关信息；物流园区还可以通过物流作业信息，控制相关的物流过程，实施集成化管理。同时，可以进行物流状态查询、物流过程跟踪、物流要素信息记录与分析，建立物流客户关系管理、物流决策支持、物流公共信息平台等，还可以根据物流园区货物的流通数量、品种、出入园区频度、货物来源、去向等信息和数据，综合分析出国内外市场销售状况、动态和趋势，了解进出口贸易和商品流通等情况。

2. 延伸服务功能

物流园区的延伸服务功能如下。

(1) 货物调剂中心。物流园区利用资源优势，可有效地处理库存物资与开办新产品展示会。

(2) 物流技术开发与系统设计咨询。吸引相关物流高科技企业进驻园区，利用园区物流企业密集的资源优势，发展物流软件开发与物流设施设备的技术开发，形成第四方物流利润的增长点。

(3) 物流咨询培训服务。利用物流园区运作的成功经验及相关的物流发展资讯优势，吸引物流咨询企业进驻发展。利用高校科研企业政府多方合作的优势，开展物流人才培训业务。

3. 配套服务功能

物流园区的配套服务功能如下。

(1) 车辆辅助服务，如加油、检修、培训、配件供应等。
(2) 金融配套服务，如银行、保险、证券等。
(3) 生活配套服务，如住宿、餐饮、娱乐、购物、旅游等。
(4) 工商税务海关等服务。

物流园区是物流组织活动相对集中的区域，外在形态上不同园区有相似之处，但是，物流的组织功能因园区的地理位置、服务地区的经济和产业结构及企业的物流组织内容和形式、区位交通运输地位及条件等存在较大不同或差异，因此，物流园区的功能不应有统一的界定。同时，由于物流园区种类较多，在物流网络系统中的地位和作用也不尽相同，因此，每个物流园区的功能集合也不尽相同，某些物流园区可能只具备上述部分服务功能。

东平县物流园区功能设计及布局规划方案设计

东平县物流园区是内陆口岸型的第三方公共枢纽型物流园区，面向全社会提供服务；是组织、转运、调节和管理货物流通的场所，是融货物仓储功能、货物集散运输功能、流通加工及配送功能、装卸搬运功能、综合办公及配套服务功能和信息服务功能为一体的现代物流园区。东平县物流园区共分为一个主园区和四个子园区，规划占地 9000 亩。其中，主园区位于彭集镇铁矿路以北，105 国道以西，大清河河堤以南，铁矿风井路以东，本园区（含货运码头）占地约 3000 亩；火车站子园区位于彭集镇吕庙村、吕楼村以北，郑海村以东，龙崮村以南，马代村以西，占地约 3000 亩；八里湾闸子园区位于商老庄乡八里湾闸以东及以南附近，本园区约占地 1000 亩；戴屯子园区位于老湖镇境内 255 省道以南，毛马路以西，本园区（含货运码头）占地约 1000 亩；济徐高速路出口子园区位于沙河站镇大王营村、黄路沟村以南，中李庄村以东，彭沙路以北，占地约 1000 亩。

东平县物流园区建设要实现货物仓储、货物集散运输、流通加工及配送、装卸搬运、综合办公及配套服务和信息服务等六大功能。

1. 货物仓储功能

（1）物流园区划分货种建设现代化仓库，提供专业仓储服务，满足工商企业和第三方物流企业对货物的储存、保管、整理、配载等要求，与货物的运输、配送、流通加工等物流活动及时衔接。为此，园区还需要配备高效率的传送、储存、拣选设备；有露天堆场、室内仓库及提供常温和有温湿度要求的栈房。

（2）物流园区为适应东平县巨大的矿产产业和其他化工产业的发展需求，还应设置专业的加工企业仓储服务区，满足矿产副产品等的储存服务。

2. 货物集散及运输功能

（1）物流园区具备以公路为主的各类物流集结、分散的功能，成为公路货物枢纽站，规范东平本地小而散乱的货运市场。

（2）物流园区还应该负责为客户提供所需要的运输方式，然后具体组织网络内部的运输作业，在规定的时间内将客户的商品运抵目的地。除了在交货时需要客户配合外，整个运输过程，包括最后的市内配送都应由园区负责组织，以尽可能方便客户。同时，还应具备转运功能，进行不同运输方式的转运。

（3）为使物流园区成为济南、日照港等外贸物流在泰安内陆的节点，园区还应该具备专业的集装箱运输功能，为东平及泰安地区外贸进出口集装箱运输、装卸箱、拼箱、箱务管理、检验等提供专业服务。

3. 流通加工及配送功能

（1）物流园区除提供基本的物流服务外，还设置专门区域为工商企业提供简单加工、组合包装、分拆分拣、计量、贴标签等物流活动中的增值服务。

（2）以物流园区为配送基地，设置专业车辆和工具，为用户提供快速配送服务。如，在县域内提供生产、生活资料的配送，做到及时、方便、快捷；全国为企业提供产品供应销售配送，做到及时、快捷、安全、可靠。

4. 装卸搬运功能

园区应配备专业化的装载、卸载、提升、运送、码垛等装卸搬运机械，以提高装卸搬运作业效率，减少作业对商品造成的损毁。

5. 综合办公及配套服务功能

（1）物流园区设计建有完善的商务办公楼，主要为入驻园区的企业提供办公、商务、金融、税务、保险等服务。

（2）物流园区还提供生活和管理配套服务，建有生活服务楼，其功能主要为入驻企业提供餐饮、住宿、娱乐、信息等生活服务及物业、治安、停车、加油、维修等管理服务。

6. 信息服务功能

计算机应成为园区的主要工作手段，物流园区建设有物流信息平台，将物流作业中各个环节产生的信息进行实时采集、分析、传递，并向客户提供物流状态查询、物流过程跟踪、物流客户关系管理、物流决策支持等各种作业明细的咨询信息，同时发布运量运力供求、价格走势、经贸商情等信息，开展网上交易等。

（资料来源：http://wenku.baidu.com/link?url=YowUWOgY5wENODiQjhuB7PdyTTAX-lEn-RutZzp5mBZa-Ilxaewnm8HV2bVnjAI2AfIlEn_364tuxx9iI9y4QdbvM6-1cKaiuZ4ik2oI-8q7. 2011-04-15）

7.2 物流园区规划设计方法——MSFLB 五步规划法

物流园区的建设是一项复杂而长期的工程，投资大、回收周期长。因此，园区的规划工作是非常重要的。

作为世界一流的物流咨询和研究机构，德国弗劳恩霍夫物流研究院（Fraunhofer IML，简称德国物流研究院）在众多的国际性物流园区规划项目实践中总结出了基于需求驱动、竞争驱动和最佳实践驱动的 MSFLB 物流园区规划方法论。

MSFLB 规划方法论要通过 5 个步骤来实施，也称"五部曲"。MSFUB 是这 5 个步骤英文首个字母的简称，它们分别是：市场分析（Market Study）、战略定位（Strategic Positioning）、功能设计（Function Design）、布局规划（Layout Design）和商业计划（Business Plan）。每个步骤的具体内容如图 7-1 所示。

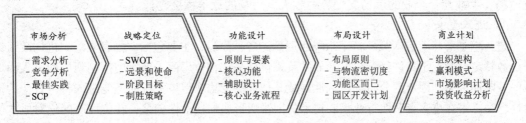

图 7-1 MSFLB 五步规划法示意图

7.2.1 市场分析

为了深入了解区域物流园区周边地区的经济发展状况、市场需求、基础设施，服务竞争等情况，必须对物流园区辐射地区的宏观经济、产业和微观环境情况进行全面调查和研究，根据远期和近期的物流量，确定物流园区长远和近期的建设规模。

资料收集和调查分析过程使用的研究方法和工具包括：二手资料收集与分析、一手资料收集与分析。其中，一手资料收集与分析包括深度访谈、电话访谈、问卷调查等方法。

在完成一手资料和二手资料收集后，所有的资料都汇总到一个规划数据库里，下一步就是数据处理及分析工作。我们建议采用 SCP 模型进行定性分析，采用 REA 模型进行定量分析。

SCP 框架的基本含义是，市场结构决定企业在市场中的行为，而企业行为又决定市场运行在各个方面的经济绩效。SCP 模型从特定行业结构、企业行为和经营绩效三个角度来分析外部冲击的影响。

1. 外部冲击

外部冲击（Shock）主要是指企业外部经济环境、政治、技术、文化变迁、消费习惯等因素的变化。

2. 行业结构

行业结构（Structure）是指特定的市场中的企业在数量、份额、规模上的关系。一个特定的市场属于哪种市场结构类型，一般取决于下面几个要素。

1）交易双方的数目和规模分布

完全竞争市场存在众多的买者和卖者，企业的规模很小以至于不能单独对市场上的价格产生影响，只能是市场价格的接受者。一般情况下，随着交易双方数目的减少，双方的规模会相应增大，价格变动的潜力越来越强，出现垄断的可能性越来越大，到了一定阶段，必然会出现卖方垄断（买方垄断）。

2）产品差异化

在理想的完全竞争情形下，企业出售的都是同质的产品，只能通过价格进行竞争。在现实的世界中，产品间总是在某些方面存在差异，随着产品差异化程度的增大，不同企业间产品的可替代性变弱，企业获取垄断地位的可能性相应变大。但产品差异化所带来的消费者主观上的满足和企业的市场控制力导致的福利损失之间存在一定的可替代性。

3）市场份额和市场集中度

特定的市场中，市场份额（某个企业的市场销售份额比重）、市场集中度（少数几个最大规模企业所占的市场份额）与市场结构密切相关。一般而言，市场份额越大、市场集中度越高，少数几个企业的市场支配势力越大，市场的竞争程度越低。

4）进入壁垒

进入壁垒意味着进入某一特定市场所遇到的各种障碍，主要包括：国家立法、机构政策针对少数特定厂商授予特许经营权所形成的政策性壁垒；在位厂商采取措施抵制新厂商进入而形成的策略性壁垒；因资源分布的区域性导致某地厂商无法取得该资源而不能进入特定行业的资源性壁垒；潜在进入者获取行业核心技术的困难所形成的技术性壁垒；在位厂商的绝对成本优势所构成的成本性壁垒；此外，市场容量、规模经济、消费者偏好也会构成进入壁垒。

3. 企业行为

企业行为（Conduct）是市场结构、经济绩效的联系纽带。企业行为通过各种策略对潜在进入者施加压力从而影响市场结构。但必须在不完全竞争市场中讨论企业行为方有意义，完全竞争市场中企业微弱的市场控制力决定了企业广告等行为的无效性，企业可以按照市场价格销售任何数量的产品。

（1）营销：定价、批量、广告促销、新产品研发、分销。

（2）产能改变：扩张、收缩；进入、退出；收购、合并或剥离。

（3）纵向整合：前向、后向整合；纵向合资企业；长期合同。

（4）内部效率：成本控制、物流、过程发展。

4. 组织效能经营绩效

组织效能经营绩效（Performance）主要是指在外部环境方面发生变化的情况下，企业在经营利润、产品成本、市场份额等方面的变化趋势。

利用 Fraunhofer IML 专用的 REA（Requirement Estimation Approach）经验模型公式，就可以非常简便地推算出每个行业的运输量、仓库作业面积、增值加工区作业面积，以及相应的占地面积大小。

每个行业都可从市场调查中得到某地区的生产总量（或消费总量），以及通过该地区的物流园区的货运量，估计有多少百分比的量可能在物流园区进行仓储，其中包括属于保税和非保税仓储方面的存储量需求。每个行业生产的产品在仓库内存放的周转率、堆码方式是不同的，我们根据调查和经验数据可以得到每年每平方米的仓库面积可以存放多少货物，然后再与每年该行业的存储量相除，就可以得到保税（非保税）仓库的面积需求。在知道该区域物流园区中不同行业中简单物流加工、中等物流加工、复杂物流加工的比例之后，我们还可以算出保税（非保税）仓库增值服务作业面积。然后，根据仓库建筑密度这个国内要求的技术经济指标，就可以分别得到保税（非保税）仓库所需的占地面积。需求分析和计算的主要流程如图 7-2 所示。

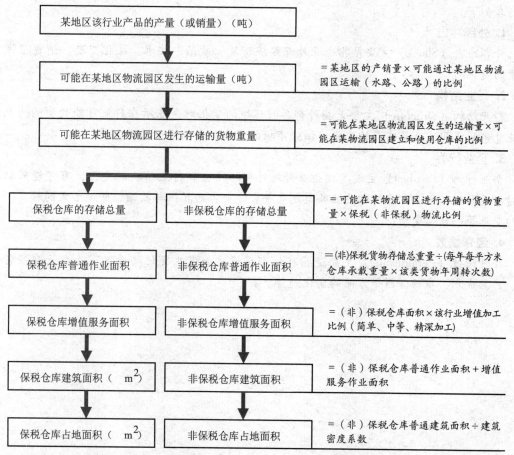

图 7-2　需求分析和计算的主要流程

此后，参照该地区 GDP 最近几年的增长率及未来几年的预期增长率，以此数据作为该区域物流园区的物流作业量的年增长率，就可以得到物流园区未来 10~15 年每年物流发生量的预测数据。在测算过程中，我们可以建立不同的预测模型，例如指数回归分析法和灰色 GM（1，1）模型，这样就能使得预测值更加贴近区域物流未来发展的实际情况。

SCP 模型

SCP（Structure Conduct Performance）模型是由美国哈佛大学产业经济学权威贝恩（Bain）、谢勒（Scherer）等人建立的。该模型提供了一个既能深入具体环节，又有系统逻辑体系的市场结构（Structure）、市场行为（Conduct）、市场绩效（Performance）的产业分析框架。

SCP 模型分析在行业或者企业收到表面冲击时，可能的战略调整及行为变化。SCP 模型从对特定行业结构、企业行为和经营绩效三个角度来分析外部冲击的影响。SCP 模型分析框架内容如下。

1. 外部冲击

外部冲击（Shock）主要是指企业外部经济环境、政治、技术、文化变迁、消费习惯等因素的变化。

2. 行业结构

行业结构（Structure）主要是指外部各种环境的变化对企业所在行业可能的影响，包括行业竞争的变化、产品需求的变化、细分市场的变化、营销模型的变化等。

3. 企业行为

企业行为（Conduct）主要是指企业针对外部的冲击和行业结构的变化，有可能采取的应对措施，包括企业方面对相关业务单元的整合、业务的扩张与收缩、营运方式的转变、管理的变革等一系列变动。

4. 经营绩效

经营绩效（Performance）主要是指在外部环境方面发生变化的情况下，企业在经营利润、产品成本、市场份额等方面的变化趋势。

SCP 模型图见图 7-3。

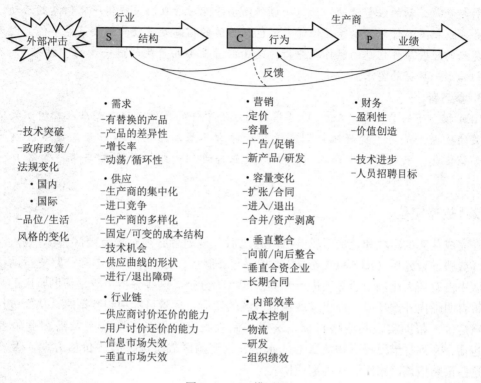

图 7-3 SCP 模型图

REA 模型

REA 模型是美国密歇根州大学教授 William E. McCarthy 在 1982 年的一篇论文中提出的一种新的会计模型。REA 会计模型是一种对企业的经济业务的原始描述方法，其主要思想是对企业的重要资源（Resources）、事件（Events）、参与者（Agents）及其相互关系建模，把企业一切经营事件，按照其初始形态，而不是像传统财务信息系统那样将信息处理为财务人员所需的那种形式输入数据库中存储。

在 REA 模型中，经济活动涉及的实体可分为三类。

1. 资源

McCarthy 认为资源（Resources）是稀缺的、可为企业带来利益的，并且可以具体量化的对象实体。传统财务信息系统中的资源概念与会计体系中的资产类似，但二者并不完全等同。以应收账款为例，在 REA 模型中认为它是由于销售事件与确定收入事件有时间差而产生的。McCarthy 认为应收账款是一个用于存放和传递数据的人为记录，即中间数据，因而不以 REA 模型基本实体的形式纳入数据库中。

2. 事件

REA 模型下事件（Event）的定义是指引起企业价值链中经济变动的事项。REA 模型下的事件不只包括能够进入传统会计账簿体系的经济事项,还包括其他与传统财务理念无关但是能引起资源变动的经营活动,如市场调研活动等能对管理决策提供所需信息的活动,与经营业务密切相关的计划活动等,但通常不包括单纯的信息处理或管理决策等事件,因为它们是对原始的经营事件信息的操作或分析,是由经营业务而产生的进一步的"结果",不符合选择初始形态数据的要求。

3. 参与者

REA 模型下的参与者 (Agent) 是指参与经济事件的单位、部门或个人。组织收集与他们相关的数据,是为了更好地计划、控制和评价其基本活动。参与者包括组织内部参与者,如销售员、采购员、生产人员、生产或业务部门;组织外部参与者,如客户、供应商等。

7.2.2 战略定位

在完成翔实的定性和定量市场分析研究之后,规划者必须对物流园区整体优势、劣势、机会、威胁进行分析(即 SWOT 分析),如果某类服务,如空港、海港和公路货运站场在整个园区中占有较大比例,还必须进行专项的 SWOT 分析。这些分析主要是帮助园区的高层经营决策者明晰内外部环境,提出发展物流园区的使命、远景目标和制胜策略,从而进行准确的战略定位,帮助实现其战略目标。这里的制胜策略,是指击败现有及潜在竞争者的计划,包括一系列举措以提高物流服务的水平、物流园区战略选择的"价值方案"及实施步骤。这些策略应该严格限制在内部使用。

典型的物流园区制胜策略有:充分利用保税物流中心的功能,实现进出口通关和行政管理的高效率;充分利用和拓展现有的物流信息系统,打造强势的国际物流信息平台;充分利用 WTO 和 CEPA 的国际贸易政策,建立特色的欧美商品专业集散地,拓展国际物流业务;充分利用现有入驻园区企业的优势和物流需求的特点,促进行业供应链的竞争力提升,集聚产业的物流,实现产业链的成型和优化;按照循环经济的发展要求,以创建生态物流园区为目标,牢固树立科学发展观,坚持经济发展和生态保护并重,致力于生态环境的培育和提升。

知识 7-3

SWOT 分析模型

SWOT 分析代表分析企业优势 (Strength)、劣势 (Weakness)、机会 (Opportunity) 和威胁 (Threats)。因此,SWOT 分析实际上是将对企业内外部条件各方面内容进行综合和概括,进而分析组织的优劣势、面临的机会和威胁的一种方法。通过 SWOT 分析,可以帮助企业把资源和行动聚集在自己的强项和有最多机会的地方,并让企业的战略变得明朗。SWOT 矩阵图表如表 7-2 所示。

表 7-2 SWOT 矩阵图表

内部 外部	优势 S	劣势 W
机会 O	SO 战略（增长性战略）	WO 战略（扭转型战略）
威胁 T	ST 战略（多种经营战略）	WT 战略（防御型战略）

7.2.3 功能设计

物流园区系统的整体效率依赖系统的各组成部分有机配合与协调，因此，对于各组成部分的功能定位设计，应从物流园区整体系统出发，强调各组成部分之间的功能协调，使各组成部分既实行合理分工，又相互联系，形成一个有序的整体，以实现园区的总体效率最大化。基于现代物流的新意在于系统整合的概念，物流园区系统功能规划应遵循以下原则。

1. 系统集成一体化

系统化是物流的核心，系统化要求系统各元素间的协调、配合，注重系统的整体效应，而不是个体效应。因此，在构筑物流系统功能时，一方面，应考虑各组成部分的个体效应，在各组成部分中，每一功能只是完成物流过程中某一环节的特定功能，这种特定功能并不是独立活动；另一方面，应考虑整个园区的整体效应，在整个园区中，各组成部分并不是完全独立地完成某些活动，而是与其他组成部分相互协作，共同完成某些功能。因此，各功能、各组成部分必须协调、衔接，实现物流功能的一体化、集成化，才能有利于物流系统综合功能的协调发挥，保证物流系统各环节的无缝衔接。

2. 分期实施

园区的建设是一个长期的过程，尤其是大型综合物流园区的建设，是时间跨度大、投资高的工程。因此，对于园区的功能设计，应分期制定设计目标。

3. 近期强调资源的有效利用

在对现有资源整合、利用的基础上，构筑各组成部分的系统功能，充分发挥现有资源优势。

4. 远期强调功能、资源的优化配置

结合城市发展规划、物流发展趋势、物流园区布局理论，通过土地置换、系统整合，逐步调整园区的空间用地布局和功能配置组合，最终形成空间布局合理、资源和功能配置优化、各组成部分相互协调的综合性物流园区。

5. 符合现代物流发展需要

在由传统物流进入现代物流的过程中，物流的功能不断得到发展、完善和提升。根据现代物流发展趋势，构筑系统功能。

6. 高起点、高水平要求

中国物流业正处于由传统物流向现代物流转化的转型期。因此，在规划系统功能时，不能仅仅局限于转型期的过渡、改良，应立足于现代物流发展需要的战略高度来规划系统功能。

7. 具有良好的可调整性

物流园区的建设时间跨度大，且物流系统一般处于动态发展，物流系统的功能随着物流系统自身的发展、物流需求的变化而不断变化、延伸、提升。因此，在规划系统功能时，应充分考虑物流系统的动态发展过程。

8. 符合经济性与适应性的要求

物流园区的发展与可能的投资规模相适应，与本来的物流服务与发展需求相适应，与该地区物流特点、进驻企业特点相适应。

9. 有助于培育物流核心企业联盟

在构筑物流系统功能时，考虑主要物流企业的核心能力，使这些企业进驻物流园区，通过全方位的功能整合，形成协同工作的物流企业群体，构筑中国现代物流企业集团军。

10. 有助于培育物流龙头企业

物流的发展离不开物流龙头企业的带动，物流园区可以积极为物流企业的发展营造一个良好的发展环境，促进物流龙头企业的快速成长，以推进现代物流产业快速发展。

11. 具有良好的可操作性

物流园区的建设研究，既不能教条地硬套物流理论、原则，也不能照搬国外的建设模式，而应该在物流理论原理的指导下，结合具体实情，设计具有实践意义的方案。

7.2.4 布局规划

物流园区的设施规划与布局规划是指根据物流园区的战略定位和经营目标，在已确认的空间场所内，按照从货物的进入、组装、加工等到货物运出的全过程，力争将人员、设备和物料所需要的空间做最适当的分配和最有效的组合，以获得最大的经济效益。

根据统一规划、远近结合、经济合理、方便客户、货畅其流等布局的原则，考虑货物品种、数量及储存特性，同时考虑与园区配套的附属设施，设计物流园区内各类企业的空间及相关的公共服务设施和货运通道的布局，提出几个功能的布局方案。在物流园区的规划布局方案中，还必须研究物流园区建设中与园区配套的货运通道的建设方案，确保货畅其流。

目前，我国在物流园区布局规划方面可以参考的案例不多。欧洲物流园区部分优秀实践案例［如杜伊斯堡（Duisburg）物流园区、不来梅物流园（GVZ）等］，可使国内物流园区在布局方面有不少值得借鉴的经验：校园化的设计理念，分割不同的功能区域；按照物流与空港、海港及与陆路运输的密切程度来安排相关产业；地块规划面积能满足柔性需求并有可选的扩展空间；多式联运的设施规划，如水路、铁路、公路和航空；保持产业加工和高附加值物流企业之间合理的分配比例；充分考虑地理和生态环境，有吸引力地设计并考虑环保预留用地。

对物流园区中的各建筑设施的选址和规划应采用科学的定量方法，如运筹学中的一些最优选址方法、最短路径法、最小费用最大流法；有效的物料进出表法、搬运系统分析法，模糊理论中的模糊综合评价法、最优决策方法等。物流园区规划与设施布局的合理性还可以通过动画仿真来进行检验。德国物流研究院在物流园区仿真方面拥有成熟的软件和模型，可以轻松地协助客户优化规划成果。

物流园区的布局规划方案的经济评价分析主要评价物流园区对提高物流运作效率、促进园区内物流企业之间的相互合作、公共物流设施利用的方便性、客户进区后的方便程度、园区空间利用率等方面。

7.2.5 商业计划

商业计划包括物流园区管理公司的组织架构和职责、物流园区业务模式、收益预测、客户分析、园区销售、市场推广策略、投资收益等财务概要分析。

物流园区的开发一般分阶段进行。分阶段进行将比整体一步到位式开发容易实施，而且，后一个阶段可以吸取前一个阶段的经验，同时进一步调整和优化下一步的营销策略和其他细节。物流园区典型的业务模式有：物业支持、建设支持、财务支持、人力资源支持、环境支持、安全支持、质量支持、设备支持等服务。

在物流园区市场营销方面，建议采取宣传手册、用户杂志、出席推介会和交易会、视觉形象设计、互联网、投资指南、广告等多种手段混合使用的整合营销方式，以达到预期效果。

7.3 物流园区建设与运营模式

7.3.1 建设要求

1. 规划与评审

物流园区的规划应结合国家物流产业规划要求、所属地的物流产业导向，根据所属地的城市总体规划、用地规划和交通设施规划等进行选址，编制符合所属地城市总体规划和土地利用规划的物流园区详细规划，并通过规划评审。

物流园区建设应做好各功能区的规划，建设适合物流企业集聚的基础及配套设施，引导区域内物流企业向物流园区聚集。物流园区建设应加强土地集约使用和发挥规模效益，物流园区的规模不小于1平方公里，货运服务型和生产服务型物流园区所配套的行政办公、商业及生活服务设施用地面积应不大于园区总用地面积的10%，贸易服务型和综合服务型应不大于30%。

2. 交通影响

物流园区建设应开展项目对区域内各类交通设施的供应与需求的影响分析，评价其对周围交通环境的影响，包括建设项目产生的交通对各相关交通系统设施的影响，分析交通需求与路网容纳能力是否匹配，并对交通规划方案进行评价和检验。

物流园区建设应按交通影响评价的要求，采取有效措施，提出减小建设项目对周围道路交通影响的改进方案和措施，处理好建设项目内部交通与外部交通的衔接，提出相应的交通管理措施。

物流园区应建有能满足入驻企业活动所需的由主要道路、次要道路和辅助道路构成的道路系统，其主要道路、次要道路应纳入城市道路系统统一规划建设。

物流园区应建立并与国家现有的建筑标志系统、设施标志系统、机动车路标系统及步行道标志系统的设计相衔接的园区标志系统。

3. 环境影响

物流园区规划与建设应进行环境影响评价，并按环境影响评价的要求，采取有效措施，减少环境污染，保护环境。物流园区应建立与其规模相适应的环境保护和监管系统，并定期开展环境质量监测活动。物流园区的环境空气应达到 GB 3095《环境空气质量标准》中的二级标准。鼓励物流园区的入驻企业通过 GB/T 24001《环境管理体系规范使用指南》环境管理体系认证。

4. 基础设施建设

物流园区应配套建设与园区产业发展相适应的电力、供排水、通信、道路、消防和防汛等基础设施，并纳入城市基础设施建设的总体规划。物流园区基础设施的建设，应遵循"一次规划、分步实施、资源优化、合理配置"的原则，防止重复建设，以降低基础设施的配套成本。物流园区各种基础设施的地下管线敷设，应符合 GB 50289《城市工程管线综合规划规范》要求。

物流园区应提供满足入驻企业正常生产经营活动需要的电力设施，应根据所属地电网规划的要求，建设符合 GB 50293《城市电力规划规范》和 GB 50052《供配电系统设计规范》要求的电力设施和内部应急供电系统。

物流园区应为工商、税务、运管、检验检疫等政府服务机构的进驻提供条件，并逐步完善"政府一站式服务"的功能。物流园区应为银行、保险、中介、餐饮、住宿、汽配汽修等各项支持服务机构的进入提供相应的配套设施，并为入驻企业提供必要的商业服务。

5. 信息化设施建设

物流园区应建设具有基础通信平台、门户网站、信息管理平台、电子服务平台及信息安全等功能的信息化设施。物流园区应为入驻企业提供固定电话、移动通信和有线电视等基础通信设施。物流园区应逐步建设对外宣传、电子政务、电子商务、信息服务、园区信息管理等功能一体化的门户网站，能为园区内企业提供物流公共信息。其中设有保税物流中心的物流园区，应建设符合海关监管要求的计算机管理系统。

7.3.2 运营模式

我国物流园区开发方式主要划分为政府规划、工业地产商主导模式，政府规划、企业主导模式及政府政策支持、主体企业引导模式等三种形式。

在物流园区的开发建设过程中，投资建设主体呈现多元化的趋势，既有国有及国有控股企业、民营企业，也有外商投资企业；建设资金来源既有自有资金，也有银行贷款。调查数据显示，民营及民营控股企业参与投资建设的物流园区数量最多，其次是国有及国有控股企业参与出资建设的物流园区。另外，部分物流园区有外资参与投资建设。

在上述三种模式中，前两种模式是一种自上而下的模式，政府在园区建设中始终起着关键作用，往往由政府牵头成立专门的园区经营管理公司或委托专业公司进行运作，在一些园区的股东结构上国有资产往往占有很大比例。第三种模式是一种自下而上的模式，由市场自发形成、企业自行发起成立。但是，无论哪种模式，政府的各种政策支持都是非常重要的。无论哪种开发方式，物流园区都要成立经营管理公司来进行运营和日常管理。

经营管理公司的主要任务是根据股东的要求，按照现代企业制度的要求，负责物流园区的运营和日常管理，做好客户服务工作，确保股东的资产投入增值和保值。其主要职责如下。

（1）物流园区从筹建到运营全过程的总体管理，包括土地开发、基础设施建设和改造等一系列问题的解决。

（2）物流园区网络平台的设计、搭建与管理。提供园区内部网络平台的建设、园区之间的网络链接及信息系统开发。

（3）物流园区的招商引资，开展物流园区的营销、推广工作，组织博览会、广告宣传，制作宣传册、客户杂志以吸引企业投融资和客户入驻。

（4）政府部门、物流园区及园区入驻企业之间的各种关系的沟通和协调。

（5）相关企业、院校及研究机构等各类人员的培训、实习与进修。

（6）特殊商品的安全监管（如化学品、药品及危险品等）。

（7）为入驻园区的企业提供所需要的各种日常服务，包括业务管理、客户接待、投诉反馈等。

7.3.3 盈利模式

盈利模式主要指收入来源及利润形成途径，是物流园区生存发展的基础。根据国外物流园区的发展经验，物流园区投资回收期大约在15年左右，其主要原因是物流园区项目投资大、社会公益性特征明显、投资回报慢。由于投资主体的不同（有的以政府为主，有的以企业为主），以及物流园区功能定位不同，各园区投资者有着不同的利益要求。

日本"物流团地"的盈利模式主要来自于：地价升值和低廉的仓库租金。集资企业租用仓库的租金低于市场价格，并可按市场价格给其他企业，政府对已确定的物流园区积极加快交通设施的配套建设，以促进其他企业入驻园区，从而使园区投资者得到回报。德国"货运村"的盈利模式主要来自于出租收入和服务费。政府将货运中心的场地向运输企业或与运输有关的企业出租，承租企业则依据自身的经营需要建设相应的库房、堆场、车间、配备相关的机械设备和附属设施并交纳相关费用，同时提供良好的公共设施和优良的服务并收取一定的服务费。

中国物流园区的效益体现在：政府主要通过经济总量增加、税收增加、就业扩大等来取得经济与社会效益；开发商通过园区土地增值、物业增值、土地与物业转让或出租收入、配套服务等来取得经济效益；入驻企业通过规模化的交易收入、仓储收入、配送收入、信息中介收入、加工收入或者较低的运营成本等来取得经济效益。

从盈利方式来看，物流园区的所有者与经营者，其盈利模式主要包括三个方面，如表7-3所示。

表7-3 物流园区盈利模式表

	土地增值	
出租/租赁	仓库租赁	
	设备租赁	
	房屋租赁	
	停车场	
	软件租赁	
	其他	

续表

	土地增值	
服务	信息服务	供求信息、会员信息、配载信息、价格信息
	物业服务	
	中介服务	融资中介
	咨询服务	物流设计、解决方案、需求分析
	培训服务	企业培训、院校培训
	其他	

1. 土地增值收入

对于园区所有者与经营者来说，均将从土地增值中获取巨大收益。所有者（即投资者）从政府手中以低价购得土地，等完成初期基础设施建设后，地价将会有一定的升值，而到物流园区正式运营后，还将大幅上涨。对于经营者（即物流运营商）来说，土地的增值将能提高其土地、仓库、房屋等出租收入。

2. 出租/租赁收入

园区所有者与经营者按一定比例获得出租/租赁收入，主要包括仓库租赁费用、设备租赁费用、房屋租赁费用、停车场收费等。

3. 服务收入

服务收入主要包括信息服务、培训服务、中介服务、物业管理、咨询服务等。

目前，中国物流园区的盈利模式中主要收入来源首先是库房/货场租金；其次是办公楼租金、配套设施租金管理费和物业管理费；然后是所属物流企业、增值服务费、设备租金等土地升值后出租或出售、税收优惠及国家拨款获得的收益等。由此不难看出，传统的基于出租/租赁的园区盈利模式在中国还占主导地位。根据国内外运营良好的物流园区经验来看，传统的出租/租赁盈利模式已经逐渐被服务收入，特别是基于信息、咨询的增值服务所替代。就国际发展趋势来看，基于信息、咨询的增值服务最具增长潜力，在园区盈利收入总量中将占有越来越大的比重，这给中国的物流园区运营者以很好的启示。

7.4 国内外物流园区发展趋势

7.4.1 国外物流园

国外物流园呈现集约化与协同化发展趋势。物流园区一般是在多家物流（配送）中心的空间上集中布局的场所，是具有一定规模和综合服务功能的物流集结点。物流园区也称物流团地，是政府从城市整体利益出发，为解决城市功能紊乱，缓解城市交通拥挤，减轻环境压力，顺应物流业发展趋势，实现"货畅其流"，在郊区或城乡边缘地带主要交通干道附近专辟用地，通过逐步配套完善各项基础设施、服务设施，提供各种优惠政策吸引大型物流（配送）中心在此聚集。将多个物流企业集中在一起，可以发挥整体优势和规模优势，实现物流企业的专业化和互补性，同时，这些企业还可共享一些基础设施和配套服务设施，降低运营成本和费用支出，获得规模效益。

物流园区的建设能满足仓库建设的大型化发展趋势的要求。由于城市中心地区，大面积可用于大型仓库建设的用地越来越少，而建在郊区的物流园区，可以提供较充分的发展空间。日本是最早建立物流园区的国家，至今已建成 20 个大规模的物流园区，平均占地约 74 万 m^2；韩国于 1995—1996 年分别在富谷和梁山建立了两个物流园区，占地规模都是 33 万 m^2；荷兰统计的 14 个物流园区，平均占地 44.8 万 m^2；比利时的 Cargovil 物流园区占地 75 万 m^2；德国不来梅的货运中心占地在 100 万 m^2 以上。一般来说，国外物流园区用地多在 7 万 m^2 以上，最大不超过 1 平方 km。

德国的物流园区是为了提高货物运输的经济性和合理性，以发展综合交通运输体系为主要目的。德国物流园区的建设遵循：联邦政府统筹规划、州政府扶持建设、企业自主经营的发展模式，具体内容如下。

1. 联邦政府统筹规划

联邦政府在统筹考虑交通干线、主枢纽规划建设基础上，通过广泛调查生产力布局、物流现状，根据各种运输方式衔接的可能，在全国范围内规划物流园区的空间布局、用地规模与未来发展。为引导各州按统一规划建设物流园区，德国交通主管部门还对规划建设的物流园区给予资助，未按规划建设的则不予资助。

2. 州政府扶持建设

州政府提供建设所需土地，建设相应的公路、铁路、通信等设施，把物流园区场地出租给物流企业与其按股份制形式共同出资，由企业自己选举产生的咨询管理委员会，代表企业与政府打交道，协调园地内各企业和其他园区的关系，但不具有行政职能，同时还负责兴建综合服务中心、维修厂、加油站等公共服务设施，为成员企业提供信息、咨询、维修等服务。

3. 企业自主经营

入驻企业自主经营、照章纳税，根据自身经营需要建设相应的库房、堆场、车间，配备相关的设备。此外，物流园区在进行空间布局时还需考虑物流市场需求、地价、交通设施、劳动力成本、环境等经济、社会、自然等多方面因素。如德国在全国范围内布置货运中心时主要考虑以下三方面因素：一是至少有两种以上运输方式连接，特别是公路铁路；二是选择交通枢纽中心地带，使物流园区网络与运输枢纽网络相适应；三是经济合理性，包括运输方式的选择与利用、环境保护与生态平衡、在物流园区经营的成员利益的实现等。

7.4.2 国内物流园

国内物流园呈现高速增长及基础物流和高端物流增长明显分化发展趋势。中国经济中心城市开始意识到物流园区对于促进物流的技术升级和服务升级，对于改善城市和区域物流投资环境，推动第三方物流的发展，整合利用现有城市和区域物流资源，加快物流企业成长、缓解交通压力、改善生态环境等方面都具有重要作用。

中国现有物流园区主要分布在：东部沿海经济区（20.4%）、南部沿海经济区（20.2%）、北部沿海经济区（14.1%）、西南经济区（11.8%）、东北经济区（10.1%）、黄河中游经济区（9.9%）、长江中游经济区（9.1%）和西北经济区（4.4%）。

2009 年 2 月 25 日国务院常务会议指出：积极扩大物流市场需求，促进物流企业与生产、商贸企业互动发展，推进物流服务社会化和专业化；加强物流基础设施建设，提高物流标准化程度和信息化水平。会议确定了振兴物流业的十大主要任务、九大重点工程和九项政策措施。其中，报告提出物流业调整和振兴规划的十大主要任务之一是：根据市场需求、产业布局、商品流向、资源环境、交通条件、区域规划等因素，重点发展九大物流区域，建设十大物流通道和一批物流节点城市，优化物流业的区域布局。

2009年3月，国务院《物流业调整和振兴规划》（国发［2009］8号）指出：中国物流业总体水平落后，严重制约国民经济效益的提高。必须加快发展现代物流，建立现代物流服务体系，以物流服务促进其他产业发展。《物流业调整和振兴规划》是提到国家产业振兴政策层面上有史以来第一个服务业的振兴规划，自2009年3月以来，全国各地的物流园区规划、物流产业规划、配送中心规划、物流产业规划如雨后春笋般涌现出来，各地区对物流地产的开发成为中国新一轮经济增长的亮点。

本章小结

本章叙述了物流园区的概念、内涵、特征、分类、功能和基本要求，重点阐述了物流园区规划设计方法——MSFLB五步规划法，分析了物流园区建设与运作模式、盈利模式，介绍了国内外物流园区发展趋势。

MSFLB五步规划法包括：市场分析（Market Study）、战略定位（Strategic Positioning）、功能设计（Function Design）、布局规划（Layout Design）和商业计划（Business Plan）共5个步骤。

商贸物流园概念性规划与设计

第一部分　战略定位篇

1. 战略定位

1）商贸物流园战略定位

根据物流发展定位，依托现有城镇体系和地区未来发展目标，结合东西走向的南昆铁路、汕昆高速、324国道、320国道，南北走向的晴隆—兴仁—XY高速、毕—水—兴高速、309省道、212省道等主要道路，合理布局物流发展格局及发展空间，规划形成"三个区域性商贸物流园、两个片区性商贸物流园及六个镇域物流中心"的物流发展格局及空间布局。

2）物流园区总体规划："三、二、六"

三个区域性商贸物流园。规划建设JS、PD、DX三个区域性商贸物流园区，立足XY，服务QXN，并辐射周边200 km范围。

两个片区性商贸物流园。规划建设南部下五屯、西北马岭两个片区性商贸物流园，服务本片区，辐射XY及QXN，规范中心城区商贸物流秩序，促进商贸物流发展。

六个镇域物流中心。在威舍镇、清水河镇、乌沙镇、万屯镇、郑屯镇、捧鲊镇分别规划建设镇域物流中心，支撑乡镇经济发展。

3）三大战略层次

第一圈层：成为QXN州地区具有示范作用和领头作用的地区商贸物流中心，且片区性商贸物流中心和镇域物流中心得到同步发展，并有效带动和联动QXN其他县、镇物流发展。

第二圈层：辐射周边200 km范围、影响周边黔、滇、桂三省区相关城市，成为我国西南地区重要的物流节点和我国西南重要的物流中心城市。

第三圈层：面向东盟并具有一定国际影响力的商贸物流城市。

2. 项目开发理念定位

项目开发从五大理念出发：城市经营理念、新产业区的企业集群理念、复合型产业城区的泛地产开发理念、以人为本（企业家为本）的创新理念、政府决策企业经营的理念。

3. 功能定位

1) 核心功能

核心功能包括商贸、物流、旅游、文化功能。

商贸和物流是XY商贸物流园项目最核心的功能，是其他两核心功能的龙头。商贸和物流功能的实现带动旅游和文化功能的发展；旅游和文化功能是商贸和物流功能的衍生，通过商贸和物流功能将地方"商气和人气"激发出来，同时吸引更大范围的需求和供给来到XY，会使XY的旅游和文化功能得到彻底的释放。

2) 辅助功能

辅助功能包括会议展览功能、商务住宿娱乐功能、商务办公、电子信息服务功能、加工仓储服务功能。

辅助功能是由核心功能配套设置而形成的，是对核心功能的完善和提升，通过辅助功能的配套实施，可增强项目的竞争优势和差异性，提升项目的整体档次和层次。

3) 基本功能

物流园区提供的具体服务功能包括货物运输、分拣包装、储存保管、集疏中转、信息服务、货物配载、业务受理、通关等功能。现代商贸物流园区建设，要遵照"物流集聚效应"和"设施适应性"两大原则，按以下八大功能进行规划布局。

(1) 现代市场批发功能。主要批发服装、纺织品等，逐步发展成门类较多、规模齐全的服装市场群体。

(2) 商品集散功能。发挥"蓄水池"的作用，吸引和汇集国内外商品，形成一个新的商品集散中心。

(3) 商品加工功能。应建设加工配选区。

(4) 配送功能。组织加工、包装、处理、分拨等物流服务，向连锁公司和零售企业提供专业化配送服务。

(5) 电子商务交易功能。建设网络交易服务中心，利用现代信息技术和网络系统，收集、处理、发布产销变化、货物供求、价格走势、经贸商情信息，开展网上交易，实现有形市场与无形市场有机结合。

(6) 商品展示和商务活动功能。园区要建立商品展览展示厅，平时以生产商、经销商展示商品为主，可根据不同时期特点，举办中小规模展销会，为中外客商提供理想的商品展地和贸易洽谈场所。

(7) 多式联运中转功能。利用区位优势，发展包括融海运、公路、铁路、民航、内河航运等多种运输方式为一体的多式联运业务。承担货物从发货人到收货人的门对门的全程服务。

(8) 完善配套的管理服务功能。要建立比较完善的管理服务机构，形成集园区物业、工商、治安、金融、税务管理服务于一身的管理服务区。为业户提供商务、办公、住宿等综合性配套服务。

第二部分　物流系统篇

1. 物流园区位与交通分析

JS商贸物流园情况如下。

1）JS概况

JS位于XY市中部，东连DX镇，南临下午屯街道办与则戎乡，西靠黄草街道办，北接马岭镇。JS中心区位于XY市老城区北，南至北京路、凤仪路，西、北至环城路，东至顶兴路。

JS境内企业有建材、冶金、农产品加工、制药、商贸餐饮服务等。代表企业主要有市绿茵草地畜牧发展有限公司、两江绿色食品责任有限公司等，工业、加工制造业基础比较雄厚，有发展商贸物流的良好基础。

国道324线贯穿中心区南北，贵兴高速公路直通新区的北部，外围有南昆铁路和214、218省道通过。规划建设中的汕昆高速、毕—水—兴高速将给JS中心区提供极大的交通和经济发展优势。目前，JS中心区已基本建成"三纵七横"的路网格局，南北向重要的交通主干道瑞金大道已建成通车，同样重要的XY大道及中心区北侧的峡谷大道也近全部竣工，并与XY规划中的"一环、二纵、三横、六放射"的主要干道大部分相连，其中一环中的环城路，二纵中的JS路、顶兴路，三横中的纬三路、北京路—凤仪路经过JS中心区。

JS中心区位于XY市的中心位置，城区周边有多条对外交通线路通过。便利的交通区位决定了其在XY市的发展中起到了绝对核心的作用，JS的立体交通建设对JS与其他片区的联系及疏导中心区域周边的交通将起到积极的作用。

在XY新一轮的城市总体规划中，JS是XY中心城区的核心，也是XY中心城发展与扩大的起始点，是未来XY中心区的行政中心、文化体育中心、金融贸易中心、通信信息中心和旅游集散中心，人口规模预计将大幅度扩大；在居住区布局方面，各居住区之间将布置较大型的公共服务中心，其中设置大型综合类商业百货、办公、医院等；在居住区内部则布置中小学、幼托、社区服务和商业等居住区公共服务配套。

2）物流体系建设

JS商贸物流园预计总规划面积约1496.55亩，位于马岭大道侧、汕昆高速的东呼通出口处，交通非常方便。

由于JS的定位为XY未来的"五中心"（行政办公中心、文化体育中心、金融贸易中心、通信信息中心、旅游集散中心），民生消费比较活跃。因此，JS商贸物流园产业定位于轻工类，如日用品、数码、服装、农副产品、花卉、中草药、家具、建材等，其区位接近都会生活圈，为商贸发展提供很大的便利。

在交通组织上，通过沿区内及周边的国道324、省道214、218、马岭大道、贵兴高速、汕昆高速、毕—水—兴高速等各公路主干道、高速公路、联络线、支线等的有效衔接和互通，进行相关货物、产品、商品的集聚、集散、交易、分流、中转、输入、输出、运进、运出、配送等，并借助境内物流通道与外部物流通道的有效衔接和互通，通达各地。

2. 物流枢纽建设

在传统物流园基础上，应用先进的电子技术和IT网络科技构建物流营运及管理平台，结合物流原理及理论基础，综合打造一个以公共仓储服务为主，并提供配送、分拣、搬运作业等综合物流服务的物流枢纽（第四方物流），为当地商贸活动提供强有力的后台服务保障。物流枢纽服务体系如图 7-4 所示。

通过"链"来链接物流枢纽服务体系中的每个部分，实现社会、企业物流一体化，形成一个有机服务整体，建立起高效的物流服务链。

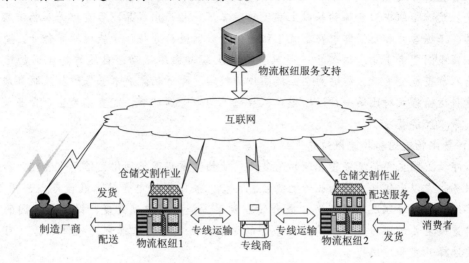

图 7-4　物流枢纽服务体系

1）物流服务节点

物流园作为全国货物运输的主要节点，其枢纽作用在物流服务中的重要性已日益突出。故物流枢纽营运中心亦是第四方物流服务的服务中心点，它以数字物流园中心仓库为基础，进行大量的货物仓储、配送、分拣等物流作业活动，并以每日最高可达数万立方（以 1 万 m² 的仓库为例）的货物吞吐实现货物的快速流通，体现其枢纽的本质——具有快速的通过能力，提高流通效率。

图 7-5 所示为两种不同的货物运输线路流程。

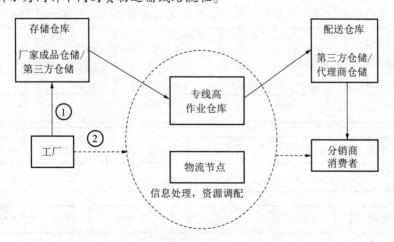

图 7-5　以物流节点体现的两种不同的货物运输线路流程

（1）实线表示的是传统的货物运输线路，而现今国内的货物运输线路都是如此。在工厂生产出成品以后进入自己的存储仓库，然后根据客户和市场需求通过专线商的干线运输运往离消费者最近的配送仓库，而后由配送仓库将产品配送给分销商或消费者。一般情况下这种运输模式最少都会有四次运输，产生四次装卸搬运作业。

（2）虚线表示的是一种新的运输模式，是经由第四方物流服务提供商整合后的运输线路，是在物流枢纽中心仓库的基础上实现的。工厂产品产出成品以后直接进入物流枢纽的中心仓库，根据客户和市场需求在物流枢纽选择专线商进行分拣、干线运输等作业，直接运送到分销商或消费者手中。这其中一般只会有两次装卸搬运活动，自然货物流通的速度会更快，货损货差也会更低，能够为企业提高作业效率、降低物流成本并保障物流服务质量；同时，这种运输模式对比第一种运输模式，节省了两个仓储环节，能直接为生产企业节省仓储成本，带来经济效益。

2）数字物流园和物流枢纽建设

数字物流园主要是从经营管理的角度上，使物流园实现集约化、信息化管理，提供的是增值服务。它以出租档口等物业为主要经营目标，兼以通过电子技术及设备，应用IT网络技术实现更好的管理及增值服务，提升管理效率，提高客户满意度，促进物流园的盈利能力。其建设主要的内容是围绕着管理事务的信息系统，并可选择部分硬件配套（可根据实际需要选择开发和应用）。

物流枢纽是一个整体的物流营运服务体系，完成的是物流全过程的作业及其服务。物流枢纽建设是围绕物流作业全过程进行软硬件的配置，通过对物流服务资源进行集合和控制，整合各个物流服务功能模块，建立起统一的物流营运服务平台，形成一个有机整体，实现物流作业及管理的集约化、信息化和标准化，其本质已经由单一的物业经营管理角色转变为提供综合物流服务的营运角色。

物流园是物流枢纽的主体，所以，数字物流园建设亦是物流枢纽的基础建设。实现物流枢纽的服务功能就要先对物流园进行数字化建设，对物流园进行软硬件各方面的设施、设备的添加和配置，并通过信息技术的应用将这些设施和设备连接起来使之形成一个整体，让信息畅通无阻，实现各方的信息对接、交互和处理。数字物流园与物流枢纽关系如图7-6所示。

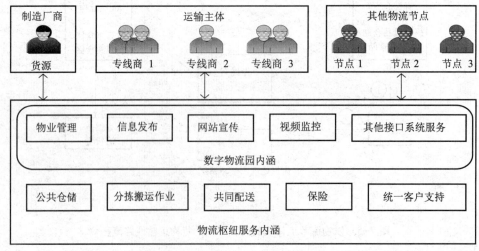

图7-6 数字物流园与物流枢纽关系图

第三部分 功能规划篇

1. 功能设计

1) 物流功能设计

（1）物流配送功能。

①集配货业务。

· 干线配货业务。XY市内"四纵四横"，八条铁路公路干线交流能够产生巨大的干线运输业务，可以开展为空车配货和为货物配车的业务，不仅提高了物流效率，也给XY商贸物流园带来巨大物流业务。

· 多级配送业务。XY市物流产业战略规划为"三、二、六"，即三个区域性商贸物流园、两个片区性商贸物流园及六个镇域物流中心。区域性、片区性和镇域性相互结合，可以考虑针对这些商贸物流的多级物流配送业务，各类商品通过各级商贸物流园区分散到批发商、零售商等客户。

· JIT集补货业务。为XY、QXN及XY周边200 km范围内商业企业、终端消费客户提供即时集货、补货业务，减少商业企业的库存，提高商业企业的客户满意度。

②仓储业务。仓储业务包括根据集配货需要的配送中转仓储业务、特殊商品的仓储业务、大宗商品的仓储业务、附加值高的仓储业务、对外租赁仓储业务等。

建议大宗货物如煤炭、水泥等商品在交易地外选取仓库，采用多级配送方式，商贸物流园仅作为交易、信息发布、展览展示运用。

③停车场业务。主要满足三类停车需求：一是每个园区内综合服务中心内办公停车需求；二是每个园区内货运车辆停车需求；三是每个园区内商贸客户办公和通勤停车需求。同时，每个园区内相关业务处理也存在大量的停车需求，停车业务也有利于开展集配货、货运代理和运输代理等业务。

（2）物流代理功能。物流代理功能包括：物流金融服务、物流税务代理、货运代理、运输代理、仓储代理等业务。

（3）集装箱进出口货运业务。物流园在集装箱进出口货运业务中，特别是开展多式联运业务时，承担货运站（CFS）的功能。物流园有海关、检验检疫局派驻机构，进口商、出口商可以就地办理报关手续，就地清关，为中外客户提供便利。

（4）省内配送网络功能。

①网络建设方面。建立以强大的客运网络体系为依托的快运配送网络（公路快运），主要以高时效、批量小、高附加值的小件货物为服务对象，在省外则致力于将原有的联运网络、零担货运网络改造为物流服务网络，与相关物流企业建立稳定的合作关系。

②专业物流管理信息系统方面。要能够实现对受托、配送、过程查询、管理、结算等环节的全程控制和自动化管理。规划物流交易大厅，交易中心引进大屏幕、微机自动查询、自动报价等先进科技设备，提供货运信息查询服务。

2) 商贸功能设计

（1）商业贸易平台功能。商贸功能作为XY商贸物流园的核心功能之一，是XY商贸物流园差异化的重要表现，通过贸易平台的打造真正实现"大聚小散、小聚大散、大聚大散"的战略规划，同时利用贸易平台的建设，突破长久以来物流园区功能单一、结构简单的发展现状，树立新的商贸物流新模式。

(2) 电子商务信息交流功能。随着互联网在全球的普及，地球越来越像一个村落，现代商业交流模式也在发生翻天覆地的变化，电子商务交易已经成为当今世界最流行最快捷的信息交流通道，B2B、B2C 和 C2C 等电子交易的新形式正在成为当今商务交流的重要渠道。本项目在商务信息交流功能的设计上一定要突出电子商务的先进性和实用性相结合。

(3) 商贸体验功能。XY 商贸物流园不仅具有商贸、物流核心功能，还具有体验功能，打造成为体验式商贸、体验式交流、体验式一体化综合商贸物流园。

(4) 商品展览、展示功能。

（略）

(5) 商业服务、文化娱乐功能。

（略）

(6) 休闲、旅游功能。

（略）

2. 商贸物流园——"三大园区"具体功能设置

XY 商贸物流园着力打造三大园区：JS 商贸物流园、PD 商贸物流园和 DX 商贸物流园。

3. 商贸物流园

1) 区域位置分析

规划区位于 XY 市区北部，东临 324 国道，距昆汕高速公路出入口不足 1 km 处，交通极为便利。如图 7-7 所示。

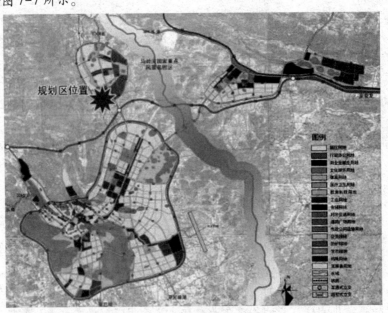

图 7-7 商贸物流园区域位置图

2) 现状影响要素分析

区内地形较为平缓，西部为山体，中部有一河流南北向穿越规划区，且有若干个小山丘，景观较好。规划区东北部有数个工厂，尤其是荣盛水泥厂，灰尘污染较大，对区内规划布局造成一定的影响，应逐步拆除现有的工业厂房。规划区有少量的村民住宅，未来项目建设需要一定的拆迁工作。

3) 总体规划设计

（略）

第四部分　投资估算与资金筹措篇（略）

本次投资估算以相关参数较为准确的JS商贸物流园区为例，在实际情况的基础上，以行业经验及理论为辅，进行准确度较高的投资成本及效益估算。PD、DX两个园区待相关参数确定后再依例推算。

第五部分　开发策略篇（略）

总体思路，一是"政府搭台"，商贸产业发展，物流政策扶持，交通配套建设；二是"引凤筑巢"，吸引第三方物流品牌企业进驻，联合开发园区。

第六部分　结束语

在中国商贸物流产业迅猛发展之际，XY打造西南物流产业支柱、构建中国商贸物流第三极，形成南有义乌、北有临沂、西有XY的物流大格局，是XY的经济发展和区位特点的必然选择。

（1）纵观中国整体商贸型物流园发展，浙江义乌小商品贸易和临沂商贸物流发展都是从无到有，从小到强的过程，已形成"南有义乌、北有临沂"的商贸格局。

（2）XY区位和交通优势明显，辐射范围广，后发前景巨大，具备打造成为中国西部物流中心城市、建设最综合商贸物流园的历史机遇。XY商贸物流园的成功建设，将重新构筑中国商贸物流新格局，形成"西有XY、南有义乌、北有临沂"三足鼎立新局势。

（资料来源：王术峰. 商贸物流园概念性规划与设计［R］，2012.）

思考题：1. 商贸物流园有哪些基本功能？
　　　　2. 如何对物流园进行数字化建设来实现物流枢纽的服务功能？

参考思路：

1. 商贸物流园基本功能主要包括：①现代市场批发功能；②商品集散功能；③商品加工功能；④配送功能；⑤电子商务交易功能；⑥商品展示和商务活动功能；⑦多式联运中转功能；⑧完善配套的管理服务功能。要建立比较完善的管理服务机构，形成集园区物业、工商、治安、金融、税务管理服务于一身的管理服务区，为业户提供商务、办公、住宿等综合性配套服务。

2. 对物流园进行数字化建设来实现物流枢纽的服务功能。数字物流园主要是从经营管理的角度上，使物流园实现集约化、信息化管理，提供的是增值服务。建设主要的内容是围绕着管理事务的信息系统，并可选择部分硬件配套。物流枢纽是一个整体的物流营运服务体系，实现的是物流全过程的作业及其服务。物流营运服务平台，实现物流作业及管理的集约化、信息化和标准化，其本质已经由单一的物业经营管理角色转变为提供综合物流服务的营运角色。

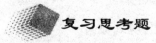

一、填空题

1. 物流园区布局规划原则是，统一规划、＿＿＿＿、经济合理、＿＿＿＿、货畅其流。

2. 我国物流园区开发方式主要划分为政府规划、_____主导模式，政府规划、_____主导模式及政府政策支持、_____引导模式等三种形式。

3. 我国物流园区盈利模式，主要包括三个方面，即_____、_____和_____。

二、单项选择题

1. 物流园区在物流产业中具有重要地位，是物流产业成功所必需的点、线、面结合的网络中的重要（   ），物流园区规划和设计的好坏对物流产业发展非常重要。
   A. 节点   B. 设施   C. 通道   D. 区域

2. 物流园区是集停车、配载、配送、（   ）、运输、装卸、加工等功能于一身，具有高科技、高效率特征的新型货运集散中心。
   A. 包装   B. 存储   C. 分装   D. 交易

3. 物流园区建设应开展项目对区域内各类交通设施的供应与（   ）的影响分析，评价其对周围交通环境的影响。
   A. 建设   B. 使用   C. 需求   D. 维修

三、多项选择题

1. 物流园区的特征，主要包括（   ）。
   A. 多模式运输手段的集合   B. 多状态作业方式的集约
   C. 多方面运行系统的协调   D. 多体系服务手段的配套

2. 物流园区的物流组织和服务功能，包括仓储、（   ）、（   ）、（   ）、包装、（   ）及商品的交易和展示等。
   A. 配送   B. 货物集散   C. 集拼箱   D. 加工

3. SCP 模型从对（   ）、（   ）和（   ）三个角度来分析外部冲击的影响。
   A. 特定行业结构   B. 企业行为   C. 经营绩效   D. 市场占有率

4. 商贸物流园基本功能主要包括：①现代市场批发功能；②（   ）功能；③（   ）功能；④（   ）功能；⑤电子商务交易功能；⑥商品展示和商务活动功能；⑦多式联运中转功能；⑧完善配套的管理服务功能。
   A. 商品集散   B. 商品加工   C. 配送   D. 深加工

四、名词解释

物流园区；SWOT 分析法；物流园区 MSFLB 五步规划法

五、简答题

1. 简述物流园区的特征。
2. 简述物流园区规划设计方法——MSFLB 五步规划法。
3. 物流园建设、功能设计主要考虑哪些方面？

案例分析

基于 MSFLB 五步规划法的成都量力钢铁物流园区规划设计

1. 钢铁市场分析

1) 现状

(1) 国内现状。近期钢铁行业激烈的兼并重组情况，表明行业的成长性。由于我国钢铁总产量较大，但生产规模分散，产业集中度较低，与发达国家的钢铁行业相比，我国钢铁行业的规模经济效应仍有不小的差距，在这样的情况下，我国钢铁行业的发展仍处于向规模化、集约化、专业化发展的阶段，还处于行业的成长期，大规模的兼并重组情况还会不断出现。工商企业已不能满足于传统储运企业的单一、单项、分散的储运服务，正在向社会、市场寻求现代物流服务。

(2) 国外现状。美国钢材进口量创新高，日本钢铁联盟称本财年国内钢材需求将会下降，欧盟钢铁工业联合会称未来几年钢材进口量将快速增长。

(3) 公司情况。经过几年发展，通过规模化扩张，公司成为西部地区最大的钢材物流基地和集散地。公司以钢铁流通为核心业务，涉足商贸流通、物业管理、再生资源回收、园林绿化、汽车贸易、酒店经营等产业和行业。围绕公司核心业务和战略发展目标，履行经营管理职责，形成相互独立、职责明确并相互制约、相互配合的利益共同体，形成战略服务保障运营商集成团队。公司坚持"服务、效率、网络"为核心要素的现代钢铁流通发展方向，以"产业升级，业态重组，功能整合，战略拓展"为核心内容，以"四流"（商流，物流，资金流，信息流）合一，同步推进"两业"（制造业，流通业）联动发展，"资源有效整合""博物博览为桥梁，工业与市场互动"为核心内涵，始终坚持规划设计长远化、体系建设规范化、制度完善秩序化、技术应用标准化、管理手段信息化、商务运用网络化、资源整合集中化、作业流程精细化、客户服务个性化、未来发展规模化的"十化"建设理念，以服务战略升华为宗旨，以实施产业链管理为发展模式，全面致力于现代钢铁服务产业钢铁城的建设。

2) 需求分析

(1) 经济对钢材市场的影响。随着近几年经济的好转，成都量力钢材市场的需求与日俱增，逐渐引领中国钢铁行业走向国际市场。

(2) 投资对钢材需求的影响。就目前而言，投资仍是经济增长的主要推动力。

(3) 国内市场钢材价格渐失弹性，总体水平低于上一年。

①长材价格跌幅大于板材。2013年CSPI长材平均价格指数为105.01点，比上年下降10.43点，降幅为9.03%；CSPI板材平均价格指数为102.36点，比上年下降7.27点，降幅为6.63%。长材降幅比板材高2.40个百分点。

②主要钢材品种价格均有较大幅度下降。2013年，国内市场长材和管材价格降幅较大，板材价格降幅相对较小，特别是高线、螺纹钢、角钢、中厚板、热轧卷板、冷轧薄板、镀锌板和热轧无缝管。

③国际市场钢材价格上半年大幅波动，下半年趋于平稳。2013年，国际市场钢材价格在上半年大幅波动，而下半年则呈现平稳走势。全年最高点是2月末的181.1点，最低点是6月末的163.6点，价格指数落差为17.5点，降幅达9.7%。

2. 物流园区战略定位

成都量力钢材物流中心位于成都市三环路外侧三环路与新成彭路交汇处，直面三环路、成彭高速路，后接四环路，与全国高速公路网紧密相连，而且位于各大物流中心的中心位置，交通便利，区位优势明显。

1）园区定位

园区总体定位是成为中国西部地区最大的钢铁物流加工配送基地，其工作宗旨是通过建设具备总部经济功能的钢铁物流园区和先进的电子商务平台，为中国和世界钢铁产业链服务。

以信息化为战略驱动手段，将形成联合采购、销售、加工配送、融资和电子商务的服务平台，打造中国西部最大的钢铁电子商务交易市场，最终形成集钢铁市场、仓储、加工、配送、电子商务于一身的国际钢铁物流基地。

2）市场定位

主要产品：建筑钢材、板材、型材、管材等；铁矿石、煤炭、焦炭、焦化产品、废钢、铁合石、耐火材料、工业气体等钢铁产品及原燃料。重点客户：进入世界500强的世界著名钢铁企业、世界著名的钢铁商社和钢铁主要用户行业的代表、龙头企业、钢铁贸易商。

3）功能定位

将物流园建设成西部最大的钢铁商务平台，包括国际钢铁贸易大厦、商务办公楼、期货交易大厅和高档生活服务区；西部最大的钢材现货交易与网上交易中心、钢材期货交易中心、钢材深加工中心、仓储运输配送中心、国际贸易中心。

4）项目 SWOT 分析

SWOT 分析矩阵如图 7-8 所示。

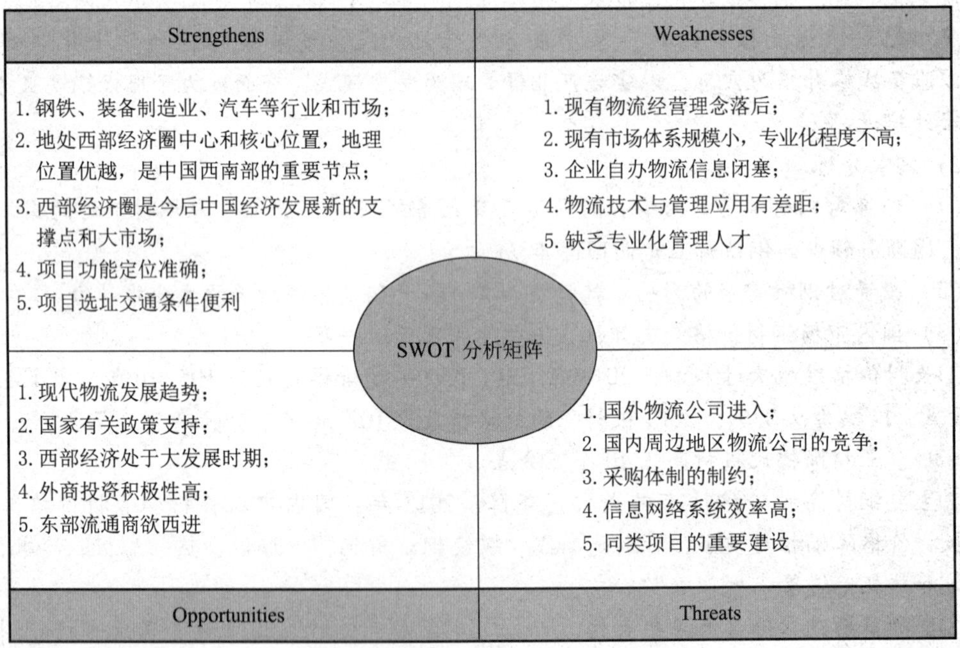

Strengthens	Weaknesses
1. 钢铁、装备制造业、汽车等行业和市场； 2. 地处西部经济圈中心和核心位置，地理位置优越，是中国西南部的重要节点； 3. 西部经济圈是今后中国经济发展新的支撑点和大市场； 4. 项目功能定位准确； 5. 项目选址交通条件便利	1. 现有物流经营理念落后； 2. 现有市场体系规模小，专业化程度不高； 3. 企业自办物流信息闭塞； 4. 物流技术与管理应用有差距； 5. 缺乏专业化管理人才
1. 现代物流发展趋势； 2. 国家有关政策支持； 3. 西部经济处于大发展时期； 4. 外商投资积极性高； 5. 东部流通商欲西进	1. 国外物流公司进入； 2. 国内周边地区物流公司的竞争； 3. 采购体制的制约； 4. 信息网络系统效率高； 5. 同类项目的重要建设
Opportunities	Threats

图 7-8　SWOT 分析矩阵

3. 物流园区功能分析

成都量力钢铁物流园是以智能仓储区、加工质检区和物流配送区为主的物流服务平台，以钢铁交易区为主的钢材交易平台，以综合商务区和电子商务中心为主的运作支撑平台。成都量力钢铁物流园凭借先进的设施，先进的服务模式，科学的园区产业集群，将大幅减少钢铁流通成本。物流园区的主要功能区有：现代贸易及仓储功能区、运输配送服务功能区、钢铁深加工功能区、会展功能区、配套商务中心区。物流园区的服务目标主要是为客户提供完善的、规范化、标准化、收费合理、满意度高的全方位、一条龙服务,提高钢铁新城及客户的市场竞争力。物流园区分为两期规划,功能区规划如下。

1) 一期规划建设功能区

现代贸易及仓储功能区、钢铁贸易大厦、配套商务中心、会展中心功能区,占地面积 23.3 万 m^2(350 亩)。主要包括以下部分。

(1) 现代贸易及仓储功能区。规划用地面积 12.8 万 m^2,年仓储钢材能力在 30 万 t。

(2) 钢铁贸易大厦。规划用地 4 万 m^2,建筑面积 7.5 万 m^2,地上 22 层,地下 2 层,层高 3.6~4.5 m。

(3) 配套商务中心区。

①商务办公大厦。规划用地 2 万 m^2,建筑面积 9 万 m^2,地上 15 层,地下 1 层,层高 3.6 m。

②综合商务会馆。规划用地 2.5 万 m^2,建筑面积 6 万 m^2,地上 3 层,层高 10 m。

(4) 会展中心功能区。规划用地 2 万 m^2,建筑面积 6 万,地上 3 层,层高 10 m。

2) 二期规划建设功能区

钢铁深加工中心功能区、运输配送服务功能区、绿化用地、道路用地。规划用地面积 23.3 万 m^2(350 亩)。主要包括以下部分。

(1) 钢铁深加工中心功能区。规划用地面积 10.5 万 m^2,钢材加工中心规划加工能力 100 万 t。

(2) 运输配送服务功能区。仓储物流规划用地面积 6 万 m^2,二期建成后,可以实现仓储钢材 90 万 t。

(3) 绿化用地。规划用地面积 2.8 万 m^2。

(4) 道路用地。规划用地面积 4 万 m^2。

4. 物流园区布局规划设计

依托铁路、港口、机场等交通运输枢纽,依托产业布局、物流园区的规划发展思路,研究制定道路运输业现代物流发展规划。围绕构建西部综合交通枢纽,加强物流园区(中心)配套公路运输基础建设,充分整合现有运输资源,对物流园区布局进行设计。

1) 地理位置设计

物流园区的设施规划与布局规划是指根据物流园区的战略定位和经营目标,在已确认的空间场所内,按照从货物的进入、组装、加工等到货物运出的全过程,力争将人员、设备和物料所需要的空间做最适当的分配和最有效的组合,以获得最大的经济效益。

成都量力物流园区地理位置布局图如图7-9所示。

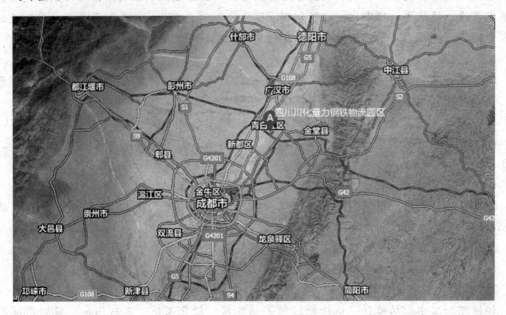

图7-9 成都量力物流园区位置布局图

2) 布局规划设计

物流园实现以下功能。

(1) 会展中心功能。充分利用成都是我国的中心城市之一,临近高速公路等地理优势,靠近兰州、重庆、西安的区域优势,举办钢铁、汽车、家电、造船等国际展览会、商贸洽谈会和技术研讨会,吸引国内外商客,开拓新的客户和市场,逐步确立量力钢铁物流园的国际地位。

(2) 钢铁深加工中心功能。钢铁深加工是将钢铁原始状态的各种板材、管材、线材,通过剪切、拉直、开平、压薄、热轧、冷轧、冲压等生产工序,加工成用户可直接使用的产品,为产业链的上游、中游和下游用户服务。

(3) 运输配送服务功能。为客户量身定制具有可操作性的物流解决方案并提供专业物流资讯服务,帮客户降低成本,提高市场竞争优势,实现共赢。提供国内外货运代理服务。建立汽车维配中心,为园区物流公司服务。同时,提供各种车辆等服务。通过发展运输配送,整合资源,组建物流运输公司,负责货物运输配送。通过自有车辆及整合社会资源的方式,为客户提供整车及零担干线运输。

(4) 电子商务功能。利用商务和现代物流实现远程交易、远期交易,以及整合电子商务、远程交易、虚拟交易、日本商社模式等优势的供需网链,在全国建立网络交易中心、交割仓,实现连锁经营。

成都量力物流园区平面图如图 7-10 所示。

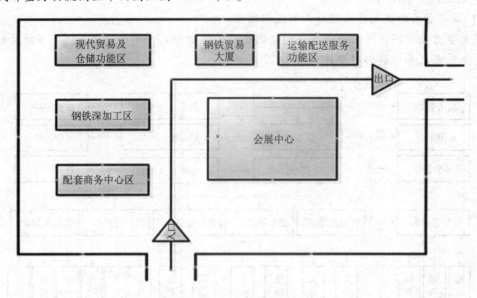

图 7-10　成都量力物流园区平面图

成都量力物流园区总平面图如图 7-11 所示。

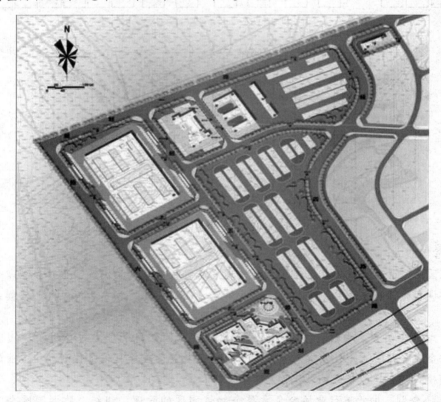

图 7-11　成都量力物流园区总平面图

5. 物流园区商业计划

1）成都量力物流园区管理公司的组织结架

成都量力物流园区将采用规范化的集团公司的组织形式，实行董事会领导下的总经理负责制。组织形式和职能部门设计如图7-12所示。

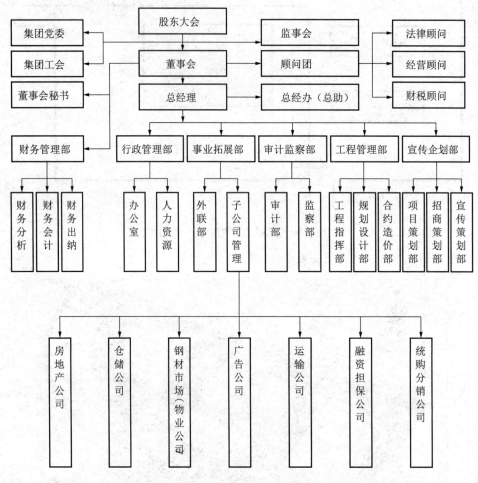

图7-12　企业组织结构图

2）管理模式

物流园区的管理模式是指物流园区为实现发展目标而采取的决策、组织和管理形式。其本质是协调各方面利益关系，包括政府、投资者、物流企业、客户和消费者。其模式有如下数种。

（1）管理委员会。由政府按照开发区的管理模式，组建管理委员会对物流园区进行管理，提供企业登记、土地使用、人事代理等服务。物业管理等具体工作则委托专业的公司来做，这种模式适合规模较大的物流园区。

（2）协会制。由物流行业协会负责整个物流园区的管理、组织，协调园区企业开展物流服务，这种模式与业主管理委员会不同，协会仅仅是组织者，并未对园区直接投资。

（3）股份制公司。采取股份制公司管理物流园区则要成立董事会，委派总经理，成立监事会与相关部门，按照责权利相结合的原则对园区进行管理。

（4）业主管理委员会制。参与园区开发建设的物流企业组成业主委员会，成为园区的决策机构，对园区进行管理。

（5）房东制。投资商在完成土地开发、物流基础设施建设之后，把土地、仓库、办公楼等设施出租给物流公司，投资商自己成为房东，只收租金，不参与经营。

3）经营模式

钢铁物流园区市场经营方式主要有以下几种。

（1）园区的经营以区域租赁的形式向钢铁供应商提供服务。

（2）以总部经济场所、商业网点出售为主。

（3）物流园区的仓储管理服务采取对外承包的形式，由物流园区管理公司对其进行统一的管理监督。

（4）本项目鼓励、提倡有投资联建意向的合作钢材生产厂家或经营企业加入，建成后主要采取入股经营，辅以部分商铺和总部基地出售的形式。引进大型配套休闲娱乐会所及饭店餐饮企业入驻。项目日常经济收入来源主要以交易场所的租金、货物装卸费、仓储费及配套钢材加工费为主，辅以其他的物业管理费、广告费和餐饮、宾馆等配套的营业收入。

4）投资估算和收益预测

钢铁物流园区项目建设总投资14.18亿元，其中一期7.82亿元，二期6.36亿元。

预测年销售及营业收入310.58亿元，其中一期77.88亿元。

年成本费用297.61亿元，其中一期75.91亿元，二期221.70亿元。

年利润总额3.97亿元，其中一期1.97亿元，二期2.00亿元。

年所得税后利润2.97亿元，其中一期1.47亿元，二期1.50亿元。

经测算，项目投资利润率27.95%，投资利税率31.90%，项目经济效益好。见表7-4。

表7-4 项目财务评价指标一览表

序号	项目	单位	指标
1	项目建设总投资	亿元	14.18
1.1	一期建设	亿元	7.82
1.2	二期建设	亿元	6.36
2	经济效益指标（达产年）		
2.1	销售收入、营业收入（不含税）	亿元	310.58
2.1.1	一期	亿元	77.88
2.1.2	二期	亿元	232.70
2.2	总成本费用（不含税）	亿元	297.61
2.2.1	一期	亿元	75.91
2.2.2	二期	亿元	221.70
2.3	增值税、营业税	亿元	0.56
2.3.1	一期	亿元	0.23

续表

序号	项目	单位	指标
2.3.2	二期	亿元	0.33
2.4	利润总额	亿元	3.97
2.4.1	一期	亿元	1.97
2.4.2	二期	亿元	2.00
2.5	所得税	亿元	0.99
2.5.1	一期	亿元	0.49
2.5.2	二期	亿元	0.50
2.6	所得税后利润	亿元	2.97
2.6.1	一期	亿元	1.47
2.6.2	二期	亿元	1.50

5) 物流园区的投融资模式

对于政府和企业物流园区投资分工，政府投资应限制在园区内及其周边的公共领域，包括公益性项目和基础设施项目。而企业主要投资的对象则是园区内非公共领域的建设。目前，物流园区的投资方式主要有以下几种：政府直接投资模式、民办官助模式、企业自建模式、BOT投资模式等。

(1) 政府直接投资模式。指政府出资，交由专业的代理公司去经营，或直接成立公司来经营物流园区。政府投资的目的是加强当地的物流基础设施建设，以带动物流及相关产业发展。政府用经济手段支持主要指政府出台相关的针对物流园区及其入住企业的相关政策，如给物流园区优惠的土地政策、税收优惠政策等，以促进其发展。

(2) 民办官助模式。指政府给企业提供优惠的土地、税收政策，以企业为主导的经营模式。如日本物流园区的经营主要是将园区内的土地出售给物流行业协会，这些协会再以股份制的形式在其内部会员中招募资金，用来购买土地和建造设施。另外，政府还给予长期的低息贷款。

(3) 企业自建模式。企业自建模式是指由企业自己出资兴办物流园，这些企业一般是物流界的龙头企业或一些大型企业利用自身的物流资源优势而兴办的，也有的是多家企业联合投资经营的。

(4) BOT投资模式。BOT全文为Build（建设）、Operate（经营）、Transfer（转让）之意，即项目为带资承包模式。此模式一般适用于政府公共工程项目，是吸引非官方资本加入基础设施的一种融资、建造、特许经营的项目实施模式，多用于大型基础设施建设项目。

6. 结束语

成都钢铁物流园区工程，具有良好的经济效益和社会效益。该项目的建设有利于加快四川及附近地区经济发展，符合国家对物流建设工程的总体布局要求和相关政策，同时能充分发挥四川产业配套能力，使四川成都市及周边地区经济发展发挥更大效益，促进当地劳动力就业，促进地区社会协调发展。

问题：1. 物流园一、二期建设，功能设计要考虑哪些方面？
　　　2. 物流园区建设的投融资模式有哪些？

部分复习思考题参考答案

一、填空题

1. 远近结合　方便客户
2. 工业地产商　企业　主体企业
3. 土地增值收入　出租/租赁收入　服务收入

二、单项选择题

1. A　2. B　3. C

三、多项选择题

1. ABCD　2. ABCD　3. ABC　4. ABC

四、名词解释（略）

五、简答题（略）

六、案例分析题（答题思路）

1. 两个原则：一是边建设边运营；二是选择创收、赢利快的业态先建设。
2. 主要有 4 种模式：政府直接投资模式；民办官助模式；企业自建模式；BOT 投资模式。

第8章

物流运输系统规划与设计

本章要点
- 物流运输系统的功能与特点;
- 物流运输系统规划与设计的原则与主要内容;
- 物流运输系统运输方式的特点与选择;
- 物流运输系统最短路径求解问题。

开篇案例

韩国三星运输系统合理化革新

1. 解决原材料库存问题三星公司物流运输化策略如下。

(1) 将全球采购转变为总部整合采购,由三星总部根据时间和地点与供应商联系,然后各法人公司自行采购。尽量采取本地化采购,可以做到即时供应,尽可能压低原材料库存量,从而减少占压资金,降低成本。

(2) 借助 MRP Ⅱ 系统,自动生成物料采购计划,使用多少原材料,都能清楚地掌握,可随时根据生产的情况进行补货,整个流程变得更加透明,从而可精准地控制库存的数量,减少占用企业资金,降低成本。

2. 完善物流运输网络

(1) 建设物流园区,在设立制造基地的同时,召集供应商入驻园区,这样将原来复杂的采购原材料的方式变得简单,节省了大量的运输费用,不仅减少了大量库存,还能保证及时生产、供货。

(2) 针对没有入驻物流园区的供应商,三星公司采取将原材料配送中心和产品配送中心,清晰明了地进行配送工作。对物流园区外的零售商,尽量发展直达运输,将整个配送中心的业务快速完成,而在这一过程中附加活动所带来的费用将会减少,从而达到节省成本的目的,更好地为顾客提供最佳服务。

3. 解决顾客订单前置时间长的问题

(1) 准时派车作业管理。按物品数量,分派合适的车辆及工人,按客户所指定的时间

地点，人车必须准时到达。

(2) 现场监督作业管理。在搬运及装车过程中，监督人员指导搬运工人合理装载，提高装卸速度。装车完毕后，车厢物品在众多搬运工人看护下快速转移到包装车间。

(3) 通过建立物流园区和发展直达运输与多家零售商签订合约发展直供模式。这些都促成了三星公司能够合理地解决前置时间长的问题。

4. 建立集成化的通信系统

三星公司采用 ERP 系统，建立了一个网络跟踪系统，进行网络化管理，更快地对产品进行分类、辨别，并生产、配送。同时，分布在世界各地的三星的工厂、供应商与代理商都与三星公司总部连网，实现了信息共享。三星电子的采购订单与账款收付都由位于韩国的三星总部统一管理。代理商直接在网上下订单，总部将订购信息发布给各厂。工厂看到该信息后，开始检查现有资源情况，以确定自己的生产能力，并上传给总部。总部根据各工厂生产能力和客户位置，选择最合适的工厂分派订单，加快了整个生产的速度。三星公司通过高科技的支持，实现了资源共享，有效地提高运输合理化，而且这种系统的顾客跟踪服务，能够及时得到顾客对一些问题的反馈，从而提高客户的满意度。

三星公司主要是对库存、物流运输网络、缩短前置时间和完善信息系统四个方面进行改革，而这些改革使物流运输合理化，从而有效地提升了企业在客户心目中的形象，提高了企业的竞争力，更利于三星公司的经营，推动了三星公司的长足发展。

(资料来源：http://wenku.baidu.com/link？url=Q4wR3MAAu8yGmsZHBTA7Yzcfx8Yica2qRVWCM_abBBdKKS5wmHTqpzbsh1c4pyy1C-JQ1dJnOmycqd0VwDqpO-Ypb7sEA0BMXjyMVbRV3XW. 2012-07-01)

8.1 物流运输系统概述

运输是指用设备和工具，将物品从某一地点向另一地点运送的物流活动。其中包括集货、分配、搬运、中转、装卸、分散等一系列操作。

8.1.1 物流运输系统的功能

物流运输系统主要实现货物的转移，从而创造空间和时间价值，其功能包括货物移动、短期储存等。运输的发展影响着社会生产、流通、分配和消费的各个环节，是保证国民经济正常运作的重要基础之一。

1. 货物的空间移动

运输实现货物的空间转移，创造"场所价值"，物流是物品在时空上的移动，运输主要承担改变物品空间位置的作用，是物品改变空间位置的主要技术手段，是物品实现价值增值的主要原因。运输是物流的主要功能要素之一，决定了物流的速度。

随着社会分工迅速发展，生产与供应的关系日益紧密。现代生产的基本要求是生产过程平稳、生产各环节节奏一致，而生产、供应、消费等社会行为在空间上的联系却日趋分离，因此，运输的作用显得空前突出。任何正常运转的企业，每天都有大量物资进出。某些重要的交通线路如果不能正常运转，将对国民经济产生巨大影响。

2. 货物的短期储存

将运输车辆作为临时的储存设施，对产品进行短期库存是运输的职能之一。如果转移中的产品需要储存，而短时间内又要重新转移，卸货和装货的成本也许会超过储存在运输工具中的费用，此时可以将运输工具作为临时的储存工具。另外，产品在运输途中也是短期储存的过程。

8.1.2 物流运输系统的要素

构成物流运输系统的要素主要有基础设施、运输工具和运输参与者。

1. 基础设施

1）运输线路

运输线路是供运输工具定向移动的通道，也是运输赖以运行的基础设施之一，是构成运输系统最重要的要素。在现代运输系统中，主要的运输线路有公路、铁路、航线和管道。其中，铁路和公路为陆上运输线路，除了引导运输工具定向行驶外，还需承受运输工具、货物或人的重量；航线有水运航线和空运航线，主要起引导运输工具定位定向行驶的作用，运输工具、货物或人的重量由水或空气的浮力支撑；管道是一种相对特殊的运输线路，由于其严密的封闭性，所以既充当了运输工具，又起到了引导货物流动的作用。

2）运输节点

所谓运输节点，是指以连接不同运输方式为主要职能，处于运输线路上的承担货物集散、运输业务办理、运输工具保养和维修的基地与场所。运输节点是物流节点中的一种类型，属于转运形节点。公路运输线路上的停车场（库）、货运站，铁道运输线路上的中间站、编组站、一区段站、货运站，水运、线路上的港口、码头，空运线路上的空港，管道运输线路上的管道站等都属于运输节点范畴。一般而言，由于运输节点处于运输线路上，又以转运为主，所以货物在运输节点上停滞的时间较短。

2. 运输设备

运输设备即运输工具，是指在运输线路上用于载重货物并使其发生位移的各种设备和装置，它们是运输能够进行的基础设备，也是运输得以完成的主要手段。运输设备根据从事运送活动的独立程度可以分为三类。

（1）仅提供动力，不具有装载货物容器的运输工具，如铁路机车、牵引车、拖船等。

（2）没有动力，但具有装载货物容器的从动运输工具，如车皮、挂车、驳船、集装箱等。

（3）既提供动力，又具有装载货物容器的独立运输工具，如轮船、汽车、飞机等。

管道运输是一种相对独特的运输方式，它的动力设备与载货容器的组合较为特殊，载货容器为干管，动力装置设备为泵（热）站，因此设备总是固定在特定的空间内，不像其他运输工具那样可以凭借自身的移动带动货物移动，故可将泵（热）站视为运输设备，甚至可以连同干管都视为运输设备。

3. 运输参与者

运输活动的主体是运输参与者，运输活动作用的对象（运输活动的客体）是货物。货物的所有者是物主或货主。运输必须由物主和运输参与者共同参与才能进行。

1）物主

物主包括托运人（或称委托人）和收货人，有时托运人与收货人是同一主体，有时不是同一主体。不管托运人托运货物，还是收货人收到货物，他们均希望在规定的时间内，以最低的成本、最小的损耗和最方便的业务操作，将货物从起始地转移到指定的地点。

2）承运人

承运人是指运输活动的承担者，他们可能是铁路货运公司、航运的公司、民航货运公司、储运公司、物流公司或个体运输业者等。承运人是受托运人或收货人的委托，按委托人的意愿以最低的成本完成委托人委托的运输任务，同时获得运输收入。承运人根据委托人的要求或在不影响委托人要求的前提下合理地组织运输和配送，包括选择运输方式、确定运输线路、进行货物配载等。

3）货运代理人

货运代理人是根据用户的指示，为获得代理费用而招揽货物、组织运输的人员，其本人不是承运人。他们负责把来自各用户的小批量货物合理组织起来，以大批量装载，然后交由承运人进行运输。待货物到达目的地后，货运代理人再把该大批量装载拆分成原先较小的装运量，送往收货人。货运代理人的主要优势在于大批量装载可以实现较低的费率，并从中获取利润。

4）运输经纪人

运输经纪人是替托运人、收货人和承运人协调运输安排的中间商，其协调的内容包括装运装载、费率谈判、结账和货物跟踪管理等。经纪人也属于非作业中间商。

8.1.3 物流运输系统的特点

1. 物流运输系统是一个连续性的过程系统

运输生产是在流通过程中完成的，它的连续性表现为运输生产过程的连续性和运输生产时间的连续性。其货物运输生产过程包括了集、装、运、卸、散诸环节所组成的生产全过程，诸过程单元是通过旅客和货物位移相互连接的。在完整的运输过程系统中，任何一个单元出现故障都直接影响系统功能的实现。为了保证过程系统的正常运转，就要不断地解决和协调各个过程单元和单元间所形成的"结合部"。由于物流运输系统是一个过程系统，在作业过程的诸多环节间形成"结合部"，对其管理问题有特别重要的意义。

物流运输系统生产的连续性还表现在时间上的连续，这个系统必须全年、全月、全日的运转，而不能发生任何中断，如果发生运输中断，就破坏了运输的正常生产。

2. 物流运输系统产生的多环节、多功能等特点

结构复杂的物流运输系统，其运输生产过程表现为多个环节之间的联合作业，如货物装载、运输、卸载等，各个环节简要协调适应。

物流运输系统具有多种功能，如运输功能、生产功能、服务功能、工业功能、城市功能及国防功能等，完成物流运输系统的功能就意味着要实现物流运输系统的多种功能。

各种运输方式对应于各自的技术特性，有不同的运输单位、运输时间和运输成本，因而形成了各种运输方式不同的服务质量。也就是说，运输服务的利用者可以根据货物的性质、大小、所要求的运输时间、所能负担的运输成本等条件来选择相适的运输方式，或者合理运用多种运输方式实行联合运输。

3. 物流运输系统生产具有网络特性

良好的物流运输系统要有合理的布局与结构，要建设成与内部外部协调的交通运输网。在科学合理的交通运输网上，通过科学的运输组织才能实现运输需求，加速货物和车船的周转，压缩旅客和货物的在途时间，加速国民经济的发展。

运输网络是一个赋权的连通图，由节点和弧组成。网中的节点是各种运输方式的车站、枢纽或多种运输方式的结合部，如城市、地区中心、街道交叉口等；弧是网络中车站之间、枢纽点之间或各种运输方式结合点之间的区间线路，如公路线、铁路线、航空线、水运航道及运输管道等。物流运输系统的建设与发展，首先要从完善、加强、扩展交通运输网着手，不断提高交通运输网的数量与质量，是发展物流运输系统的基本措施。

4. 物流运输系统是一个动态系统

运输不产生新的实物形态产品，不改变劳动对象的属性和形态，只是改变它的位置，运输生产所创造的价值附加在其劳动对象上。劳动对象（货物）的位置转移是一个动态过程，即物流运输系统中的人流、物流、车流、船流及飞机流等本身就是经常处在一个流动的状态。另外，运输生产活动通常处在十分复杂多变的外部环境中，使运输活动的组织和管理具有动态性。

5. 物流运输系统具有现代化发展趋势

随着时代的不断发展，通过采用当代先进适用的科学技术和运输设备，运用现代管理科学，协调运输系统各构成要素之间的关系，充分发挥运输的功能。运输系统的现代化也促使运输系统结构发生根本性的改变，主要表现在：一是由单一的运输系统结构转向多种方式联合运输的系统结构，如汽车—船舶—汽车、汽车—火车—汽车、船舶（港口）—火车（站场）—汽车（集散场）等不同的联合运输系统；二是建立了适用于矿石、石油、肥料、煤炭等大宗货物的专用运输系统；三是包装、装卸、运输一体化，使运输系统向托盘化与集装箱化方向发展；四是顺应全球经济发展的需要，一些发达国家陆续开发了一些新的运输系统，如铁路传送带运输机械、筒状容器管道系统、城市中无人操纵收发货物系统等。

8.1.4 物流运输系统的结构

铁路、公路、航空、水路和管道是最基本的五种运输方式，形成五个运输子系统。建立合理的运输结构，不仅要科学地确定各种运输方式在物流运输系统中的地位和作用，还必须在全国乃至全球范围内根据运输方式的合理分工和社会经济发展要求，做到宜铁则铁、宜公则公、宜水则水、宜空则空，建立一个经济协调、合理发展的综合物流运输系统。综合物流运输系统的结构主要有以下几种形式。

1. 并联结构

各个运输子系统间为并联关系，如图 8-1 所示。

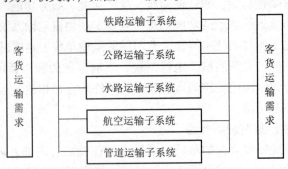

图 8-1 物流运输系统并联结构

2. 串联结构

各个运输子系统间为串联关系，如图 8-2 所示。

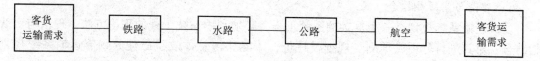

图 8-2　物流运输系统串联结构

3. 串并联结合的网络型结构

各个运输子系统间为串联、并联相结合的关系，如图 8-3 所示。

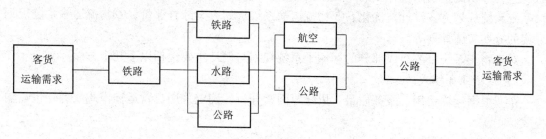

图 8-3　物流运输系统串并联结构

8.1.5　物流运输系统规划

物流运输系统规划是指为了完成确定目标，在一定区域范围内对物流运输系统进行总体战略部署，即根据社会经济发展的要求，从当地具体的自然条件和经济条件出发，通过综合平衡和多方案比较，确定交通运输发展方向和地域空间分布等。

1. 物流运输系统规划的原则

在进行物流运输系统规划时，一般遵循以下原则。

1）经济发展原则

物流运输系统发展布局必须服从于社会经济发展的总体战略、总目标，服从于生产力分布的大格局。物流运输系统建设必须与所在区域的社会经济发展各个阶段目标相一致，为当地的社会经济发展服务。

2）协调发展原则

在进行物流运输系统规划时，必须综合考虑所在区域的铁路、公路、水路、航空和管道五大运输方式的特点，形成优势互补、协调发展的综合运输网络。

3）局部服从整体原则

某一层次的物流运输系统规划必须服从上一层次物流运输系统总体布局的要求，如省级规划必须以国家级规划为前提，市级规划必须以国家级和省级规划为前提。

4）近期与远期相结合原则

一个合理的物流运输系统规划应包括远期发展战略规划、中期建设规划、近期项目建设规划三个层次，并满足"近期宜细、中期有准备、远期有设想"的要求。

5）需要与可能相结合原则

物流运输系统规划既要考虑社会经济发展对运输的要求，建设尽可能与社会经济发展相协调的综合物流运输系统，以促进社会经济的发展，又要充分考虑人力、物力、财力等建设条件的可能性，实事求是地进行物流运输系统的规划和实施。

6) 理论与实践相结合

物流运输系统规划是一个复杂的系统工程，必须利用系统工程的理论方法，理论与实践相结合，对其进行分析、预测、规划及评价，才能获得总体效益最佳的物流运输系统规划方案。

2. 物流运输系统规划的内容

对于区域性物流运输系统规划，其主体内容一般包括以下几个方面：①物流运输系统现状调查；②物流运输系统存在的问题诊断；③物流运输系统运输需求量发展预测；④物流运输系统系统规划方案设计与优化；⑤物流运输系统规划方案综合评价；⑥物流运输系统规划方案的分期实施计划等。

对于物流系统重要组成部分的运输子系统规划与设计主要包括以下几个方面。

1) 运输业务模式的选择

企业根据运输费用、服务质量、风险等因素分析，确定采用自营运输模式或者外包运输模式。

2) 运输方式的选择

根据各运输方式的优势和特点，选择公路、铁路、水路、航空、管道五种运输方式的一种或几种联合运输方式。

3) 运输批量和运输时间的确定

运输批量和运输时间对运输质量和运输费用会产生重大影响。大批量运输成本低，但大批量运输又与运输方式相关。另外，运输期限必须保证交货时间，不同运输方式所需要的时间和成本均不同。

4) 运输线路的规划与选择

不同运输线路各有优缺点，企业在选择运输线路时，必须结合自己的经营特点和要求、产品性能、市场需求和缓解程度等，并综合考虑各种运输方式和特点之后合理选择。运输线路的规划和选择一般可以分为点点之间运输问题、多点之间运输问题及回路运输问题等。

5) 运输流量的分析

即对于线路上的车辆流量大小进行分析和规划。

6) 车辆的配载和调度问题

在对运输车辆的配载与调度分析时，需要考虑各种货物装卸的先后顺序、货物品种的相容性，如何能够尽可能利用运输车辆的最大运力等问题。

而本章主要讨论运输方式选择和运输线路规划与设计的内容。

8.2 运输方式选择

基本的运输方式有五种，即铁路运输、公路运输、水路运输、航空运输和管道运输，各种运输方式的系统组成、所能承载的货类及运输特点不同。各种运输方式提供的运输服务，各有其特点和优势，也各有其所短，彼此之间既存在着竞争的关系，也有着取长补短的互补协作关系。

不同的运输方式适应不同的运输货类和具体要求。但是，各种运输方式之间存在着一定的可替代关系，因此，根据实际情况选择适当的运输方式是运输规划中非常重要的内容。

8.2.1 各种运输方式的特点

1. 铁路运输

铁路运输是指利用机车、车辆等技术设备沿铺设轨道运行的运输方式。铁路运输具有运输能力大、单车装载量大、运输成本低、速度快、安全可靠等优点，加上多种类型的车辆，使它几乎能承运任何商品，几乎可以不受重量和容积的限制；车速较高，平均车速在五种基本的运输方式中排第二位，仅次于航空运输；铁路运输受气候条件和自然条件的影响较小，在运输的经常性方面有优势；铁路运输可以方便地实现集装箱运输及多式联运。同时，铁路运输也具有其局限性，主要是线路固定、成本很高、原始投资大、建设周期长，列车的编组、解体和中转改编的作业环节占用时间长，货物损毁或丢失事件也比其他运输方式多等，而且不能实现"门到门"运输，通常要依靠其他运输方式，才能完成运输的任务。

根据其特点，铁路运输主要担负大宗低值货物的中长途运输，也较为适合运输散装货物（如煤炭、金属、矿石、谷物等）和罐装货物（如化工产品、石油产品等）。

2. 公路运输

公路运输是指运用一定的载运工具（汽车、拖拉机、人力车等）沿公路实现旅客或货物空间位移的过程，从狭义来讲，公路运输就是指汽车运输。

公路运输可以直接运进或运出货物，是车站、港口、机场、码头货物集散的重要手段。公路运输的特点是速度快、范围广，在运输时间和线路安排上具有较大灵活性，可直达仓库、车站、码头等直接装卸，其他运输方式或多或少都要依靠公路运输来完成运输任务。公路运输的缺点是运输费用较高，载运量较小，不适合装卸大件、重件物品，也不适宜长途运输；在路况较差的情况下，很容易造成货损、货差事故。而且公路建设需要大量土地，运输车辆排放的废气对生态环境会造成较大破坏。

由于公路运输具有较大的可达性、货物批量适应性、货物安全性和缩短运送时间等特点，在短途运输及区域配送方面有着重要的作用。

3. 水路运输

水路运输是指利用船舶、排筏或其他工具，在江、河、湖、泊、人工水道及海洋上运送旅客和货物的一种运输方式。

水路运输按其航行的水域，大体上可划分为远洋运输、沿海运输和内河运输三种类型。远洋运输通常指除沿海运输以外的所有海上运输，在实际工作中又有"远洋"和"近洋"之分，主要以船舶航行的长短和周期的快慢为根据。沿海运输是指利用船舶在我国沿海区域各港口之间的运输，范围包括我国大陆沿海，以及所属的诸岛屿沿海及其与大陆间的全部水域内的运输。内河运输是指利用船舶舟筏和其他浮运工具，在江河湖泊、水库及人工等水道上从事的运输。航行于内河的船舶，除了客货轮、拖轮、驳船之外，还有一定数量的木帆船、水泥船、机帆船。

水路运输利用天然水道，线路投资少，且节省土地资源；船舶沿水道浮动航行，可实现大吨位运输，降低运输成本；江、河、湖、海相互贯通，沿水道可以实现长途运输。但水运也存在一定缺点，如船舶平均航速较低、船舶航行受自然条件影响较大、可达性交差等，而

283

且，如果托运人或收货人不在航道上，就要依靠汽车或铁路运输进行转运，同其他运输方式相比，水运（尤其海洋运输）对货物的载运和搬运有更高的要求。

水路运输主要承担大批量货物，特别是散装货物的运输；承担原料、成品等低价货物的运输，如建材、石油、煤炭、矿石粮食等；承担国际贸易货物的运输，是国际商品贸易的主要运输方式之一。

4. 航空运输

航空运输是指用飞机或航空器进行货物运送的运输方式。航空运输具有速度快、运输路程短、舒适、灵活、安全等优点，但其运载能力低，单位运输成本高，受气候条件限制大，可达性差。一般情况下，航空运输很难实现客货的"门到门"运输，必须借助其他运载工具（主要是汽车）转运。

基于上述特点，航空运输一般用于中长途旅客运输，以及那些体积小、价值高的贵重物品和鲜活商品、要求迅速交货且长途运输的产品运输。

5. 管道运输

管道运输是指主要利用埋藏在地下的运输管道，通过一定的压力差而完成的商品（多为液体货物）运输的一种现代运输方式。管道运输与其他运输方式是相辅相成的，而且有其独特的优势。适宜管道运输的货物采用管道运输后，可以为其他方式运输腾出动力，以承运更多的更经济更安全的货物。作为流体物质运输的主要方式，管道运输有其显著优点，主要表现在以下方面：运输成本低、能耗和损耗少、运输量大、劳动生产率高、建设投资低、占地面积小、受外界影响小、可以连续运行、安全性高、油气损耗低、有利于环境和生态保护等。管道运输也有其不足之处，它只适用于定点、量大的流体物质运输，不如车船运输灵活。

管道运输主要承担单向、定向、量大的流体货物（如石油、油气、煤浆、某些化学制品原料等）运输，且大多是管道自有者用来运输自有产品，不提供给其他发货人所用。

6. 多式联运

货物从起运地到最终目的地的完整运输过程一般不是一种运输方式所能完成的，多数情况下需要两种或两种以上的运输方式。传统的货物分段运输组织形式下，运输组织中的大部分工作都是由货主及其代理人安排和完成的。货主为了完成货物的全程运输，需要与各区段的承运人分别订立运输合同，多次结算费用，多次办理保险并负责各段间的运输衔接工作。各种方式的承运人仅负责组织，完成该区段的货物运输。这种运输组织形式，不仅货主需要付出足够多的人力、时间和费用，而且可能由于对承运人营运线路、班次安排及全程运输涉及的各个环节、各种手续不够熟悉而造成运输时间过长和运输费用过大，甚至造成不合理运输。

针对传统的全程运输组织形式存在的问题，基于现代运输经营思想，一种新的货物全程运输组织形式——联合运输被提了出来。联合运输组织方式由一个机构或一个运输经营人对货物运输全程负责、处理运输衔接和运输服务业务。货主只要与这个机构或经营人订立一份全程运输合同，一次交付费用，办理一次保险就可以实现货物的全程运输。经营联合运输业务的运输企业，一般称为联合经营人。

多式联运是联运经营人根据单一的联运合同，使用两种或两种以上的运输方式，负责货物从指定发送地点运抵收货地点的运输。一般来讲，多式联运需要具备以下几个条件：①必须有一个多式联运合同；②必须使用一份全程的多式联运单据；③必须至少使用两种运输方式，而且是两种以上运输方式的连续运输；④必须使用全程单一费率；⑤必须有一个货物与经营人对货物全程运输负责；⑥国际多式联运经营人接收货物地点和交付货物地点必须属于两个不同的国家。

国际货物多联式是多式联运发展的最高形式。目前的国际货物多式联运基本上是国际集装货物多式联运，其运输优点包括以下几个方面。

1) 统一化、简单化

多式联运的统一化和简单化主要表现在不论运输全程有多远，不论由几种方式完成货物运输，也不论全程分为几个运输区段，经过几次转换，所有运输事项均由多式联运经营人负责办理，货主只需办理一次托运、订立一份运输合同、办理一次保险。多式联运通过一张单证，采用单一费率，大大简化了运输与结算手续。

2) 减少中间环节，提高运输质量

多式联运以集装箱为运输单元，可以实现门到门运输，尽管运输途中可能有多次换装、过关，但由于不需倒箱、装箱、逐件理货，只要保证集装箱外表状况良好，铅封完整即可免检放行，从而减少了中间环节。尽管货物运输全程要进行多次装卸作业，但由于使用专用机械设备，不直接涉及箱内货物。

3) 降低运输成本，节约运杂费用

多式联运经营人通过对运输路线的合理选择和运输方式的合理运用，可以降低全程运输成本，提高利润。对于货主来讲，可以得到优惠的运价。一般将货物交给第一（实际）承运人后即可取得运输单证并据此结汇，结汇时间提前，有利于货物占有资金的周转。此外，由于采用集装箱运输，可节省货物的运输费用和保险费用。

4) 实行单一费率

采用单一费率是多式联运的基本特征和必要条件。多式联运全程运输成本的计算必须考虑国内不同运输方式的运价体系。由于多式联运全程运输采用一张单证，实行单一费率，从而简化了制单与结算的手续，节约了货主的人力和物力。

5) 扩大运输经营人业务范围，提高运输组织水平，实现合理运输

多式联运突破了各种运输方式自有体系、独立运输、经营范围和运输规模的局限，多式联运经营人或多式联运参加者的业务范围大大扩展，从理论上讲可以扩散到全世界。除了运输经营人外，其他与运输有关的行业和机构，如仓储、港口、代理、保险等都可通过参加多式联运得到好处，扩大业务。多式联运经营人对世界运输网、各类经营人、代理人、相关行业和机构及有关业务都有较深的了解和较为密切的关系，可以选择最佳的运输路线，使用合理的运输方式，选择合适的承运人，实现最佳的运输衔接和配合，实现合理运输。

8.2.2 运输方式选择考虑的因素

各种运输方式拥有一系列服务属性，客户可以根据需求选择不同的运输方式。在运输方式选择模型中，有一些重要因素需要考虑，诸如运输速度、运输容量、运输费用、运输质量及环境保护等。

1. 货品特性

不同的产品对运输的要求不同。一般来说，粮食、煤炭等大宗散货适宜选择水路运

输、日用品、小批量近程运输货物适宜选择公路运输，海产品、鲜花等鲜活产品及宝石等贵重物品适宜选择航空运输，石油、天然气等液体货物适宜选用管道运输。

2. 运输速度和运距

运输速度的快慢、运输路程的远近决定了货物的运输时间长短，在途运输货物会形成资金占用。因此，在途时间长短对能否及时满足销售需要、减少资金占用具有重要影响。运输速度和路程是选择运输方式时应考虑的一个重要因素。一般来说，批量大、价值低、运距短的商品适宜选择水路运输或铁路运输；批量少、价值高、运距长的商品适宜选择航空运输；批量小、距离近的商品适宜选择公路运输。

3. 运输容量

运输容量，即运输能力，以能够应付某一时期的最大业务量为标准。运输能力的大小对企业的分销影响很大，特别是一些季节性产品，旺季时会使运输到达高峰状态。若运输能力小，不能合理、高效率地安排运输，就会造成货物积压，产品不能及时运往销地，使企业错失销售机会。运量与运输密度也有关，运输密度对商品能否及时运送、使其在客户需要的时间内到达客户手中，争取客户、及时满足客户需要和扩大销售至关重要。

4. 运输成本

运输成本包括运输过程需要支出的人力、物力和财力。企业在进行运输决策时，要受到经济实力及运输费用的制约。如果企业经济实力弱，就不能使用运输费用高的运输方式，诸如航空运输。

5. 运输质量

运输质量包括可到达性、运输时间的可靠性、运输安全性、货差货损及客户服务水平等方面，用户根据运输质量要求选择相应的运输方式。

6. 环境保护

运输业动力装置废气的排出是空气主要污染源，特别在人口密集的城市，汽车废气已经严重影响空气质量。比较各种运输方式对环境的影响，就单位运输产品的废气排放量，航空最多，其次是公路，较低的是铁路，水运对空气的污染极小，而管道运输几乎不对空气产生污染。公路和铁路沿线建设会占用大量土地，从而对生态平衡产生影响，使得人类的生存环境恶化。水路运输基本上在自然河道和广阔的海域中进行，不会占用土地，但是油船运输的溢油事故会给海洋带来严重污染。在运输方式选择上，应综合各个因素，尽量选择污染少的运输方式。

8.2.3 运输方式选择模型

1. 单一运输方式的选择

企业根据货品特性、运输速度、运输容量、运输费用、运输质量和环境保护等因素，综合考虑单一种类的运输方式。常用的运输方式模型包括因素分析法、加权因素分析法和层级分析法等。

1) 因素分析法

因素分析法首先确定在选择运输方式时应该考虑的一些重要因素和标准，然后对所有因素进行评分，最后对各种运输方式合并所有评价因素，选取综合评分最高的运输方式作为最终选择。

因素分析法评分公式如下:

$$v_j = \sum_{i=1}^{n} s_{ij}$$

式中:v_j——运输公式 j 的综合得分;
s_{ij}——第 i 个因素上运输方式 j 的得分;
n——因素个数。

【例 8-1】 某公司对货品 A 的运输有公路、铁路、航空三种运输方式可以选择,根据货品特性、数量、运距和到达要求等对各运输方式的评分如表 8-1 所示,求取应该选择的运输方式。

表 8-1 运输方式的评分表

评价因素 运输方式 (编号)	运输速度	运输费用	可达性	安全性	特殊要求的满意度
公路运输	6	7	8	8	8
铁路运输	7	8	7	7	7
航空运输	8	6	6	8	6

解:用因素分析法评分:
$v_1 = 6+7+8+8+8 = 37$
$v_2 = 7+8+7+7+7 = 36$
$v_3 = 8+6+6+8+6 = 34$
因此,按照评分结果选择公路运输方式。

2) 加权因素分析法

加权因素分析法是因数分析法的扩展。根据各个评价标准的重要程度,给予其不同的权重值,以便得到更加准确的评价结果。加权因素评价法评分公式如下:

$$v_j = \sum_{i=1}^{n} w_i s_{ij}$$

式中:v_j——运输公式 j 的综合得分;
s_{ij}——第 i 个因素上运输方式 j 的得分;
w_i——第 i 个因素的权重;
n——因素个数。

3) 层次分析法

层次分析法(AHP)通过分析复杂系统所包含的要素及其相互关系,并将要素归并为不同的层次,从而构成一个多层次的分析结构模型。具体步骤为每一层次按某一规定的准则,对该层要素进行逐对比较,写成矩阵形式,构成并建立判断矩阵;通过判断矩阵的最大特征根及其相对应的特征向量计算,得出该层次要素对该准则的权重;计算出各层次要素对于总体目标的组合权重,从而得出不同设想方案的权值。显然用此方法可以确定各评价准则的权重,从而为选择最优方案提供依据。

2. 多式联运运输方式的选择

在选择多式联运运输方式时，除了货品特性、运输费用、运输容量等因素外，还需要考虑中转时间、中转费用、服务水平等因素。

在多式联运建模中，可以根据总时间、总费用等目标函数建模。下面以总费用最小为目标函数，一对运输节点间只能选择一种运输方式为例，说明多式联运运输方式的选择问题。

各种变量说明如下。

$C_{i,\,i+1}^{j}$：从节点 $i+1$ 选择第 j 种运输方式的费用；

t_i^{jl}：节点从第 j 种运输方式换装成第 l 种运输方式的换装费用；

$X_{i,\,i+1}^{j} = \begin{cases} 1 & \text{在节点 } i \text{ 到节点 } i+1 \text{ 之间选择第 } j \text{ 种运输方式；} \\ 0 & \text{其他；} \end{cases}$

$r_i^{jl} = \begin{cases} 1 & \text{节点 } i \text{ 从第 } j \text{ 种运输方式转换为第 } l \text{ 种运输方式；} \\ 0 & \text{其他。} \end{cases}$

目标函数：$\min Z = \sum_i \sum_j X_{i,\,i+1}^{j} C_{i,\,i+1}^{j} + \sum_i \sum_j \sum_l r_i^{jl} t_i^{jl}$ (8-1)

约束条件：$\sum_j X_{i,\,i+1}^{j} = 1$ (8-2)

$\sum_j \sum_l r_i^{jl} = 1$ (8-3)

$X_{i-1,\,i}^{j} + X_{i,\,i+1}^{l} \geq 2 r_i^{jl}$ (8-4)

$r_i^{jl},\ X_{i,\,i+1}^{j} \in \{0,\ 1\}$ (8-5)

其中，式 (8-1) 为目标函数，以各种运输方式的运输总费用与换装总费用之和的最小化为目标，这是一个整数规划模型。式 (8-2) 表示在节点 i 到节点 $i+1$ 之间只能选择一种运输方式。式 (8-3) 表示节点 i 只发生一次换装。式 (8-4) 是确保运输的连续性。式 (8-5) 表示决策变量取值 (0, 1)。

模型求解可以选用动态规划思想，每个节点相当于动态规划的一个阶段，利用动态规划的逆序方法一次求取节点间的最佳运输方式。其中节点对之间的运输费用可表示如下：

$$P_{i-1}(j,\ l) = t_{i-1}^{jl} + Q C_{i-1}^{l}$$ (8-6)

式中：$P_{i-1}(j,\ l)$——运输总费用；

t_{i-1}^{jl}——中转费用；

Q——运量；

C_{i-1}^{l}——选用第 l 种运输方式的单位运价。

【例 8-2】 假设一个运输线路上有 4 个城市，每个城市对之间有 3 种运输方式可以选择，城市对之间的运输费用和运输中转费用如表 8-2 和表 8-3 所示。假设运量 Q 为 25 个单位，试用动态规划方法求解最佳的运输方式组合。

表 8-2 各城市对之间的运输单价

运输方式 \ 城市对	1—2	2—3	3—4
公路	3	4	2

续表

运输方式 \ 城市对	1—2	2—3	3—4
铁路	2	5	3
航空	4	3	3

表8-3 批量中转总费用表

运输方式转换	从公路到			从铁路到			从航空到		
	公路	铁路	航空	公路	铁路	航空	公路	铁路	航空
中转费用	0	2	1	2	0	2	1	2	0

解：①对于第三个城市。若三个城市以公路运输方式到达，则第三个城市与第四个城市之间选取各种运输方式的费用如下：

P_3（公，公）$= t_3^{公,公} + QC_{3,4}^{公} = 0 + 25 \times 2 = 50$

P_3（公，铁）$= t_3^{公,铁} + QC_{3,4}^{铁} = 2 + 25 \times 3 = 77$

P_3（公，航）$= t_3^{公,航} + QC_{3,4}^{航} = 1 + 25 \times 3 = 76$

由计算可得，若第三个城市以公路运输方式到达，则第三个城市与第四城市之间选取公路运输最佳。

同理可得：若第三个城市以铁路或航空运输方式到达，则第三个城市与第四个城市之间均应选取公路运输最佳。P_3（铁，公）$= 52$；P_3（航，公）$= 51$。

②对于第二个城市。若第二个城市以公路运输方式到达，则第二个城市与第三个城市之间选取各种运输方式的总费用如下。

P_2（公，公）$= t_2^{公,公} + QC_{2,3}^{公} + P_3(公，公) = 0 + 25 \times 4 + 50 = 150$

P_2（公，铁）$= t_2^{公,铁} + QC_{2,3}^{铁} + P_3(铁，公) = 2 + 25 \times 5 + 52 = 179$

P_2（公，航）$= t_2^{公,航} + QC_{2,3}^{航} + P_3(航，公) = 1 + 25 \times 3 + 51 = 127$

计算可得最小运输费用为P_2（公，航）$= 127$。同理可得，以其他运输方式到达时均应选取航空运输方式。P_2（铁，航）$= 128$；P_2（航，航）$= 126$。

③对于第一个城市。第一个城市采取不同运输方式，其与第二个城市间的运输费用如下：

P_1(公)$= QC_{1,2}^{公} + P_2(公，航) = 25 \times 3 + 127 = 202$

P_1(铁)$= QC_{1,2}^{铁} + P_2(铁，航) = 25 \times 2 + 128 = 178$

P_1(航)$= QC_{1,2}^{航} + P_2(航，航) = 25 \times 4 + 126 = 226$

计算可得，第一个城市应该选用铁路运输方式。各城市之间的最佳组合运输方式如表8-4所示，运输总费用为178。

表 8-4　最佳组合的运输方式选择

城市对	1—2	2—3	3—4
运输方式	铁路	航空	公路

8.3　物流运输系统最短路径求解问题

运输线路优化主要是选择起点到终点的最短路径,最短路径的度量单位可能是时间最短、距离最短或费用最小等。运输路线选择是运输方式选择之后的又一主要运输决策,可分为点点间运输问题、多点间运输问题及回路运输问题,本节有针对性地进行讨论。

8.3.1　点点间运输（Dijkstra 法、逐次逼近法）

对于分离的、单个起点和终点的点点间运输线路选择问题,最简单和最直观的方法是最短路径法。最短路径问题是线路优化模型理论中最为基础的问题之一,也是解决其他一些线路优化问题的有效工具。

最短路径问题,即求两个顶点间长度最短的路径。其中,路径长度不是指路径上边数的总和,而是指路径上各边的权值总和。路径长度的具体含义取决于边上权值所代表的意义,如费用、时间、距离等都可以。对最短路径问题的描述如下。

假设有一个 n 个节点和 m 条弧的连通图 $G(V_n, E_m)$,图中的每条弧 (i,j) 都有一个长度 l_{ij},则最短路径问题为:在连通图 $G(V_n, E_m)$ 中找到一条从节点 1 到节点 n 距离最短（费用最低）的路径。

在考虑使用最短路径求解时,为了能够得到合理正确的解,问题模型一般需要满足一定的假设条件:

(1) 两点之间的弧线距离为整数；

(2) 在连通图中,从任何一个端点 v_i 到其他所有的端点都有直接的路径,如果存在不直接相连的端点对,则可以在它们之间加上一个极大的距离,如无穷大；

(3) 连通图的所有距离为非负；

(4) 连通图是有方向性的。

对工程实际的研究和抽象,在最短路径问题中有四种基本原型,分别如下:

①连通图 $G(V_n, E_m)$ 中,从指定起始点到指定目标点之间的最短路径；

②连通图 $G(V_n, E_m)$ 中,从指定起始点到所有节点之间的最短路径；

③连通图 $G(V_n, E_m)$ 中,所有任意两点之间的最短路径；

④连通图 $G(V_n, E_m)$ 中,经过 K 个节点的最短路径。

求此类最短路径问题主要有 Dijkstra 算法、逐次逼近算法（距离矩阵幂乘法）、Floyd 算法等,这里主要介绍 Dijkstra（迪杰斯特拉）算法。

Dijkstra 在 1959 年提出了按照路径长度的递增次序,逐步产生最短路径的 Dijkstra 算法。该算法可以用于求解任意指定两点之间的最短路径,也可以用于求解指定点到其余所有节点之间的最短路径。

该算法的基本思路是：一个连通网络 $G = (V_n, E_m)$ 中，求解从 v_0 到 v_n 的最短路径时，首先求出从 v_0 出发的一条最短路径，再参照它求出一条次短路径，依次类推，直到从顶点 v_0 到顶点 v_n 的最短路径求出为止。

Dijkstra 算法是采用标号法求解，标号是用来标记各个节点的属性的一套符号。一般说来，根据用来标记确定节点的标号属性和标记过程的不同，有两种不同的 Dijkstra 算法：一种是标号设定算法，另一种是标号修正算法（即逐步修正标号）。

这两种算法都是迭代算法，它们都是在每一步迭代中用试探性标号标记所有的试探点，通过一系列的试探寻找该步中的最短距离。标号设定算法和标号修正算法的不同点在于：标号设定算法是在每一次迭代中将得到的满意的试探性标号设置为永久标号；而标号修正算法则是每一次迭代中将满意的试探性标号改为临时标号，直到最后一次迭代完成之后，才将所有的临时标号转变为永久标号。这两种算法的适用范围也不完全相同，标号设定算法只适用于求解非负网络中的最短路径问题；而标号修正算法则可以解决一部分含有负路径的一般网络问题，但是，它同样不能解决路径总和为负值的问题。以下求解以标号设定算法为例。

标号设定算法中，可用两种符号：T 标号和 P 标号，T 标号为试探性标号，P 标号为永久性标号，给 v_i 点一个 P 标号时，表示从 v_0 到 v_i 点的最短路径，v_i 点的标号不再改变。给 v_i 点一个 T 标号时，表示 v_0 到 v_i 点的估计最短路径的上界，是一种临时标号，凡是没有得到 P 标号的点都有 T 标号。算法是每一步都把某一点的 T 标号改为 P 标号，当终点得到 P 标号时，则全部计算结束。对于 n 个顶点的图，最多 $n-1$ 步就可以得到从始点到终点的最短路径。具体步骤如下。

① 给 v_0 以 P 标号，$P(v_0) = 0$，其余各点均给 T 标号，$T(v_0) = \infty$。

② 若 v_i 点为刚得到的 P 标号的点，考虑这样的点 v_j：(v_i, v_j) 属于 E_m，且 v_j 为 T 标号。对 v_j 的 T 标号进行如下的修改：$T(v_j) = \min\{T(v_j), P(v_i) + l_{ij}\}$。

③ 比较所有具有 T 标号的点的值，把最小者改为 P 标号。当存在两个以上的最小者时，可同时改为 P 标号。若全部点均为 P 标号，则停止；否则，用 v_j 替代 v_i，转回②。

【例 8-3】 如图 8-4 所示为单行线交通网络，用 Dijkstra 算法求 v_1 到 v_6 点的最短路径。

解：① 给 v_1 以 P 标号，$P(v_1) = 0$，给其余各点均为 T 标号，$T(v_i) = \infty$，$(i = 2, \cdots, 6)$。

② 由于 (v_1, v_2)，(v_1, v_3) 边属于 E，v_2、v_3 为 T 符号，所以修改这两个点的标号：

$T(v_2) = \min\{T(v_2), P(v_1) + l_{12}\} = \min\{+\infty, 0+4\} = 4$

$T(v_3) = \min\{T(v_3), P(v_1) + l_{13}\} = \min\{+\infty, 0+6\} = 6$

比较所有 T 符号，$T(v_2)$ 最小，所以令 $P(v_2) = 4$，记录路径 (v_1, v_2)。

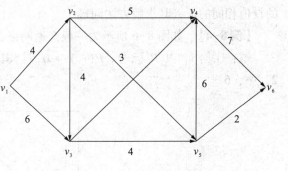

图 8-4 单行交通网络图

③ v_2 为得到的 P 符号点，下面考察 (v_2, v_3)，(v_2, v_4)，(v_2, v_5) 的端点 v_3, v_4, v_5：

$T(v_3) = \min\{T(v_3), P(v_2) + l_{23}\} = \min\{6, 4+4\} = 6$

$T(v_4) = \min\{T(v_4), P(v_2) + l_{24}\} = \min\{+\infty, 4+5\} = 9$

$T(v_5) = \min\{T(v_5), P(v_2) + l_{25}\} = \min\{+\infty, 4+3\} = 7$

比较所有 T 标号，$T(v_3)$ 最小，所以令 $P(v_3) = 6$，记录路径 (v_2, v_3)。

④ 考察 v_3 点：

$T(v_4) = \min\{T(v_4), P(v_3) + l_{34}\} = \min\{9, 6+5\} = 9$

$T(v_5) = \min\{T(v_5), P(v_3) + l_{35}\} = \min\{7, 6+4\} = 7$

比较所有 T 符号，$T(v_5)$ 最小，所以令 $P(v_5) = 7$，记录 (v_3, v_5)。

⑤ 考察 v_5 点：

$T(v_6) = \min\{T(v_6), P(v_5) + l_{56}\} = \min\{+\infty, 7+2\} = 9$

比较所有 T 符号，$T(v_6) = T(v_4) = 9$，令 $P(v_6) = P(v_4) = 9$，记录路径 (v_5, v_6)。

全部计算结果如图 8-5 所示，v_1 到 v_6 的最短路径为 $v_1 \to v_2 \to v_5 \to v_6$，路长 $P(v_6) = 9$，同时可以得到 v_1 到其余各点的最短路径。

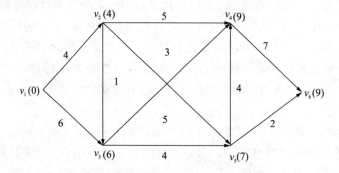

图 8-5　标号计算结果图

一般交通网络均为双向交通网络，即为无向流通图，图中每一条边可看成两条方向相反的权值相同的弧，其求解方法同理。

【例 8-4】 如图 8-6 所示为一般交通网络，用 Dijkstra 算法求 v_1 到 v_6 的最短路。

解：① 给 v_1 以 P 标号，$P(v_1) = 0$，给其余各点均为 T 标号，$T(v_i) = \infty$，（$i = 2, \cdots, 6$）。

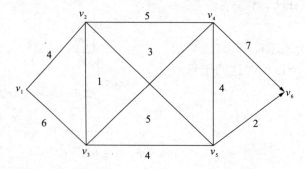

图 8-6　双向交通网络图（无向连通图）

②由于 (v_1, v_2)，(v_1, v_3) 边属于 E，v_2、v_3 为 T 符号，所以修改这两个点的符号：

$$T(v_2) = \min\{T(v_2), P(v_1) + l_{12}\} = \min\{+\infty, 0+4\} = 4$$
$$T(v_3) = \min\{T(v_3), P(v_1) + l_{13}\} = \min\{+\infty, 0+6\} = 6$$

比较所有 T 符号，$T(v_2)$ 最小，所以令 $P(v_2) = 4$，记录路径 (v_1, v_2)。

③v_2 为得到的 P 符号点，下面考察 (v_2, v_3)，(v_2, v_4)，(v_2, v_5) 的端点 v_3, v_4, v_5：

$$T(v_3) = \min\{T(v_3), P(v_2) + l_{23}\} = \min\{6, 4+1\} = 5$$
$$T(v_4) = \min\{T(v_4), P(v_2) + l_{24}\} = \min\{+\infty, 4+5\} = 9$$
$$T(v_5) = \min\{T(v_5), P(v_2) + l_{25}\} = \min\{+\infty, 4+3\} = 7$$

比较所有 T 标号，$T(v_3)$ 最小，所以令 $P(v_3) = 5$，记录路径 (v_1, v_3)。

④考察 v_3 点：

$$T(v_4) = \min\{T(v_4), P(v_3) + l_{34}\} = \min\{9, 5+5\} = 9$$
$$T(v_5) = \min\{T(v_5), P(v_3) + l_{35}\} = \min\{7, 5+4\} = 7$$

比较所有 T 符号，$T(v_5)$ 最小，所以令 $P(v_5) = 7$，记录 (v_2, v_5)。

⑤考察 v_5 点：

$$T(v_6) = \min\{T(v_6), P(v_5) + l_{56}\} = \min\{+\infty, 7+2\} = 9$$

比较所有 T 符号，$T(v_6) = T(v_4) = 9$，令 $P(v_6) = P(v_4) = 9$，记录路径 (v_5, v_6)。

全部计算结果如图 8-7 所示，v_1 到 v_6 的最短路径为 $v_1 \rightarrow v_2 \rightarrow v_5 \rightarrow v_6$，路长 $P(v_6) = 9$，同时可以得到 v_1 到其余各点的最短路径。

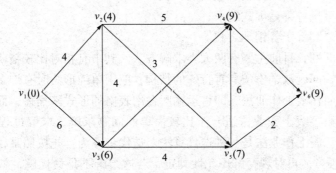

图 8-7 标号计算结果图

用标号设定的 Dijkstra 算法对点点间运输问题求解时，有以下两个方面的局限性：
①用不定长的弧定义非对称连通图中的最短路径问题；
②连通图中没有距离为负的弧。

对于含有负距离的连通图的最短路径问题，当满足一些特定条件时，可以使用标号修改的 Dijkstra 算法、逐次逼近算法或者 Floyd 算法等。

8.3.2 多点间运输（Floyd 法）

多点间运输问题是指起始点或目的点不唯一的运输调配问题。相对来说，多点间的运输调配问题更为复杂。

多点间运输问题中最为常见的问题是产销平衡运输问题，它们设计的总供应能力和总需求是一样的，但是由不同的路径进行配送时，会导致最终的总运输费用不一样，此类问题的目标，就是寻找最低的总运输费用。在这类问题中，一般有 m 个已知的供应点，同时还有 n 个已知的需求点，它们之间由一系列代表距离或者成本的权重值连接起来。

产销平衡运输问题的数学模型可表示如下：

$$\min z = \sum_{i=1}^{m} \sum_{j=1}^{n} c_{ij} x_{ij} \tag{8-7}$$

$$\text{s. t.} \quad \sum_{j=1}^{n} x_{ij} = a_i, \quad i = 1, 2, \cdots, m \tag{8-8}$$

$$\sum_{i=1}^{m} x_{ij} = b_j, \quad j = 1, 2, \cdots, n \tag{8-9}$$

$$\sum_{i=1}^{m} a_i = \sum_{j=1}^{n} b_j \tag{8-10}$$

$$x_{ij} \geq 0, \quad i = 1, 2, \cdots, m; \quad j = 1, 2, \cdots n \tag{8-11}$$

在模型中，目标函数表示运输总费用最小；式（8-8）的意义是由某一产地运往各个销地的物品数量之和等于该产地的产量；式（8-9）是指由各产地运往某一销地的物品数量之和等于该产地的销量；式（8-10）表示总产量和总销量平衡；式（8-11）为决策变量非负条件。

产销平衡运输问题有如下特点：

①约束条件系数矩阵的元素等于 0 或者 1；

②约束条件系数矩阵的每一列有两个非零元素，这对应于每一个变量在前 m 个约束方程中出现一次，在后 n 个约束方程中也出现一次；

③所有结构约束条件都是等式约束；

④各产地产量之和等于各销地之和。

多点间的运输问题，目前主要有两大类求解方法。其中有相对比较精确的求法——单纯形法。但是由于运输问题数学模型具有特殊的结构，应用单纯形法时有许多冗余的计算。

另外一种方法叫作表上作业法，即将运输问题用表格的形式来描述，而且通过在表格上面的操作来完成求解。表上作业法适合于比较简单的问题求解，求解过程直观，计算量不大，可以手工完成。表上作业法是一种迭代算法，迭代步骤为：先按照某种规则找出一个初始解（初始调运方案），再对现行解作允性判定；若这个解不是最优解，就在运输表上对它进行调整改进，得到一个新解；再判别，再改进；直到得到运输问题最优解为止。迭代过程中得出的所有解都要求是运输问题的基可行解。

【例 8-5】 某公司下设 3 个加工厂，每日的产量分别为：A_1 6 吨，A_2 7 吨，A_3 6 吨。公司把这些产品分销给 4 个销售地。各个销售地每日销量为：B_1 4 吨，B_2 5 吨，B_3 6 吨，B_4 4 吨。已知从各个工厂到各个销售点的单位产品运价如表 8-5 所示。问在满足各销售点需求量的前提下，该公司应该如何调运产品，使得总运输费用最少？

表 8-5 单位产品运价表

销地 产地	B_1	B_2	B_3	B_4
A_1	3	10	4	3
A_2	2	9	1	6

续表

销地 产地	B_1	B_2	B_3	B_4
A_3	7	4	10	5

解:(1)确定初始可行解。确定初始可行解的方法很多,一般希望的方法是既简便又尽可能接近最优解,可用最小元素法、西北角法和伏格尔法,这里以伏格尔法为例。在伏格尔法求解中,假如一个产地的产品不能按最小运费就近供应,就考虑次小运费,这样就有一个差额。差额越大,说明不能按最小运费调运时,运费增加就多。因而对差额最大处,就应该采用最小运费调运。伏格尔法的具体步骤如下。

①在表 8-6 中分别计算各行和各列的最小运费和次最小运费的差额,并填入该表的最右列和最下行,如表 8-7 所示。

表 8-6 产销平衡表

销地 产地	B_1	B_2	B_3	B_4	产量
A_1					6
A_2					7
A_3					6
销量	4	5	6	4	

表 8-7 各行和各列的最小运费和次最小运费

销地 产地	B_1	B_2	B_3	B_4	行差额
A_1	3	10	4	3	0
A_2	2	9	1	6	1
A_3	7	4	10	5	1
列差额	1	5	3	2	

②从行或列差额中选出最大者,再选择它所在行或列中的最小元素。在表 8-7 中 B_2 是最大差额所在列。B_2 列中的最小元素为 4,在最小元素的位置上填入尽可能多的运输量,本例中可确定 A_3 的产品先供应 B_2,满足 B_2 的所有需求,得到表 8-8,而此时,B_2 的需求量得到了全部满足,因此将运价表中的 B_2 列划去,如表 8-9 所示。

表 8-8 满足 B_2 所得的表

产地＼销地	B_1	B_2	B_3	B_4	产量
A_1					6
A_2					7
A_3					6
销量	4	5	6	4	

表 8-9 划去 B_2 列

产地＼销地	B_1	B_2	B_3	B_4	行差额
A_1	3	10	4	3	0
A_2	2	9	1	6	1
A_3	7	4	10	5	1
列差额	1	5	3	2	

③对表 8-9 中未划去的元素再分别计算出各行、各列的最小运费和次最小运费的差额，并填入该表的最右列和最下行，如表 8-9 所示，重复②步骤，直到给出初始解。本例的初始解如表 8-10 所示。

表 8-10 初始解

产地＼销地	B_1	B_2	B_3	B_4	产量
A_1	3		6	3	6
A_2	1				7
A_3		5		1	6
销量	4	5	6	4	

（2）最优解的判别。最优解的判别可采用闭回路法和位势法。用闭回路法求检验数时，需要每一空格找一条闭回路，当产销点很多时，这种计算很繁杂。这里主要介绍位势法。

根据伏格尔法得到的初始解，做表 8-11，在对应表 8-10 的数字格处填入运价。根据方程组得到相应的位势 u_i 和位势 v_j 值。

$$u_{i_1} + v_{j_1} = c_{i_1 j_1}$$

$$u_{i_2} + v_{j_2} = c_{i_2 j_2}$$

$$\vdots$$

$$u_{i_5} + v_{j_5} = c_{i_5 j_5}$$

$$s = m + n + 1$$

表 8-11　根据伏格尔法得到的初始解

产地＼销地	B_1	B_2	B_3	B_4	u_i
A_1	3		1	3	0
A_2	2				-1
A_3		4		5	2
v_j	3	2	2	3	

然后，根据求解检验数 σ_{ij} 公式 $\sigma_{ij} = c_{ij} - (u_i + v_j)$ 得到检验数表格，如表 8-12 所示。

表 8-12　检验数表格

产地＼销地	B_1	B_2	B_3	B_4	u_i
A_1	3 / 0	10 / 8	4 / 2	3 / 0	0
A_2	2 / 0	9 / 8	1 / 0	6 / 4	-1
A_3	7 / 2	4 / 0	10 / 6	5 / 0	2
v_j	3	2	2	3	

表中没有负检验数，说明得到最优解；若有负检验数，说明未得到最优解，还可以改进。

（3）改进的方法——闭回路方法。当在表中空格处出现负检验数时，表明未得到最优解。当有两个或两个以上的负检验数时，一般选择其中最小的负检验数，以它对应的空格为调入格，即以它对应的非基变量为换入变量，以此格为出发点，作一闭回路。空格中的调入量为具有（-1）数字格中的最小者。调整方案后再接着检验，直到得到最优解。例题用位势法已经求得最优解，不需要用闭回路方法改进，故表 8-10 中给出的调运方案即最优解，求得最小总运费为 51。

另外，表上作业法存在无穷多最优解和退化等问题，此类问题在《运筹学》相关书籍中已有描述，这里不赘述。

8.3.3　单回路运输（TSP 模型及求解）

单回路运输问题是指在运输路线优化时，在一个节点结合中，选择一条合适的路径遍历所有的节点，并且要求闭合。单回路运输模型在运输决策中，主要用于单一车辆的路径安排，目标是在该车辆遍历所有用户的同时，达到所行驶距离最短。这类问题的两个显著特点是：①单一性，只有一个回路；②遍历性，经过所有用户，不可遗漏。

1. TSP 模型

旅行商问题（Traveling Salesman Problem，TSP）是单回路运输问题中最为典型的一个问题，它指的是：一个旅行商从某一城市出发，到 n 个城市去售货，要求访问每个城市各一次且仅一次，然后回到原城市，问这个旅行商应该走怎样的路线才能使走过的总里程最短（或旅行费用最低）。到目前为止，对 TSP 问题还没有提出多项式算法，是一个典型的 NP-Hard 问题，对于较大规模的这个问题（如 $n>40$）常要通过启发式算法获得近似最优解。

TSP 模型可以描述如下：在给出一个有 n 个顶点的连通图中（有向或无向），寻求一条包括所有 n 个顶点的具有最小总权（可以是距离、费用、时间等）的回路（Tour）。

TSP 模型的数学描述为：

$$\min z = \sum_{i=1}^{n} \sum_{j=1}^{n} c_{ij} x_{ij} \tag{8-12}$$

$$\text{s. t.} \quad \sum_{j=1}^{n} x_{ij} = 1, \quad i = 1, 2, \cdots, n \tag{8-13}$$

$$\sum_{i=1}^{n} x_{ij} = 1, \quad j = 1, 2, \cdots, n \tag{8-14}$$

$$\{(i, j): i, j = 2, \cdots, n; x_{ij} = 1\} \text{ 不包括子回路} \tag{8-15}$$

$$x_{ij} \in \{0, 1\}, \quad i = 1, 2, \cdots, n; j = 1, 2, \cdots, n \tag{8-16}$$

其中，决策变量 $x_{ij} = 0$，表示不连接 i 到 j 的边；$x_{ij} = 1$，表示连接 i 到 j 的边。c_{ij} 是 i 到 j 边上的权数。式（8-13）表示每个顶点只有一条边出去；（8-14）表示每个顶点只有一条边进入；只有式（8-13）与式（8-14）两个约束条件，可能会出现子回路现象，即出现多条回路，因此需要加上式（8-15）这一约束，即除了起点边与终点边以外，其他选中的边不构成回路。如何列出消除子回路的约束条件式子，后面再讨论。这个模型是 0-1 整数规划问题。对于此模型的小规模问题可用分支定界法求解，可选用一些现成的优化软件；对于大规模问题也可用现代优化技术，如模拟退火算法、禁忌搜索、遗传算法、蚁群优化算法等启发式算法。当然，对于不同规模的问题可选用其他简便可行的启发式算法来求解，如节约算法等。节约算法在下一节中介绍，下面介绍两种较简单的启发式算法。

2. 最近邻点法

最近邻点法算法十分简单，但是得到的解并不十分理想，有很大的改善余地。由于该算法计算快捷，但精度低，可以作为进一步优化的初始解。

最近邻点法可以由以下四步完成。

（1）从零点开始，作为整个回路的起点。

（2）找到离刚刚加入到回路的上一顶点最近的一个顶点，并将其加入到回路中。

（3）重复步骤（2），直到所有顶点都加入到回路中。

（4）将最后一个加入的顶点和起点连接起来。

这样就构成了一个 TSP 问题的解。

【例 8-6】现有一工厂（位置在 v_1 处）每天用一辆车给固定区域内的 5 个仓库送货，要求货车到每个仓库只能去一次，送完货后返回工厂。这些仓库间的距离矩阵如表 8-13 所示，距离具有对称性，它们的相对位置如图 8-8 所示，设计一条派送货物的行驶距离最短的路径。

表 8-13 距离矩阵

元素	v_1	v_2	v_3	v_4	v_5	v_6
v_1	−	9	8	6	7	12
v_2		−	6	15	18	16
v_3			−	14	8	7
v_4				−	4	10
v_5					−	6
v_6						−

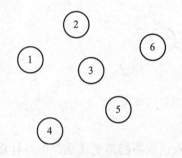

图 8-8 节点相对位置

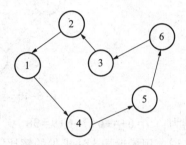

图 8-9 最近邻点法求解结果

解：先将节点1加入回路中，$T = \{v_1\}$。从节点v_1出发，比较其到节点2、3、4、5、6的距离，选择最小值，加入到回路中。从距离矩阵中可知，从v_1节点到v_4的距离最小，为6。因此，将v_4加入到回路中，$T = \{v_1, v_4\}$。然后从v_4出发，观察离v_4最近的节点（除了回路中已经有的节点），得到v_5点，将v_5节点加入到回路中，$T = \{v_1, v_4, v_5\}$。

从节点v_5出发，同理找到v_6点。依次分别再将v_3、v_2加入到回路中，得到最后的解为：$T = \{v_1, v_4, v_5, v_6, v_3, v_2, v_1\}$。线路图如图8-9所示。

总的行驶距离为：$D = 6+4+6+7+6+9 = 38$。

3. 最近插入法

最近插入法比最近邻点法复杂，但是可以得到相对比较满意的解。

最近插入法也是由四个步骤完成的。

（1）找到距离c_{lk}最小的节点，形成一个子回路（v_1, v_k）。

（2）在剩下的节点中，寻找一个距离子回路中某一个节点最近的节点。

（3）在子回路中找到一条弧（i, j），使得$c_{ik} + c_{kj} - c_{ij}$最小，然后将节点v_k加入到子回路中，插入到节点v_i和v_j之间；用两条新弧（i, k）（k, j）代替原来的弧（i, j）。

（4）重复步骤（2）（3），直到所有的节点都加入到子回路中。

下面用最近插入法对例8-6求解。

比较表中从v_1出发的所有路径的大小，得出$c_{14} = 6$，则由节点v_1和v_4构成一个子回路，$T = \{v_1, v_4, v_1\}$。

然后考虑剩下的节点v_2, v_3, v_5, v_6到子回路$T = \{v_1, v_4, v_1\}$某一节点的最小距离，求得v_5点，$c_{45} = 4$，将节点v_5插入到v_1和v_4之间，构成新的回路$T = \{v_1, v_4, v_5, v_1\}$。

同理，接着找到 v_6，$c_{56}=6$。但是 v_6 应该插入的具体位置需要进一步计算分析：
① 插入 1，4 之间，$\Delta = c_{16} + c_{46} - c_{14} = 16$；
② 插入 4，5 之间，$\Delta = c_{46} + c_{56} - c_{45} = 12$；
③ 插入 5，1 之间，$\Delta = c_{56} + c_{61} - c_{51} = 11$。

分析可得 v_5 插入（5，1）之间距离增量最小，所以 v_6 节点应该插入到 v_5 和 v_1 之间，结果为 $T = \{v_1, v_4, v_5, v_6, v_1\}$。同理，可将 v_3，v_2 点依次插入，得到最终解为 $T = \{v_1, v_4, v_5, v_6, v_3, v_2, v_1\}$，如图 8-10 所示。

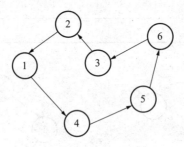

图 8-10 最近插入法求解结果

总行驶距离为：$D = 6+4+6+7+6+9 = 38$。

一般来说，用最近插入法求得的解比用最近邻点法求得的解更优越，但其计算量较大。

下面讨论用 LINGO 优化软件求 TSP 问题。用优化软件求解的前提条件是要写出消去子回路的约束条件，即写出式（8-15）的等式或不等式。在消去子回路的方法中，最有名的是 Dantzig 等在 1954 年提出的下列不等式集：

$$\sum_{i \in S} \sum_{j \in S} X_{ij} \leq |S| - 1 \quad \forall S \subseteq \{2, \cdots, n\} \quad \text{and} \quad |S| \geq 2$$

式中：S——顶点集的子集；
$|S|$——顶点子集中的顶点数。

但这些约束条件还比较难表达。Desrochers 等在 1991 年提出了一个比较好的消去子回路的方法。

这个方法对 n 个顶点采用连续标号的法来处理，从 0 编到 $n-1$，设 $L(i)$ 为节点 i 的标号，当从节点 i 连接到节点 j 时，即 $x_{ij}=1$，则有 $L(j)=L(i)+1$；当从节点 j 连接到节点 i 时，即 $x_{ji}=1$，同样有 $L(j)=L(i)-1$；当节点 i 与节点 j 不连通时，即 $x_{ij}=0$，$x_{ji}=0$，$L(j)-L(i) \geq 2-n$。综合上述讨论，则有式子：$L(j) \geq L(i) + x_{ij} - (n-2) \times (1-x_{ij}) + (n-3)x_{ji}$。$j>1$，$j \neq i$，可作为消去子回路法的约束条件。同时，对于从起点出发的第一顶点 i，则 $x_{li}=1$，$L(i)=1$；对于回到起点的最后一个顶点 i，则 $x_{il}=1$，$L(i)=n-1$；对于其他顶点 i，有 $1 < L(i) < n-1$。综合这些讨论，则有：$L(i) \leq n-1-(n-2)x_{li}$ 与 $L(i) \geq 1+(n-2)x_{il}$。因此整个 TSP 模型的描述如下：

$$\min \sum_i \sum_j c_{ij} x_{ij} \tag{8-17}$$

$$\text{s.t.} \quad \sum_j x_{ij} = 1, \quad i = 1, \cdots, n \tag{8-18}$$

$$\sum_i x_{ij} = 1, \quad j = 1, \cdots, n \tag{8-19}$$

$$L(j) \geq L(i) + x_{ij} - (n-2)(1-x_{ij}) + (n-3)x_{ji}, j > 1, j \neq i \quad (8\text{-}20)$$
$$L(i) \leq n - 1 - (n-2)x_{li}, i > 1 \quad (8\text{-}21)$$
$$L(i) \geq 1 + (n-2)x_{il}, i > 1 \quad (8\text{-}22)$$
$$x_{ij} \in \{0, 1\}, i \neq j \quad (8\text{-}23)$$

同样以例8-6为例，应用LINGO优化软件来求解，LINGO软件的程序如下所示：

```
MODEL:
SETS:
  CUST/1..6/:U;
  LINK(CUST,CUST):DIST,X;
ENDSETS

DATA:
  DIST=
    0   9   8   6   7  12
    9   0   6  15  18  16
    8   6   0  14   8   7
    6  15  14   0   4  10
    7  18   8   4   0   6
   12  16   7  10   6   0;
ENDDATA
  N=@SIZE(CUST)
  MIN=@SUM(LINK:DIST * X);
  @FOR(CUST(K):
  @SUM(CUST(I)|I#NE#K:X(I,K))=1;
  @SUM(CUST(J)|J#NE#K:X(K,J))=1;
  @FOR(CUST(J)|J#GT#1#AND#J#NE#K:
       U(J)>=U(K)+X(K,J)-
         (N-2)*(1-X(K,J))+
         (N-3)*X(J,K)
  );
);
@FOR(LINK:@BIN(X));
@FOR(CUST(K)|K#GT#1:
  U(K)<=N-(N-2)* X(1,K);
  U(K)>=1+(N-2)* X(K,1)
  );
END
```

经过计算，得到的全局最优解与前面方法的解相同，即全局最优解为 $T = \{v_1, v_4, v_5, v_6, v_3, v_2, v_1\}$，里程数为38。

8.3.4 多回路运输（VRP模型及求解）

1. VRP模型

车辆调度问题（Vehicle Routing Problem，VRP）在现实中普遍存在，特别对于有大量服务对象的实体，例如拥有上千个客户的公司，当用车辆运输时，由于条件的限制，不能用一条回路来完成运输任务，需要多条回路。解决此类调配问题时，核心问题是如何对车辆进行调度。

所谓VRP，一般是指对一系列发货点和收货点，组织调用一定的车辆，安排适当的行车路线，使车辆有序地通过，在满足指定的约束条件下（货物的需求量与发货量、交货发货时间、车辆可载量限制、行驶里程限制、行驶时间限制等），力争实现一定的目标（如车辆空驶总里程最短、运输总费用最低、车辆按一定时间到达、使用的车辆数量小等）。

车辆路线调度问题的分类法很多，例如可根据车辆是否满载分为满载问题与非满载问题，根据任务特征可分为纯装、纯卸或装卸混合问题，可根据使用的车场数目分为单车场问题与多车场问题，根据可用车辆的车型数分为单车型问题与多车型问题等。

运用VRP模型，对实际问题进行研究时，需要考虑以下几个方面的问题。

① 仓库，即仓库级数，每级仓库的数量、地点与规模。

② 车辆，车辆型号和数量，容积和运作费用，出发时间和返回时间，司机休息时间，最大的里程和时间限制。

③ 时间窗，各处的工作时间不同，需要各地协调。

④ 顾客，顾客需求、软硬时间窗、装载或卸载、所处位置、优先级。

⑤ 道路信息，车辆密度、道路交通费用、距离或时间属性。

⑥ 货物信息，货物种类、兼容性和保鲜要求。

⑦ 运输规章，工人每天工作时间规定，车辆的周期维护。

一个典型的VRP模型可以表述如下。

（1）基本条件。现有m辆相同的车辆停靠在一个共同的源点v_0，需要给n个顾客提供货物，顾客为$v_1, v_2, v_3, \cdots, v_n$。

（2）模型目标。确定所需要的车辆的数目N，并指派这些车辆到一个回路中，同时包括回路内的路径安排和调度，使得运输总费用C最小。

（3）限制条件。

① $N \leq m$；

② 每一个订单都要完成；

③ 每辆车完成任务之后都要回到源点；

④ 不能超过车辆的容量限制，特殊问题还需要考虑时间窗的限制；

⑤ 运输规章的限制。

情况不同，车辆调度问题的模型及构造都有很大差别。为简化车辆优化调度问题的求解，常常应用一些技术使问题分解或转化为一个或几个已经研究过的基本问题，再用相应比较成熟的基本理论和方法，以得到原问题的最优解或满意解。VRP常用的基本问题有旅行商问题、分派问题、运输问题、背包问题、最短路径问题、最小费用流问题和中国邮递员问题。

下面以扫描算法为例，求解 VRP 问题。

2. 扫描算法

扫描算法分为以下四个步骤完成。

（1）以起始点为极坐标系的原点，并以连通图中的任意一顾客点和原点的连线定义为角度零，建立极坐标系。然后对所有的顾客所在的位置，进行坐标系的变换，全部都转换为极坐标系。

（2）分组。从最小角度的顾客开始，建立一个组，按逆时针方向，将顾客逐个加入到组中，直到顾客的需求总量超出了负载限制。然后建立一个新的组，继续按照逆时针方向，全部都转换为极坐标系。

（3）重复（2）的过程，直到所有的顾客都被分类为止。

（4）路径优化。各个分组内的顾客点，就是一个个单独的 TSP 模型的线路优化问题，可以用前面介绍的 TSP 模型的方法对结果进行优化，选择一个合理的路线。

【例 8-7】 现有一个仓库，需要对 8 个客户提供货物，它们的需求量及极坐标的角坐标值如表 8-14 所示，它们的距离矩阵如表 8-15 所示，位置关系如图 8-11 所示。

表 8-14 需求量及极坐标的角坐标值

顾客	1	2	3	4	5	6	7	8
需求量（单位）	6	4	5	3	6	2	3	4
角坐标/度	130	50	90	280	210	250	330	310

表 8-15 距离矩阵

c_{ij}	v_0	v_1	v_2	v_3	v_4	v_5	v_6	v_7	v_8
v_0	—	11	10	10	7	12	13	11	13
v_1		—	15	8	16	14	15	16	15
v_2			—	6	15	16	18	8	12
v_3				—	12	13	13	12	11
v_4					—	7	5	4	5
v_5						—	2	10	9
v_6	v_1						—	11	10
v_7								—	4
v_8									—

设每个车辆的运输能力是 14 个单位的货物，现有足够多的车辆，试用扫描算法对该运输问题进行求解。

解：①建立极坐标系，本例题中已经直接给出，如图 8-11 所示。

②分组过程，从角度为零向逆时针方向进行扫描，第一个被分组的是顾客 2，LOAD1 = 4；继续转动，下一个被分组的是顾客 3，LOAD1 = 4+5 = 9。由于负载还没有超过限制 LOAD LIMIT = 14，继续转动。下一个被分组的是顾客 1，如果继续分到一组，则 LOAD1 = 4+5+6

15>14 =LOAD LIMIT。按照此分组规则,需要一个新的组,这样在第一个组里只有顾客 1 和 3。在第二组里有顾客 1,LOAD2=6,继续上面步骤,直到所有顾客均被分配完毕。得到如图 8-12 所示的分配结果。

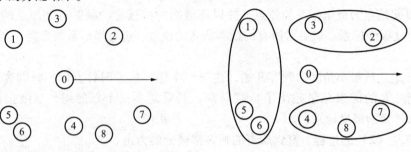

图 8-11 顾客和仓库位置图　　图 8-12 扫描算法求解结果

③组内的线路优化。对上面的三个组,每个组都是单回路运输问题,可用 TSP 模型进行路径优化。用 TSP 的最近插入法算法求解,求得结果为这三条线路 $v_0 \to v_4 \to v_7 \to v_8 \to v_0$,$v_0 \to v_6 \to v_5 \to v_1 \to v_0$,$v_0 \to v_3 \to v_2 \to v_0$,运输量分别为 10、14、9,总里程数为 94。

3. 节约算法

节约算法是 Clark 和 Wright 在 1964 年提出的,又称为 C-W 节约算法。

1) 核心思想

将运输问题中存在的两个回路 (0,…,i,0) 和 (0,j,…,0) 合并为一个回路 (0,…,i,j,…,0),在上述合并操作中,整个运输的总距离将会发生变化,如果变化后总的运输距离减少,则节约了运输距离。此节约距离为节约值 s_{ij},其计算公式为:$\Delta c_{ij} = c_{i0} + c_{0j} - c_{ij} = s_{ij}$。

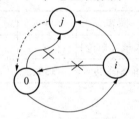

图 8-13 节约算法示意图

2) 求解步骤

(1) 计算各点到源点 0 的距离,以及各点间的距离;连接后的节约值是 s_{ij}。节约法的初始解是将各送货点与源点相连,构成一条仅含一个送货点的送货线路。

(2) 若 s_{ij} 的值均为 0 或空时,则终止;否则,在 s_{ij} 中求出值为最大的那一项,进入 (3)。

(3) 考察对应的 s_{ij},若满足下述条件之一,则转 (5),否则转 (6)。

①点 i 和点 j 均不在线路上。

②点 i 不在线路上,点 j 为线路的起点或终点。

③点 i 为一条线路的终点,而点 j 为另一条线路的起点。

(4) 判断点 i 和点 j 是否交换过。若没有,交换后转 (3);否则转 (7)。

(5) 约束条件计算。计算连接点 i 和点 j 后线路的总货运量 Q,若 $Q \leq q$,并满足其他约束条件,则转 (6),否则转 (7)。

(6) 连接点 i 和点 j,将该 s_{ij} 的值赋为 0 或空,并将已成为回路中间的点所涉及的 s_{ij} 值也赋为 0 或空,转 (2)。

(7) 将该 s_{ij} 的值赋为 0 或空,转 (2)。

对于 VSP 求解问题，还用不少其他启发式算法，在解决实际问题时，可同时用几种算法，从中选取最好的结果。

【例 8-8】 以例 8-7 为例，用节约算法计算配送线路的安排。

解：①根据表 8-15 距离矩阵表计算出各点间的节约值矩阵表，如表 8-16 所示。

表 8-16 节约值矩阵表

s_{ij}	v_1	v_2	v_3	v_4	v_5	v_6	v_7	最大值
v_1	0							
v_2	6	0						
v_3	13	14	0					
v_4	2	2	5	0				
v_5	9	6	9	12	0			
v_6	9	5	10	15	23	0		
v_7	6	13	9	14	13	13	0	
v_8	9	11	12	12	16	16	20	
最大值	13	14	12	15	23	16	20	23

②从表 8-16 中选出节约值最大值为 23，其对应的两个顶点为 5、6。5、6 两处的需求量之和为 8，未超过一辆车的运输能力 14，因此，连接 5、6 成回路，即 0—5—6—0。再将顶点 5 与 6 的节约值赋为 0。结果如表 8-17 所示。

表 8-17 节约值为 23 的结果

s_{ij}	v_1	v_2	v_3	v_4	v_5	v_6	v_7	最大值
v_1	0							
v_2	6	0						
v_3	13	14	0					
v_4	2	2	5	0				
v_5	9	6	9	12	0			
v_6	9	5	10	15	23	0		
v_7	6	13	9	14	13	13	0	
v_8	9	11	12	12	16	16	20	
最大值	13	14	12	15	23	16	20	20

③从表 8-17 中再选出节约值最大值为 20，其对应的两个顶点为 7、8。7、8 两处的需求量之和为 7，未超过一辆车的运输能力 14，因此，连接 7、8 成回路，即 0—7—8—0。再将顶点 7 与 8 的节约值赋为 0。结果如表 8-18 所示。

表 8-18　节约值为 20 的结果

s_{ij}	v_1	v_2	v_3	v_4	v_5	v_6	v_7	最大值
v_1	0							
v_2	6	0						
v_3	13	14	0					
v_4	2	2	5	0				
v_5	9	6	9	12	0			
v_6	9	5	10	15	23	0		
v_7	6	13	9	14	13	13	0	
v_8	9	11	12	12	16	16	0	
最大值	13	14	12	15	23	16	0	16

④从表 8-18 中再选出节约值最大值为 16，其对应的两个顶点为 5、8 或 6、8。如果连接 5 与 8，则上述两条回路合并，其总需求量为 15，超过一辆车的运输能力 M，因此，5 与 8 不能连接，同样，6 和 8 也不能连接，则将顶点 5、8 和 6、8 的节约值赋为 0。结果如表 8-19 所示。

表 8-19　节约值为 16 的结果

s_{ij}	v_1	v_2	v_3	v_4	v_5	v_6	v_7	最大值
v_1	0							
v_2	6	0						
v_3	13	14	0					
v_4	2	2	5	0				
v_5	9	6	9	12	0			
v_6	9	5	10	15	0	0		
v_7	6	13	9	14	13	13	0	
v_8	9	11	12	12	0	0	0	
最大值	13	14	12	15	13	16	0	15

⑤从表 8-19 中再选出节约值最大值为 15，其对应的两个顶点为 4、6。如果连接 4 与 6，则形成 0—5—6—4—0 回路，其总需求量为 11，未超过一辆车的运输能力 14，因此，连接 4、6 成新回路，即 0—5—6—4—0。再将顶点 4 与 6 的节约值赋为 0，同时，由于顶点 6 成为回路的中间点，则与顶点 6 相关的节约值都赋为 0，表示顶点 6 不可能再与其他点相连，其结果如表 8-20 所示。

表 8-20 节约值为 15 的结果

s_{ij}	v_1	v_2	v_3	v_4	v_5	v_6	v_7	最大值
v_1	0							
v_2	6	0						
v_3	13	14	0					
v_4	2	2	5	0				
v_5	9	6	9	12	0			
v_6	0	0	0	0	0	0		
v_7	6	13	9	14	13	0	0	
v_8	9	11	12	12	0	0		
最大值	13	14	12	14	13	0	0	14

⑥按算法步骤迭代运算，直到节约值矩阵表中的值均为 0 时，迭代结束。最终的结果为：0—2—3—0，0—5—6—4—0，0—7—8—1—0 这三条线路，其运输量分别为 9、11、13，总里程数为 93。

一般来说可以得到比较好的结果，但此算法也是一种贪婪启发式算法。例 8-7 的全局最优解是：选择 0—1—3—0，0—2—7—8—0，0—5—6—4—0 这三条线路，其运输量分别为 11、11、11，总里程数为 90。这个结果可用 LINGO 优化软件求得，关于 VRP 的数学模型与 LINGO 软件程序，可作为读者的思考题，感兴趣的读者可参考相关文献。

本章小结

本章叙述了物流运输系统的概念，物流运输系统的功能、特点、结构，物流运输系统规划的原则、内容，各种运输方式的特点、运输方式选择的考虑因素，运输方式选择模型；重点阐述了物流运输系统最短路径求解问题，主要包括点点间运输问题（Dijkstra 法、逐次逼近法）、多点间运输问题（Floyd 法）、单回路运输问题（TSP 模型）、多回路运输问题（VRP 模型）。

案例分析

安吉天地汽车物流有限公司物流运输方式

安吉天地汽车物流有限公司作为上汽大众零部件物流系统的物流总供应商，进行物流策划及组织实施。各大整车厂将每天的生产量、零部件需求量及时间等信息通过信息系统提前传递给安吉天地，通过其物流管理中心运作，生成各运输指令再分别传递给零部件供应商、运输部门和运输方，并由运输部门的运输方在规定时间内完成运输指令，将各整车厂所需的零部件按时按"模块化"送到装配区域或仓库。

这在一定程度上能够解决内部结构、运输、存货的问题。改进入厂物流模式，把推动式的物流操作模式改变成由工厂拉动式的物流操作模式，减少零部件在途中的无效运作，提高直接供货的模式，使得50%左右的零部件根据MRP信息和要货计划，直接进入工厂，以求降低零部件入厂物流成本；使得20%的零部件经过工厂专用仓库或预装配厂中转；另外的30%的零部件是进口零部件，由海关进入仓库，再根据工厂的要货计划将货物送达工厂。

为方便回收用于存放零部件的器具的料箱，在工厂附近设立料箱存储区，方便料箱的回收。明确入场物流运输网络，并通过MIS系统强化库存管理。供应商的协调配套问题，应通过上汽大众的MIS系统与供应商的系统对接来实现，这就要求供应商进行相应的信息化改造以满足配套要求，在此基础上再进行合作以提高供应商零部件配送水平，满足精益化生产要求。

内部结构的问题，在进行模块化梳理的同时，实现内部各部门与公司的MIS系统进行实时有效沟通，以避免被动状态的出现；运输问题，除了上汽大众加大第三方物流所承担零部件运输的比例之外，从物流运输公司或分公司自身的角度也应该针对零部件运输的特点与上汽大众的要求进行车辆与设备的专业化升级，以满足运输的需要。

（资料来源：http://wenku.baidu.com/link?url=Q4wR3MAAu8yGmsZHBTA7Yzcfx8Yica2qRVWCM_abBBdKKS5wmHTqpzbsh1c4pyy1C-JQ1dJnOmycqd0VwDqpO-Ypb7sEA0BMXjyMVbRV3XW. 2012-07-01）

思考题：安吉公司如何实现将各整车厂所需的零部件按时按"模块化"送到装配区域或仓库？

参考思路：

各大整车厂将每天的生产量、零部件需求量及时间等信息通过信息系统提前传递给安吉天地，通过其物流管理中心运作，生成各运输指令再分别传递给零部件供应商、运输部门和运输方，并由运输部门的运输方供方在规定时间内完成运输指令，将各整车厂所需的零部件按时按"模块化"送到装配区域或仓库。

 复习思考题

一、填空题

1. 物流运输系统主要实现货物的转移，从而创造_____和_____价值，其功能包括货物移动、短期储存等。
2. 构成运输系统的要素主要有基础设施、_____和运输参与者。
3. 物流运输系统的特点，包括连续性、多环节、_____、动态性、现代性等。

二、单项选择题

1. 结构复杂的物流运输系统，其运输生产过程表现为多个（　　）之间的联合作业，如货物装载、运输、卸载等，各个环节简要协调适应。
   A. 工序　　　　B. 单元　　　　C. 环节　　　　D. 部门
2. 单一运输方式的选择，常用的运输方式模型包括（　　）分析法、加权因素分析法和层级分析法等。
   A. 计量　　　　B. 因素　　　　C. 定量　　　　D. 定性

3. 运输线路优化主要是选择起点到终点的最短路径，最短路径的度量单位可能是时间最短、（　　）最短或费用最小等。

   A. 通道　　　　　　B. 线路　　　　　　C. 距离　　　　　　D. 空间

三、多项选择题

1. 运输网络是一个赋权的连通图，由（　　）和（　　）组成。网络中的节点是各种运输方式的车站、枢纽或多种运输方式的结合部；弧是网络中车站之间、枢纽点之间或各种运输方式结合点之间的区间线路。

   A. 通道　　　　　　B. 节点　　　　　　C. 弧　　　　　　　D. 直线

2. 在进行物流运输系统规划时，一般遵循以下原则：经济发展、协调发展、局部服从整体、（　　）、（　　）、（　　）。

   A. 现实与未来相结合　　　　　　B. 近期与远期相结合
   C. 需要与可能相结合　　　　　　D. 理论与实践相结合

3. 区域性物流运输系统规划，主体内容一般包括以下几个方面：①物流运输系统现状调查；②物流运输系统（　　）；③物流运输系统运输（　　）；④物流运输系统（　　）；⑤物流运输系统（　　）；⑥物流运输系统规划方案的分期实施计划等。

   A. 问题诊断　　　　　　　　　　B. 需求量发展预测
   C. 规划方案设计与优化　　　　　D. 规划方案综合评价

四、名词解释

运输节点；TSP 模型（单回路运输）；VRP 模型（多回路运输）

五、简答题

1. 第五方物流理论的核心思想是什么？
2. 第五方物流的服务要素包括哪些内容？
3. 第五方物流的服务产品包括哪些内容？

六、计算题

城市连通图如图 8-14 所示。节点代表城市，连线代表城市间的公路运输线，线上数字代表公路里程，试用 Dijkstra 算法（表上作业法表 8-21 和表 8-22）求解城市 1 到城市 7 的最短路径及路长。

（要求：①不需要写出运算过程；②在 Dijkstra 作业表括号中，填写部分城市 P 标号值；③在标号计算结果图括号中，填写每个城市最短路径路长。）

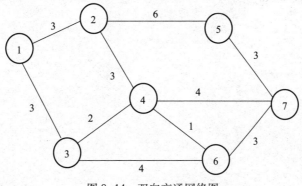

图 8-14　双向交通网络图

城市①-⑦标记为 v_1-v_7。

表 8-21 Dijkstra 作业表 1（若 v_2 为得到的 P 标号点）

	v_1	v_2	v_3	v_4	v_5	v_6	v_7
1	T, ∞	T, ∞	T, ∞	T, ∞	T, ∞	T, ∞	T, ∞
2	$P, 0$	$T, 3$	$T, 3$				
3		$P, 3$		$T, 6$	$T, 9$		
4			( )	$T, 5$		$T, 7$	
5				( )		$T, 6$	$T, 9$
6						$P, 5$	$T, 9$
7					$P, 9$		$T, 9$
8							( )

由上述作业表 1 可知，v_1 到 v_7 最短路径为_____，路长为 $P(v_7) =$ _____。

表 8-22 Dijkstra 作业表 2（若 v_3 为得到的 P 标号点）

	v_1	v_2	v_3	v_4	v_5	v_6	v_7
1	T, ∞	T, ∞	T, ∞	T, ∞	T, ∞	T, ∞	T, ∞
2	$P, 0$	$T, 3$	$T, 3$				
3			$P, 3$	$T, 5$		$T, 7$	
4		( )		$T, 5$	$T, 9$		
5				( )		$T, 6$	$T, 9$
6						$P, 6$	$T, 9$
7					$P, 9$		$T, 9$
8							( )

由上述作业表 2 可知，v_1 到 v_7 最短路径为_____，路长为 $P(v_7) =$ _____。
综上所述，城市①-⑦最短路径为_____，$P(v_7) =$ _____。
标号计算结果如图 8-15 所示。

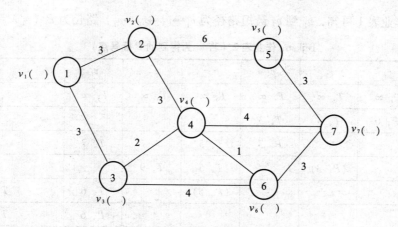

图 8-15 标号计算结果图

部分复习思考题参考答案

一、填空题

1. 空间　时间
2. 运输工具
3. 网络特性

二、单项选择题

1. C　2. B　3. C

三、多项选择题

1. BC　2. ABC　3. ABCD

四、名词解释（略）

五、简答题（略）

六、计算题（参考答案）

解：城市①-⑦标记为 v_1-v_7

Dijkstra 作业表 1（若 v_2 为得到的 P 标号点）

	v_1	v_2	v_3	v_4	v_5	v_6	v_7
1	T, ∞	T, ∞	T, ∞	T, ∞	T, ∞	T, ∞	T, ∞
2	$P, 0$	$T, 3$	$T, 3$				
3		$P, 3$		$T, 6$	$T, 9$		
4			$(P, 3)$	$T, 5$		$T, 7$	
5				$(P, 5)$		$T, 6$	$T, 9$
6						$P, 5$	$T, 9$
7					$P, 9$		$T, 9$
8							$(P, 9)$

由上述作业表1可知，v_1 到 v_7 最短路径为 $v_1 \rightarrow v_3 \rightarrow v_4 \rightarrow v_7$，路长为 $P(v_7) = 9$。

Dijkstra 作业表2（若 v_3 为得到的 P 标号点）

	v_1	v_2	v_3	v_4	v_5	v_6	v_7
1	T, ∞	T, ∞	T, ∞	T, ∞	T, ∞	T, ∞	T, ∞
2	$P, 0$	$T, 3$	$T, 3$				
3			$P, 3$	$T, 5$		$T, 7$	
4		$(P, 3)$		$T, 5$	$T, 9$		
5				$(P, 5)$		$T, 6$	$T, 9$
6						$P, 6$	$T, 9$
7					$P, 9$		$T, 9$
8							$(P, 9)$

由上述作业表2可知，v_1 到 v_7 最短路径为 $v_1 \rightarrow v_3 \rightarrow v_4 \rightarrow v_7$，路长为 $P(v_7) = 9$。
综上所述，城市①-⑦最短路径为 $v_1 \rightarrow v_3 \rightarrow v_4 \rightarrow v_7$，路长为 $P(v_7) = 9$。
标号计算结果如图 8-16 所示。

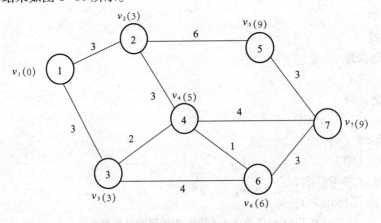

图 8-16 标号计算结果图

第9章

供应链系统规划与设计

本章要点
- 供应链与供应链系统的基本内容;
- 供应链系统设计的基本原则及步骤;
- 逆向物流与闭环物流的内涵;
- 逆向供应链和闭环供应链的概念及整合方法;
- 闭环供应链的设计原则。

 开篇案例

高露洁牙膏 SCM 实施经验分享

总部位于美国纽约的高露洁公司是一家资产达 94 亿美元的全球性消费品公司,在美国及全球范围内制造并销售的消费类产品种类繁多,包括牙膏、肥皂、洗涤用品和宠物食品等。该公司的业务遍布两百多个国家,其中 70% 的销售来自国际市场,80% 的雇员位于海外。高露洁公司在企业管理解决方案的基础上建立高露洁 my 供应链管理(mySAP SCM)。

高露洁从 1995 年开始采用 SAP 提供的企业管理核心解决方案,通过财务管理、后勤规划和其他业务环节等统一并全面支持公司的运营。采用 SAP 的系统也推动了高露洁公司内部所有产品命名、配方、原材料、生产数据及流程、金融信息等方面的标准化。这些方面的改进提高了高露洁公司在全球的运营效率,但成本还是很高。

为解决上述问题,高露洁建立了高露洁全球供应链系统。在该系统中,高露洁确定了三个主要的供应链战略。首先是推出 VMI 项目,大幅削减渠道的库存和循环时间。其次,高露洁还实施一个跨边界资源计划,将地域性模式拓展为全球性模式。这种模式转型可以提高企业的预测能力,减少非营利股份,凝聚资产,平衡公司的全球业务。最后,高露洁还实施一个与下游企业的协同计划程序,用来管理供应链中的市场需求和协调各项活动。

由于 mySAP SCM 使高露洁能更加准确地契合供给与需求,最终降低了成品库存,提高了在产订单和已完成订单的达成率,缩短了补充循环的时间。

通过采用供应链管理系统，高露洁提高了市场竞争力，在价格战、全球业务拓展和市场推广中更有优势。这些商业优势使高露洁能够更加降低业务成本。同时，公司通过协同加强与全球客户的联系，也进一步降低了成本。此外，高露洁通过电子商务还进一步加强了企业内部整合，密切了与合作伙伴和客户的关系。

mySAP SCM 利用因特网将供应链技术拓展到企业之外，使类似高露洁这样的企业及其合作伙伴、消费者能够快速、实时地掌握订单、预测、生产计划及库存、订单完成比率等重要指标，完全掌握各项关键商业数据。mySAP SCM 所具有的强大功能对全球供应链改进过程起到了十分重要的作用。mySAP SCM 使高露洁能够掌握公司全球范围内的后勤数据，能够通过高级数理规划函数优化业务运营，并为高露洁和高露洁的顾客、合作者进行协作提供了一个平台。

在加速实现各个目标的同时，高露洁已经通过 mySAP 供应链管理系统实现了很多目标，如提高可视供应链、规划循环的速度，通过全球化资源利用、成本降低、改善客户服务等实现更为有效的资本利用。

（资料来源：http://www.wangxiao.cn/wl/fudao/al/5881238003.html）

思考题：供应链管理系统为制造型企业带来了什么竞争力？

9.1 供应链系统概述

9.1.1 供应链与供应链系统

1. 供应链

所谓供应链，就是由供应商、制造商、仓库、配送中心和渠道商等构成的物流网络。同一企业可能构成这个网络的不同组成节点，但更多的情况下是由不同的企业构成这个网络中的不同节点。比如，在某个供应链中，同一企业可能既在制造商、仓库节点，又在配送中心节点占有位置。在分工越细、专业要求越高的供应链中，不同节点基本上由不同的企业组成。在供应链各个成员单位间流动的原材料、在制品库存和产成品等构成了供应链上的货物流。

所谓一体化供应链是指对供应链中的物流、信息流、资金流、增值流、业务流及贸易伙伴关系等进行的计划、组织、协调和控制一体化管理过程，最终达到提高物流效率，降低物流成本的效果。

典型完整的供应链，如图 9-1 所示。它从供货商向制造工厂供货开始。每个工厂都可能负责不同的部分，即不同区域的工厂，生产的是不同型号的产品，或者生产产品里面的某一个部分，最后汇集到制造总部。制造总部做完之后，转给行销总部，行销总部会把产品送给分公司，分公司经过经销商再卖给客户。

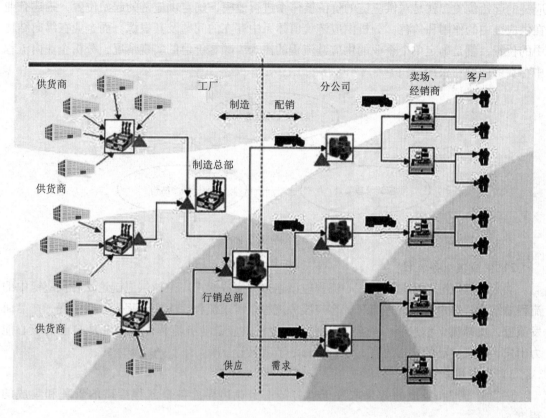

图 9-1 一个典型的完整供应链

一般把供应链分为两个部分,一个是制造,另一个是配销。这两个部分的管理手法不一样,不能互换。另外一种分法,是把它分成"供应"和"需求",这是在供应链管理方面两个非常重要的词。最近一两年,又提出一个新的名词叫"需求链",它与"供应链"有明显的区隔。不过可以把"供应链"看作一个比较广泛的定义,包括"需求链"的部分,这就是所谓的供需平衡问题。

2. 供应链系统

供应链系统是指为终端客户提供商品、服务或信息,从最初的材料供应商一直到最终用户的整条链上的企业的关键业务流程和关系的一种集成。

Douglas M. Lambert 等人在前人研究和对 90 多家实施供应链管理的企业进行的调查的基础上,提出了供应链系统的模型,如图 9-2 所示。该模型强调了供应链上各节点企业之间相互关联的本质及成功设计和管理供应链系统的一些关键问题。该模型由三个相互关联的部分组成:供应链网络结构,供应链业务流程,供应链管理要素。

1) 供应链网络结构

指确定供应链上的关键成员企业及其相互之间的关系。确定供应链上的关键成员企业,一般是从战略上进行分析,将链上的企业分成基本的企业成员和辅助流程及其特性。关键成员企业之间的关系是指明确各企业在网络结构中的纵向和横向结构中的位置。横向结构是指供应链的价值链体系结构,而纵向结构是指单个企业和其供应商、客户的关系。弄清供应链的起始位置，就是对供应链的价值链体系进行建模，确定供应链的起始位置，描述企业在供应链中的作用和角色，分析供应链价值体系中存在的问题及其根源。而企业在纵向结构中的位置，就是确定单个企业的供应链流程的需求、顾客价值的实现情况，分析企业内流程中存在的问题和根源。

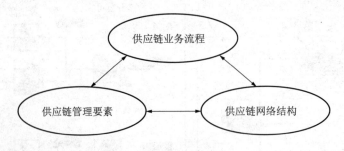

图 9-2　供应链系统模型

2) 供应链业务流程

确定在供应链系统中哪些核心流程应该连接并集成起来。全球供应链论坛将供应链中的流程总结为：客户关系管理流程，客户服务流程，需求流程，生产流程，采购流程，产品研发流程，反馈流（信息流、资金流）流程。分析供应链业务流程需要企业从自己的核心能力出发，定义自己的核心流程，而将非核心流程转让。

3) 供应链管理要素

供应链管理和集成的效果取决于供应链上企业边界处各个流程接口的管理和集成的程度。

9.1.2　供应链系统的特征

系统原理认为，供应链是一个系统，是由相互作用、相互依赖的若干组成部分结合而成的具有特定功能的有机整体。供应链是围绕核心企业，通过对信息流、物流、资金流的控制，把供应商、制造商、分销商、零售商直到最终用户连成一个整体的功能网链结构模式。供应链的系统特征主要体现在以下几点。

1. 供应链的整体功能。

这一整体功能是组成供应链的任一成员企业都不具有的特定功能，是供应链合作伙伴间的功能集成，而不是简单叠加。如果要打造一个真正的以全程供应链为核心的市场能力，就必须从最末端的供应控制开始，到最前端的消费者，在全程供应链上，不断优化不断建设，然后集成这些外部资源。供应链系统的整体功能集中表现在供应链的综合竞争能力上，这种综合竞争能力是任何一个单独的供应链成员企业都不具有的。

2. 供应链系统的目的性

在供应链里流动的有物流、信息流、知识流、资金流，如何有效降低库存，加速物流及相关流的周转，提高企业生产及商品流通的效率，迅速对市场机遇进行反应成为迫切需要解决的问题。供应链系统有着明确的目的，这就是在复杂多变的竞争环境下，以最低的成本、最快的速度、最好的质量为用户提供最满意的产品和服务，通过不断提高用户的满意度来赢得市场，这一目的也是供应链各成员企业的共同目的。

3. 供应链合作伙伴间的密切关系

供应链中主体之间具有竞争、合作、动态等多种性质的供需关系。这种关系是基于共同利益的合作伙伴关系，供应链系统目的的实现，受益的不只是一家企业，而是一个企业群体。供应链管理改变了企业的竞争方式，强调核心企业通过与供应链中的上下游企业之间建立战略伙伴关系，使每个企业都发挥各自的优势，在价值增值链上达到多赢互惠的效果。因此，各成员企业均具有局部利益服从整体利益的系统观念。

4. 供应链系统的环境适应性

在经济全球化迅速发展的今天，企业面对的是一个迅速变化的买方市场，用户在时间方面的要求也越来越高，用户不但要求企业要按时交货，而且要求的交货期越来越短，这就要求企业能对不断变化的市场做出快速反应，不断地开发出定制的"个体化产品"去占领市场以赢得竞争。供应链具有灵活快速响应市场的能力，通过各节点企业业务流程的快速组合，加快了对用户需求变化的反应速度，各主体通过聚集而相互作用，以期不断地适应环境。

5. 供应链系统的层次性

运作单元、业务流程、成员企业、供应链系统、整个运作环境构成了不同层次上的主体，每个主体具有自己的目标、经营策略、内部结构和生存动力。供应链各成员企业分别都是一个系统，同时也是供应链系统的组成部分；供应链是一个系统，同时也是它所从属的更大系统的组成部分。从系统层次性的角度来理解，相对于传统的基于单个企业的管理模式而言，供应链管理是一种针对更大系统（企业群）的管理模式。

9.2 供应链系统的规划与设计

供应链系统设计是一项复杂而艰巨的工作，也是供应链管理的重要环节，它涉及供应链组织机制、供应链成员的选择、供应链成员之间的相互关系、物流网络、管理流程的设计与规则，及信息支持系统等多方面的内容。供应链系统设计必须遵循一定的设计原则，运用科学合理的方法步骤才能完成。

9.2.1 供应链系统设计的基本要求

1. 客户优先

客户是供应链中唯一真正的资金流入点，任何供应链都只有唯一的一个收入来源——客户。因此，供应链系统的设计要考虑客户优先的原则。客户服务由客户开始，也以客户终止，客户最能感受到供应链中复杂的相互影响的全部效应。供应链的设计必须具有高度柔性和快速响应能力，以便能够满足客户的现实需求和潜在需求。

2. 定位明确

供应链系统由原料供应商、制造商、分销商、零售商、物流与配送商及消费者组成。一条富于竞争力的供应链要求组成供应链的各成员都具有较强的竞争力，不管每个成员为整个供应链做什么，都应该是专业化的，而专业化就是优势。无论企业在供应链中处于主导地位，还是从属地位，都必须明确自己在供应链中的定位优势。根据自己的优势来确定自己的位置，并据此制定相关的发展战略，对自己的业务活动进行适当的调整和取舍，着重培养自己的业务优势，保证以自己的优势业务参与供应链。只有这样，企业才有可能在供应链系统中被认同，并与其他企业合作，最终实现共赢。

3. 防范风险

由于受到自然和非自然因素的影响，供应链的运作实际上存在着不确定性，从而使企业面临一定的风险。例如，由于不确定性因素的影响，市场需求总是变化的，具有不确定性，因此，每个节点企业都必须保持一定的库存。为了达到为客户服务的目标，必须维持足够的库存（也就是安全库存），这样即使上游过程出现问题，也不至于影响客户服务。因此，在供应链的设计中应对各种风险因素进行度量和说明，了解各种不确定性因素对系统范围所产生的影响，并制定相应的防范措施。

4. 量力而行

供应链的建立与运行是十分复杂的工程，它要求企业必须具备较强的经济实力、较高的决策水平和较高的供应链运作技巧。因此，企业应根据自己的实际情况，对于建立什么样的供应链、自己在其中的地位和作用、供应链运作的预期状况等问题，做出理性的判断并量力而行，使未来的供应链运作能够在自己的掌控之中。只有这样，企业才有可能达到供应链设计系统与实施的目的。

9.2.2 供应链系统设计的基本内容

1. 供应链成员和合作伙伴选择

每一个供应链都包括从采购、供应、生产到仓储、运输、销售等多个环节的多家供应商、制造商和销售商及专门从事物流服务的多家企业，供应链成员囊括了为满足客户需求，从原产地到消费地，供应商或客户直接或间接的相互作用的所有公司和组织。因此，供应链成员的选择是供应链设计的基础。供应链成员的选择是双向的。一般而言，参与供应链的成员在市场交易的基础上，为了共同的利益而结成相对稳定的交易伙伴关系。但供应链的主体企业，尤其是核心企业，主导整个供应链的存在和管理，因而在对供应链其他成员的选择上具有一定的主动性；其他非主体企业，规模和经济势力相对较小，在供应链上处于从属地位，往往无法主宰自己能否成为供应链成员。从这个意义上说，供应链成员及其合作伙伴的选择又是单向的。

2. 网络结构设计

供应链网络结构一般与供应链所处的行业有关。整个网络结构有供应链成员、成员间的联系和供应链间工序连接方式三个方面组成，网络本身体现供应链成员及其分布和成员间的相互关系。供应链网络结构设计的中心是保证网络能合理利用和分配资源，提升物流效率，从而达到提高供应链整体价值的目的。

3. 组织机制和管理程序

供应链的组织机制和管理程序是保证供应链有效运营的关键。由于供应链涉及多家企业的多个业务环节，而这些企业都是独立的市场经济主体，在管理上自成体系，要实现供应链的无缝衔接，各个独立的企业必须在相关环节上达成一致，才能保证整体的协调性。供应链的组织机制和管理程序实际上是各成员企业相关业务组织机制和管理程序的集合。各成员企业必须从供应链整体出发，设计相关的组织机制和管理程序。尤其是核心企业，其组织机制和管理程序是整个供应链效率的关键。

4. 供应链运行基本规则

供应链上节点企业之间的合作是以信任为基础的。信任关系的建立和维系，除了需要各个节点企业的真诚和行为之外，还必须有一个共同平台，即供应链运行的基本规则，其主要内容包括协调机制、信息开放与交互方式、生产物流的计划与控制体系、库存的总体布局、资金结算方式、争议解决机制等。计算机系统、相应的软件和信息系统是供应链运营规则实施的必要物质基础。

9.2.3 供应链系统的设计原则

在供应链的设计过程中，为了使供应链管理思想得到切实的贯彻，实现供应链系统设计的目标，必须遵循一些基本的原则。这些原则主要有以下几个。

1. 自顶向下和自底向上相结合的设计原则

在系统建模设计方法中，存在两种设计方法，即自顶向下和自底向上的方法。自顶向下的方法是从全局走向局部的方法，自底向上的方法是从局部走向全局的方法；自顶向下是系统分解的过程，而自底向上则是一种集成的过程。设计一个供应链系统，往往是先由主管高层做出战略规划与决策，然后由下级部门实施决策；下级部门在执行过程中，将发现的问题及时反馈给高层部门，在双方交流中对设计的规划、目标和细节问题进行完善。

2. 简洁性原则

为了能使供应链具有灵活、快速响应市场的能力，供应链的每个节点都应该是简洁的、具有活力的，能够实现业务流程的快速组合。因此，各节点上的供应商应尽可能减少，精心选择合作伙伴，建立长期的战略伙伴关系。同时，每一个业务流程都应尽可能简洁，从而避免无效的作业，有效地实施准时制（JIT）的准时生产供应方式。

3. 集优化原则

集优化原则也称互补性原则。供应链上节点企业的选择应遵循优势互补、强强联合的原则，每个企业集中精力致力于各自核心的业务过程，就像一个独立的制造单元（独立制造岛）。这些单元化企业自我组织、自我优化、面向目标、动态运行和充满活力，能够实现供应链业务的快速重组，从而使各企业资源得到充分使用。

4. 协调性原则

供应链合作伙伴之间的协调程度将直接影响到供应链业绩大小，因此设计供应链应能充分地发挥系统各成员和子系统的能动性、创造性和系统与环境的总体协调性，保证整体系统发挥最佳的功能。在组织机制和管理程序上，应从供应链整体角度考虑，避免各个节点企业狭隘的、利己的本位主义影响各个节点企业之间的和谐关系，确保供应链整体始终保持协调。

5. 动态性原则

市场是不确定的，因此，供应链必须根据市场环境的变化不断地调节。只有这样，才能保证供应链的高效性。否则，供应链的运作绩效将会受到影响。因此，进行供应链系统设计时，对于成员企业的进入和退出，及作业流程安排等，应保留一定的柔性。同时，应加强成员企业间的信息透明度，确保成员企业能够及时获取市场信息，并根据市场需要及时调整。只有这样，供应链才能动态地适应市场，确保供应链的整体活力。

6. 创新性原则

供应链产生本身就是一种创新。虽然供应链的设计存在一定的模式，并且这些模式依赖于一定的客观基础，但由于众多企业之间的关系千差万别，由不同企业组成的供应链不可能千篇一律。进行供应链创新性设计必须注意以下几点：一是创新应与战略目标保持一致；二是要从市场需求的角度出发，综合运用企业的能力和优势；三是发挥企业各类人员的创造性，集思广益，并与其他企业共同协作，发挥供应链整体优势；四是建立科学的供应链和项目评价体系及组织管理系统，在经济分析和可行性论证的基础上进行创新。

7. 战略性原则

与业务伙伴结成供应链联盟，属于企业战略层面的问题。因此，供应链的设计应从企业战略发展的角度考虑，建立适应企业长远发展的稳定的供应链体系模型；供应链系统结构的发展应和企业的发展战略规划保持一致，并在企业战略规划的指导下进行。

9.2.4 供应链系统的设计步骤

费舍尔（Fisher）认为，供应链的设计要以产品为中心，即应设计出与产品特性一致的供应链。基于产品（或服务）的供应链系统设计步骤可以归纳如下。

1. 分析市场竞争环境

针对企业所处的市场竞争环境分析，就是分析企业特定产品和服务的市场竞争环境，了解市场需求什么样的产品和服务；市场各类主体，如用户、零售商、生产商和竞争对手的状况如何。通过专项调查，了解产品和服务的细分市场情况、竞争对手的实力和市场份额、供应原料的市场行情和供应商的各类状况、零售商的市场拓展能力和服务水准、行业发展的前景，以及诸如宏观政策、市场大环境可能产生的作用和影响等，分析和判断有关产品的重要性排列、供应商的优先级排列、生产商的竞争实力排列、用户市场的发展趋势，以确定哪些产品的供应链需要开发。

2. 分析企业现状

对企业现状的分析就是对企业现有的供应、需求管理现状进行分析和总结。如果企业已经建立了自己的供应链管理体系，则对现有的供应链管理现状进行分析，及时发现在供应链的运作过程中存在的问题，或者说哪些方式已出现或可能出现不适应市场发展的端倪，同时挖掘现有供应链的优势。分析的目的不在于评价供应链系统设计策略中哪些更重要和更适合，而是着重于研究供应链系统设计的方向或者说设计定位，同时将可能影响供应链系统设计的各种要素分类罗列出来。

3. 提出供应链系统设计

根据对市场环境和企业状况的分析情况，提出供应链系统设计的设想，分析其必要性。特别是对于原来的供应链，要认真分析是否进行重构。

4. 明确供应链系统设计的目标

基于产品和服务的供应链系统设计，其主要目标在于获得高品质的产品、快速有效的用户服务、低成本的库存投资或者低单位成本费用投入等目标，并在多个目标之间取得平衡，最大限度地避免这几个目标之间的冲突。除此之外，还需要对以下基本的目标进行分析：进入新市场或者拓展老市场，开发或调整产品，开发分销渠道，改善售后服务水平，提高用户满意程度，建立战略合作伙伴联盟，降低成本，降低库存，提高工作效率等，并分清主次，注意这些目标之间的平衡。

5. 分析供应链的组成

这主要指对供应链上节点企业的选择及定位，并确定评价的标准，以及对供应链上的各类资源，如供应商、用户、原材料、产品、市场、合作伙伴与竞争对手的作用、使用情况、发展趋势等进行分析。在这个过程中要把握可能对供应链系统设计产生影响的主要因素，同时对每一类因素产生的风险进行分析研究，给出风险规避的各种方案，并将这些方案按照所产生作用的大小进行排序。

6. 提出组成供应链的基本框架

通过分析供应链上主要的业务流程和管理流程，描绘出供应链物流、信息流、资金流、作业流和价值流的基本流向，提出组成供应链的基本框架。在这个框架中，对供应链中各组成成员如生产制造商、供应商、运输商、分销商、零售商及用户的选择和定位应予以确认，同时组成成员的选择标准和评价指标应该基本上得到完善。

7. 分析和评价供应链系统设计的技术可能性

供应链系统设计框架建立之后，需要对供应链系统设计的技术可行性、功能可行性、运营可行性、管理可行性进行分析和评价。在各种可行性分析的基础上，结合核心企业的实际情况及对产品和服务发展战略的要求，为开发供应链中技术、方法和工具的选择提供支持。同时，这一步也是一个方案决策的过程，如果分析认为方案可行，就可继续进行下面的设计工作；如果分析认为方案不可行，就需要重新进行设计。

8. 设计供应链

这一步需要解决以下关键问题：供应链的具体组成成员，如供应商、设备、作业流程、分销中心的选择与定位、生产运输计划与控制等；原材料的供应情况，如供应商、运输流量、价格、质量、提前期等方面的问题；生产设计的能力，如需求预测、生产运输配送、生产计划、生产作业计划和跟踪控制、库存管理等方面的问题；销售和分销能力设计，如销售/分销网络、运输、价格、销售规则、销售/分销管理服务等问题；信息化管理系统软、硬平台的设计；物流通道和管理系统的设计等。在供应链系统设计中，需要广泛地应用许多工具和技术，如归纳法、流程图、仿真模拟、管理信息系统等。

9. 检验已产生的供应链

供应链系统设计完成以后，需要通过模拟一定的供应链运行环境，借助一些方法、技术对供应链进行测试、检验或试运行。如果模拟测试结果不理想，就返回第4步重新进行设计；如果没有什么问题，就可以实施了。

9.2.5　供应链系统设计策略

供应链系统设计不当将会造成供应链运作困难，直接影响企业和供应链的绩效，并会导致人、财、物的浪费。所以，设计一个有效的供应链，对于任何一家企业来说都是至关重要的。而供应链系统设计的策略与方法是否合理，将直接关系到供应链系统设计的有效性。根据不同企业不同的目标，可以采取不同的供应链系统设计策略。供应链系统设计策略主要有以下几种。

1. 基于产品的供应链系统设计策略

基于产品的供应链系统设计策略就是围绕市场的产品需要来设计供应链。它首先需要了解客户需求什么样的产品,这些产品的生命周期、需求量、品种、提前期和服务的市场标准等,然后采取相应的设计策略。

1) 功能性产品和创新性产品

不同的产品类型对供应链系统设计有不同的需求。根据产品的客户需求模式分类,产品可以分为两类:功能性产品和创新性产品。功能性产品具有变化小、市场需求稳定且可预测、生命周期长等特点,它主要以产品功能来满足消费者的基本生活需求。由于产品功能明确,变动性小,市场竞争充分,其边际利润较低。如日用百货,主要用于满足人们的基本生活需求,竞争来自于产品质量和服务,需求量相对稳定,因而是可以预见的。生产这类产品的企业主要精力集中于使成本最小化,这样就使得整条供应链以降低物流运作成本为核心,各供应商、制造商和零售商协调行动,以最低的成本满足客户的需求。

创新性产品一般周期短,更新快,市场需求变化频繁,因而难以预测。如时装,产品的设计和生产跟随时尚潮流,周期非常短。一旦迎合了市场,就可以在短期内大量销售,并获得单位产品的高额利润。但这种盈利效应必然引起跟风仿造,导致基于创新的竞争优势在短时间内迅速消失,并引起新一轮的创新设计和生产。因此,创新性产品的生命周期很短(通常只有几个月)。这种生命周期短、产品多样化的特点使需求变化大而迅速,难以预测,这样就增加了供求不平衡的风险。投入市场前期销售、以获得高利润的重要性会增加产品短缺的成本;而产品的短生命周期则增加了产品过时的风险和过度供应的成本。因此,对创新性产品而言,市场调节成本具有关键性的意义。对企业而言,最重要的是仔细研究新产品在整个周期内的销售量或其他市场信号并快速反应,供应链内部和反映市场变化的信息流就显得特别重要;对于存货和生产能力来说,其关键是确定存货和生产能力在供应链中的位置已迅速做出调整,应对不确定的需求;在选择供应商方面,要考虑的不是低成本,而是供货的速度和灵活性。

2) 供应链系统设计的策略

按照供应链的功能(物料转换功能和市场中介功能)可以把供应链划分为效率性供应链(Efficient Supply Chain)和响应性供应链(Responsive Supply Chain)。效率性供应链主要体现供应链的物料转换功能,即以最低的成本将原材料转化成零部件、半成品、产品,以及实现整个过程中的物流运输等。响应性供应链主要体现供应链的市场中介功能,即把产品分配到满足客户需求的市场,对未预知的需求做出快速反应等。两者的比较如表 9-1 所示。

表 9-1 效率性供应链与响应性供应链的比较

比较内容	响应性供应链	效率性供应链
基本目标	尽可能快地对不可预测的需求做出反应,使缺货、降价、库存最小化	以最低的成本供应可预测的需求
制造的核心	配置多余的缓冲库存	保持高的平均利用率
库存策略	部署好零部件和成品的缓冲库存	产生高收入使整个链的库存最小化
提前期	大量投资以缩短提前期	尽可能短的提前期(在不增加成本的前提下)

续表

比较内容	响应性供应链	效率性供应链
供应商标准	以速度、柔性和质量为核心	以成本和质量为核心
产品设计策略	用模块化设计以尽可能延迟产品差别	绩效最大化而成本最小化

功能性产品和创新性产品的不同特点，决定了它们所选择和设计的供应链存在明显的差异性。

功能性产品的低成本特性要求选择效率性供应链，而创新性产品的上市速度与灵活性则要求响应性供应链与之相匹配。下面通过一个简单的矩阵（见表9-2）来说明功能性产品与创新性产品的供应链系统设计策略。

表 9-2 供应链系统设计与产品类型策略矩阵

	功能性产品	创新性产品
效率性供应链	匹配	不匹配
响应性供应链	不匹配	匹配

该矩阵显示了四种可能的产品与供应链组合，它清楚地说明产品与供应链匹配的最佳组合应该是：功能性产品对应效率性供应链，创新性产品对应响应性供应链，即表9-2中左上方与右下方内的组合。

右下方（响应性供应链，创新性产品）说明，市场响应速度快、适合于生产创新性产品的企业，在响应性供应链上的投资回报率要比在效率性供应链上的投资回报率高得多。若企业采用响应性供应链来生产功能性产品（左下方），即使增加投资，也可能获利较少，得不偿失。考虑到创新性产品的需求不确定性，设计市场响应性供应链与之匹配时，应在以下几个方面作出努力。

①使不同产品拥有尽可能多的通用件，增强某些模块的可预测性，从而减少需求的不确定性。

②缩短提前期，增加供应链的柔性，使企业能按照订单生产，及时响应市场需求，在尽可能短的时间内提供客户所需的个性化的产品。

③当需求的不确定性被尽可能地降低或避免时，用安全库存来规避其剩余的不确定性。这样当市场需求旺盛时，企业就能尽快地提供创新性产品，从而减少缺货损失。

效率性供应链与功能性产品能够匹配，但企业利润率较低。因此，在供应链系统设计时，应特别注意以下几个方面。

①削减企业内部成本。

②加强企业与供应商、分销商之间的协作，从而有效降低整条链上的成本。

③降低销售价格，这是建立在有效控制成本的基础之上的。但一般不轻易采用，需要根据市场竞争情况而定。

右上方（效率性供应链，创新性产品）的组合也很常见。由于创新性产品可观的边际利润，尽管竞争日益激烈，越来越多的企业还是不断地从生产功能性产品转向生产创新性产品，但其供应链并未发生改变。例如，一些个人计算机厂商在提供新产品时，过于注重成本，追求库存最小化和较低的采购价格，忽视供货速度和灵活性，因担心增加成本而不愿缩短提前期，从而造成交货速度太慢，不能及时响应日益变化的市场需求，缺货损失甚为客观。更糟的是被竞争对手抢先占领了市场，新产品还没有在市场上占有一席之地，就处于淘汰的境地，损失惨重。

如何改进右上方这种状况呢？一种方法是向左平移，将创新性产品变为功能性产品；另一种方法是向下垂直移动，实现从效率性供应链向市场响应性供应链的转变，这需要企业进行创新管理体系，投资改变软、硬条件。而正确的移动方向取决于创新性产品所产生的边际利润是否足以抵消采用市场响应性供应链所增加的成本。

生产功能性产品的企业不需要为建立响应性供应链而增加投入。如果产品一直是功能性的，那么，企业通常会愿意保持效率性供应链。因此，一般很少有企业处于矩阵的左下角。

总之，在为企业寻找理想的供应链之前，必须先确定市场需要的产品的类型和企业供应链的类型，并使两者合理匹配，从而实现企业产品和供应链的有效组合。

2. 基于成本的供应链系统设计策略

选择节点企业是供应链系统设计的一项重要内容。成本优化算法是选择节点企业常用的方法。为了便于分析供应链成本，对有关因素做如下假设。

假设1：合作企业以 $i=1, 2, 3, \cdots, n$ 表示（其中供应链层次以 $a=1, 2, 3, \cdots, A$ 表示，一个层次上合作企业的序号以 $b=1, 2, 3, \cdots, B$ 表示，所以一个节点 i 可以表示为 $A \times B$）。

假设2：物料单位成本随着累积单位产量的增加和经验曲线的作用而降低。产品、零部件、产品设计和质量工程的改善都可能导致单位物料成本的降低。

假设3：从一个节点企业到另一个节点企业的生产转化时间在下一个节点企业的年初。

假设4：当一个节点企业在年初开始生产时，上一节点企业的工时和原材料成本根据一定的技术指数转化为此节点企业的初值。

假设5：全球供应链控制中，围绕核心企业核算成本、汇率和通货膨胀率等均以核心企业所在国家为标准。

1) 供应链成本结构及其函数

供应链成本主要包括物料成本、劳动力成本、运输成本、设备成本和其他变动成本等，其成本函数分别构造如下。

（1）物料成本函数（Materials Cost Function）。从假设2可知，物料单位成本随累积单位产量的增加而降低，供应链的总物料成本函数为

$$M_{it} = m_i(m_{it}) \int_0^{n_t} n^{f_i} \mathrm{d}n \tag{9-1}$$

式中：M_{it}——i 节点企业在第 t 年生产 n_t 产品的总物料成本（时间转化为当地时间）；

m_i——i 节点企业的第一个部件的物料成本（时间坐标轴的开始点）；

m_{it}——i 节点企业第 t 年的物料成本的通货膨胀率；

n_t——第 t 年内的累计产量；

f_i——$\lg F_i/\lg 2$，F_i 表示物料成本经验曲线指数，$0 \leqslant F_i \leqslant 1$；

n——累计单位产量，$n=1, 2, 3, \cdots, n_t$。

（2）劳动力成本函数（Labor Cost Function）。供应链的节点企业可能分布在本国的不同

地方，也可能分布在世界各地，各地的劳动力价值和成本无法统一衡量，这里直接以工时为基础计算供应链的劳动力成本。供应链的劳动力成本函数为

$$L_{it} = l_i(l_{it}) \int_0^{n_t} n^{g_i} dn \qquad (9-2)$$

式中：L_{it} ——i 节点企业在第 t 年生产 n_t 产品的总劳动力成本（时间转化为当地时间）；

l_i ——i 节点企业的单位时间劳动力成本；

l_{it} ——i 节点企业第 t 年的单位时间的通货膨胀率；

n_t ——第 t 年内的累计产量；

g_i —— $\lg G_i/\lg 2$，G_i 表示劳动力学习经验曲线指数，$0 \leqslant G_i \leqslant 1$；

n ——累计单位产量，$n = 1, 2, 3, \cdots, n_t$。

(3) 运输成本函数（Transportation Cost Function）。运输成本是影响供应链总成本的重要因素之一，交货频率和经济运输批量都决定着运输成本的大小。供应链的总运输成本函数为

$$T_{it} = \sum_{m=1}^{M} S_{im} S_{it} d_{mt} \qquad (9-3)$$

式中：T_{it} ——i 节点企业在第 t 年生产 n_t 产品的总运输成本；

S_{im} ——i 节点企业到 m 节点企业的单位成本；

S_{it} ——i 节点企业在第 t 年运输的通货膨胀率；

d_{mt} ——m 节点企业在第 t 年的累计需求；

M ——节点企业的总数量。

(4) 设备和其他变动成本函数（Utilities and Other Variable Cost Function）。供应链的设备和其他变动成本函数为

$$U_{it} = [u_i(u_{it}) + v_i(v_{it})] n_t \qquad (9-4)$$

式中：U_{it} ——i 节点企业在第 t 年生产 n 单位产品的总的设备和变动成本；

u_i ——i 节点企业一个单位的设备成本；

v_i ——i 节点企业一个单位的其他变动成本；

u_{it} ——i 节点企业一个单位的设备成本的通货膨胀率；

v_{it} ——i 节点企业一个单位的其他变动成本的通货膨胀率。

(5) 供应链的总成本函数（Total Cost Function）。以上成本都是针对一定时间轴上可能的 i 节点企业的组合。在时间 T 内相关的节点 i 组成一个节点企业组合序列，用 k 表示。对于每一个节点企业组合序列 k，供应链的总成本 TC(k) 表示为：

$$TC(k) = \sum_{t=1}^{T} (M_{it} + L_{it} + T_{it} + U_{it}) e_{it}(v_{it}) \qquad (9-5)$$

式中：e_{it} ——汇率（i 节点企业对核心企业的汇率）；

v_{it} ——i 节点企业在第 t 年的现值折扣率；

k —— 一个节点企业组合序列；

M_{it}，L_{it}，T_{it}，U_{it} 意义同上。

而一个节点组合序列的平均单位成本为：

$$CAU(k) = TC(k)/N_T$$

式中：N_T ——节点企业的总数量。

2) 供应链系统设计的优化成本算法

从节点企业组合序列中可以选出多个节点企业组合。例如，分布在4个层次（$A=4$）的2个（$B=2$）工厂，在5年（$T=5$）的时间轴上，总共有$k=(2\times 4)^5$个节点企业组合序列。可以通过对供应链总成本的优化核算来找出最优的合作企业组合，设计低成本的供应链。供应链的设计要评估所有可能的组合序列，以达到最优化的设计。

具体的方法是将多时段问题转化为网络设计，网络设计层次定义为$t=1, 2, 3, \cdots, T$，在第t层次，可能的组合序列是$i=(A\times B)^t$，在每一个层次t，每个节点企业的总累积成本表示为

$$C_{it} = \left\{ m_i(m_{it})\frac{n_t^{1+f_i}}{1+f_i} + l_i(l_{it})\,y_{it}\frac{n_t^{1+g_i}}{1+g_i} + \sum_{m=1}^{M} S_{im}(S_{it})\,d_{mt} + [u_i(u_{it}) + v_i(v_{it})]\,n_t \right\} e_{it}v_{it} + c_{i,\,t-1}$$

其中，$i=1, 2, 3, \cdots, (AB)^t$；$t=1, 2, 3, \cdots, T$。 (9-6)

此公式表示了从第1年到第t年（包括第t年）节点i的总累积成本。

可以编制程序来进行计算。在输入初始数据以后，计算第1年第i个节点的成本。当累积成本的节点数不超过$(AB)^T$时，程序要判断是否达到时间段的末年。当$t<T$时，j节点第$t+1$年的第一个单位的物料成本和劳动工时取决于从第i节点到第j节点的所有可能的生产转换了；当$t=T$时，最后对节点组合的累积成本进行排序，优化的供应链节点组合序列就是排序后的选择。

3. 基于产品协调开发的供应链系统设计策略

基于产品协调开发的供应链系统设计策略就是为供应链管理设计产品（Design For Supply Chain Management，DFSCM），目的在于设计产品和工艺以使与供应链相关的成本和业务能得到有效的管理，也就是说，要使产品开发与设计和供应链系统设计、供应链管理协调起来，使产品能够较好地适应供应链管理的要求。在一些高科技型企业，如惠普公司（HP），产品设计被认为是供应链管理的一个重要因素。DFSCM策略的实施可以从以下几个方面考虑。

1) 设计适合于供应链的产品

在20世纪80年代，设计人员开始意识到产品和流程设计是重要的产品成本因素，尽早地在设计中考虑制造流程是使生产流程奏效的唯一方法，因而诞生了为生产制造而设计的概念。受此启发，管理者开始意识到，在产品和流程设计阶段考虑物流和供应链管理能够更有效地运营供应链。即将产品的外形和性质等与供应链的各个环节统一考虑，设计出适合于制造、运输、搬运和储存的产品。

2) 采用新的工艺或生产方式进行产品设计与生产

一种方法是采取并行和平行工艺开发与生产产品。在产品生产的同时，对生产工艺进行修改，确保以前依序运行的步骤可以同时完成。这显然可以帮助缩短生产周期。另外一种方法是采用延迟技术。这些技术通过设计产品和生产工艺，可以把制造何种产品和差异化的决策延迟到开始进行生产时，这样也可以缩短生产周期。要采用这种方法，通常需要对具体的产品具体分析。利用总体预测的信息，延迟产品差异设计还可以有效地改善最终需求的不确定性。

3) 适合运输和存储的产品包装

对产品包装的设计可以有效地提高包装和储藏的质量与效率。如果是空间原因，而不是

重要原因限制了运输设施的运输能力,那么产品装得越紧凑,运费越便宜。同样,产品包装紧凑,可以有效地储存,降低部分库存成本。在产品设计完成后不能有效地设计包装时,就必须对产品本身进行重新设计。大批量的运送货物通常可以直到仓库甚至零售商处才进行最终包装,有时甚至可以使最终包装延迟到产品实际最终销售时,这样可以节约运输费用,提高运送物品效率。

9.3 逆向物流和闭环供应链系统的分析

9.3.1 逆向物流概述

目前,理论界对逆向物流(Reverse logistics)能较专业、准确地概括其特点的定义是:与传统供应链反向,为价值恢复或处置合理而对原材料、中间库存、最终产品及相关信息从消费地到起始点的有效实际流动所进行的计划、管理和控制过程。

逆向物流的表现是多样化的,从使用过的包装到经处理过的计算机设备,从未售商品的退货到机械零件等。也就是说,逆向物流包含来自于客户手中的产品及其包装品、零部件、物料等物资的流动。简而言之,逆向物流就是从客户手中回收用过的、过时的或者损坏的产品和包装开始,直至最终处理环节的过程。但是现在越来越被普遍接受的观点是,逆向物流是在整个产品生命周期中对产品和物资的完整的、有效的和高效的利用过程的协调。然而对产品再使用和循环的逆向物流控制研究却是过去的十年里才开始被认知和展开的。其中较知名的论著是罗杰斯和提篷兰柯的《回收物流趋势和实践》,佛雷普的《物流计划和产品再造》等。

1. 逆向物流的内涵

正向物流(Forward Logistics)和逆向物流是一个完整物流系统的两个子系统,两者相互联结、相互作用、相互制约,共同构成了一个开放式的物流循环系统。正向物流是制造商经制造程序将产品完成再销售到最终使用者等一连串的过程,而与正向物流正好相反的程序即逆向物流。如图9-3所示。

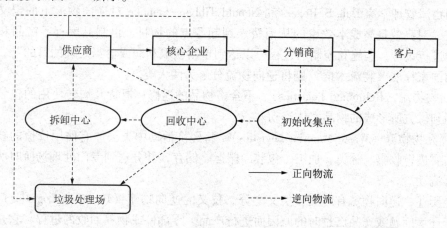

图9-3 逆向物流系统结构图

逆向物流是指从供应商到终端客户的正向物流活动的反向流动。它是商品从消费点（包括终端用户和供应链上的所有客户）到来源点的物理性流动。逆向物流代表了与产品和材料重新使用相关的所有活动，从使用过的包装到处理过的计算机设备，从未售商品的退货到机械零件的回收等，都可以归入逆向物流的范畴，逆向物流同时也伴随着信息流、资金流、价值流和商务流的逆向流动。

国际物流专业组织和专家学者对逆向物流的内涵理解不尽相同，关于逆向物流有多种定义。

专业性组织逆向物流执行协会（The Reverse Logistics Executive Council，RLEC）认为：逆向物流是商品从典型的销售终端向其上一节点的流动过程，其目的在于补救商品的缺陷，恢复商品价值，或者对其实施正确处置。其内容应该涵盖如下方面：

- 出于损坏、季节性、再储存、残次品、召回或过度库存等原因而处理的回流商品；
- 再循环利用的包装原料和容器；
- 修复、改造和重新磨光的产品；
- 处理废弃装备；
- 处理危险物料；
- 恢复价值。

国际权威组织美国后勤管理协会（the Councel of Logistics Management，CLM）在其公布的《供应链全景——物流词条术语2003年9月升级版》中，对逆向物流给出如下解释：由于修理和信誉问题，对售出及发送到客户手中的产品和资源的回流活动实施专业化的物流管理。

欧洲逆向物流管理协会认为：逆向物流是概括性的词。从广义上来说，逆向物流代表了与产品和材料重新使用相关的所有活动。对于这些活动的管理可以称为产品回收管理（PRM）。PRM着眼于在产品或材料消耗之后仍进行适当管理。这些活动从某种程度上来说，与企业内部由于产品加工而导致的次品回收有几分相似。逆向物流是指为了保证可持续的（环保的）产品回收而产生的所有物流活动，包括对已用品、部件或材料进行的收集、拆卸和加工。

美国物流管理学家Dale S. Rogers和Nonald Tibben-Lembke对逆向物流下的定义是：逆向物流是"对高效且高成本效率的从消费点到起源点的物料、再制品库存、产品和相关信息的流动进行设计、实施和控制的过程，以达到重新获取利润或恰当处理的目的"。

中国国家标准《物流术语》则将逆向物流分解为两大类。

- 回收物流（Returened Logistics）。不合格物品的返修、退货及周转使用的包装容器从需方返回到供方所形成的物品实体流动。
- 废弃物物流（Waste Material Logistics）。将经济活动中失去原有使用价值的物品，根据实际需要进行收集、分类、加工、包装、搬运、储存，并分送到专门处理场所时所形成的物品实体流动。

综上所述，逆向物流有广义和狭义之分。狭义的逆向物流（Returned Logistics）是指对那些由于环境问题或产品已过时的原因而进行产品、零部件或物料回收的过程，它是将废弃物中有再利用价值的部分加以分拣、加工、分解，使其成为有用的资源重新进入生产和消费领域。广义的逆向物流（Reverse Logistics）除了包含狭义的逆向物流的定义之外，还包括废弃物物流的内容，其最终目标是减少资源使用，并通过减少使用资源达到废弃物减少的目标，同时使正向及回收的物流更有效率。

2. 逆向物流的驱动因素

逆向物流的驱动因素包括环境的压力、经济的驱动及市场的诱惑。这些原因造就了逆向物流的客观未来。

1）环境的压力

伴随着环境意识的逐渐增强，逆向物流越来越受到实践运营领域和管理研究领域的共同重视。随着资源枯竭的威胁加剧，垃圾处理能力日见衰退，在众多工业化国家中，废品控制已经成为一个众人瞩目的焦点问题。因为对使用过的产品及材料的再生恢复，逐渐成为企业满足消费市场需求的关键力量。一些国家或者在环境保护法规中强调了生产企业在产品整个生命周期内的责任，或者开始运用税收政策控制容易造成环境污染的产品，以促使企业以"循环使用"理念取代"一次使用"的观念。而在客户价值导向的今天，"绿色制造"已经成为市场竞争的又一武器，消费者日益高涨的呼声也要求企业最大限度地降低产品与加工流程对环境的影响，各大厂商纷纷贴上环保标签，不仅保证降低产品在使用期间对环境的危害作用，而且承诺对产品及其零部件的回收责任。

2）经济的驱动

面对着日渐强大的消费者群体，在以服务营销为主导思想的全球化企业的经营战略中，许多企业将逆向物流看成是提升竞争力的重要法宝。

（1）逆向物流在增强企业与客户之间的沟通、提高客户满意度方面起着重要作用。1982年9月，当强生公司销量最高的产品——泰勒诺被指正与美国芝加哥地区的七起死亡报道有关时，泰勒诺的市场份额在一个月内从35%下跌到7%。强生公司广泛运用逆向物流系统，从零售商和消费者手中买回有问题的产品，并运回处理中心；同时，公司全力提升产品品质，以高于产品必备的品质慢慢地赢回了客户的信赖和产品形象。如今，泰勒诺仍是销量最高的止痛剂品牌，拥有30%的市场份额。可见，逆向物流系统是帮助强生公司重振雄风的主要"功臣"。逆向物流在刺激消费热潮方面也起着举足轻重的作用，因为消费者知道退货的相关手续简化之后，他们在购买物品的时候就不会像以前一样慎重了。

（2）有效的逆向物流管理也是增强供应链合作伙伴关系的重要融合剂。在通用汽车公司简化了其回收汽车零部件的流程后，销售商对新的回收体系表示出了极大的欢迎，因为新的体系更为简便，成本也更加低廉。他们现在都将回收部件送到通用汽车公司统一的处理地点，而采用通用汽车公司统一的产品标志，部件回收的不确定性也大大降低。

（3）降低成本。全球知名的化妆品品牌雅诗兰黛每年因为退货、过量输出、报废和损失达1.9亿美元，约占销售额的4.75%。为了降低退货处理成本，它投资130万美元购买用于逆向物流的扫描系统、商业智能工具和数据库。经过几年的运转，系统对超过保质期产品的识别精度大大提高，产品销毁率将可以降到15%以下，它将可以重返分销渠道的产品在销售季节结束前重新投放市场，每年节约了数百万美元。

不仅如此，逆向物流甚至可以成为利润中心。当沃尔沃预测到瑞典将会立法，规定汽车生产商对汽车零部件的法律责任时，公司引入了先进的汽车装卸和处理设备，并通过对汽车零部件回收和处理获得了巨大的收益，金属、塑料可以当成废品出售，而一些部件可以重新进入装配线，组装成汽车后在二级市场上出售，这些都成为沃尔沃重要的利润来源。

3）市场的诱惑

逆向物流有着广阔的市场前景。仅以中国家电行业为例，中国是世界上最大的家电生产国和消费国之一，目前全国电冰箱保有量为 1.2 亿台，洗衣机为 1.7 亿台，电视机为 4 亿台，计算机为 1600 万台。这些电器大多是在 20 世纪 80 年代中后期进入家庭的，按家电正常使用寿命 10~15 年计算，其中的大部分已经进入或即将进入报废期。逆向物流的市场是巨大的，而国内企业对这一领域的开发存在着巨大的空白。

3. 逆向物流的分类

从逆向物流货源、回收物品特征等角度可对逆向物流作不同的分类。

1）按逆向物流货源分类

按货源成因、途径和处置方式的不同，根据不同产业形态，逆向物流可以被区分为投诉退货、终端退回、商业退回、维修退回、生产报废和副品、包装等六大类别。

（1）投诉退货。投诉退货类型的逆向物流可能是由于运输差错、质量等问题形成，一般在产品出售短期内发生。通常情况下，客户服务部门会首先进行受理，确认退回原因，做出检查，最终处理的方法包括退货、补货等。电子消费品，如手机、家用电器等，通常会由于这种原因进入回流渠道。

（2）终端退回。终端退回的主要是经完全使用后需处理的产品，通常发生在产品出售之后的较长时间。终端退回可能是出自经济的考虑，最大限度地进行资产恢复，例如地毯循环、轮胎修复等可以再生产、再循环的产品，也可能是受制于法规条例的限制，如对超过产品生命周期的一些白色和黑色家电等产品仍具有法律责任。

（3）商业退回。商业退回指未使用的商品退回还款，例如零售商的积压库存，包括时装、化妆品等，这些商品通过再使用、再生产、再循环或者处理，尽可能进行价值的回收。

（4）维修退回。维修退回指有缺陷或损坏的产品在销售出去后，根据售后服务承诺条款的要求，退回制造商，它通常发生在产品生命周期的中期。典型的例子包括有缺陷的家用电器、零部件和手机，一般是由制造商进行维修处理，再通过原来的销售渠道返还用户。

（5）生产报废和副品。生产过程中的废品和副品，一般来说是出于经济和法规条例的原因，发生的周期较短，而且并不涉及其他组织。通过再循环、再生产，生产过程中的废品和副品可以重新进入制造环节，得到再利用。生产报废和副品在药品行业和钢铁行业中普遍存在。

（6）包装。包装品的回收在实践中已经存在很久了，逆向物流的对象主要是托盘、包装袋、条板箱、器皿，考虑到经济的原因，将可以重复使用的包装材料和产品载体通过检验、清洗、修复等流程进行循环利用，降低制造商的制造费用。

2）按回收物品特征分类

按照逆向物流回流的物品特征和回流流程，可以将逆向物流分成以下三类。

（1）低价值产品的物料。低价值产品的物料，例如金属边角料、副品、原材料等可进行回收。这种逆向物流的显著特征是它的回收市场和再使用市场通常是分离的，也就是说，这种物料回收并不一定进入原来的生产环节，而是可以作为另外一种产品的原材料投入到另一个供应链环节中。从整个逆向物流过程来看，它是一个开环的结构；在此类逆向物流管理中，物料供应商通常扮演着重要的角色，他们将负责对物料进行回收、采用特殊设备再加工，而除了管理上的要求外，特殊设备要求的一次性投资也比较庞大，这些要求决定了物料回收环节一般是集中在一个组织中。高的固定资产投入一般都会强调规模经济的重要性，在这里也不例外，此类逆向物流对供应源数量的敏感性非常强，另外，所供应物料的质量，如纯度等，对成本的影响比较大，因此保证供应源的数量和质量将是物流管理的重心。

（2）高价值产品的零部件。高价值产品的零部件，如电子电路板、手机等，出于降低成本和获取利润等经济因素的考虑，这些价值增加空间较大的物品回收通常由制造商发起。此类逆向物流与传统的正向物流结合得最为紧密，它可以利用原有的物流网络进行物品回收，并通过再加工过程进入原来的产品制造环节，在严格意义上，这才是真正的逆向物流。但是，如果回收市场的进入壁垒较低，第三方物流组织也可以介入其中。

（3）可以直接再利用的产品。可以直接再利用的产品，最明显的例子便是包装材料的回收，包括玻璃瓶、塑料包装、托盘等，它们通过检测和清洗处理环节便可以被重新利用。此类逆向物流由于包装材料的专用性属于闭环结构，供应时间是造成供应源质量不确定的重要因素，因而管理的重点将会放在供应物品的时点控制上。例如，制定合理的激励措施进行控制，通过标准化产品识别标志简化物品检测流程。不仅如此，还可以看到，由于在此类逆向物流的物品回收阶段对管理水平和设备的要求不高，因此可以形成多个回收商分散管理的格局，由原产品制造商对这些回收商进行统一管理，在这种情况下，也可以应用供应链伙伴关系理论促进他们之间的合作。

不同类别的逆向物流，其周期、驱动因素及处理方式也各不相同。逆向物流的类别、周期、驱动因素及处理方式可以归结为表9-3。

表9-3 逆向物流的类别、周期、驱动因素及处理方式

类别	周期	驱动因素	处理方式	例证
投诉退货（运输短少、偷盗、质量问题、重复运输等）	短期	市场营销、客户满意服务	确认检查退换货、补货	电子消费品，如手机、DVD机、录音机等
终端退回（经完全使用后需处理的产品）	长期	经济、市场营销、法规条例、资产恢复	再生产、再循环、再循环处理	电子设备的再生产，地毯循环，轮胎修复 白色和黑色家用电器 计算机元件及打印机硒鼓
商业退回（未使用商品退回还款）	短到中期	市场营销	再使用、再生产、再循环、再处理	零售商积压库存时装、化妆品
维修退回（缺陷或损坏产品）	中期	市场营销、法规条例	维修处理	有缺陷的家用电器、零部件、手机
生产报废和副品（生产过程的废品和副品）	较短期	经济、法规条例	再循环、再生产	药品行业、钢铁业
包装（包装材料和产品载体）	短期	经济、法规条例	再使用、再循环	托盘、条板箱、器皿包装袋

4. 逆向物流的特征

逆向物流与正向物流的部分功能是相同的，比如都具有包装、装卸、运输、储存、加工

等运作环节。但是，逆向物流又具有它自身的特征。

1）分散性

废旧物资流可能产生于生产领域、流通领域或生活消费领域，涉及任何部门或个人，在社会的每个角落都在不停地发生。正是这种多元性使其具有分散性的特点。

2）缓慢性

逆向物流在开始时种类多、数量少，只有在不断汇聚的情况下才能形成较大的流动规模。同时，回收物资的收集和整理也是一个较复杂的过程，废旧物资往往需要经过加工、改制等环节才能再次利用，这也需要经历较长的时间。这些都决定了回收物资流缓慢性的特点。

3）混杂性

回收的产品在进入逆向物流系统时往往难以划清类别，因为不同种类、不同状况的废旧物资常常是混杂在一起的。当回收产品经过检查、分类后，逆向物流的混杂性才逐渐减少。

4）多变性

由于逆向物流的分散性及消费者对自由回收政策的过度使用，使得企业很难控制产品的回收时间与空间，这形成了其多变性的特点。

具体而言，逆向物流与正向物流的对比和区别可以概括为表 9-4。

表 9-4　逆向物流与正向物流的比较

正向物流	逆向物流
预测较为容易	预测较为困难
分销模式为一对多	分销模式为多对一
产品质量均一	产品质量不均一
产品包装统一	产品包装多已损坏
运输目的地、线路明确	运输目的地、线路不明确
产品处理方式明确	产品处理方式不明确
价格相对一致	决定价格的因素复杂
服务速度的重要性得到认同	服务的速度经常被忽视
正向的分销成本相对透明可见	逆向的成本多为隐性的
库存管理统一	库存管理不统一
产品生命周期可控	产品生命周期较复杂
供应链各方可以进行直接的谈判磋商	供应链各方可以进行谈判磋商，但障碍较多
已有现成的营销模式	营销也受多种因素影响
操作流程更加透明	操作流程不太透明

5. 逆向物流的经济价值

企业实施逆向物流，不仅有利于保护环境，而且更能为企业及其供应链创造经济价值，增强竞争优势。逆向物流的经济价值包括以下三个方面。

1）降低原料成本

某些产品回收利用计划具有盈利前景，如有些零部件经过拆卸、拼修、翻新、改制等逆向物流活动，重新获得使用价值后，可直接进入产品市场过程或在二级市场再销售。据 Rogers 和 Tibben-Lembke（1999）的研究发现，在西方国家有许多这样的产品二级市场。在汽车、飞机的零部件制造业及电子产品制造业，使用翻新零部件已成为一种趋势。例如，美国宇航局重新利用改制与翻新的零部件，使飞机制造费用节省了 40%~60%。在美国的地毯行业，很多大公司积极开展地毯回收计划，就是为了用低成本的回收尼龙代替昂贵的原材料，因为地毯中的 1/3~1/2 是纤维，而纤维中有 60% 是尼龙。随着资源供求矛盾的突出，逆向物流的优越性将越来越显著。

2）提高企业服务价值和竞争力

首先，企业实施逆向物流计划，可以作为一种提高企业市场占有率的营销策略。例如，美国的地毯行业最主要的客户群是建筑商和设计人员，而他们要求提高地毯产品中可回收成分的比率和地毯的可回收性。其次，企业拥有良好的逆向物流系统，能增加客户价值，提高企业的竞争优势。例如，客户选中某改制品，就可享受较低的价格，从而降低购买成本；客户可以通过逆向物流系统方便、及时地退回不满意的产品，从而降低退货的运输成本和处理时间；制造商可通过自己的逆向物流系统承担更多的产品回收处理责任，从而减轻下游客户或销售商的回收处理责任。另外，良好的逆向物流系统还能帮助企业分析产品退货率的分布情况，为产品的改进设计提供反馈信息，提高产品竞争力。

3）提高环境业绩，塑造企业形象

很多工业化国家或地区都制定了环境法规，为企业的环境行为规定了约束标准，环境业绩已成为评价企业经营绩效的重要指标。例如，荷兰政府规定，汽车制造商必须将汽车使用的可回收材料比例提高到 86%，欧盟规定生产商必须将至少 45% 的包装材料回收利用，这使得企业用于回收处理的费用逐年增加。而企业实施逆向物流战略，能减少最终废弃物的排放量，从而相应降低处理费用，同时还可以改善企业在公众中的形象。另外，市场的全球化及国际绿色壁垒的形成，也迫使企业寻求更加友好的经营方式。逆向物流正是这样一种保护环境、降低资源消耗的可持续发展策略，因此有助于提升企业的国际竞争能力。

6. 逆向物流的管理策略

环境效益与经济利益的结合是企业实施逆向物流的总体目标，但是在具体运作时，会遇到供应链上的风险分担、经济利益与环境效益相矛盾、逆向物流与正向物流相冲突等问题，因此必须采取有效的管理策略。

1）分层次实施逆向物流目标

逆向物流追求不同层次的目标是：资源缩减→重复利用→再生循环→废弃处置。

逆向物流首先强调产品生命周期的资源缩减，即通过环境友好的产品设计，使原料消耗和废弃物排放量最小化，使正向物流和逆向物流活动量最低化。其次是重复利用，物流管理者应尽量使产品零部件以材料本身的形态被多次重复利用，这就要求改变传统的单向物流方式，以便处理双向的物品流动。再生循环是经过物理或化学处理后，使废弃材料再资源化的过程。相对于重复利用，再生循环需要一定的投资和资源。例如，城市的再循环材料搜集网络和运输网络，其运行、维护的代价是很昂贵的。废弃处置是最后的选择，可采用焚烧或填埋，焚烧处置能使某些形态的能量得以恢复，应该优先采用，但对大气有污染。

2）把好逆向物流过程的入口关

企业为吸引客户，提高市场占有率，增加销售额，往往实行比较宽松的退货、回收政策，而有些消费者就会滥用这一政策，不符合退货的产品也企图退还企业，因而企业要守好这道关，从根源上减少逆向物流成本。

3）压缩逆向物流处置时间

由于退货时例外驱动过程，因此减少与决定、移动和处理退货相关的时间很不容易。确定产品处置时，要谨慎地制定决策机制，企业更应实行有效的客户响应，减少各个环节的处理时间。

4）从供应链的范围构建企业逆向物流系统

由前面分析可知，逆向物流并不等于废品回收，它涉及企业的原材料供应、生产、销售和售后服务等各环节，因而不能作为一个孤立的过程来考虑，企业要实施逆向物流，还必须与供应链上的其他企业合作。另外，企业采取宽松的退货策略，将使下游客户的风险转向企业自身，由于供应链存在"牛鞭效应"，上游企业所获得的信息将出现严重失真。为了实现风险共担、利益共享，企业必须与供应链上的其他企业共享信息，建立战略合作伙伴关系。也就是说，企业必须从整个供应链的范围来构建逆向物流信息系统。

5）构建逆向物流信息系统

如用销售终端系统（POS）、EDI技术和射频技术就可把好入口关，加速逆向物流活动处理。此外，由于逆向物流过程有很多例外和不确定性，因而逆向物流信息系统必须是柔性的。一个成功的逆向物流计划在很大程度上取决于收集有意义的信息，这些信息可以在追踪成本时帮助管理退货过程。逆向物流信息系统还会由于退货而为公司赢得信用，改进现金流管理。该信息系统还应该能追踪每次退货的原因，并且为最后处置分配一个编码。

6）建立集中回收中心

回收中心的建立有利于一致、迅速、有效地检查、分类和决定如何处理回收的产品，回收中心的有效管理需要信息系统的支持。

7）实施有效的财务管理

实施有效的财务管理在逆向物流系统和处置产品方式的结构中是主要决定因素，多数公司需要改进内部财务处理过程。退货行动引起了相关金融活动的紧张，包括发生退款和信用、库存成本财务和追踪税务责任等，因而要在财务会计上进行严格控制。

8）实现正向物流与逆向物流的一体化

逆向物流也需要经过运输、加工、库存和配送等环节，这可能会与企业的正向物流环节相冲突。大多数企业很关心管理物流的正向部分，对管理逆向物流的投入很有限，当两者发生冲突时，常常会放弃逆向物流。要有效地管理逆向物流，就必须统一规划正向物流与逆向物流，考虑货物的双向流动。通过建立一体化的信息系统，对退货进行跟踪，测定处理时间，评价卖方业绩，以便与供应商更好地协作，压缩处理时间。对回收的零部件处理越快，给企业带来的利益就越多。

9）外包逆向物流

若企业在认识到它们缺乏从事逆向物流的专业知识、技术、经验，则应该将其外包给从事逆向物流的第三方物流供应商。这些第三方物流供应商成为管理逆向物流和开展关键增值服务的专家，如重新生产和整修。第三方物流供应商也提供针对退货过程的仓储服务，退货产品在这里根据客户的需要进行抢救、处置或退回制造商。

9.3.2 逆向物流的网络结构

一个包括正向物流与逆向物流的完整过程构成了一个网络结构，它不仅包括正向物流，还包括产品退货处理物流、废旧产品或包装回收利用物流、产品维修退回处理物流、废旧包装回收利用物流，以及生产废品和副产品回收利用物流。

逆向物流的网络结构具有不同的类型与结构、独特的系统功能、资源再生模式与结构特征，并具有开环、闭环两种结构形式。

1. 逆向物流网络的类型与结构

根据废旧物品种类及其回收处理方式的不同，会有不同的逆向物理网络类型和结构，如再使用逆向物流网络、再制造逆向物流网络、再循环逆向物流和商业退回逆向物流网络等。

1）再使用逆向物流网络

可再用物品中最常见的是各类包装，广泛应用于啤酒或软饮料、食品、化工和集装箱运输等行业。其中，玻璃瓶等商业包装的回收再使用物流网络类似于再制造逆向物流网络，不同的是前者只需简单的清洗和检测，而后者需要复杂的修复或再加工。对于集装箱等工业包装，闲置时一般存放在物流服务提供商的集装箱站场，一旦有用箱请求，则被送往发货方，用过的空集装箱从收货方收回，并进行简单的清洗和维修。

2）再制造逆向物流网络

典型的可再造物品包括飞机和汽车的发动机、机电设备、复印机和计算机部件等价值较高的产品，其主要驱动因素是对上述物品进行增值修复以获取经济效益。再制造需要产品生产的有关知识，因而通常由原始设备制造商（OEM）来完成。由于新产品加工和旧产品修复之间的密切关系，并且新产品和修复产品的销售市场可能重合，因而可以将再制造物流和传统生产分销物流网络进行集成，综合考虑两者的设施共用和运输合并。目前，再制造逆向物流网络大多是在已有正向物流网络的基础上进行扩展，形成多级闭环物流网络。

3）再循环逆向物流网络

物料循环利用由来已久，如废旧金属、纸、玻璃、塑料等。收集的废旧物品价值一般较低，但需要先进的处理技术和专用设备，投资成本很高，因而要求回收处理设施比较集中，进行大批量处理，以形成规模经济效应。再循环逆向物流过程涉及的活动不多，网络结构较简单。

4）商业退回逆向物流网络

商业退回主要源于商业回收或客户投诉退货，如错发或有缺陷的商品、零售商的积压存货等。为了减少成本、降低库存和增加灵活性，可以在较大区域范围内设置一个分销中心，集中处理来自不同地区的退回商品。对退回的商品有多种处理方法可以选择：质量好的商品可以送回原商品库，进行再次销售；质量不好的商品可以作为处理品销售；如果退回商品无法直接销售，或通过修复、改制可以显著增加商品售价，那么在出售前可以先完成上述操作，然后作为修复品或再制品进行销售；如果上述选择都无法进行，则对贵重的或可循环的材料进行回收，再以最低的成本对其进行废弃处置。

2. 逆向物流网络的系统功能

尽管不同的逆向物流系统涉及的具体活动可能不一样，但一般都包括以下功能。

1）收集

收集是指通过有偿或无偿的方式,将分散在各地的废旧物品集合起来,运往处理的地点。该步骤可能包括收购、运输和仓储等环节。由于从分散的消费者处收集废旧物品涉及大量的小批量运输,因而导致收集费用很高,在逆向物流总成本中占据相当大的比重。此外,该过程的运输也是逆向物流中引起环境污染的关键因素之一。因此,废旧物品收集过程应该尽量采用合并运输策略,如利用正向物流中的回程运输等,以减少不必要的运输。

2）检测和分类

对回收产品的质量进行检测,以确定合适的处理方案,并据此进行分类。该步骤可能包括拆卸、破碎、检测、分类和仓储等环节。早期检测和分类可及早识别没有回收价值的废品,节省对无用废弃物的运输成本,但检测和分类需要昂贵的设备,只能在有限的地方设置,因而必须在两者之间进行权衡。

3）再处理

对回收产品或其零部件进行处理,以重新获取价值。该步骤可能包括清洗、零部件替换和重新组装等环节。其中,再处理方式主要有再使用、再制造和再循环、再使用。针对只需清洗或少量维修工作即可直接再使用的包装、产品或零部件,如玻璃瓶、塑料瓶、罐、箱、托盘等包装容器、复印机和打印机的墨盒、一次性相机、二手家具、服装和书等,再制造是指保留废旧零部件的结构和功能特性,通过必要的拆卸、检修和替换,使其恢复得同新的一样,如飞机和汽车的发动机、计算机、复印机和打印机部件等;再循环是指循环利用废旧物品中的原材料,如废旧金属、纸、玻璃、塑料等。专业的再处理设备需要高昂的投资,因而在很大程度上决定整个逆向物流系统的经济可行性。因此,一般要求回收品数量较大且集中处理,以形成规模经济效应。

4）废弃处置

废弃处置指对那些出于经济或技术上的原因无法再利用的废旧产品或零部件进行销毁。该步骤可能包括运输、填埋或焚毁等环节。

5）再分销

再分销指将处理后的再生产品运往市场进行销售。该步骤可能包括销售、运输和仓储等环节。该过程与正向分销物流类似,需要在运输的合并和快速反应之间进行权衡。

3. 逆向物流的资源再生模式

逆向物流的资源再生模式包括回收产品提供者、产品回收商、产品再制造商、分销商、消费者等五个主要的成员。逆向物流的资源再生模式包括三个阶段。

1）由回收产品提供者到产品回收商

首先是回收产品提供者向整个逆向物流提供投入,也就是他们已使用完的产品或者是不用的产品,而这些提供者可能是零售商或者是最终客户。与正向物流的物料供应商不同的是,回收产品提供者并不会像物料供应商一样,当制造商有需求时就会提供所需的物料,而是要等到他们不再使用这个产品的时候才会把这些回收产品提供出来。也正是基于此,使得产品再制造商的再制生产规划和控制变得非常困难。

2）由产品回收商到产品再制造商

从产品回收商到产品再制造商之后,这些回收产品经由产品回收商收集并集中管理,以供产品再制造商进行产品再制的需要。而这些回收商可能是与产品再制造商签订合约的厂商、各地的零售商或分销商等。

3）由产品再制造商到消费者

产品再制造商把回收产品进行再制之后，交给分销商，而由分销商将再制产品运送给消费者。

从逆向物流的资源再生模式可以看出，逆向物流与正向物流部分是相同的，比如这两种物流同样需要有原材料的供应，同样需要进行生产规划和控制，同样需要将生产后的产品运送到客户手中；但是，这两种物流也有很多不同的地方，比如在逆向物流中的原材料采购并不像正向物流中的订购方式，逆向物流中的原材料是要等到客户不再使用这项产品之后，才会将产品提供出来，而且在再制过程上因为回收产品的品质和时间的不确定性，将使得逆向物流的生产规划和控制相对于正向物流更加困难和复杂。

4. 逆向物流网络的开闭形式

从网络结构的形式来看，系统网络结构可分为开环和闭环两种。

1）开环型网络结构

开环型网络结构主要指回收的物品不回到初始的生产商而用于其他企业（第三方生产商）的情况。此时，由于逆向物流渠道与正向物流渠道不同，整合这两种渠道的可能性很小，故一般构建一个独立的回收系统。由于该系统的独立性，若把回收物品当成传统供应链的原材料投入，则只要稍加修改传统的物流系统网络模型就可为逆向物流系统所用。再生系统通常为开环型网络。

2）闭环型网络结构

闭环型网络结构主要指回收的产品或包装材料回到初始的生产商的情况。此时，利用传统物流渠道中的现有企业成员，在原有网络上或通过专业物流服务商来构建逆向物流系统。尽管此时逆向物流系统与传统物流系统可能拥有相同的企业成员，但由于逆向物流中废旧物品的收集和运输需要不同的操作处理，从而产生不同的生产运作程序，故将逆向物流系统和正向物流系统整合在一起仍比较困难。再制造、修理或直接再利用等系统常常构成闭环型网络。特别地，当产品或其核心部件涉及企业的保密技术时，为防止其他企业仿冒产品保持企业自身的垄断地位，企业往往构建闭环型的网络系统来回收再利用废旧产品。例如，IBM公司的一些业务——租赁到期产品的收回、产品返销及对环境有污染部件的回收等，实际上就构建了一个闭循环的物流网络系统。

5. 逆向物流网络的结构特征

从逆向物流的角度看，逆向物流系统网络结构具有如下基本特征。

1）系统的高度复杂性

从消费者或终端市场回收的物品在时间、数量和质量上具有高度不确定性，逆向物流系统内部物流相互影响，导致系统对逆向物流缺乏有效控制，从而增加了系统的复杂性。

2）系统目标的多样性

系统目标的多样性即系统结构的设计除了要满足成本和供应的要求外，还要考虑环境保护等因素。

3）系统供需失衡性

逆向物流系统具有天生的供需失衡性，即废旧物品的供应常常与生产商的需求不匹配。

4) 系统的汇聚性

逆向物流系统具有汇聚性，即系统物流从多个方向向少数地点汇聚。废旧物品是逆向物流的原材料，与正向系统不同的是，它们进入逆向系统的成本很低甚至为零。

由此可知，逆向物流系统比传统的"生产—分销"物流系统更具复杂性，复杂性不仅体现在系统内部各成员的相互影响上，而且还体现在特定的修复操作过程随着回收物品的不同而不同上。值得注意的是，尽管传统的物流系统与回收系统网络在物料供应方面具有很大差异，但在分销方面的差异很小。

9.3.3 逆向物流的系统设计

逆向物流管理同正向物流管理一样，是企业产品整体生命周期管理的一部分，是实现企业可持续发展的重要措施。必须从战略的高度设计逆向物流系统，投入更多的资源建立逆向物流系统。

1. 逆向物流系统的设计原则

逆向物流运作的效率直接依赖和受限于逆向物流网络结构，因而必须合理设计逆向物流网络，即确定废旧物品从消费地到起始地的整个流通渠道的结构，包括各种逆向物流设施的类型、数量和位置，以及废旧物品在设施间的运输方式等。

逆向物流是一个新兴的研究领域，定量分析还很缺乏。目前关注的焦点是解决逆向物流的网络设计问题。尽管现有的逆向物流网络设计模型与传统的设施选址模型很类似，但至少有两个重要特征是传统模型中没有考虑的，即高度的不确定性和"正向"与"逆向"的关系。

1）高度的不确定性

正向物流系统一般只涉及市场需求的不确定性，而逆向物流系统中的不确定性要高得多，不仅要考虑市场对再生产品需求的不确定性，而且还要考虑废品回收供给的不确定性，主要包括回收物品的数量、质量和到达时间等，这些都是逆向物流网络设计必须考虑的因素。然而，现有逆向物流网络设计模型大多采用确定性规划方法，忽略了上述的不确定性因素，只有少数模型采用灵敏度分析方法，考虑了不确定性因素的影响。为了从根本上解决不确定环境下逆向物流网络优化设计问题，应该采用随机规划或稳健优化方法。

2）"正向"与"逆向"的关系

逆向物流可以有三种流通渠道：沿着传统的正向物流网络逆向流动，建立独立的逆向物流网络，建立正向和逆向相结合的集成物流。目前的工业实践中，普遍采用第一种较简单的方法，网络规划完全按照正向物流的要求来进行。现有理论研究大多考虑逆向物流网络的独立设计，很少考虑"正向"和"逆向"物流中共用设施的选址。

2. 逆向物流系统结构的设计方法

1）定性分析

关于逆向物流系统结构的早期定性研究大多从成本的角度讨论结构特征和设计原则，没有从产品的生命周期来分析，忽视了可持续发展等问题。此后，随着环保意识的增强，人们对那些物流系统结构有了进一步的认识，许多学者从环保、绿色经营、绩效、物流渠道、企业战略等不同角度研究了逆向物流系统的结构特征和设计原则，为建立有效的逆向物流系统结构提供了正确的指导。

由于逆向物流系统网络结构的复杂性，Fleischmann 等人在 2001 年到 2002 年期间针对 IBM 公司产品的特点，研究了从其使用过的产品中回收可再利用零部件的网络结构，以及回收行为对企业经济效益的影响。研究结构表明，电子产品的回收再利用给该行业带来了巨大的潜在效益，这些结果促使 IBM 公司调整其营销计划：在北美、欧洲和亚洲无偿或有偿地回收使用过的产品并大力推行租赁服务，到目前为止，租赁业务已占其硬件销售量的 35%。

目前，进行逆向物流系统结构研究的产品类型有日常生活用品、耐用品、电子产品、纺织品、工业副产品或废弃物、建筑废弃物等。

2) 仿真模型

由于逆向物流在时间、数量、质量上都具有高度的不确定性，从而建立的生产—回收模型中包括大量描述供应、分销、逆向物流动态变化的参数，模型往往难于用解析方法求解，而需要借助计算机进行仿真模拟。

Bernd E. Hirsch 等人讨论了仿真工具（Logistic Chain Multidimensional Design Toolbox With Environmental Assessment，LOCOMOTIVE）在设计具有生命周期特点产品的循环再生网络结构中的应用。利用 LOCOMOTIVE 仿真工具不但能确定最佳的物流网络结构，而且能计算物流运作对生态环境的影响。此外，由于操作的便利性，该仿真工具正逐渐被用于中高层管理中，以便让管理者从战略决策的层次寻求合适的物流方案。

Fleischmann 于 2002 年针对 IBM 公司产品的特点，从库存控制的角度设计了一个包括旧机器回收、拆卸、检测、新零件外购、次品零件修理等节点的网络系统结构仿真模型，该模型进行三种决策：拆卸得到的旧零件是否利用、旧零件检测数量的控制、新零件外购或次品零件修理数量的调整。通过各种成本参数设置，利用该仿真模型确定了各个网络节点的最优库存量，为各种生产计划方案提供了一个评价基础。

3) 优化模型

一些学者通过简化、假设的手段，用建立优化模型的方法定量研究、分析了某些情形下回收系统网络结构的优化设计，模型研究的重点基本上都集中在网络系统组成成员的数量确定和选址定位上。

由于再生、再制造处理过程往往需要多种设施，所建立的模型通常是多级的混合整数线性规划（MILP）模型，目标函数大多是从产品运行周期的角度要求平均成本最小，约束条件则一般包括物流运输的平衡约束、生产处理能力约束、库存容量限制约束、设备数量约束及决策变量的非负约束或非负整数约束。

Fleischmann 于 2001 年则从所考虑产品服务区域及区域平均成本的角度出发，在假设单位时间回收的物品数量服从一个与区域有关的连续分布的条件下，提出了一个连续的网络设计模型，通过该模型揭示了系统关键参数对成本的影响并为选择合适的物流结构提供了方向。

从产品需求和物品回收是确定性还是随机性的情形来划分，优化模型可相应地分为确定型的选址定位模型和随机型的选址定位模型。

9.3.4 闭环供应链系统

20 世纪 90 年代以来，随着从传统经济发展模式向循环经济发展模式转变，全球制造商面临着巨大的挑战，即有效应对日益普及的"制造商责任延伸制"，实现经济与环境的协调发展。要应对这一挑战，仅靠某家企业是无能为力的，而必须依靠整个行业内的供应商、生产商、零售商，以及产品回收商和再处理商的协调与合作。这就要求整合正向供应链与逆向供应链，形成一种超越传统的管理方式，而闭环供应链管理（Closed Loop Supply Chains，CLSC）正是顺应这一变革而产生的一种全新的管理方式。

所谓闭环供应链是指：从产品的全生命周期出发，将正向供应链活动和逆向供应链活动整合起来，对产品的回收、生产和再销售整个过程进行设计和管理。它包含两部分内容：一是正向供应链部分，二是逆向供应链部分，如图9-4所示。

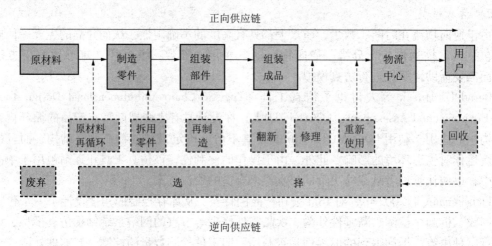

图9-4 闭环供应链

1. 正向供应链

在正向供应链中，企业一般是根据客户订单和市场需求开发产品、购进原材料、加工制造出成品，以商品形式销售给客户，并提供售后服务。物料从供方开始，沿生产制造各个环节向需方移动。从运行机制来看，正向供应链是一个过程，即根据顾客订单，通过原材料供应、存储、产品生产、产品送达顾客等一系列活动的物品移动过程，构成一个整体的功能网链结构模式。它不仅是一条连接供应商到用户的物料链、信息链及资金链，而且是一条增值链，物料在供应链上因加工、包装、运输等过程而增加其价值，给相关企业带来收益。

在供应链的各环节，企业之间以物流为主线，是从供应商向顾客方向的单向流动。在供应链管理中，以提高整个供应链的敏捷性、响应性为目的，实现物料转换功能及准确地满足每一个客户的需求和期望，并最终实现供应链管理带来的经济效益。

2. 逆向供应链

根据供应链及逆向物流的定义，逆向供应链是指从用户手中回收产品，对产品进行分类、检测直到最终处置或再利用，而由一些企业或企业部门构成的网络。

在逆向供应链中，除去废弃的物品外，可根据物品重利用的程度进入到正向供应链的各个节点中进行相应的处理活动，因此，基于环境保护和一些资源的不可再生的特性，在设计活动中，应充分重视产品、服务及其对环境的影响在整个生命周期中的成本，基于此，应开发和设计可恢复再生的产品，要求其耐久性强、可重复使用、可无公害再生，并在最终作为废弃品处理时对环境的损害减到最小。强化再生循环的设计在产品再设计活动中也非常重要，设计再生循环系统既要考虑环境因素，也要考虑产品本身的因素。这样，在设计产品的过程中，需要注重模块化设计，在原材料、供应商及生产加工设备的选择上都要以此为依据，尽可能使模块和零部件标准化。

除此以外，还要选择合适的供应商，由于供应商具有专业知识和专用设备，可以参与到对产品的联合设计开发，这样能使产品更加趋向于模块化，有利于将来的再生使用。

逆向供应链的特征如下。

（1）逆向供应链中使用过的物品的产生地点、时间和数量是难以预见的，而正向供应链则不然，按量、准时和定点是其基本要求。

（2）具有"从多到少（many to few）"的特征，即逆向供应链中的物流，是从多个方向向少数地点汇聚。废旧物品是逆向供应链的主要原材料，与正向供应链不同的是，它们进入逆向供应链的成本很低甚至为零。

（3）具有天生的供需失衡本性，即废旧物品的供应常常与生产商的需求不匹配。

（4）具有多目标特性，即逆向供应链系统设计除了要满足成本和供应要求外，还要考虑环境保护等因素。

逆向供应链对于环境保护、资源有效利用、实现可持续发展提供了一条新的途径，体现了以顾客为中心的思想，增加了顾客对企业的信赖，通过逆向供应链可以捕捉到极具价值的产品使用信息，从而避免了在供应链管理中经常遇到的信息失真与放大效应。在当今以服务营销为主导思想的全球化企业经营战略中，逆向供应链管理将成为新的有力武器。但要发挥逆向供应链管理的优势，并不能脱离传统（正向）供应链。

3. 基于正向/逆向供应链整合而成的闭环供应链

从物流角度讲，闭环供应链实质上是通过产品的正向交付与逆向回收再利用，使"资源—生产—消费—废弃"的开环过程变成了"资源—生产—消费—再生资源"的闭环反馈式循环过程。它的实质是基于正向/逆向供应链整合而成的网状链。

正向/逆向供应链整合，就是对从产品开发设计直到产品寿命终结的最终处理或者再利用的整个"密闭"链中的物流、信息流、资金流进行合理计划、协调、调度与控制。正向供应链与逆向供应链中有很多相似的环节，这为供应链整合组成闭环体系链带来了很多方便，如正向/逆向供应链中都存在运输与库存问题，可以集中起来进行计划、协调、控制和管理；对于逆向供应链中有利用价值的物品的再制造、再分销可直接整合到正向供应链中。

闭环供应链所面向的系统无论从其深度还是广度都大大超越了传统供应链，它不是简单的"正向+逆向"，涉及从战略层到运作层的一系列变化，其复杂程度和难度都远远超过正向供应链。闭环供应链管理的目的是为了实现"经济与环境"的综合效益，该理念不仅有助于企业的可持续发展，也有助于整个国际社会的可持续发展，在构筑"强环境绩效"方面，闭环供应链表现出的优势远远超过了传统供应链，已成为供应链未来发展的必然趋势。

4. 闭环供应链系统的特点

（1）除了考虑成本和服务外，还要考虑环境因素，使目标函数更加复杂。

（2）系统更加复杂。封闭的系统中增加了逆向的废旧产品流，而且与正向的商品流相互作用，在商品的供应或废旧产品的收集方面，其数量、质量、时间等具有不确定性。

（3）推/拉特性。废旧产品的供应和需求之间经常不匹配。"生产"也就是旧产品的供应与"需求"即生产商对废旧产品的需求不协调。

（4）"供应商"多"客户"少。逆向供应链的"原材料"是使用过的废旧产品，与正向供应链不同的是，虽然有很多的"原材料"来源，而且废旧产品是以很小的成本或几乎没有成本进入逆向供应链，但由于废旧产品只有很低的价值，使得对此业务有兴趣的企业客户很少。

（5）未开发的市场机会。环保的要求是创造新市场的基础，甚至会导致现有生产过程中副产品市场的重组，在这种重组中，原先的废料可能变成有用的产品。

9.3.5 正/逆向供应链的整合方法

1. 确定回收渠道的参与者

废旧产品的返回具有高度不确定性，其回收成本十分高昂，而合理的回收渠道设计，则可以显著降低生产商的回收成本，有助于实现闭环供应链的高效运作。生产商如何确定回收渠道有三种可行策略。

（1）生产商直接从客户那里回收废弃产品。

（2）生产商可以与零售商达成协议，由零售商帮助完成废弃产品的回收工作，而由生产商给予一定的经济补偿。

（3）生产商将回收任务外包给第三方服务商，这种方式的最大好处是可以实现回收系统的共享。不同选择方式决定着闭环供应链的复杂程度，也影响着整个环链的路径长短，因此是整合的关键。数量较少、部件可重复利用率较高、分类与检测技术要求较高的废旧物品的回收，比较适合前两种方式；而数量较多、损坏程度较严重、部件可重复利用率较低、分类与检测技术要求较低的废旧产品的回收，较适合第三种方式。

2. 对关键节点进行有效控制

在整个闭环供应链中，生产商与回收产品再处理中心是两个关键节点，如何对两者进行有效控制，充分发挥其潜力，是成功整合的另一关键。

1) 对生产商的控制

在闭环供应链中，生产商面临双源库存补充方式，供应源不仅包含来自供应商的零部件，还包含来自客户端的废旧产品；再加上回收产品的数量、质量及回收时间等信息存在高度不确定性，这些都使得生产商对客户端缺乏有效控制。因此，这一节点的控制任务，就是生产商如何尽量减少回收产品相关信息的不确定性，如何在外部订单和再处理产品之间进行协调，如何评估再处理产品对库存水平的影响。到目前为止，国内外的研究还无法给出理论支持，因此，这应当是今后的一个研究热点。

2) 对回收产品再处理中心的控制

逆向供应链与正向供应链的显著区别之一，就是正向供应链中的产品流向是已知的，而逆向供应链中的回收产品，必须经过测试/分类才能确定其进一步流向，这也是逆向供应链较之正向供应链复杂的原因之一。正是基于此，闭环供应链的复杂性大大增加了。供应链中哪一个成员来负责再处理中心的筹建、运作，有两种可行方式。

（1）可将测试、分类任务外包给第三方服务商，此时，废旧产品的回收、测试与分类均由第三方服务商来完成，其实质就是将回收与测试、分类环节整合。这一方式适用于技术含量较低、销量较大的废旧产品回收。

（2）由生产商建立自己的再处理中心，负责废旧产品的测试、分类和修复，这一方式对技术含量较高的废旧产品回收较适用。

3. 对双向流的协调

在闭环供应链中，双向流运输增加了供应链网络规划的困难。如何在产品/废旧产品之间合理分配运输能力，是一个富有挑战性的问题。因为最终客户在地域上的分散性及拥有产品的少量性，使企业需要对大量低货流量的废旧产品进行运输，这常常导致了高昂的废旧产品回收成本。如果生产商直接从客户那里回收废弃产品，为避免过度运输导致的高昂成本，可采用邮递服务，从而将回收任务的一部分转移给消费者，顾客只需将不要的产品包装好，将它邮寄到指定的回收中心；如果生产商将回收工作委托给零售商来做，则可以利用送货的部分车辆完成废旧产品的运输；如果回收工作外包给了第三方服务商，则废旧产品的运输由第三方服务商来统筹安排。

4. 建立基于闭环供应链的快速反应系统

实现整个闭环供应链上的信息共享，是改善和加强供应链管理的行之有效的办法。它能使企业快速地捕捉市场信息、产品质量信息、库存信息、废旧产品信息，并在整个供应链内进行信息反馈，从而消除信息失真；同时，只要利用先进的信息通信技术，建立基于闭环供应链的快速反应系统，就能有效地进行供应链的协调管理，使成员企业的运作达到同步和一致。目前，在供应链管理系统的研究中，利用Intranet/Extranet/Internet技术建立分布、异构的即插即用式的敏捷化企业集成信息系统，利用EDI技术实现快速的信息交换，以及利用EFR技术实现资金快速支付，这些对于建立基于闭环供应链的快速反应系统都是很有借鉴意义的。

9.3.6 闭环供应链的设计原则

1. 用可持续性发展的标准约束供应商

选择符合可持续性发展标准的供应商需要增加额外的选择标准，如必须为供应商解决两难的悖论：生产可重复使用的零配件的供应商可能因此失去大部分业务。这种损失应该得到补偿，可以将维修等业务外包给原始制造商，一方面原始制造商具有专业的业务知识和设备，可以提供较好的服务；另一方面供应商可以通过模块化设计以便于产品回收。

2. 利用会计系统核算产品或服务在整个生命周期中的成本及其产生的环境影响

首先，开发设计出的可回收产品，应该具有下列特点：经久耐用、可重复使用、使用后可无害化回收、在废弃处置时对环境友好；其次，产品功能应具有可扩展性，这样在使用时能提高生态效益和可再用性；再次，设计产品应遵循模块化、标准化原则，这样可以使维修更加容易、部件和物料可重复使用（甚至可以跨供应链使用）。

3. 善于利用各种管理方法

ISO 9000-14000、生命周期评估方法、环境会计方法等可以帮助企业识别需要改进的地方。举例来说，使用较少的能源不但对环境有好处，而且由于减少成本对企业也有利，同时又避免了潜在的环境法律责任。善于利用这些管理方法是企业可持续发展的重要前提，为了取代不可再生资源和具有污染的技术，企业应尽量使用太阳能、风能、水能和地热能等，以便减少能源消耗。

4. 建立新的市场

环保要求会引发建立某些特定物料的新市场，也可能引发生产过程中现有物料流程的重组。借助于新技术，以前作为废物处理的物料会变成有用的副产品。处置设施应尽可能地接近终端消费者,这样可以便捷地运送来自消费者的废旧产品,此外,企业应尽可能提供废弃物处理服务。

5. 应付不确定因素

在回收的产品中,只有部分是有价值的,但正确预测哪些部分有价值比较困难,因此用来区分回流产品中有用部分和无用部分的测试、分类工作需要分别进行。由于逆向渠道固有的推/拉特性,即使在完全信息状态下,在回收产品的供给和需求之间也存在着不匹配问题和回收渠道的选择问题。从事物料和能源经营的企业应该进行一定的准备,使自己能对管理和流程中的变化做出快速反应。不断变化的产品和服务也在不断推动设计的变化,为了达到生态最优化,必须多研究一些备用的设计方案。

6. 对物流网络设计与回收方法进行匹配

有些研究者对成本和服务驱动式的物流网络设计进行了案例研究,他们得出的结论是:与传统的正向物流相比,闭环供应链有一些明显不同的特点,尤其在流程方面。产品回收网络的典型特点是它包括:专门从事收集与运输的汇聚部分、将可再用产品配送到市场的发散部分、与回收处理各个环节有关的中间部分。他们对物料回收、再制造、可再用部件、可再用包装、保修和商业回收等的网络进行了区分,这些网络类型在网络的拓扑结构、参与者的角色、参与者之间的合作等方面有所不同。

7. 提高再循环的设计

关于环境驱动式网络设计,有研究者从闭环供应链的角度分析了电池回收问题,讨论了许多网络设计方法,环境因素影响着网络的拓扑结构、参与者的角色、参与者之间的合作。有人认为产品如何设计是一个关键因素,决策时要考虑模块化、物料类型、供应商的参与程度、可拆解性、生命周期、所用设备的类型、产品中模块/部件的标准化程度,影响决策的参数包括污染的产生、能源的使用、残余废弃物、生命周期成本、生产技术、辅助材料、副产品、可回收性、产品复杂性、产品功能等。

8. 提高回流的质量和比例

有人从经济和生态标准介绍了优化冰箱供应链的模型。此模型使用了不同的参数类型,如集中式运营、分散式运营、不同的产品设计方法、回收的可行性、回流数量、将要出台的法律等。从而得出结论:除了高效的物流管理和优化的产品设计外,系统的优化程度依赖于回流数量和回流比例。

闭环供应链是供应链领域的一个新的研究方向,目前虽然仅处于起步阶段,但在实际应用的推动下,闭环供应链的研究将成为未来的研究热点。

本章小结

供应链,就是由供应商、制造商、仓库、配送中心和渠道商等构成的物流网络。供应链系统是指为终端客户提供商品、服务或信息,从最初的材料供应商一直到最终用户的整条链上的企业的关键业务流程和关系的一种集成。

供应链系统设计是一项复杂而艰巨的工作,也是供应链管理的重要环节,它涉及供应链组织机制、供应链成员的选择、供应链成员之间的相互关系、物流网络、管理流程的设计与规则及信息支持系统等多方面的内容。

案例分析

戴尔公司的供应链管理

现在,计算机产业的每家企业都以戴尔为楷模。戴尔公司的飞速发展是美国高技术企业经营管理的一个奇迹。市场要求经历了更便宜(成本合理化)、更好(质量管理)、更快(物流管理/时间与速度的竞争)的变化,戴尔经营的最大特色就是强调速度:制造快、销售快、盈利快。在戴尔奇迹的背后,隐含着先进的物流与供应链战略思想及其管理运作方式的支持。

戴尔公司的竞争优势主要来自于他的独特经营方式:直销计算机,即顾客通过电话、信件及Internet直接向公司订购计算机,而不经过分销商或代理商的中间渠道。在20世纪90年代初,戴尔开始试行这种销售方式时,人们曾怀疑计算机是否能像服装等日用品那样搞直销,但现以后的事实证明戴尔的大胆试验一开始就取得了成功。就是在进入中国市场时,也有人怀疑这种完全美国化的销售模式是难以实施的,但看到,虽然戴尔从1998年8月才开始在中国装配销售计算机,但现已跃居中国十大个人计算机制造商之列。令人印象更加深刻的是,戴尔开始吞食联想、方正等中国计算机企业最重要的顾客基地——国有企业。归纳起来,戴尔直销模式带来的利益概括如下:

1. 取消中间商,节约成本

代理商在销售计算机时,一般要加价,直销则以出厂价销售,能比竞争者以更低的价格性能比销售计算机,从而赢得竞争优势,这是最直接的利益。而且也意味着为顾客节约了资金,并可以按照顾客的具体要求制造计算机,从外部的硬件到内部的软件,完全量身定做。

2. 最大限度地减少成品库存

直销是在公司接到顾客订单后再将计算机部件组装成整机,而不是根据对市场的预测制订生产计划先批量制成成品,再将产品存放在仓库里等待分销商和顾客的订货。如果每年的库存维持费用是产品价值的25%,价值1000万元的产品库存每年的维持费用将是250万元。而且,按订单生产的产品无须储存在供应链的各种仓库里,从而将供应链库存降至最低。同样,按订单生产系统及时从供应商处获得零部件,由此消除了供应链中的零部件库存。不论是谁"支付"了库存的开支,顾客最终都将承担更高的价格。

3. 降低制造成本,及时利用新技术

因为戴尔只是在接到一批订单时才要求供应商及时提供计算机部件,部件的库存也可以降到最低水平。上面已提到计算机部件价格不断下调,更新换代快,如果仓库里没有使用过时技术而必须先卖掉的产品,就可能加快使用新技术的步伐。戴尔公司总结按订单生产方式进行制造带来的利益时谈到,"只是因为没有需耗时100多天才能处理完的库存,所以可能是第一个转而使用新的奔腾处理器的厂家"。

4. 提高顾客服务水平

公司按照顾客的具体要求组装计算机,并且可在洽谈时主动向顾客提供技术方案,这就密切了供求关系。

5. 加快资金周转

利用代理商销售的各大计算机公司一般经营程序为:对今后市场进行预测,制订生产计

划，制造，测试，检验，封机，装箱，入库，根据计划或要求发往分销商。如果顾客向分销商提出具体的技术规格要求，则又需经过开箱，拆机，更换或拆除某些部件，封机，加装软件，测试，检验，装箱，发货。而戴尔则在顾客提出订单后保证做到按顾客对计算机规格的要求在36小时内装车发货，而交货期通常在9天以内。另外，戴尔还狠抓货款回笼这个最后也是最重要的环节，收款快有利于提高资金周转率。戴尔的资金周转比竞争对手快得多，这也是一种优势。戴尔通过利用上述几方面的效益可以做到比竞争对手更低的价格销售计算机，并不断增加对顾客的吸引力。

（资料来源：http://3y.uu456.com/bp-bc30e0d549649b6648d747bf-4.html）

思考题：1. 戴尔在中国为什么能取得成功？
2. 戴尔成功的关键究竟是什么？

参考思路：
1. 戴尔公司在中国能取得成功主要来自于它独特的经营方式：直销计算机，即顾客通过电话、信件及Internet直接向公司订购计算机，而不经过分销商或代理商的中间渠道。
2. 戴尔公司成功的关键是其先进的物流与供应链战略思想及管理运作方式的支持。

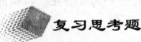

复习思考题

一、填空题

1. 供应链系统由三个相互关联的部分组成：_____，_____，_____。
2. 供应链网络结构设计的中心是保证网络能合理利用和分配资源，提升物流效率，从而达到_____的目的。
3. 按照供应链的功能（物料转换功能和市场中介功能），可以把供应链划分为_____和_____。
4. 逆向物流的资源再生模式中包括_____、_____、_____、_____、_____等五个主要的成员。
5. 在整个闭环供应链中，_____与_____是两个关键节点，如何对两者进行有效控制，充分发挥其潜力，是成功整合的另一关键。

二、选择题

1. 关于市场响应性供应链，下列说法错误的是（　　）。
   A. 基本目标是尽可能快地对不可预测的需求做出反应，使缺货、降价、库存最小化
   B. 制造的核心是保持高的平均利用率
   C. 库存策略是部署好零部件和产品的缓冲库存
   D. 供应商的标准是以速度、柔性、质量为核心
2. （　　）是基于客户预测驱动的供应链物流模式。
   A. 批量物流　　　B. 戴尔式物流　　　C. 海尔式物流　　　D. 丰田式物流
3. 供应链在成员组成及相互关系方面虽然可以本着发展的原则进行动态地调整，但是，应当自始至终地强调以（　　）为优先。
   A. 效益　　　　B. 合作　　　　C. 竞争　　　　D. 客户

4. 关于逆向物流的特征，下列说法错误的是（　　）。
   A. 运输目的地、线路明确　　　　　B. 预测较为困难
   C. 分销模式为多对一　　　　　　　D. 产品质量不均一
5. 下列不属于逆向物流网络的结构特征的是（　　）。
   A. 高度复杂性　　B. 目标的多样性　　C. 系统供需平衡性　　D. 汇聚性

三、名词解释
一体化供应链；供应链物流管理；逆向物流；闭环供应链

四、简答题
1. 供应链系统设计的基本要求及原则是什么？
2. 简述 DFSCM 策略的实施方法。
3. 简述不同供应链模式的竞争优势。
4. 逆向物流系统的系统功能是什么？
5. 闭环供应链的设计原理有哪些？

部分复习思考题参考答案

一、填空题
1. 供应链网络结构　供应链业务流程　供应链管理要素
2. 提高供应链整体价值
3. 效率性供应链　响应性供应链。
4. 回收产品提供者　产品回收商　产品再制造商　分销商　消费者
5. 生产商　回收产品再处理中心

二、选择题
1. B　2. B　3. D　4. A　5. C

三、名词解释（略）

四、简答题（略）

第10章

第五方物流系统集成

本章要点
- 第五方物流概述；
- 第五方物流的发展趋势；
- 第五方物流理论体系核心思想；
- 第五方物流系统集成；
- 第五方物流商业模式创新；
- 第五方物流商业模式创新；
- 第五方物流系统集成实证。

 开篇案例

网丰集团的第五方物流运作模式

香港网丰物流集团成立于1999年，主要提供供应链管理、系统整合顾问、资讯系统和实体物流等服务。

第五方物流信息系统平台的发展重点在于，首先，这个平台要具备实时、开放的基础，也就是不但要使客户或者供应商之间可以实时互动，还要使客户的客户、供应商的供应商也能实时找到信息和进行实时交易；其次，这个平台要具有商业运作认知，可以提供多变需求，即将客户的经验、认知、需求融入物流系统内，令整个供应链系统更顺畅、更受控制、更能满足客户需要；第三，第五方物流要由服务商发展至渠道商或者贸易商。除了技术方面的原因以外，还有环境因素的影响。

由于第五方物流系统是一个全新的物流信息系统，如果要实施这个系统，原有的物流信息系统就将基本被抛弃。对于那些大公司来说，他们已经在自身物流信息系统上耗费了巨额资金与大量的人力物力，目前来说是处于领先位置的。如果让他们抛弃现在的系统，放弃自己的优势，没有几个人会愿意的。而且第五方物流信息平台要求所有参与的各方，信息资料都是公开的、透明的。这样就造成很多公司因为顾虑自身的商业机密、商业优势，而不愿意

研究、使用这个系统平台。所以，第五方物流的发展实际上是长路漫漫的。

网丰集团这几年一直都把研究重心放在第五方物流上，他们正在研究的第五方物流系统平台，设想具有瞬间、实时、预估、优化的作用，也就是所有参与的系统都可以从任何地方、运用任何通信工具、在任何时间和任何系统进行无缝连接，所有系统上的运作资料可以让所有参与的人，在任何时间、任何地方都拿得到。目前来说，虽然第五方物流的最后实现充满曲折，但是冯先生对于第五方物流的将来充满信心。有效的物流管理是未来营销成功与失败的关键，传统生意模式的未来发展是建立在物流运作的进步基础上的，在未来新经济下的重要成功因素是如何建立一个资讯型的供应链，如何建立一个不断学习、不断加速、灵活配合的物流系统。

（资料来源：http：//www.vsharing.com/k/others/2005-10/A511527.html.2005.10.28）

10.1 第五方物流概述

21世纪初，美国摩根士丹利公司首次提出第五方物流的概念，描绘了第一方至第五方的物流金字塔图谱。第五方物流作为不拥有物流实物产品却借助电子商务、网络及信息技术对整个供应链进行整体协调和物流运作的新型供应链物流解决方案，得到了学界和业界的初步认同。然而，研究和应用虽然得到了一定发展，但理论研究还很不足，实践也处于初步探索阶段。

10.1.1 第五方物流的概念

结合研究成果，第五方物流概念提出了新的见解。其一，第五方物流作为拥有部分物流资产（轻资产型）的服务商，参与多条供应链物流实际运作服务，是第三方物流服务的升级版；其二，在信息服务物流、虚拟物流两种观点基础上，进一步研究提出第五方物流属于"系统优化集成物流"的观点。

第五方物流是指拥有部分物流资产（轻资产型），运用系统优化理论、电子商务及信息网络技术等，对多条供应链进行整体协调和物流运作的"系统优化集成"物流服务商。通过系统集成，构建全新的商业模式，可以实现物流系统优化、供应链管理集成、物流解决方案实施、物流整合资源协同。

综合国内外第五方物流概念和内涵观点来看，虽然尚未统一，但多数离不开以下关键词，供应链物流（Supply Chain Logistics）、电子商务物流（E-logistics）、信息网络物流（Information Network Logistics）、虚拟物流（Virtual Logistics）等。可见，第五方物流是指借助电子商务、网络及信息技术，对整个供应链进行整体协调和物流运作的新型供应链物流服务商。

大物流论（徐寿波）认为，主体性（Party）即物流运作主体（P），是物流首要的非固有属性。物流运作主体由第一方、第二方到第N方的演变，集中体现了现代物流的发展趋向。5PL是全球化供应链及信息网络技术快速发展的情况下，现代物流发展的一个新阶段，是对第三方物流、第四方物流的创新。

物流实体论认为，运输、储存、装卸搬运等所谓的物流功能实际上是物流的实体环节，而物流信息不是一个独立的物流实体环节，它只是运输、储存、装卸搬运、流通加工四个独立物流实体环节的阴影，是一个与商品实物流、商品资金流并行的商品信息流。作为物流实体环节的阴影部分，物流信息无处不在、无所不连。因此，提供物流信息服务的第五方物流，可以提供整个供应链甚至跨不同供应链的完整解决方案，达到降低物流成本、提高物流效率，从而实现供应链整体高效的目标。

10.1.2　第五方物流的主要观点

1. 国外几种主要观点

第一种观点认为，第五方物流是指基于电子商务的供应链信息网络物流，是美国摩根士丹利公司最初提出的。它涵盖供应链中所有各方，并强调信息所有权；从第一方物流到第五方物流的发展演进过程中，物流服务商拥有的物流资产不断减少，对信息的掌控能力不断加强。尽管侧重点不尽相同，但多数研究者基本赞同摩根士丹利这一观点，并大多进行了引述。

Gunasekaran 和 Ngai 认为第五方物流是基于全球化运作的电子商务物流网络；Vasiliauskas 和 Jakubauskasy 认为第五方物流致力于为整个供应链提供整体物流解决方案；Vinay 等认为第五方物流是提供全面运作解决方案的电子商务物流服务商，弥补了现有第三方、第四方物流的缺陷，满足客户需要。加拿大产业部与加拿大物流和供应链协会、制造商出口商协会的联合报告认为，第五方物流是利用信息系统策划、组织并执行物流解决方案的物流服务商。

另一种观点认为，第五方物流是虚拟物流，是另一家美国公司 The Abraham Group 提出并实践的。该公司总裁 Abraham 指出，第五方物流是沟通传统第三方物流和新型第四方物流的桥梁，并促使第一方物流的现有技术和基础设施驱动成本由供应链向虚拟企业组织转移。第五方物流将消除第三方物流和第四方物流，形成远程无人值守的供应链，发展成为第零方物流，即传统物流部门将只是买卖双方和承运方之间集成化信息链中的一环。

部分学者认同了这一观点，如 Gericke 认为第五方物流不拥有物流运作实物产品，却管理整个物流网络，是虚拟物流服务供应商。

2. 国内几种主要观点

第一种观点认为，第五方物流是提供物流人才培训服务的一方。第五方物流的概念引入以来，在国内很多物流教材及普及性文章中，都明确指出第五方物流是提供物流人才培训服务的一方。比如，宋杨认为第五方物流从事物流业务培训，提供现代综合物流新理念及运作方式，是物流人才的培训组织。国内部分研究还先后初步讨论了我国基于物流人才培训的第五方物流发展现状、存在问题、营销策略及进一步发展的对策。

第二种观点认为，第五方物流是提供物流信息服务的一方。杨茅甄引述美国摩根士丹利公司的报告，指出第五方物流是指能够提供供应链电子协调服务（包括方案设计、软件编程、供应链客户关系管理等全套服务）的物流企业。冯祖期认为第五方物流提供物流信息服务，在物流实际运作中提供电子商贸技术来支持整个供应链，为第一方、第二方、第三方和第四方提供物流信息平台，是一个系统的提供者、优化者、组合者。何明珂认为第五方物流提供物流信息服务，提供地域范围广、多行业、多企业的供应链物流信息服务，包括提供公共物流信息平台或电子商务平台，严格地讲属于电子商务或信息中介服务商。

10.2 第五方物流内涵演变与发展趋势

10.2.1 第五方物流的内涵演变

1. 第一方物流

第一方物流（The First Party Logistics，1PL），是指由物品提供者自己承担向需求者送货，以实现物品时间空间转移的物流服务方式。

2. 第二方物流

第二方物流（The Second Party Logistics，2PL），是指由物品需求者自己负责向供给者取货，以实现物品时间空间转移的物流服务方式。

3. 第三方物流

第三方物流（The Third Party Logistics，3PL），是指由物品流动的提供方和需求方之外的第三方完成物品交付，以实现物品时间空间转移的物流服务方式，是指提供物品交易双方的部分或全部物流功能的外部服务提供者。

第三方物流，是指生产经营企业为集中精力搞好主业，把原来属于自己处理的物流活动，以合同方式委托给专业物流服务企业，同时通过信息系统与物流服务企业保持密切联系，以达到对物流全程的管理和控制的一种物流运作与管理方式。第三方物流，是在物流渠道中由中间商提供的服务，中间商以合同的形式在一定期限内，提供企业所需的全部或部分物流服务。第三方物流提供者是一个为外部客户管理、控制和提供物流服务作业的公司，它们并不在产品供应链中占有一席之地，仅是第三方，但通过提供一整套物流活动来服务于产品供应链。第三方物流服务功能如图10-1所示。

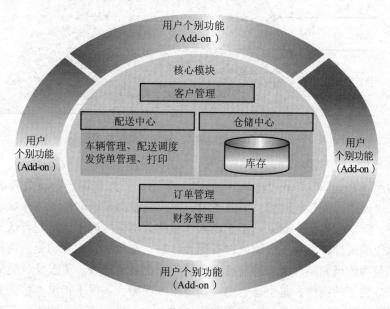

图 10-1　第三方物流服务功能图

4. 第四方物流

第四方物流（The Forth party Logistics, 4PL），是指提供物流服务的生产组织，不需要自己直接具备承担物品物理移动的能力，而是借助于自己所拥有的信息技术，实现掌控充分的物流需求和物流供给信息，委托第三方物流企业来实现物品时间空间转移的物流服务方式。

第四方物流服务商，是指一个供应链的集成商，它调集和组织管理自己的及具有互补性的服务提供商的资源、能力和技术，以提供一个综合的供应链解决方案。第四方物流服务商，是基于整个供应链考虑，扮演着协调人的角色，一方面与客户协调，同客户共同管理资源，计划和控制生产，设计全程物流方案；另一方面与各分包商协调，组织完成实际物流运作过程。

第四方物流理论功能结构如图10-2所示。

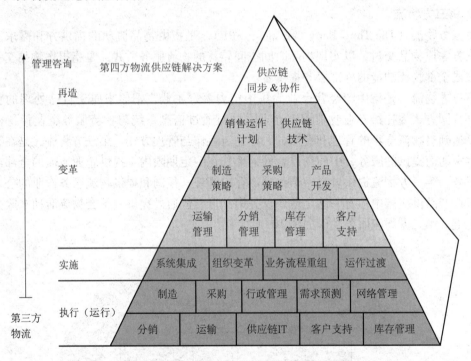

图10-2 第四方物流（4PL）理论功能结构模型图

5. 第五方物流

第五方物流（The Fifth Party Logistics, 5PL）概念，首先来源于物流业界的实践。由于第五方物流的表述才提出几年时间，因此还没有形成完整而系统的认识，在学术界、实业界及公众认知中，尚未形成统一意见。基于物流外包的分析，国内不少研究者认为第五方物流只是第三方物流的延伸，与第三方物流没有明显区别，本质是第三方物流。黄权初认为以物流营运的活动与功能来判断，所有的物流服务供应商都是第三方。丁俊发、赵启兰认为第五方物流是第三方物流的演绎，是全球合约式物流服务联盟。侯汉平指出，第四方物流、第五方物流同第三方物流一样，都是供方和需方以外的一方，只是从事的物流业务有所不同。董千里也认为，不管是第四方物流、第五方物流乃至第七方物流，各种第X方物流都仍然是第三方物流。

2001年，美国摩根士丹利公司在中国物流报告中首次提出第五方物流概念并描绘了自第一方至第五方的物流金字塔图谱以来，国内外学界和业界对第五方物流概念逐步认同，从不同的角度对第五方物流的内涵进行了探讨，形成了不同认识。

10.2.2 第五方物流的发展趋势

1. 国外第五方物流研究进展

国外第五方物流研究相对集中于与3PL、4PL的发展比较及其基本模式，5PL与SCM的关系及作用两方面。在前述美国摩根士丹利公司对5PL的前瞻性研究中，首次提出了随着物流资产递减而信息能力增强，物流运作主体由1PL向5PL发展，物流服务也由本地的运输、仓储等实体环节向整个供应链管理演进的物流发展金字塔，4PL、5PL及SCM软件公司处在该金字塔的塔尖。

Hickson等认为5PL专注于供应链战略管理，比4PL更强调技术创新和物流运作信息，其目标是更高的物流效率；通过与3PL、4PL的比较表明，5PL是基于IT技术和供应链战略性物流解决方案，主要为具有复杂的供应链结构的巨型企业服务。

Gunesh和Hamilton探讨了供应链结构复杂的跨国公司（MNEs）物流外包优化的进程，指出作为充分激活供求的物流模式的5PL是物流金字塔的顶点，在消费者驱动的需求供应链环境下，5PL的低成本和高运作效率使跨国公司专心于核心业务，获得更强的国际竞争力，稳固自身地位。

在此基础上，Hamilton罗列了5PL的三种模型，即摩根士丹利模型、客户关系分级模型、5PL方案提供商模型，指出5PL方案提供商具有充分激活供需价值链、不同业务能力和自主性，新的知识、技能与智能，灵活、敏捷、客户化定位等特点。Park（2009）专门讨论了上述三种5PL模型，根据这些模型的理念，研究了如何应用供应链运作参考模型（SCOR），切实促进供应链的效率提高。

Hosie等指出，从20世纪90年代开始，SCM及物流系统在战略管理、业务结构、国际商业环境、运输方式及门到门运输等方面发生了巨大变化，信息流相对实物流动而言愈加重要，而第三方物流和第四方物流之间的相互冲突，使得把它们整合为新的第五方物流顺理成章。全球化、技术创新和反常规现象等主要驱动力量促使SCM及为此服务的3PL、4PL、5PL发展演变，给企业带来了潜在而明确的影响：物流成本降低、库存水平下降及客户需求响应增加。这种生产率的提高可能来自于集成并驱动SCM所有业务的技术突破，其中所需的一个重要柔性技能就是开发和维持一个在商业、运作及个人等各个水平上的信任。因此，5PL服务供应商将需要确切获取并保持全面、完全集成的SCM，以帮助客户获得竞争优势。

Screeton认为第五方物流通过网络系统组合一系列核心要素，形成具备所有功能的单一实体。5PL运作建立在前馈与反馈的双向基础上，以完成整个供应链中任意点上物品的可视循环。因此，一旦物品可以定位并持续转运到下一级，前馈循环中的物品或产成品订单会自动引发反馈响应。无论物品或信息处于供应链的前馈端还是反馈端，这一过程会一直持续进行。5PL旨在利用各个领域的最好资源，并提供真正的效率提高和成本节约，这是以往供应链管理未曾充分实现和不太可能实现的。当然，一个额外的好处是，通过一个简单的入口，网络实现可提供实时可视性，产生一个远超成本的价值增值。

2. 国内第五方物流研究进展

国内第五方物流研究在接受国外第五方物流概念、模式的基础上，主要侧重于探讨第五方物流运作模式、信息平台构建、系统集成优化及实现等领域。

任登魁在引述冯祖期观点的基础上，较为全面地介绍分析了第五方物流的概念、产生、优劣势、发展因素和前景，并与第三方物流、第四方物流进行了比较。指出第五方物流是以IT技术为基础，着眼于整个供应链，是在第四方物流的基础上建立的一个电子物流网络，其优势主要体现在供应链上的物流信息和资源方面，劣势表现在技术上的困难及应用中的企业信息系统转换及信息公开而带来的顾忌。

刘元洪认为第五方物流的成功运作要注意三个问题：一是要破除重物流而轻信息流的观念；二是要加强供应链管理信息系统建设；三是要加强对第五方物流人才的培养。

张顺和等讨论了信息技术对第五方物流的发展的重要作用，指出第五方物流的实现需要强大而先进的信息技术的支持，并分别介绍 EDI、条码、RFID、GIS、GPS 等现代信息技术对物流的推动作用。认为目前第五方物流还处于萌芽阶段，它的实现需要结合各种先进的现有信息技术及开发一些未来的高新技术才能实现。

汪斌、单圣涤探讨了一个基于第五方物流的电子商务多对多物流信息平台新模式，由第五方物流服务提供商来建立开放的信息平台，通过规范的接口标准，随时将各电子商务平台和第三方物流服务提供商的信息服务整合在一起，其功能主要包括：物流服务订单、物流信息跟踪、物流服务提供商信用管理等，较好地解决了电子商务平台与第三方物流服务提供商的信息平台的物流信息整合的问题。

卢雄飞（2008）认为，第五方物流是指提供全面运作解决方案的电子商务物流服务商，在实际运营中利用信息化技术提升供应链效率，并且能够有效衔接各成员企业的供应链协同服务。构建了面向服务的体系结构（SOA）下的基于第五方物流的电子商务信息服务平台，其体系结构总体上分为用户界面层、核心功能层、业务逻辑层、数据层及集成框架层；其物流资源集成框架主要由 UDDI 服务中心、服务组件引擎和服务访问组件组成；核心功能包括：最佳物流方案推荐、信用体系的建立、3PL 服务商/电子商务平台信息管理、物流信息跟踪及安全服务等；基于 B/S 模式，采用 Java EE 技术加以实现，其软件结构分为用户层、中间层、数据层三个层次。

王兴中（2009）认为，第五方物流是指本身不拥有物流运作实物品产，却管理整个物流网络，是虚拟物流服务供应商，借助电子商务、网络以及信息技术，对整个供应链进行整体协调并提供新型供应链物流运作解决方案。

王术峰（2014）认为，第五方物流是指拥有部分物流资产（轻资产型），为客户提供多条供应链管理整合服务、系统集成、流程优化、资源协同的物流服务商。物流组织建立集成化联动机制，实现物流系统优化目标；物流技术建立虚拟式电子网络，借助电子商务、物联网及信息技术，对供应链系统进行集成；物流运营利用信息系统优化、整体协调、组织并执行物流解决方案；物流服务组合各接口的执行成员，实现供应链物流系统优化。

综上所述，分析了第一方到第五方物流之间的差异，方数越多并不代表规模越大，只是说明服务产品核心不同而已。第一方物流是自营性物流，第二方物流是资产性物流，第三方物流是合约式物流，第四方物流是满足供应链解决方案需求的物流，第五方物流则建立了一个集成式电子物流网络。第五方物流系统结构如图 10-3 所示。

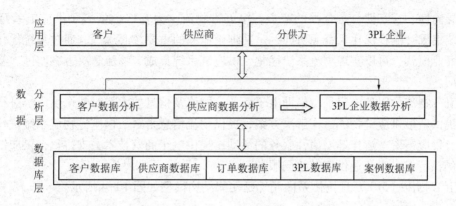

图 10-3　第五方物流系统结构图

从第一方到第五方，服务区域是越来越广阔，系统复杂性越来越强，供应链条数逐渐增多，而客户依赖程度却越来越强。第五方物流是与供应链物流、电子商务物流、信息网络物流、虚拟物流及系统优化物流密切相关，拥有部分物流资产，主要借助电子商务、网络及信息技术对整个供应链进行整体协调和物流运作的新型供应链物流服务商。

10.3　第五方物流理论体系核心思想

根据系统工程理论，系统是由若干相互联系的基本要素构成的，是具有确定的特性和功能的有机整体。它具有三个基本特征，一是系统是由若干要素组成的；二是各要素相互作用相互依赖；三是要素间的相互作用使系统作为一个整体具有特定功能。在物质世界中，一个系统中的任何部分可看作一个子系统，每一个系统又可以成为一个更大规模系统中的一个部分。

系统工程是以系统作为研究对象，从系统的整体观念出发，用优化的方法，求得系统整体最优的综合性组织、管理、技术和方法的总称。采用定量和定性相结合的分析方法，具有三个特点，整体化的研究思路、综合化的分析方法、科学化的组织管理。

第五方物流内涵演变与各类服务商关联性矩阵如表 10-1 所示。

表 10-1　第五方物流内涵演变与各类服务商关联性矩阵表

服务商 演变过程	5PL 承运人服务商	5PL 货运代理服务商	5PL 运输服务商	5PL 仓储服务商	5PL 综合服务商	5PL 技术服务商	5PL 中介代理服务商
信息网络物流	√	√	√	√	√	√	√
虚拟物流						√	√
系统集成物流	√	√	√	√	√	√	√
流程优化物流							
资源协同物流	√	√					√
供应链整合物流	√	√	√	√			√

最新研究表明，第五方物流市场体系、供给方服务要素、需求方服务产品之间，具有波

动性、导向性、交互性、融合性的特点。第五方物流，为客户提供多条供应链管理整合服务，系统集成、流程优化、资源协同，是其理论体系的重要核心思想。通过系统优化，构建全新的商业模式，可以实现物流系统优化、供应链系统集成、物流解决方案实施、物流整体资源协同。

第五方物流的服务内容是，借助电子商务、网络及信息技术，对整个供应链进行整体协调，并提供新型供应链物流运作解决方案；提供物流信息平台、供应链物流系统优化、供应链集成、供应链资本运作等增值性服务的活动；提供电子商贸技术去支持整个供应链，组织各接口的执行成员为企业供应链协同服务。

第五方物流（5PL）理论体系内涵外延功能结构模型如图10-4所示。

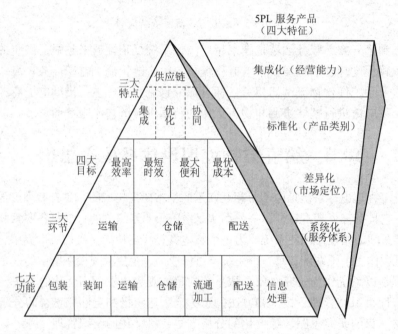

图 10-4 第五方物流理论体系内涵功能结构模型图

10.3.1 第五方物流的服务要素

第五方物流服务要素，主要包括集成、优化、协同三大特点；最高效率、最短时效、最大便利、最优成本四大目标；运输、仓储、配送三大环节，包装、装卸、运输、仓储、流通加工、配送、信息处理七大功能。第五方物流服务要素如表10-2所示。

表 10-2 第五方物流服务要素一览表

类 别	服 务 要 素						
三大特点	系统集成	流程优化	资源协同				
四大目标	最高效率	最短时效	最大便利	最优成本			
三大环节	运输	仓储	配送				
七大功能	包装	装卸	运输	仓储	流通加工	配送	信息处理

10.3.2 第五方物流的服务产品

第五方物流服务产品具有四大特征，可以实现集成化、标准化、差异化、系统化。

1. 集成化（经营能力）

第五方物流是以 IT 技术为客户组合供应链上各个环节，将平台系统放进客户的实际运作中，收集实时物品动态信息，以达到跟踪、监控、评估、快速反馈运作信息的作用，满足客户服务需求。

2. 标准化（产品类别）

第五方物流通过对标管理、系统化衔接，可以促进物流标准化的实现。

3. 差异化（市场定位）

第五方物流通过运用物流系统规划技术，通过定性与定量分析相结合的方法，找到准确的市场定位。

4. 系统化（服务体系）

第五方物流通过顶层设计，构建一个用户之间可以寻求多种组合的服务体系，构成多接口、多用户、跨区域、无时限的物流服务平台。见表 10-3。

表 10-3 第五方物流服务产品一览表

特 征	服 务 产 品
集成化（经营能力）	第五方物流是以 IT 技术为客户组合供应链上各个环节，将平台系统放进客户的实际运作中，收集实时物品动态信息，以达到跟踪、监控、评估、快速反馈运作信息的作用，满足客户服务需求
标准化（产品类别）	第五方物流通过对标管理、系统化衔接，可以促进物流标准化的实现
差异化（市场定位）	第五方物流通过运用物流系统规划技术，通过定性与定量分析相结合的方法，找到准确的市场定位
系统化（服务体系）	第五方物流通过顶层设计，构建一个用户之间可以寻求多种组合的服务体系，构成多接口、多用户、跨区域、无时限的物流服务平台

10.3.3 第五方物流与第四方物流主要区别

1. 第五方物流

第五方物流可实现多条供应链优化集成。参与实际物流运作，标准化物流信息系统的提供者，一个系统对一个系统的物流信息整合集成系统。第五方物流是一种标准化物流系统集成服务商。只要是这个供应链上的任何一个环节，都可以安装这个物流信息系统，与自己的上下游进行无缝对接，在这个系统平台上的任何信息都是公开的、透明化的。

2. 第四方物流

第四方物流可实现单一供应链优化集成。不参与实际物流运作，点对点及信息段落化，组合者身份，一种架构对一种架构的物流信息系统。第四方物流只是一个供应链的集成商。提供的物流信息系统，仅仅是在客户已有的物流信息系统基础上进行优化、完善，所以更多的是针对一个企业或者是一些企业，即一种架构对一种架构的物流信息系统。

10.4 第五方物流商业模式

10.4.1 第三方物流及其运作方式

由于第三方物流拥有现代化的物流技术和丰富的节点网络,以及经验丰富的专业物流人员,可以发挥其专业化、规模化的经营优势,因此,供应链其他成员企业就可以大量减少在运输、仓储、单证处理、人员工资等方面的投资,且只需支付较低的可变成本即可。此外,通过非核心物流业务的外包,有利于强化供应链其他成员企业的核心业务能力,从而提高企业的核心竞争力。

然而,第三方物流企业各自为政,也许在供应链上某个或几个成员企业之间的物流运作是高效率的和高效益的,但是从比较大的范围或整条供应链的范围来说,多个第三方物流企业参与供应链运作的结果不一定是高效率的和高效益的。这是由于在实际的运作中,第三方物流公司缺乏对整个供应链进行运作的战略性专长和真正整合供应链流程的相关技术。为了克服第三方物流的不足,人们提出要发展第四方物流。第三方物流运作流程见图10-5。

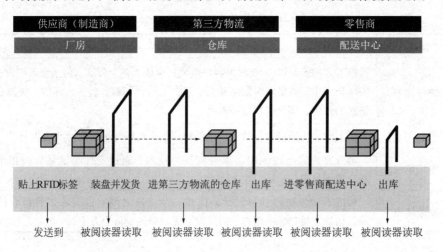

图10-5 第三方物流物流运作流程图

10.4.2 第四方物流及其运作方式

1997年4月,美国安德森咨询公司(Anderson Consulting)的战略部经理William C. Copacino先生在《物流管理》杂志上发表了题为"第四方物流:超越第三方物流"的文章,第一次提出了"第四方物流"的概念。所谓第四方物流是一个供应链的整合者,集合及管理众多的物流资源、设施及技术去提供一个完整中立的供应链解决方案。第四方物流服务者依靠业内最优秀的第三方物流供应商、技术供应商、管理咨询顾问和其他增值服务商,为客户提供独特的和广泛的供应链解决方案。这是任何一家第三方物流供应商所不能单独提供的。

第四方物流服务者一方面扮演着协调者的角色,与客户协调,通过客户共同管理物流资源、计划和控制生产,设计全程物流方案;另一方面与第三方物流供应商、技术供应商等分包商协调，组织参与和完成实际物流。因此，第四方物流公司还不能算是一个完全基于其核心能力的供应链成员企业。此外，第四方物流是以一个组合者身份，对供应商、制造商、分销商、零售商、直到最终用户的信息全部为客户集中，这就导致了信息段落化的缺点。为了克服了第四方物流的这些缺点，人们又提出要发展第五方物流。

商业企业构成了初始形态的供应链，物流系统是供应链的物流通道，是供应链管理的重要内容。在供应链管理模式下，未来的发展趋势，物流运作的主要方式将是第三方物流和第五方物流。

10.4.3 第五方物流及其运作方式

关于第五方物流的定义，目前还没有统一的界定。美国有学者认为专门为物流企业提供软件支持的信息公司为第五方物流。第五方物流企业是从第四方物流中分化出来的专业化的企业，是专门从事物流信息资源管理的物流企业，是一种完全基于其核心能力的供应链成员企业。因此，第五方物流将日益成为一种能帮助供应链实现持续运作、成本降低和提高效益的主导供应链物流运作模式。第五方物流的成功运作，必须注意以下几个问题。

1. 要破除重物流、轻信息流观念

第五方物流把物流信息的作用提到了前所未有的高度。然而，由于物流更显见、直观，物流信息流更不易见，容易导致重物流、轻物流信息流观念的形成。其实，信息的运用不仅促进了物流的发展，而且也对物流产生了深刻的影响。物流信息产生于物流活动与物流活动相关的其他活动中，反映了商流和物流的运动过程，对商流和物流活动进行记录和控制，并为物流活动的正常开展提供决策基础。

2. 信息流是物流的核心和神经中枢

信息有助于物流由无序趋向于有序，在信息不完全的情况下，物流往往不是选择最短路径（或最合理的路径），在"信息场"完全信息化的作用下，物流将会容易地选择最合理的路径，从而导致物流的有序化。物流的有序化使原先的"舍近求远"和"盲目运输"的情况减少到最低程度，从而促使货物位移的平均运距缩短、货物运输周转量减少。

要加强供应链管理信息系统建设。第五方物流要求通过供应链管理信息系统，帮助供应链成员企业优化工作流程，与各个供应商和销售商建立良好的沟通，减少物流环节，提高工作效率，优化企业资源配置，并且能够使企业对市场反馈的信息做出快速的反应，帮助企业根据以前的数据对市场进行预测分析，最大限度地降低"牛鞭效应"。因此，持续建设供应链管理信息系统将是第五方物流永恒的主题。

第一方、第二方、第三方、第四方和第五方物流形式将会长期并存，这正是社会多样化的表现。但是，第五方物流随着知识经济社会和供应链管理时代的到来，必将成为物流业发展的新趋势。

10.5 第五方物流系统集成实证

以某水产品电子商务物流系统设计与集成化建设为例，分析如何实现系统优化集成。

10.5.1　电子商务物流系统集成构建与应用

电子商务物流系统集成是以科技为向导、以因特网为依托、以信息技术为手段，通过建立高速、安全、可靠、简便管理的电子商务与物流信息化集成平台，辅助企业进行商务信息、物流人员、车辆、货物及仓储等信息管理，大幅提升公司电子商务和物流管理信息化水平，使公司管理的各个步骤都科学化、规范化，最后达到整个产业的整体服务水平和信息化管理得到提升的目的。

以某水产品公司实施水产品电子商务物流系统为例来说明。公司创建于 1994 年 8 月，是一家集鱼虾养殖、收购、加工、贸易、科研于一身，拥有自营进出口权的省级渔业产业化龙头企业。随着物流信息化的建设，公司建立了一个全新的电子商务系统，并与物流管理系统进行集成以提高原材料采购和产品流通的效率和效益水平，促进电子商务与物流服务集成发展的水平。

1. 项目实施的主要内容及成效

项目实施的结果，是建设一个智能的电子商务和物流信息化集成平台。平台包括电子商务中心、企业 ERP 管理中心和物流 GPS 监控中心三大部分，能够对公司商务信息、物流、人员、车辆、货物及仓储等信息进行管理，并实现 GPS 对物流车辆行驶状态的监控，使公司在进行商务活动和物流运输时，能够实现运营成本最小化、企业效益最大化。

2. 技术方案

电子商务与物流信息化集成平台建设采用 B/S 模式的三层体系结构。在数据的安全性、一致性、实时性、服务响应及时性和网络的应用方面都有很大的提高。整个集成平台网络框架图如图 10-6 所示。

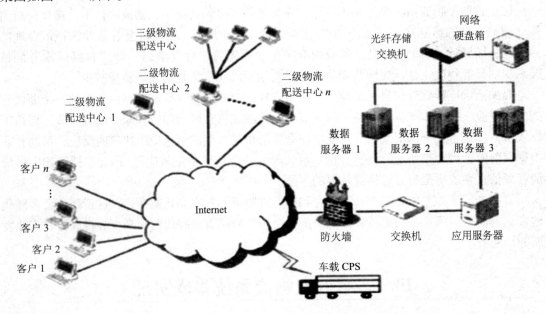

图 10-6　电子商务与物流信息化集成平台网络体系图

根据公司业务的需求,电子商务物流项目建设的物流管理系统分为三大部分:第一部分为电子商务平台,主要实现对企业电子商务信息的管理;第二部分为 ERP 系统,主要实现对企业和物流信息的管理及决策的制定等功能;第三部分为 GPS 物流监控中心,通过采用 GPS 全球定位技术,结合管理流程,实现车辆实时监控调度功能。

需要具有现金完备的网上购物和强大的后台管理功能,整个方案具有以下特点。

(1) 构建完整的业务和交易体系。根据业务需要,为客户提出了完整的前后台业务系统技术解决方案,包括对企业间交易、产品采购、销售管理、库存管理、业务过程监控等各方面。

(2) 实现业务过程可跟踪,以完整的仓储、物流管理作为支撑,提供面向用户的企业信息门户。

项目 ERP 子系统包括供应链货栈信息管理、车辆信息管理、货物信息管理、司机信息管理、发车信息管理、管理员信息维护等模块,通过实施该 ERP 系统,基本建成了覆盖公司现有各个业务领域的物流信息化综合管理平台。项目 ERP 子系统逻辑体系结构图如图 10-7 所示。

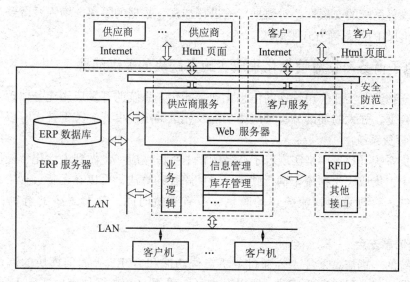

图 10-7　ERP 子系统逻辑体系结构图

在图 10-7 所示的结果中,公司内部客户通过内部网访问 ERP 数据库,公司外部客户通过 Internet 访问 Web 服务器,Web 服务器上的信息来源于 ERP 数据库,公司内部网与 Internet 之间隔开,辅之以安全措施,以保障系统安全。实现内部资源管理的各个模块采用客户-服务器结构,外部资源管理的供应商和客户服务等模块采用浏览器-服务器结构。系统采用模块化设计,经过对系统实现功能的要求的了解,进行了系统各个模块的集中和分块。

10.5.2　GPS 车辆监控系统技术方案

GPS 车辆监控子系统将 GPS 卫星定位技术、GSM 数字移动通信技术、GIS 地理信息系统技术及 Internet 技术等多种目前世界上先进的科技成果相结合,使公司可以在监控界面对车辆进行监控、调度、即时定位等多项操作,既实现了车辆实时动态信息的全程管理,又能够省却自己建设GPS系统监控中心/基站所需要的大量经费、时间、人力。

GPS车辆监控系统主要应用于监控调度、测量应用、传送精确时间和频率等方面。GPS车辆监控系统由车载装配、车辆监控中心、调度站、无线交换中心、GPS差分站和电子站牌等组成。

通过实际控制处理器算出车辆所处的位置坐标，坐标数据经处理后通过符合GSM标准的无线MODEM（GSM模块），利用短消息的形式将车辆的位置、状态等信息发送至车辆监控中心的短信接收机上，在车辆监控中心经过计算机处理后与计算机系统上的GIS电子地图进行匹配，并在电子地图上动态地显示坐标的正确位置。这样监控中心就可以实时地掌握车辆的动态信息（位置、车速、车况等）。车辆监控中心平台主要以电子地图为基础数据库监视和控制操作平台，具有方便的信息数据库和电子地图操作功能。

10.5.3 系统的安全性设计方案

项目是建立在Internet基础上的，而Internet本身具有一些缺陷，如安全性、不稳定性、脆弱性、阻塞性等，这同样也影响到本系统的安全、数据完整和系统运行速度，这些问题，可通过改善系统的安全性、对数据传输进行加密、数据的隔离、增强系统安全权限、对Internet安全问题的防范等方式来解决。

10.5.4 电子商务与物流信息化集成实施需解决的关键问题

电子商务物流能实现公司管理的信息化和智能化。系统的开发应用充分体现了系统高集成度，高融合度，强大的辅助分析和决策功能及先进的组织模式。关键技术有以下几点。

1. 电子订货系统

电子订货系统（EOS）是实现电子商务的根本手段，应尽量做到人性化、最优化和实用性。在平台中，集成应用物流车辆行驶最短最优路径的算法，可以在运货过程中，提供最短最优行驶路线，合理调度物流公司的车辆，节省运货时间，耗费最少的有辆，减少车辆损耗。

2. 平台信息安全

由于系统的车辆信息采集主要通过卫星定位功能和GPRS等通信模块的汽车行驶记录仪，监控系统涉及公司信息的流动，所以对本平台采用SSL数据加密方式和MD5身份校验方式，确保数据不泄漏。

通过集成电子商务物流平台，实现系统之间、企业之间及商流、物流、资金流、信息流之间的无缝连接。通过构建电子商务供应链物流集成系统，能够实现数据共享，系统对接，形成一个巨大的系统集成互连互通网络系统。

10.6 第五方物流发展前景

第五方物流发展步入新阶段。进一步的研究应该紧扣系统工程理论，特别是国内外对基于系统优化领域的第五方物流研究，运用系统优化理论、建模定量分析、信息系统集成、网络技术应用、移动互联网（APP）等技术，在概念内涵外延、运营模式、发展前景、物流信息平台的构建和实现等方面取得进一步进展。相信，第五方物流理论未来在制造业、商贸业、物流业将得到广泛的应用和推广，创造出巨大的产业价值。

本章小结

第五方物流是指拥有部分物流资产（轻资产型），运用系统优化理论、电子商务及信息网络技术等，对多条供应链进行整体协调和物流运作的"系统优化集成"物流服务商。

为客户提供供应链系统集成、流程优化、资源协同服务，是第五方物流理论体系核心思想。

第五方物流市场体系，在供给方服务要素、需求方服务产品之间，具有波动性、导向性、交互性、融合性的特点。

第五方物流内涵演变，经历了信息网络物流、虚拟物流、系统集成物流、流程优化物流、资源协同物流、供应链整合物流、电子商务物流几个阶段；通过系统集成，构建全新的商业模式，可以实现物流系统优化、供应链管理集成、物流解决方案实施、物流整合资源协同。

第五方物流发展步入新阶段。进一步的研究应该紧扣系统工程、供应链管理、系统优化理论，特别是国内外对基于系统优化领域的第五方物流研究，在概念内涵外延、运营模式、发展前景、物流信息平台的构建和实现等方面取得了进一步进展。

案例分析

快速消费品应急物流系统优化

——第五方物流（5PL）理论在"RB销售物流系统优化项目"中的应用

1. 引言

RB集团是中国饮料企业十强之一，是居于世界食品行业领先地位的法国达能集团成员。多年来，RB致力于生产、经营健康饮料产品，现已在全国各大城市设有31个销售办事处，市场网络覆盖全国城乡。现拥有分布全国的10个大型生产基地和20个专门生产RB桶装饮用水的生产厂，年产销量超过100万吨。

近年来，随着快速消费品行业日益白热化的竞争，以及需求量的快速增长和市场需求的不断变化，尤其是RB集团资本重组带来的管理变革，对RB集团产品的物流服务提出了更高的要求，迫切需要重新规划目前从产品下线至销售终端的物流体系，销售物流的个性化需求更为迫切。同时，由竞争带来的成本压力，也促使RB集团对可以提高竞争力的物流管理模式创新需求变得日益迫切。因此，为SL物流公司参与RB集团物流系统优化提供了良好的合作空间。

第五方物流（5PL），是指拥有部分物流资产（轻资产型），为客户提供多条供应链管理整合服务，系统集成、流程优化、资源协同的物流服务商。物流组织建立融合式联动机制，实现物流系统集成目标；物流技术建立虚拟式电子网络，借助电子商务、物联网及信息技术，对供应链业务流程进行优化；物流运营利用信息系统，整体协调、组织并执行物流解决方案；物流服务协同接口成员资源，实现供应链效率最大化。

根据RB集团快速消费品物流服务需求，SL公司运用"系统集成、流程优化、资源协同"第五方物流（5PL）理论核心思想，按照应急物流体系服务标准，提供物流服务，满足客户快速响应，实施标准作业程序（SOP），创新商业模式。

物流系统优化的基本思路是，在物流供应链管理中，确保现有的业务流程与RB固有的强大优势完美结合，将RB供应链上的每个企业、每个伙伴甚至每个客户紧密连接起来，从而更大地降低成本、更快地捕捉市场机会，更好地保持一个长期、持续、盈利的物流供应链运作模式。打造内涵式物流服务体系，延伸产品价值链，提升市场份额。最终，在市场竞争和资本重组双重压力下，RB公司将SL物流作为其区域性物流服务商，提供干线运输、终端配送服务，双方展开合作。

2. 物流现状

经过多年的发展，RB集团现已拥有一个较为成熟的销售网络。该网络由东北、华中、华东、华南、西北、华北和西南七个大区组成，七大区之间销售量差异较大，主要市场在北京、河北、江苏、上海、江西等省；发展较快的市场有河南、安徽、辽宁、山东、湖南、湖北等。自2000年以来，RB陆续建立并投入运作武汉、中山、华东、华北、西北等五个配送中心，并承担了公司80%以上的货物发送，配送网络覆盖全国绝大多数省份。下一步，RB计划在全国范围内再建设10余个配送中心，包括一级配送中心DC和二级配送中心RDC。一级配送中心可辐射周边数省，二级配送中心主要服务本省，二者互为补充，覆盖全国市场，实现全国成品发运总量130余万吨、原材料辅料及促销品发运总量1万吨预定目标。

目前，RB直接配送缩短了交货的提前期，中转配送的实行解决了没有工厂的销售问题。然而，RB现有的物流管理模式仍急需变革。由于目前RB各发运工厂的物流管理自成一体，销售订单计划缺乏统一的整合，各发运工厂物流资源无法共享，各个服务的5PL公司管理及运作水平参差不齐，物流管理缺乏系统性和统一的流程，这种物流管理现状严重阻碍了RB全国市场销售的快速增长，无法适应集团资本重组后企业战略目标的快速推进。

3. 物流系统优化思路

鉴于RB集团现有销售物流体系存在的固有缺陷，SL加强了与RB在物流改革方面的合作，主要负责RB物流系统的整合与优化，其目的在于提高RB产品销售物流各领域、各环节的专业化水平，从而更大限度地优化流程、提高效率、缩短订单履行时间、减少网络不良库存和降低成本。

物流系统优化整合的设计思想，首先是设立高度统一和专业化的物流部，负责整个产品系统物流供应链的业务管理，综合考虑各分公司的存货和总库存的优化，根据各分公司的销售预测和总体销售预测制订实物库存计划，并由总库存水平进行考核。其次，从市场实际情况出发，在设计物流系统时还应遵循如下六项原则：一是根据客户所需的服务特性划分客户群，依据客户状况和需求确定服务方式和水平；二是根据客户需求和企业预期获利情况设计企业的物流网络；三是随时掌握市场的需求信息，监测整个下游供应链，及时发现需求变化的早期警报，并据此安排和调整销售和营运计划；四是建立双赢的合作策略，通过与供应链上各企业之间的相互协作降低供应链成本；五是建立物流信息系统平台，负责处理日常事务和电子商务，支持需求计划和资源规划等多层次的决策信息，并根据大部分来自企业之外的信息进行前瞻性的策略分析；六是建立基于整个物流链条的绩效考核准则而非局部的孤立标准，并以客户的满意程度作为最终的验收标准。

物流系统是实现供应链管理的重要环节。通过业务重组和流程优化，可提高物流效率，降低物流成本，最终提高企业的竞争力。RB系统化的销售物流，以销售订单为核心，形成经由生产企业、物流企业、销售分公司、商家直至门店的销售供应链，并通过健全的营销网络和信息化、现代化的物流管理，建立完善的物流服务体系，从而实现以下目标：一是减少不良库存，降低库存成本；二是提高物流管理信息化水平，为企业决策提供信息支持；三是降低物流服务价格，提高顾客满意度；四是整合物流资源，降低物流成本；五是减少中间环节，优化运作流程，提高物流效率，缩短订单响应时间；六是使不同DC之间的调拨更加顺畅；七是改善物流运作模式，提高企业竞争力。

4. 物流系统优化方案

1）合作区域

根据SL物流公司现有的运作网点布局和优势区域，结合RB公司产品配送业务需求，前期选择的合作区域包含除沈阳、鞍山、武汉及上海四地外的全国各地工厂，其中以中山、长沙、重庆、成都、西安、乌鲁木齐、昆明、贵阳八个地方作为合作的A类城市，以北京、丰润、郑州、无锡作为合作的B类城市。其中，A类为首选合作城市，B类次之，C类城市暂无合作，包括沈阳、鞍山、武汉及上海四地。RB公司工厂与DC分布状况见表10-4。

表10-4 RB公司工厂与DC分布状况

合作类别	工厂	生产品种	主要覆盖区域
C	沈阳	瓶装水	东北三省
C	鞍山	功能饮料	东北三省
B	丰润	瓶装水、酸奶、牛奶、功能饮料	北京、河北、天津、山西、山东、东北三省、新疆
B	北京	功能饮料	北京、河北、天津
A	西安	瓶装水	陕西、甘肃、宁夏、青海、河南、山西、河北
A	乌鲁木齐	瓶装水	新疆
C	上海松江1	酸奶	上海、江苏、安徽、浙江、河南
C	上海松江2	功能饮料	上海、江苏、安徽、浙江
C	上海闵行	功能饮料	上海、江苏、安徽、浙江
B	无锡	瓶装水	上海、江苏、安徽、浙江
B	郑州	功能饮料	河南、河北、山西、山东、陕西
A	成都	瓶装水、酸奶	四川、重庆、云南、贵州
A	重庆	瓶装水	重庆、贵州、四川
C	武汉	瓶装水、功能饮料	湖北、湖南、江西、河南
A	长沙	功能饮料	湖南、江西、广西
A	中山	瓶装水、酸奶、功能饮料	广东、海南、福建、江西、湖南、湖北、上海
A	昆明DC	无工厂	云南省
B	大理DC	无工厂	云南省
A	贵阳DC	无工厂	贵州省

2) 运输（含 DC 之间调拨）

(1) 运输作业流程。RB 公司的物流改革，将对原来的发运及配送流程进行调整与变更。首先是计划的编排与下达将直接在 RB 总部销售计划部或物流部完成，在接收 RB 计划（经过初步合拼）后，5PL 公司进行计划整合，并及时安排发运车辆到达工厂或 DC 装货；其次是货物装车和装车后的手续办理、在途运输、在途跟踪、事故处理、回单管理、数据统计及报表反馈工作由 5PL 公司与 RB 物流部直接对接。每月 RB 物流部与 5PL 公司核对各项发运数据，核实无误后，交 RB 财务审核确认，并结算相应的运输费用。RB 物流改革后的发运流程见图 10-8。

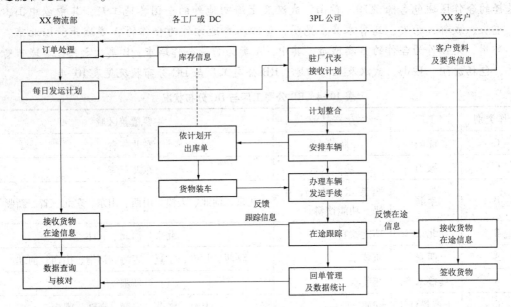

图 10-8 发运作业流程图

由此可见，发运流程调整后，RB 物流部直接向 5PL 公司下达发运或配送计划，5PL 公司直接将发运或配送后的各种数据（如跟踪、签收、日发货统计）反馈给 RB 物流部及各分公司相关部门，从而对 5PL 公司计划整合和信息系统的能力提出了更高的要求。

流程变更后，针对客户物流存在的不同问题，需要有针对性地提出解决问题的方案和措施。为解决在途及客户签收信息反馈不及时问题，须建立和优化信息反馈流程，5PL 公司应安排专人对在途车辆进行跟踪，并对签收信息进行实时整理和反馈，每日定时将跟踪表反馈给 RB 物流部和相应分公司，以便于客户查询。为解决订单响应时间改善问题，首先要提高订单处理速度，缩短订单处理时间；其次应适量将产品库存向销售端迁移，合理规划 DC 的数量和产品库存量；三是要通过提前准备车辆缩短车辆到厂时间，优化运输及配送线路，减少车辆在途送货时间；四是对一些大客户实行直接配送，缩短交货的提前期。在控制成本的前提下，通过上述四种方法，最终实现最大限度缩短订单响应时间，提高客户满意度。

当运输及配送出现异常情况时，5PL 公司及时将异常事件反馈给 RB 物流部（以事故报案表形式），并由 5PL 公司及时安排人员进行现场处理，处理流程及赔付标准可参照 RB 现行事故处理办法执行。

5PL 公司对每月的运作情况进行总结，对运输及配送的各项服务指标进行分析，总结运作中存在的问题并制定改进措施，并于每月初向RB物流部提供上个月的物流运作质量分析报告。

（2）中转调拨的实施与管理。中转调拨是指各DC之间的货物调拨，即各地工厂或DC之间的转运，其目的在于缓解不同DC之间库存呆滞和库存不足之间的矛盾，弥补部分工厂生产产品种类不全问题，从而减少销售链上的风险和损失。RB物流部可预先与相应的5PL公司协商确定每个DC调拨的运输费率、调拨起运量、调拨时间要求、调拨运作流程及各类报表递送等，并以协议附件的形式签章确认，以此作为中转调拨的执行办法，从而提高作业效率。特殊情况也可通过临时协商的形式进行处理。

3）配送运作与管理

（1）区域配送作业。依据客户需求，结合现行的运作情况，为提高配送质量，我们因地制宜，根据每个DC所在地的实际情况，采取自营（即我公司自派人员全面操作配送作业）模式或结合当地资源优势实施少部分区域外包的方式。具体配送作业流程如图10-9所示。

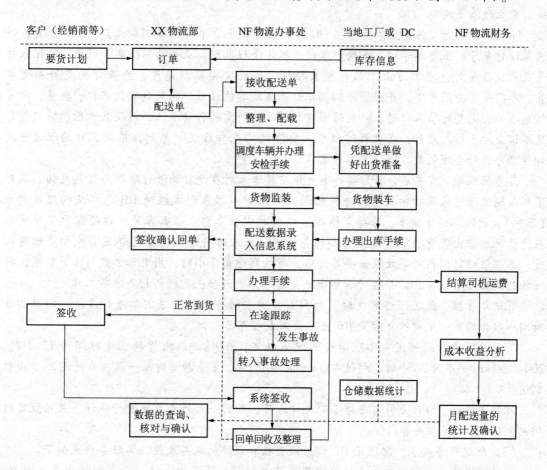

图10-9 配送作业流程图

①配送计划的下达与执行。由5PL公司当地接单员通过传真（或电子邮件）接收RB公司的配送计划，以此作为5PL公司的配送依据。同时，5PL公司对配送单进行审核，主要内容包括计划有效签发人员的签名模式是否与授权人相符，以及计划量、各个品种发运数量、

目的地、装货点、具体装货时间、联络人等内容是否清晰、明确。之后，5PL 公司接单员把配送单整理成当日配送计划，计划截止时间一般为当日 18:00。配送时，需严格按照 RB 相关物流规定，不允许任何违规操作，随车配送的广告品所占位置按体积计算。

②线路整合。根据 RB 总部下达的每日配送计划量、目的地、行驶线路及客户的不同需求，5PL 公司接单员进行线路整合，合理搭配同线路上的其他客户货物，并及时组织车辆和安排配送。

③车辆安全检查。建立司机及车辆选择程序，合理调派车辆，提高服务质量。调度和安排车辆时，必须符合如下要求：一是车辆一律是在 4~5 年内购置；二是原则上要求驾驶员连续驾龄 2 年以上，驾驶技术精湛，无重大交通事故记录；三是车辆车况良好，安全可靠，便于控制，司机了解装卸过程，有较高的职业道德素养和较强的服务意识；四是车厢内干净整洁，平整无漏洞，须备有 3 层或 3 层以上雨布，塑料薄膜、夹板、绳索齐全完好；五是车辆帆布、花雨布、塑料布、尼龙绳、木夹板等防雨设施和捆绑工具齐备，如有破损和短缺，需立即添置购齐。

④装车、放行。外勤业务员根据 DC 提供的有效出货单安排车辆到工厂或 DC 装货，并认真核对车号、出货单等相关手续。装载过程须全程监督，业务员不得离开现场，除记录件号及装载数量外，还需防止产品外包装损坏。合理安排装载高度，检查货物是否固定牢靠，车门是否关闭牢实，并监督司机捆扎好雨布及其他设施。将装载货物名称、数量、型号信息准确、完整地填入配送表，及时办理配送途中所需的各种单证，以及装货后的协议签订及单证交接手续。此外，在装载过程中，要遵循"先卸后装"原则，根据客户的配送量及卸货顺序进行合理装载，以满足客户需求。

⑤货物跟踪。发车后，5PL 各办事处须安排专人对在途货物进行跟踪与信息反馈，及时了解车辆运输情况及货物状态，并将跟踪结果及时以报表形式报送 RB 总部及相应收货方（客户）。出现路途中堵车、修路等情况，应及时以传真形式通知客户，以便客户了解货物在途情况。若出现货损货差或交通事故等情况，应及时将情况通知总部及当地相关销售人员，并在最短时间内对事故做出妥善处理。货物到达前 2 小时，用电话方式与客户联系，将货物到达时间告诉客户，并核对送货地址，请客户做好接收货物的相关准备工作。

⑥回单管理。配送计划完成后，由 5PL 公司安排专人对配送回单进行追收，回单回收时间一般为两周，定期收集后交 RB 当地公司或邮寄回广州。

⑦货物到达时间规定。参照通行的配送规定，200 km 以内货物在途时间为 12 小时，200~400 km 一般为 24 小时，超过 400 km 为 36 小时。多点卸货时每一点相应延迟 2~3 小时到达。

⑧配送报表。5PL 公司需安排专职统计人员，对前一天所发货物进行统计，并在规定时间内上报 RB 公司相关部门。

(3) 配送服务要点。配送是 DC 作业最直接和最终的服务表现，其服务要点如下。

①按时送货。按照客户要求的时间将商品送到经销商手中。这一点在配送中最为重要。为满足客户要求，必须提前做好规划。

②按质送货。不仅要将商品完好无缺地送到客户手中，还要向客户提供优质服务。

③成本最低。在提供配送服务时，为提高市场竞争力，在保证按时送货和按质送货的前提下，配送价格也是非常重要的因素。因此，应努力提高 RDC 本身的运作效率，尽可能降

低配送成本，合理调控配送价格，以便以经济性抓住客户。

4）运作流程和管理制度

制定、完善物流运作流程和管理制度是确保整个项目顺利实施的重要保障。实际运作中，RB 结合物流运作现状，制定、完善了如下流程和管理制度，并对运作人员进行培训，提高了物流项目的运作质量和服务水平，切实满足了客户的物流需求。

DC 产品出入库流程和管理办法；
- 仓储管理规定；
- 干线运输流程和管理规定；
- 中转调拨流程和管理规定；
- 运输异常情况处理流程和办法；
- 配送作业流程和管理办法；
- 配送异常事故处理流程和办法；
- 返程物流流程和管理规定；
- 客户服务管理流程和办法；
- 服务供应商（指仓储、运输及配送）培训、管理和考核办法；
- 各项物流费用结算流程和说明。

5）信息系统

主要依托 SL 物流公司物流综合信息系统。该系统具备七个功能模块，即配送中心管理系统、物流运输管理系统、物流仓储管理系统、包装加工管理系统、客户服务管理系统、企业办公管理系统和财务结算管理系统。同时，配备专职人员对该项目进行信息技术支持。

5. 组织构建与资源保障

1）组织保障

（1）RB 物流项目组。SL 物流公司成立"RB 物流项目组"，负责项目经营管理。组长由公司分管业务副总经理担任，副组长由营运总监担任，成员由市场、运营、质量、财务等部门领导、项目部经理组成。见表 10-5。

表 10-5　项目组人员一览表

序号	姓名	职务	工作职责	备注

（2）RB 物流项目部。RB 物流项目组下设 RB 物流项目部，全面负责 RB 物流项目方案的实施，负责项目日常运作与管理。项目部实行经理负责制。项目经理直接对公司营运总监负责，项目助理全力辅助项目经理运营整个 RB 物流项目。项目部全体人员须经过业务培训（包括理论培训和实践操作培训），方能安排上岗工作。组织架构见图 10-10。

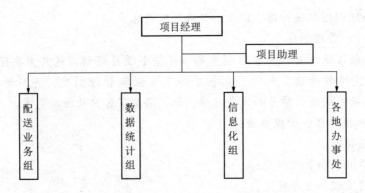

图 10-10　项目部组织架构图

（3）项目部岗位职责。配送业务组，负责对 SL 公司运作 RB 项目的作业点进行监督、考核及管理，分析流程的瓶颈及运作过程中出现的问题，及时制定改进措施，并定期向 RB 相关部门反馈有关运作情况。

数据统计组，负责收集、整理和汇总各地办事处运作数据，跟进回单管理工作，并对作业成本进行分析和核算。

信息化小组，负责 RB 物流业务运作在信息系统上的实施，根据客户需求升级和完善相应功能，并对相关人员进行培训。

各地办事处，负责具体的业务操作，主要作业包括接收运输及配送计划、计划整合、调派车辆、与工厂或 DC 日常协调、办理发运及配送手续、在途跟踪、回单追收、信息（数据报表等）反馈及一般性事故处理。

2）资源保障

目前 SL 公司运作配送业务网点中，优势办事处有中山、长沙、无锡、重庆、成都、郑州、乌市、西安、贵阳、昆明。其优势主要体现在拥有优秀的管理团队及丰富的资源，各优势地区资源配置情况见表 10-6。

表 10-6　SL 公司优势地区资源配置一览表

序号	分公司/办事处	主要客户	人员总数	管理人员	硬件资源	其他情况
1	中山					
2	长沙					
3	重庆					
4	成都					
5	西安					
6	昆明					
7	贵阳					
8	乌市					
9	无锡					
10	郑州					

6. 物流成本与物流费率

1) 物流成本

成本分析是方案可行性分析必不可少的环节。RB 物流方案的成本分析牵涉产品的仓储成本（包括 DC 租金、搬运成本、转仓费用）、运输成本（含中转调拨费用）、配送成本、管理及办公费用等。由于缺乏必要的历史数据支持，难以对各项成本进行统计与分析，所以暂时只对每个费用项目做简要说明。

（1）历史销售数据。统计不同区域的历史销售数量，分析 RB 产品历史销售区域分布情况及销售增长趋势，从而计算 RB 的运输成本及配送成本，并预测产品未来的销售趋势。

（2）仓储成本。DC 的仓储成本又包含了办公管理费用、仓库租金、转仓（指工厂到 DC 的转仓运输）成本、搬运费用。因不同时期（指淡旺季）租用不同面积的仓库，因此仓租成本将根据淡旺季面积的需求变化而变化，转仓及搬运费用也随着销售量的变化而变化。根据每年历史销售数据及仓储成本数据，可以计算单位产品的仓储成本。

（3）运输成本。干线运输及中转调拨产生的费用一起合成为运输总成本。干线运输成本根据各区域实际发运数据和不同地区的运输费率进行计算；中转调拨是由于预测偏差或为了及时满足部分区域的销售需求而发生，可根据中转调拨数量及各地调拨运输费率计算。

（4）配送成本。产品从 DC 配送到指定经销商所发生的配送成本，可通过计算各 DC 的配送数据和费率而获得。

（5）货物保险。物流过程中的保险一般包括干线运输保险、仓库内货物保险及配送货物保险。货物保险可由厂家单独购买，也可以包含在物流价格之中，保险费率一般为货值的3‰~5‰左右。

（6）物流总成本。仓储成本、运输成本、配送成本、货物保险及办公管理费用五项之和就是目前情况下直接的 RB 物流总成本（对 5PL 公司来说是物流总成本，但对 RB 公司来说，还有另外一项较大的成本项目，即库存成本）。物流改革的目的就是要降低物流总成本，并提高物流的运作质量和服务水平。

2) 物流费率（略）

7. 物流系统优化服务标准

运用流程优化，实施标准作业程序（SOP），初见成效。一是信息系统不断完善，快速消费品物流备货单据打印顺畅，经过系统处理后的单据按照库房、订单号和排位顺序处理，无须再人手分单，而且拣货线路也进行了最短优化处理；二是仓储标准化操作程度大大提高，提高了作业效率，从销卡、结余盘点、货物堆垛、车次标示到暂存区摆放、数据录入等全部操作过程实施标准化；三是配送操作流程标准化，流程对夜班配送员在和仓库交接、白班送货异常情况处理等方面进行详细的规定，标准化的操作规程可以规范送货员的操作，减少由于操作不规范造成的责任不清、费用结算不准确等问题；四是备货效率显著提升，人均备货效率提升了 165%。具体物流服务指标见表 10-7。

表 10-7 物流服务指标一览表

序号	指标	描述	服务标准
1	车辆及时到厂率	按照订单要求按时到达工厂装货	≥98%

续表

序号	指标	描述	服务标准
2	送货及时率	产品按规定时间及时送达指定地点	≥99%
3	配送准确率	准确执行订单的产品、数量及地点	≥100%
4	回单回收率	客户收货后在规定时间内的货物签收单回收数量	≥100%
5	订单完成率	按时完成的订单数量占总订单的比率	≥99%
6	产品破损率	产品运输过程中的破损数量占总运输量的百分比	≤0.5%
7	信息反馈及时性	对货物追踪，将到货信息、意外情况及客户需求等信息及时反馈	≥99.5%
8	客户投诉次数	客户由于运输质量或服务态度等原因引起的投诉次数	≤3次/月
9	应急反应	意外或特殊情况出现时，及时反应及解决问题的能力	公司设置有专门的安全部处理营运中的意外或特殊情况

8. 结束语

根据RB公司快速消费品物流服务需求，物流服务商SL公司运用"系统集成、流程优化、资源协同"第五方物流（5PL）理论核心思想，对快速消费品应急物流系统进行优化，实施标准作业程序（SOP），开创性地提出新的商业模式。打造内涵式物流服务体系，延伸产品价值链，提升市场份额。创新应急物流理论，创新物流服务商业模式，在应急物流服务领域具有较高的应用推广价值。

（资料来源：王术峰. 快速消费品应急物流系统优化[R]，2014中国应急物流优秀案例论文集，2014）

思考题：快速消费品应急物流系统优化的基本思路是什么？

参考思路：

物流系统优化的基本思路是，在物流供应链管理中，确保现有的业务流程与RB固有的强大优势完美结合，将RB供应链上的每个企业、每个伙伴甚至每个客户紧密连接起来，从而更大地降低成本、更快地捕捉市场、更好地保持一个长期、持续、盈利的物流供应链运作模式。打造内涵式物流服务体系，延伸产品价值链，提升市场份额。最终，在市场竞争和资本重组双重压力下，RB公司采购SL物流作为其区域性物流服务商，提供干线运输、终端配送服务，双方展开合作。

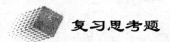 复习思考题

一、填空题

1. 美国摩根士丹利公司认为，第五方物流是指基于电子商务的供应链_____物流。它涵盖供应链中所有各方，并强调_____所有权；从第一方物流到第五方物流的发展演进过程中，物流服务商拥有的_____不断减少，对_____的掌控能力不断加强。

2. 王术峰认为，第五方物流是指拥有部分物流资产（轻资产型），为客户提供多条供应链管理整合服务，系统集成、_____、环节连通、_____的物流服务商。

3. 第五方物流服务产品，具有四大特征，可以实现_____、标准化、_____差异化、系统化。

二、单项选择题

1. 第五方物流通过（　　）管理、系统化衔接，可以促进物流标准化的实现。
   A. 对标   B. 设计   C. 集成   D. 优化

2. 第五方物流通过运用物流系统规划技术，通过定性与（　　）分析相结合的方法，找到准确的市场定位。
   A. 规划   B. 定量   C. 战术   D. 战略

3. 第五方物流通过供应链管理信息系统，帮助供应链成员企业优化工作流程，与各个供应商和销售商建立良好的沟通，减少物流环节，提高（　　），优化企业资源配置，并且能够使企业对市场反馈的信息做出快速的反应。
   A. 服务水平   B. 工作效率   C. 客户满意度   D. 管理能力

三、多项选择题

1. 最新研究表明，第五方物流市场体系，供给方服务要素、需求方服务产品之间，具有（　　）的特点。
   A 波动性   B. 导向性   C. 交互性   D 融合性

2. 第五方物流的服务要素，具有（　　）目标。
   A. 最高效率   B. 最短时效   C. 最大便利   D. 最优成本

3. 第五方物流通过顶层设计，构建一个用户之间可以寻求多种组合的服务体系，构成（　　）的物流服务平台。
   A. 多接口   B. 多用户   C. 跨区域   D. 无时限

四、名词解释

第五方物流（5PL）；虚拟物流（Virtual Logistics）；系统集成

五、简答题

1. 第五方物流理论的核心思想是什么？
2. 第五方物流的服务要素包括哪些内容？
3. 第五方物流的服务产品包括哪些内容？

六、论述题

试运用第五方物流系统集成理论，论述如何实现快速消费品应急物流系统的优化。

部分复习思考题参考答案

一、填空题
1. 信息网络　信息　物流资产　信息
2. 流程优化　资源协同
3. 集成化　系统化

二、单项选择题
1. A　2. B　3. B

三、多项选择题
1. ABCD　2. ABCD　3. ABCD

四、名词解释

1. 第五方物流（5PL），是指拥有部分物流资产（轻资产型），运用系统优化理论、电子商务及信息网络技术等，对多条供应链进行整体协调和物流运作的"系统优化集成"物流服务商。通过系统集成，构建全新的商业模式，可以实现物流系统优化、供应链管理集成、物流解决方案实施、物流整合资源协同。

2. 虚拟物流（Virtual Logistics），是指沟通传统第三方物流和新型第四方物流的桥梁，促使第一方物流的现有技术和基础设施驱动成本由供应链向虚拟企业组织转移。第五方物流将消除第三方物流和第四方物流，形成远程无人值守的供应链，发展成为第零方物流，即传统物流部门将只是买卖方和承运方之间集成化信息链中的一环。

3. 系统集成（System Integration），是指通过结构化的物理网络系统和计算机网络技术，将各个分离的业务单元、功能和信息等集成到相互关联的、统一和协调的系统之中，使资源达到充分共享，实现集中、高效、便利的管理。

五、简答题（要点）

1. 第五方物流市场体系，供给方服务要素、需求方服务产品之间，具有波动性、导向性、交互性、融合性的特点。第五方物流，为客户提供多条供应链管理整合服务，系统集成、流程优化、资源协同，是理论体系的重要核心思想。通过系统优化，构建全新的商业模式，可以实现物流系统优化、供应链系统集成、物流解决方案实施、物流整体资源协同。

第五方物流的服务内容，借助电子商务、网络及信息技术，对整个供应链进行整体协调，并提供新型供应链物流运作解决方案；提供物流信息平台、供应链物流系统优化、供应链集成、供应链资本运作等增值性服务的活动；提供电子商务技术去支持整个供应链，组合各接口的执行成员为企业供应链协同服务。

2. 服务要素，主要包括集成、优化、协同三大特点；最高效率、最短时效、最短便利、最优成本四大目标；运输、仓储、配送三大环节，包装、装卸、运输、仓储、流通加工、配送、信息处理七大功能。

3. 服务产品，具有四大特征，可以实现集成化、标准化、差异化、系统化。集成化（经营能力），第五方物流是以IT技术为客户组合供应链上各个环节，将平台系统放进客户的实际运作中，收集实时物品动态信息，以达到跟踪、监控、评估、快速反馈运作信息的作用，满足客户服务需求；标准化（产品类别），第五方物流通过对标管理、系统化衔接，可以促进物流标准化的实现；差异化（市场定位），第五方物流通过运用物流系统规划技术，通过定性与定量分析相结合的方法，找到准确的市场定位；系统化（服务体系），第五方物流通过顶层设计，构建一个用户之间可以寻求多种组合的服务体系，构成多接口、多用户、跨区域、无时限的物流服务平台。

六、论述题（略）

第11章

物流系统评价与方案选择

本章要点
- 物流系统评价的内容；
- 物流系统评价的原则与程序；
- 物流系统评价指标体系设计内容与方法；
- 物流系统评价指标值的标准化预处理的方法；
- 物流系统评价的常用方法；
- 层次分析法与模糊综合评价法的应用。

开篇案例

基于 DEA 模型的上市物流公司绩效评价

各企业应客观了解和评价自身物流竞争实力和相对物流效率水平，并与其他实力相当的同业进行比较分析，衡量自身的综合物流效率状况。本文研究发现造成物流行业效率低下的原因主要在于纯技术效率，同时，规模效率也有待提高。针对此点，给出以下建议。

1. 提高纯技术效率

首先，要加快企业物流信息化建设，利用信息技术来提高业务的信息化程度，加快与同行业的信息联系；其次，应注重通过技术改造与更新，进一步提升产品/服务档次。中国物流企业虽然资产总量在不断增加，但质量往往没有实质性的提高，这阻碍了物流企业效率的持续改善，因此中国物流企业在扩大资产规模时应注重技术改造，注重质量的提升；最后，要强化企业内部管理，优化管理模式，提高人财物等资源的配置效率，努力降低物流成本。

2. 提高规模效率

一方面，要按照国外标准物流企业的范式增加业务范围。

目前中国绝大多数物流企业是从传统运输公司、仓储公司转型而来的，只是简单地提供运输和仓储服务，或者仅仅从事货代业务，港口类物流企业有时也并不具备完备的物流职

能，所以中国物流企业应该进一步拓展物流功能，注重向流通加工、物流信息服务、库存管理、物流成本控制、物流方案设计、全程物流服务等增值服务项目延伸，业务范围的扩大有助于企业提高利润及规模效率；另一方面，提高规模效率还可通过资产重组来实现，可凭借已有的优势，整合优质资源，实行低成本扩张，迅速抢占市场份额，但是这种规模扩张要适度，要防止规模报酬递减现象的发生。此外，物流上市公司在拓展业务时还应考虑区域经济因素的影响，应注重向区域经济较发达地区（如泛珠江三角洲、长江三角洲）扩张业务，以更有效地学习行业先进经验，促进效率的改进。

（资料来源：基于 DEA 模型的上市物流公司绩效评价[EB/OL]. http://wenku.baidu.com/link？url=QaSQj06oh-r6dZchxJ5nC9ZTcYkyChFfutDjckeE3YHZ3KF3scnwqYVNBsuw3O8Y0oHetVwzCaX8jRk-G2cyenbZvhm4ao1NtW0eSZLkJZ7. 2011-06-24）

11.1 物流系统评价的概述

物流系统评价就是要根据物流系统的目标、评价标准及环境对物流系统的要求，从系统整体出发，综合评判这些方案的优劣，从中选出一个较为满意的方案付诸实施。

物流系统评价是物流系统规划设计的一个必不可少的步骤和重要组成部分，同时也是物流系统规划设计的一种方法，在对物流系统进行规划分析与设计之后，提出了在技术上可行、经济财务上有利、社会效益上也较好的多种方案，需要对这些方案进行评价。

在物流系统规划设计与建设中，不仅要提出许多开发系统的可行方案，而且还要通过物流系统评价，从众多的可行方案中找出所需要的最优方案。在这一过程中，如何把自然因素、技术因素、经济因素与社会因素等有机地统一起来，如何把技术的先进性与经济性、方案的合理性与现实性、社会的需求与物流系统本身的供给合理地结合起来是物流系统规划设计取得成功的保证，同时也是物流系统实施与运行过程中对实施方案进行评价的需要。

物流系统规划设计的问题大都是多目标的复杂问题，对其评价往往需要考虑多种因素或指标。一般情况下，指标和方案越多，考虑问题越全面，评价就越复杂。另外，由于对系统的评价及指标的选择都是由人来完成的，因此人的价值观在系统评价中具有重要的影响。由于评价主体有不同的观点、立场和标准，对同一个问题，不同的评价者可得出不同的评价结论。因此，在评价过程中要充分考虑这些因素，统筹兼顾，运用综合评价的方法进行客观、准确、科学的评价。

在物流系统规划的各个阶段均涉及若干方案的评价与选择，规划中每一个阶段和每一个层次都需要对有关问题进行若干方案的评价和选择。

物流系统评价从内容上来看可对这三类项目进行评价。

第一类：物流技术工程。例如，建配送中心、仓库基建、修公路、建车队、开发物流新技术等。

第二类：物流管理项目。例如，创建公司、组织机构改革、管理方案、规章制度、企业文化、发展战略等。

第三类：物流运作方案。例如，运输方案、配送方案、仓储方案、包装方案、装卸方案、物流信息化方案、业务外包方案、第三方物流方案等。

对这几类物流项目都有一个方案的评价问题，包括技术上是否可行、经济上是否合理、是否适应市场需要、对社会与环境有何影响、对企业是否合算等。

从工作阶段来看，它包括现状评价、方案评价和实效评价三个阶段。

1. 现状评价

现状评价是从分析现有物流系统各子系统间的相互联系与内在影响因素入手，对现有物流系统进行诊断评价，找出现有物流系统的问题症结。通过现状评价可以对现有物流系统进行更为全面的了解、弄清存在的问题，进而为提出有效可行的方案做准备。

2. 方案评价

方案评价是在对物流系统进行综合调查和整体分析的基础上，对提出的各种技术方案进行论证，选择技术、经济、环境、社会最优结合的方案，为物流系统的决策提供依据。

3. 实效评价

实效评价是对最终方案实施的功效进行分析。它一般关心如下三个问题：

（1）最终方案实施后，物流系统发生了哪些变化？

（2）这些变化带来的效益和损失及所需要的成本是多少？能否达到预期的目标？

（3）发生与原方案的预期目标有差异的原因是什么？

实效评价的关键是建立最终方案与实施效果之间的因果关系，实效评价的结论能定性定量地表明方案达到预期目标的程度，并对下一步物流系统的改进和发展指出方向与途径。

11.2 物流系统评价的方法

11.2.1 评价原则

为了客观公正地评价物流系统，必须遵循一些基本的评价原则，这些原则如下。

1. 评价的客观公正性

评价的目标是为决策者提供有效的决策依据，因此评价的质量影响着决策的正确性。评价必须客观地反映实际，使评价结果真实可靠，评价的客观公正性、全面性、可靠性与正确性是评价的基本要求。为了上述基本要求的实现，有必要防止评价人员的倾向性，同时谨慎地考虑评价人员的组成，使得人员组成具有代表性。

2. 方案的可比性

对于物流系统的各个阶段来说，所提供的选择方案之间要求具有可比性。对各个方案进行评价时，评价的前提条件、评价的内容要一致。对每一项指标都要进行比较，做到一致性与可比性。要做到可比性需要从以下几个方面考虑。

（1）效果相同，具有相同的使用价值。

（2）单位相同，具有相同的量纲、相同的单位。

（3）时间区段、时间点具有可比性。

（4）价格可比，不同时间点上的价格、金额不能够直接相比，要转换成可比价格，如不变价。

3. 评价指标的系统性

评价指标必须反映系统的目标，要包括系统目标所涉及的各个方面，全面反映被评价问题，使评价不出现片面性。

4. 评价方法和手段的综合性

物流系统评价要针对系统的各个侧面，运用多种方法和工具进行全面综合评价，充分发挥各种方法和手段的综合优势，为系统的综合评价提供全面的分析手段。

11.2.2 评价的程序

对于不同的物流系统研究对象，往往存在着不同的定位，因此对其的评价思路与所采用的评价方法也不相同。为了保证系统评价的有效性，评价的程序一般按下列各步骤进行。

1. 明确评价的目的和内容

为了进行有效的系统评价，必须进行详细调查，了解建立这个系统的目标和为完成系统目标所考虑的各个具体的因素，熟悉其可能的方案，明确评价的目标，根据此目标，收集有关的资料和数据，对组成方案的各个因素及物流系统本身的性能特征进行全面分析，确定评价的内容。

2. 确定评价的指标体系

评价指标体系是对照与衡量各种备选方案的统一尺度和标准。建立评价指标体系时，必须客观地、全面地考虑各种因素，要根据评价系统的目标与功能来确定指标体系，并明确指标间的相互关系，避免指标的重复使用或相互交叉。各种评价指标可以在调查、讨论与大量资料的分析研究基础上建立起来。一个评价指标体系是由若干个单项评价指标所组成的整体，应能反映出所要解决问题的各项子目标的要求。

3. 确定评价结构和评价准则

在评价过程中，如果仅仅是定性地描述系统要达到的目标，而没有定量的表述，就难以得到科学、客观的评价，因此要对所确定的指标进行定量化处理。同时每一个具体的指标可能是几个指标的综合，这是由评价系统的特性和评价指标体系的结构所决定的。在评价时要根据指标体系和系统的特性来弄清指标间的相互关系，确定评价的结构。另外，由于各指标的评价标准与尺度不同，不同的指标就难以统一比较，没有可比性。因此，必须对指标进行规范化，并制定出统一的评价准则，根据指标所反映的因素的特征，确定各指标的结构与权重。

4. 确定评价方法

物流系统在其各个阶段都涉及多个方案的评价，由于拟评价的对象的具体要求不同，因此采用的评价方法也有所不同。在确定选用何种评价方法时，需要考虑系统目标、分析结果、费用与效果测定方法、评价准则等因素。

5. 单项评价

单项评价是对系统的某一特殊方面进行详细的评价，以查明各项评价指标的实现程度。单项评价只反映方案在单一方面的特征，不能解决整个方案的优劣判定问题，因此，它是综合评价的基础。

6. 综合评价

综合评价就是按照评价准则、各指标的结构与权重，在单项评价的基础上，对物流系统进行全面的评价。利用相关模型与资料，从系统的整体出发，综合分析问题，采用技术经济的方法对比各种可行方案，选择满意而可实施的方案，达到评价的目标。

11.3 评价指标设计与数据处理

11.3.1 物流系统评价指标体系的基本内容

由于物流系统的复杂性,设计一个物流系统的评价指标体系存在一定的困难。一般来说,评价指标范畴越全面,指标数量越多,则方案之间的差异越明显,越有利于判断和评价,但是确定指标的大类与指标的重要程度或权重也就越困难。如在用层次分析法评价时,每层指标数量就规定最好不要超过 5 个,否则两两比较时会变得非常复杂,而且还容易产生错误。因此,在确定指标体系时,不仅要考虑指标体系能否全面而客观地反映所要评价的物流系统的各项目标的要求,而且还需要考虑评价指标体系的重要性、层次性的判断,考虑数据采集的难易程度、数据处理与建模情况。

为了更好地进行物流系统的评价,使设计出的评价指标体系更加科学、合理,并且符合实际情况。在评价指标设计过程中,要遵循以下几个步骤。

(1) 认真、全面地分析拟评价的物流系统的各项目标要求。
(2) 拟定指标草案,在调查分析基础上,运用头脑风暴法或德尔菲法制定指标体系。
(3) 经过广泛征求专家意见,反复交换信息、统计处理和综合归纳,不断调整评价指标。
(4) 考虑各种因素后,确定系统的评价指标体系。

而评价指标体系本身的内容通常涉及这几个方面的内容。

(1) 政策性指标。政策性指标包括政府的方针、政策、法律、法规和区域经济发展的规划要求等。这一类指标对社会物流系统的评价尤其重要。
(2) 技术性指标。技术性指标包括系统所使用设备的性能、寿命、可靠性、安全性、服务能力与灵活性等。
(3) 经济性指标。经济性指标包括各个方案的成本效益、建设周期与投资回收期、财务评价类指标等。
(4) 社会性指标。它包括社会福利、社会节约、对所在的区域或国家经济所做的贡献、对生态环境与环保的影响因素等。
(5) 资源性指标。如物流工程项目中的人、财、物、能源、水源、土地条件等。

11.3.2 评价指标体系设计方法与模型

为了保证整个评价体系的合理性,有必要关注物流评价指标体系的构建过程,需要运用一些理论与方法指导。下面介绍两种评价指标模型与方法。

1. 关键绩效指标法

关键绩效指标法(Key Performance Indicator,KPI)是通过对系统内部流程的输入端、输出端的关键特征参数(特征值)进行设置、取样、计算与分析,来衡量系统绩效的一种目标式量化管理指标,是把物流系统战略目标分解为可操作的工作目标的工具。

关键绩效指标是一类能衡量物流系统实际运行绩效的标准,它们数量虽少,但对整个物流系统的运行是否成功起到举足轻重的影响。

KPI 的精髓指出，评价指标体系的建立必须与物流系统的战略目标挂钩，其"关键"一词的含义是指在某一阶段一个物流系统在总体目标上要解决的最主要的问题，解决这些问题便成为对整个物流系统的具有战略意义的关键所在，评价指标体系则相应地必须针对这些问题解决程度设计衡量指标。这些指标的设立有助于对物流系统进行合理的规划和有效的控制，有助于准确反映物流系统合理化状况和评价改善的潜力与绩效。

在指标设计中，会关注以下主要的指标。

1）物流生产率

物流生产率是衡量物流系统的投入产出的效率的指标，即物流系统的产出与投入之比。它通常包括这样一些指标：实际生产率、资源利用率、产出完成率、财务指标、库存指标等。

2）物流质量指标

物流质量是对物流系统产出质量的衡量，由于物流业属于服务业的范畴，服务质量尤其重要，因此物流质量指标是物流系统评价指标体系中的重要组成部分。就物流系统的产出而言，可将物流质量分为物料流转质量与物流业务质量。物料流转质量是对物流系统提供的货物在数量、质量、时间、地点上的正确性的评价，如数量准确率、运输完好率、送货及时率、地点差错率等指标。而物流业务质量是对物流业务在时间、数量上的正确性和工作上完善性、客户满意度的评价，如供货周期、订单或故障处理时间、业务计划完成率、服务响应率、客户投诉率等指标。

2. 平衡记分卡法

平衡记分卡法（The Balance Score Card，BSC）由 Kaplan 和 Norton 于 1992 年提出，是目前企业绩效评价中使用比较广泛的一种模型。该体系提出了一套系统的评价和激励企业绩效的方法，由四组指标组成：财务类指标、客户类指标、内部营运类指标和学习成长类指标。其主要特征如下。

1）以战略为核心

平衡记分卡不仅为企业提供了一种全新的绩效管理系统框架，同时也为企业的战略目标与绩效考核之间建立系统的联系提供了思路与方法，通过财务、顾客、内部运作过程、学习与成长四个方面指标之间的相互作用来表现企业的战略管理轨迹，从而实现绩效考核与绩效改进及战略实施与战略修正的目的。

2）财务指标与非财务指标并存

财务与非财务指标的并存有助于企业一方面通过财务视角保持对企业短期业绩的关注，另一方面可以通过非财务视角揭示企业如何实现其长期的战略发展目标。并且在对非财务指标的分析过程中，企业也可以找出财务表现的根源，它们可以共同作为公司未来财务绩效的驱动器。

3）短期目标与长期目标平衡

由于平衡记分卡使用非财务指标和因果关系链，因此它能够帮助企业寻找导致其成功的关键因素和相应的关键绩效指标，在此基础上确定企业可付诸行动的长期战略目标，使其不脱离实际，具有可行性。并再通过因果关系链将长期目标层层分解为短期目标，使其不偏离长期目标。平衡记分卡绩效管理系统克服了单一财务指标的短期性和片面性，达到了兼顾短期和长期目标的目的,保持了两者之间的平衡。

平衡记分卡可应用在物流系统评价指标体系的设计中。马士华、李华焰等人提出了在 Kaplan 和 Norton 的平衡记分卡法基础上改进的平衡供应链记分卡法(BSC-SC)及相应的评价指标:客户导向、内部运作、未来发展、财务价值。

(1) 客户导向角度。系统的目标是在正确的时间、正确的地点,将正确的产品/服务以合理的价格和方式交付给特定的客户,以满足和超过客户的期望。经营中的关键问题是所提供的产品/服务是否增加客户的价值,是否达到客户满意。关键成功因素是建立和保持与客户的密切关系,快速响应并满足客户的特定需求,提高客户群的价值。因此,评价指标的选择有:订单完成总周期、客户保有率、客户对供应链柔性响应的认同和客户价值率。

(2) 内部运作角度。系统的目标是能够在合理的成本下,以高效率的方式进行运作。经营中的关键问题是系统内部流程的增值活动的效率有多高,能否更好地实现核心竞争力。关键成功因素是实现较低的流程运作成本,较高的运作柔性——相应性;提高经营中增值活动的比例,缩短生产提前期。因此,评价指标可选择为:供应链有效提前期率、供应链生产时间柔性、供应链持有成本和供应链目标成本达到比率。

(3) 未来发展角度。系统的目标是集成系统内部的资源,注重改进创新,抓住发展机遇。经营中的关键问题是管理系统是否具备这种机制。关键成功因素是集成合作伙伴,稳定战略联盟;加强信息共享,减少信息不对称;研究可能的生产、组织、管理各方面技术。因此,评价指标可选择为产品最终组装点、组织之间的共享数据占总数据量的比重。

(4) 财务价值角度。系统的目标是突出供应链的竞争价值,达到供应链伙伴的盈利最大化。经营中的关键问题是供应链伙伴对供应链的贡献率是否是从供应链整体的角度考虑的。关键成功因素是供应链资本收益最大,保证各伙伴在供应链中发挥各自的贡献率;控制成本及良好的现金流。因此,评价指标可选择为:供应链资本收益率、现金周转率、供应链的库存天数和客户销售增长率及利润。

11.3.3 评价指标值的标准化处理

在有多个指标的评价系统中,各个评价指标存在着单位不同、量纲不同、数量级不同的现象,这给综合评价带来了一定的困难,如果评价时直接计算,则将会影响评价的结果,严重时甚至会造成决策的失误。为了统一标准,便于数据处理,必须对原始评价值进行预处理,即对所有的评价指标值进行标准化处理,成为无量纲化、无数量级的标准。消除指标值间的偏差,然后再进行评价和决策。

所有评价指标从经济角度可分为两类:一类是效益型指标,这类指标的值越大越好,如利润、客户满意率、货物完好率、货物及时配送率等;而另一类是成本型指标,这类指标的值越小越好,如运输成本、货物损耗率、客户抱怨率等。

在一个多指标评价系统中,设有 n 个明细评价指标 f_j($1 \leq j \leq n$),m 个决策方案 a_i($1 \leq i \leq m$),则一个评价决策矩阵 $A = (x_{ij})_{m \times n}$,其中元素 x_{ij} 表示为第 i 个方案 a_i,在第 j 个指标 f_j 上的指标值,而预处理后的评价决策矩阵 $R = (r_{ij})_{m \times n}$。

1. 定量指标的标准化处理

(1) 线性比例变换。

令 $\hat{f}_j = \max x_{ij} > 0$, $\check{f}_j = \min x_{ij} > 0$ ($0 \leq i \leq m$)

对于效益型指标，定义：$r_{ij} = \dfrac{x_{ij}}{\hat{f}_j}$

对于成本型指标，定义：$r_{ij} = \dfrac{\check{f}_j}{x_{ij}}$

这种标准化处理方法的特点是：对于每一个预处理后的评价值有 $0 \leq r_{ij} \leq 1$；而且计算方便，并保留相对排序关系。

(2) 极差变换。

令 $\hat{f}_j = \max x_{ij} > 0$, $\check{f}_j = \min x_{ij} > 0$ ($0 \leq i \leq m$)

对于效益指标，定义：$r_{ij} = \dfrac{x_{ij} - \check{f}_j}{\hat{f}_j - \check{f}_j}$

对于成本指标，定义：$r_{ij} = \dfrac{\hat{f}_j - x_{ij}}{\hat{f}_j - \check{f}_j}$

这种标准化处理方法的特点是：对于每一个预处理后的评价值有 $0 \leq r_{ij} \leq 1$；并且对于每一个指标，总有一个最优值为 1 和最差值为 0，因此在评价时会对最差值作较大的惩罚。

2. 定性模糊指标的量化处理

在物流系统评价和决策过程中，许多评价指标是模糊的指标，只能用定性的方式来描述，例如，从业经验好、设施性能高、人员素质一般等。对于定性模糊的指标必须赋值并使其量化。一般把定性模糊指标值分为三档、五档或七档。最好的值可赋值为 10，而最差的值可赋值为 0，当然也可赋予 0 与 1 之间的值。定性模糊指标也可分为效益型指标与成本型指标两类。对于定性的效益和成本指标，其指标的量化可参照表 11-1 中的量化值进行。

表 11-1 模糊指标的七档量化表

指标状况	最低	很低	低	一般	高	很高	最高
效益指标	0	1	3	5	7	9	10
成本指标	10	9	7	5	3	1	0

【例 11-1】 一个商品贸易企业准备选择一家第三方物流提供商来承担物流外包服务，现有 4 家候选服务提供商，决策者根据自身的需要，考虑了 6 项评价指标。具体指标与 4 家物流服务提供商评价指标和数据如表 11-2 所示。

表 11-2 物流服务提供商评价指标与评价数据

评价指标 候选服务商	服务差错率/%	服务响应性	公司信誉	资产规模/万元	收费标准（占货值%）	员工素质
A1	0.9	很高（9）	一般（5）	500	5	低（3）
A2	0.2	一般（5）	很高（9）	1700	5.5	高（7）
A3	0.5	高（7）	高（7）	800	4.0	一般（5）
A4	0.4	高（7）	很高（9）	1200	5.0	很高（9）

解：对表 11-2 的数据进行标准化处理，首先对指标体系中的服务响应性、公司信誉与员工素质三项定性指标进行定量化处理。这三个指标都是效益型指标，按照定性模糊指标量化方法进行处理，处理结果如表 11-3 所示。

表 11-3 物流提供商评价指标量化处理

评价指标 候选服务商	服务响应性	公司信誉	员工素质
A1	很高（9）	一般（5）	低（3）
A2	一般（5）	很高（9）	高（7）
A3	高（7）	高（7）	一般（5）
A4	高（7）	很高（9）	很高（9）

下面就利用量化指标的标准化处理方法对物流提供商选择评价指标进行标准化处理。

（1）采用线性比例变换公式处理，得到的结果如表 11-4 所示。

表 11-4 线性比例变换公式处理结果

评价指标 候选服务商	服务差错率/%	服务响应性	公司信誉	资产规模/万元	收费标准（占货值%）	员工素质
A1	0.2222	1	0.5556	0.2941	0.8889	0.3333
A2	1	0.5556	1	1	0.7273	0.7778
A3	0.4	0.7778	0.7778	0.4706	1	0.5556
A4	0.5	0.7778	1	0.7059	0.8	1

(2) 采用极差变换方式处理,得到的结果如表 11-5 所示。

表 11-5 极差变换公式处理结果

评价指标 候选服务商	服务差错率/%	服务响应性	公司信誉	资产规模/万元	收费标准（占货值%）	员工素质
A1	0	1	0	0	0.6667	0
A2	1	0	1	1	0	0.6667
A3	0.5714	0.5	0.5	0.25	1	0.3333
A4	0.7143	0.5	0.5	0.5833	0.3333	1

3. 统一评价准则法

统一评价准则法是由评价主体（一般为领域专家群体）确定每个指标的评分标准，一般分为三至七档，规定每档得分的条件。这种方法由于采用标准分，得分不受其他方案的得分影响，因此能进行绝对的排序，而不像前两种标准化处理后只能进行相对排序。具体方法参见例 11-2。

【例 11-2】 对例 11-1 的评价数据采用统一评价准则法进行标准化处理。评价准则表如表 11-6 所示。

表 11-6 统一评价准则表

得分 评价指标	5	4	3	2	1
服务差错率/%	0.1 以下	0.1~0.3	0.3~0.6	0.6~1	1 及 1 以上
服务响应性	很高	高	一般	低	很低
公司信誉	很高	高	一般	低	很低
资产规模/万元	1000 以上	800~1000	500~800	100~500	100 及 100 以下
收费标准（占货值%）	3.5 以下	3.5~4.5	4.5~5	5~6	6 及 6 以上
员工素质	很高	高	一般	低	很低

解：根据表 11-6 的统一评价准则的评价标准对表 11-2 的评价数据进行标准化处理，其结果如表 11-7 所示。

表 11-7 统一评价准则处理结果

评价指标 候选服务商	服务差错率/%	服务响应性	公司信誉	资产规模/万元	收费标准（占货值%）	员工素质
A1	2	5	3	2	3	2
A2	4	3	5	5	2	4

续表

候选服务商\评价指标	服务差错率/%	服务响应性	公司信誉	资产规模/万元	收费标准（占货值%）	员工素质
A3	3	4	4	3	4	3
A4	3	4	5	5	2	5

11.4 评价的常用方法

11.4.1 评价指标权重系数确定方法

1. 德尔菲法

德尔菲法首先是对将要确定权重的评价指标设计成调查问卷，请一组专家分别独立地对问卷进行回答，专家对这些评价指标应赋予的权重提出自己的意见。组织者汇集专家们的问卷，对专家的意见进行统计与分析，如果没有达成共识，组织者根据意见统计结果，形成新的调查问卷；然后再让该组专家重新进行问卷回答；经多次轮番征询，使专家意见趋于一致，最后得出统一的结论。德尔菲法实质上是利用专家的经验和知识，对那些带有很大模糊性、较复杂的问题，通过多次的轮番征询意见的调查形式取得测定结论的方法。此方法具有匿名性、统计性、反馈性、收敛性的特点。

2. 逐对比较法

一般来说，决策者比较容易确定两两指标之间的相对重要性程度，因此可利用相对重要性来确定各指标的权重。逐对比较法就是邀请专家对各评价指标进行两两逐对比较，对相对重要的指标赋予较高的得分，如相对重要的得1分，而相对不重要的得0分，最后根据各评价指标的累计得分进行归一化处理，并计算权重。

3. 层流分析法

层次分析法也是运用指标间两两比较的方法来确定权重，但计算更为复杂，具体内容参见后面的层次分析法介绍。

【例11-3】 对例11-1中各指标采用逐对比较法来确定权重，结果如表11-8所示。

表11-8 用逐对比较法计算权重结果

评价指标	1	2	3	4	5	6	7	8	9	10	11	12	13	14	15	得分	权重
服务差错率/%	1	1	1	1	1											5	0.33
服务响应性	0					0	1	0	1							2	0.13
公司信誉		0				1				1	0	1				3	0.20
资产规模/万元			0				0			0			0	1		1	0.07
收费标准（占货值%）				0				1			1		1		1	4	0.27
员工素质					0				0			0		0	0	0	0.0
合计	1	1	1	1	1	1	1	1	1	1	1	1	1	1	1	15	1.0

从结果来看，员工素质这一指标的权重为 0，对评价不起作用，不太合理，这也是逐对比较法的缺陷。

4. 头脑风暴法

头脑风暴法原是一种群体活动的方法，它鼓励与会者自由发表自己的思想，并禁止对任何思想的批评，以促使创新思想的产生。在权重确定中运用头脑风暴法的基本做法是：邀请一些相关领域的专家一起开会，请他们对各指标权重系数的确定自由发表意见，对那些有较大偏差或分歧的内容进行充分讨论，以达到对各指标权重有比较一致的认识。如果还不能确定的话，就采用投票的方式确定。这也是在权重确定中常采用的一种简单有效的方法。

11.4.2 线性加权和法

线性加权和法是在已经过预处理的标准化决策矩阵 R 的基础上进行的，它先对 n 个标准化的指标构造如下评价函数：

$$U(A_i) = \sum_{j=1}^{n} w_j r_{ij}, \quad i=1, 2, \cdots, m$$

其中，$w_j \geq 0$，$j=1, 2, \cdots, n$；

$\sum_{j=1}^{n} w_j = 1$ 分别是 n 个指标的权重系数。

然后按如下原则选择满意方案 A^*：

$A^* = \{A_i \mid \max [U(A_i)]\}, 1 \leq i \leq m$

【例 11-4】 继续以例 11-1 的案例为例，假设这 6 个指标经专家评议后分别取权重系数为：0.33，0.13，0.20，0.05，0.25，0.04，下面分别按线性比例变换公式与极差变换公式处理得到的标准化矩阵来进行方案评价，其结果如表 11-9 和表 11-10 所示。按线性比例变换公式处理的线性加权和评分结果是选择 A2 物流服务提供商为最优方案，而按极差变换公式处理的线性加权和评分结果是选择 A4 物流服务提供商为最优方案。可见标准化处理的方法不同会对最终评分结果产生影响。

表 11-9 按线性比例变换公式处理的线性加权和评分结果

评价指标 候选 服务商	服务差错率/%	服务响应性	公司信誉	资产规模/万元	收费标准（占货值%）	员工素质	$U(A_i)$
	0.33	0.13	0.20	0.05	0.25	0.04	
A1	0.2222	1	0.5556	0.2941	0.8889	0.3333	0.5647
A2	1	0.5556	1	1	0.7273	0.7778	0.8652
A3	0.4	0.7778	0.7778	0.4706	1	0.5556	0.6844
A4	0.5	0.7778	1	0.7059	0.8	1	0.7414

表 11-10 按极差变换公式处理的线性加权和评分结果

评价指标 候选服务商	服务差错率/%	服务响应性	公司信誉	资产规模/万元	收费标准（占货值%）	员工素质	$U(A_i)$
	0.33	0.13	0.20	0.05	0.25	0.04	
A1	0	1	0	0	0.6667	0	0.2967
A2	1	0	0	1	0	0.6667	0.6067
A3	0.5714	0.5	0.5	0.25	1	0.3333	0.6294
A4	0.7143	0.5	1	0.5833	0.3333	1	0.6532

11.4.3 层次分析法

层次分析法（Analytical Hierarchy Process，AHP）是 1973 年由著名运筹学家 T. L. Saaty 提出的定性与定量相结合的评价决策分析法，它是一种将存在于现代管理中许多复杂、模糊不清的相关关系转化为定量分析问题的有效方法。层次分析法的提出不论在理论研究上还是在实际工作中都得到了极为广泛的应用与发展。

1. 层次分析法的基本思路与步骤

1）建立递阶层次结构

用层次分析法进行评价时，首先要把问题层次化。通过对面临的问题进行深入分析后，根据问题的性质和需要达到的总目标为不同的组成因素，并按照各因素间的相互关联及从属关系，将因素划分成不同层次，再进行分类组合，形成一个多层次结构的分析模型。这些层次分目标层、判断层和方案层。目标层表示解决问题的目标，即层次分析法需要达到的总目标。判断层表示采取某一方案来实现预定总目标所涉及的中间环节，它包括准则层与指标层。在分析更为复杂的评价问题时，某一个准则因素下还可细分为几个具体的指标，指标也可分为多个层次。方案层表示要选用的解决问题的各种方案、策略与措施。递阶层次结构与因素从属关系如图 11-1 所示。关于因素的个数，在理论上层次结构的层数及同一层次的因素个数，可依据系统的需求而定，不过 Saaty 建议为了避免决策者对准则的相对重要性的判断产生偏差，同一层次的因素个数最好不超过 7 个。

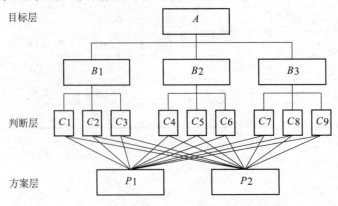

图 11-1 递阶层次结构图

2) 构造判断矩阵

建立递阶层次结构以后,上下层因素之间隶属关系就被确定了。判断矩阵表示针对上一层次的几个因素、下一层次的几个因素之间进行相对重要性两两比较的结果,一般情况下,请评价专家以头脑风暴法或德尔菲法的方式来比较,为了使决策判断定量化,通常根据其相对重要程度赋予 1:9 的比例标度。比例标度的意义如表 11-11 所示。

表 11-11 判断矩阵比例标度及其含义

标度值	含 义
1	表示两个因素相比,一个因素比另一因素的重要程度:同样重要
3	表示两个因素相比,一个因素比另一因素的重要程度:稍微重要
5	表示两个因素相比,一个因素比另一因素的重要程度:明显重要
7	表示两个因素相比,一个因素比另一因素的重要程度:强烈重要
9	表示两个因素相比,一个因素比另一因素的重要程度:绝对重要
2,4,6,8	上述两相邻判断的中值
倒数	对角线两边的值呈倒数关系

假设因素 B_k 下有 A_1,A_2,$\cdots$,A_n 个因素与之有关联,则经两两比较得到 B_k 下的判断矩阵如表 11-12 所示。

表 11-12 判断矩阵例表

B_k	A_1	A_2	$\cdots$	A_n
A_1	1	a_{12}	$\cdots$	a_{1n}
A_2	a_{21}	1	$\cdots$	a_{2n}
$\vdots$	$\vdots$	$\vdots$	$\vdots$	$\vdots$
A_n	a_{n1}	a_{n2}	$\cdots$	1

注:$a_{ij} = 1/a_{ji}$。

3) 单排序权重计算

在层次分析法中采用特征向量法来计算单排序权重,其数学原理如下。

若有 n 个方案要比较,已知它们各自的相对重要性,即权重,它们的重要程度可分别用 w_1,w_2,$\cdots$,w_n 表示,那么对这 n 个方案作两两比较,得到它们的判断矩阵 A 为

$$A = \begin{bmatrix} w_1/w_1 & w_1/w_2 & \cdots & w_1/w_n \\ w_2/w_1 & w_2/w_2 & \cdots & w_2/w_n \\ \vdots & \vdots & \vdots & \vdots \\ w_n/w_1 & w_n/w_2 & \cdots & w_n/w_n \end{bmatrix} = (a_{ij})_{m \times n}$$

对判断矩阵 A 左乘权重向量 $W = [w_1, w_2, \cdots, w_n]^T$,其结果为

$$AW = \begin{bmatrix} w_1/w_1 & w_1/w_2 & \cdots & w_1/w_n \\ w_2/w_1 & w_2/w_2 & \cdots & w_2/w_n \\ \vdots & \vdots & & \vdots \\ w_n/w_1 & w_n/w_2 & \cdots & w_n/w_n \end{bmatrix} \begin{bmatrix} w_1 \\ w_2 \\ \vdots \\ w_n \end{bmatrix} = \begin{bmatrix} nw_1 \\ nw_2 \\ \vdots \\ nw_n \end{bmatrix} = nW$$

从式子 $AW=nW$ 可以看出：权重向量 W 正好是判断矩阵 A 对应于特征根 n 的特征向量。根据矩阵理论可知，n 为判断矩阵 A 的唯一非零解，也是最大的特征根，而权重向量 W 则为最大特征值所对应的特征向量。因此，求权重变为求判断矩阵的最大特征值所对应的特征向量。

在层次分析法中，判断矩阵的特征根与特征向量的求解方法是采用几何平均法或规范列平均法。

（1）几何平均法。

①计算判断矩阵每一行元素的乘积：$M_i = \prod_{j=1}^{n} a_{ij}$，$i = 1, 2, \cdots, n$。

②计算 M_i 的 n 次方根 $\overline{W_i} = \sqrt[n]{M_i}$。

③对向量 $\overline{W} = [\overline{w_1}, \overline{w_2}, \cdots, \overline{w_n}]^T$ 规范化，则向量的第 i 个元素为：$W_i = \dfrac{\overline{W_i}}{\sum_{i=1}^{n} \overline{W_i}}$，$i = 1, 2, \cdots, n$，整理后，得向量 $W = [w_1, w_2, \cdots, w_n]^T$，即为所求的特征向量。

④计算判断矩阵的最大特征根：$\lambda_{\max} = \sum_{i=1}^{n} \dfrac{(AW)_i}{nw_i}$，式中的 $(AW)_i$ 表示向量 AW 的第 i 个元素。

（2）规范列平均法。

①对判断矩阵每一列规范化：$\overline{a_{ij}} = \dfrac{a_{ij}}{\sum_{k=1}^{n} a_{kj}}$。

②求规范列平均值：$w_i = \dfrac{1}{n} \sum_{j=1}^{n} \overline{a_{ij}}$，则向量 $W = [w_1, w_2, \cdots, w_n]^T$，即为所求的特征向量。

③计算判断矩阵的最大特征根 $\lambda_{\max} = \dfrac{1}{n} \sum_{i=1}^{n} \dfrac{(AW)_i}{w_i}$。

4）一致性检验

从理论上来说，求出的最大特征值应该为 n，但实际情况往往有偏差，这是判断矩阵的误差造成的。因为对于多个复杂的因素采用两两比较时，不可能做到判断完全一致，形成的判断矩阵可能存在着估计误差，这样就会导致最大特征根向量计算的偏差。因此，为了保证得到结论的可靠性，必须对最大特征根做一致性检验。一致性检验的具体步骤如下。

①计算一致性指标 CI，$CI = \dfrac{\lambda_{\max} - n}{n - 1}$。

② 计算与平均随机一致性指标的比例 CR，$CR = \dfrac{CI}{RI}$。式中 RI 表示同阶平均随机一致性指标，其值如表 11-13 所示。

表 11-13 同阶平均随机一致性指标值

n	1	2	3	4	5	6	7	8	9	10	11
RI	0.00	0	0.58	0.9	1.12	1.24	1.32	1.41	1.45	1.49	1.52

当 CR<0.1 时，则判断矩阵具有满意的一致性，可适用计算出的权重，否则就需要调整判断矩阵，直到具有满意的一致性为止。

5）层次总排序权重计算

计算完各层的单排序权重与一致性检验后，就可以计算同一层次所有指标对于上一层次指标的相对重要性的总排序权重。这一过程是由高到低逐层计算权重值。主要采用线性加权和的方法来计算，最后按各方案对于总目标的权重排序，分出各方案的优劣。总排序权重值计算如表 11-14 所示，其中假设在层次结构中，对于某一层次 A 包括 m 个元素 A_1，A_2，…，A_m，其层次总排序权重分别为 a_1，a_2，…，a_m，层次 A 的下一层 B 包含 n 个元素 B_1，B_2，…，B_n。对于 A 层某个元素 A_j，在 B 层中各元素 B_i（$i=1,2,…,n$）的单排序权重分别为 b_{1j}，b_{2j}，…，b_{nj}，当 B_i 与 A_j 无联系时，$b_{ij}=0$。

表 11-14 层次 B 的总排序权重值计算

A 层次 B 层次	A_1 a_1	A_2 a_2	…	A_m a_m	层次 B 总排序权重
B_1	b_{11}	b_{12}	…	b_{1m}	$\sum_{j=1}^{m} a_j b_{1j}$
B_2	b_{21}	b_{22}	…	b_{2m}	$\sum_{j=1}^{m} a_j b_{2j}$
⋮	⋮	⋮	⋮	⋮	⋮
B_n	b_{n1}	b_{n2}	…	b_{nm}	$\sum_{j=1}^{m} a_j b_{nj}$

2. 应用层次分析的注意事项

应用层次分析法时如果所选的要素不合理，其含义混淆不清，或要素间的关系不正确，都会降低层次分析法的结果质量，甚至导致层次分析法决策失败。

为保证递阶层次结构的合理性，需把握以下原则。

（1）分解简化问题时把握主要因素，不漏不多。

（2）注意相比较因素之间的强度关系，相差太悬殊的因素不能在同一层次比较。

（3）同一层次的因素个数最好不超过 7 个。

层次分析法是经由群体讨论的方式，汇集专家学者及各层面实际参与决策者的意见，将错综复杂的问题评估系统，简化为简明的要素层级系统，以提供给决策者选择适当方案的充分信息，同时减少决策错误的风险。

3. 层次分析法在物流系统评价中的应用

【例 11-5】 某一连锁超市企业选择一家第三方物流提供商来外包其部分物流业务，选择的标准是从服务质量、服务能力与服务成本这三个方面来考察，经过一段时间准备，有三家物流服务提供商入围。现考虑应用层次分析法对这三家企业提供的物流方案进行评价和排序，从中选出一家最佳的企业来提供物流外包服务。该评价系统的递阶层次结构如图 11-2 所示，其中 G 表示评价系统的总目标，判断层中 C_1 表示服务质量，C_2 表示服务能力，C_3 表示服务成本；P_1、P_2、P_3 分别表示候选的三家物流服务提供商提交的三套方案。

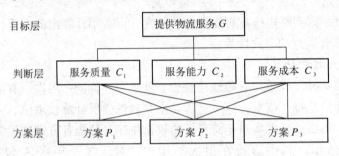

图 11-2 递阶层次结构图

解：(1) 构造判断矩阵。

根据图 11-2 所示的层次结构，请一组领域专家对各因素两两进行判断与比较，构造判断矩阵。其中判断矩阵 G-C 如表 11-15 所示，它是相对于总目标 G，判断层各因素的相对重要性比较的判断矩阵；判断矩阵 C_1-P 如表 11-16 所示，它是相对于服务质量 C_1，各方案的相对重要性比较的判断矩阵；判断矩阵 C_2-P 如表 11-17 所示，它是相对于服务能力 C_2，各方案的相对重要性比较的判断矩阵；判断矩阵 C_3-P 如表 11-18 所示，它是相对于服务成本 C_3，各方案的相对重要性比较的判断矩阵。

表 11-15 判断矩阵 G-C

G	C_1	C_2	C_3
C_1	1	5	3
C_2	1/5	1	1/2
C_3	1/3	2	1

表 11-16 判断矩阵 C_1-P

C_1	P_1	P_2	P_3
P_1	1	1/7	1/3
P_2	7	1	5
P_3	3	1/5	1

表 11-17　判断矩阵 C_2-P

C_2	P_1	P_2	P_3
P_1	1	1/5	1/2
P_2	5	1	3
P_3	2	1/3	1

表 11-18　判断矩阵 C_3-P

C_3	P_1	P_2	P_3
P_1	1	7	3
P_2	1/7	1	1/5
P_3	1/3	5	1

（2）计算各判断矩阵的层次单排序及一致性检验指标。

先计算判断矩阵 G-C 的特征根、特征向量与一致性检验。

$$M_1 = \prod_{j=1}^{n} a_{1j} = 15, \quad \overline{W}_1 = \sqrt[3]{M_1} = \sqrt[3]{15} = 2.466$$

类似的有：$\overline{W}_2 = \sqrt[3]{M_2} = \sqrt[3]{\dfrac{1}{10}} = 0.464$，$\overline{W}_3 = \sqrt[3]{M_3} = 0.874$

对向量 $\overline{W} = [\overline{W}_1, \overline{W}_2, \cdots, \overline{W}_n]^T$ 规范化，则：

$$W_1 = \frac{\overline{W}_1}{\sum_{i=1}^{n} \overline{W}_i} = \frac{2.466}{2.466 + 0.464 + 0.874} = 0.648$$

同理可得：$W_2 = 0.122$，$W_3 = 0.230$。则特征向量为 $W = [0.648, 0.122, 0.230]^T$。

$$AW = \begin{bmatrix} 1 & 5 & 3 \\ \dfrac{1}{5} & 1 & \dfrac{1}{2} \\ \dfrac{1}{3} & 2 & 1 \end{bmatrix} \begin{bmatrix} 0.648 \\ 0.122 \\ 0.230 \end{bmatrix} = \begin{bmatrix} 1.948 \\ 0.367 \\ 0.690 \end{bmatrix}, \quad \lambda_{\max} = \sum_{i=1}^{n} \frac{(AW)_i}{nW_i} = 3.004$$

计算矩阵最大特征根为 3.004。一致性检验有：

$$CI = \frac{\lambda_{\max} - n}{n - 1} = \frac{3.004 - 3}{3 - 1} = 0.002, \quad RI = 0.58$$

$$CR = \frac{CI}{RI} = 0.003 < 0.1$$

再对判断矩阵 C_1-P 计算特征根、特征向量与一致性检验。类似地有：
$W = [0.081, 0.731, 0.188]^T$，$\lambda_{\max} = 3.065$，$CR = 0.056 < 0.1$

再对判断矩阵 C_2-P 计算特征根、特征向量与一致性检验。类似地有：
$W = [0.122, 0.648, 0.230]^T$，$\lambda_{\max} = 3.004$，$CR = 0.003 < 0.1$

再对判断矩阵 C_3-P 计算特征根、特征向量与一致性检验。类似地有：
$W = [0.649, 0.072, 0.279]^T$, $\lambda_{max} = 3.065$, $CR = 0.056 < 0.1$

（3）求层次总排序，并做服务提供商选择决策。

在层次单排序的基础上，求层次总排序，如表11-19所示。

表11-19 层次P的层次总排序的计算结果

C层次 P层次	C_1	C_2	C_3	层次P总排序权重
	0.648	0.122	0.230	
P_1	0.081	0.122	0.230	0.217
P_2	0.731	0.648	0.072	0.569
P_3	0.188	0.230	0.279	0.214

由表11-19可以看出，三家物流服务提供商的评价顺序为：P_2，P_1，P_3，最后可选择提交 P_2 方案的物流服务提供商。

11.4.4 模糊综合评价法

模糊综合评价法是一种可对评价对象进行全面的定量化的评价，为正确决策提供依据的评价方法。人们在评价事物时，对于同一件事物评价会不一样，往往会从多种因素出发，参考有关的数据、经验与具体情况，根据他们的判断对复杂问题分别做出一些模糊评价，诸如："大、中、小"；"高、中、低"；"优、良、可、劣"；"好、较好、一般、较差、差"这样的模糊描述。对于这些模糊的评价的量化处理，不能用前面介绍的模糊指标的量化处理的方法，因为对于同一指标会有不同的评价值。为了更精确地反映模糊评价，需要运用模糊数学理论，通过模糊数学提供的方法进行运算，从而得出定量化的综合评价结果。

1. 单因素的模糊评价

我们先来考虑单一因素的模糊评价，例如，某公司在网上开展直销业务，并委托第三方物流企业进行货物配送，对于这项服务措施，有些客户很喜欢，有些客户不喜欢，另外一些客户觉得还可以，该如何评价？一般采用"民意测验"的方法来处理，随机选一些客户进行问卷调查，规定每个客户可以在集合 V 中给出的答案中挑一种：V = {很喜欢，喜欢，不太喜欢，不喜欢}，V 称为评价集。结果是22%的客户很喜欢，40%的客户喜欢，26%的客户不太喜欢和12%的客户不喜欢。这一评价结果可用模糊集合表示：B = 0.22/很喜欢+0.40/喜欢+0.26/不太喜欢+0.12/不喜欢，也可记为向量形式：$B = (0.22, 0.40, 0.26, 0.12)$。

一个单因素模糊评价问题的评价结果 B 是评价集 V 这一论域上的一个模糊子集。当然，有时为了清楚起见，可根据最大隶属原则得出一个清晰的评价。例如，在上述评价中由于"喜欢"对 B 的隶属度 μ_B（喜欢）= 0.4 最大，因此可以认为该项服务措施的评价是为客户所"喜欢"。但一般没有必要这样做，保持模糊评价结果 B 能更好地反映人们的认识。

2. 多因素的模糊综合评价

对于单因素的评价还比较容易，但实际问题往往涉及多个因素。同样以网上商店配送服务为例，为什么有的客户喜欢，有的客户不喜欢，原因很多，往往涉及好几个因素，如送货是否延误、货物有无破损、送货是否有差错、是否有经常性断货、服务的应变能力等。如何来评价配送服务质量的好坏优劣？对于同一服务，由于每个客户对服务质量的看法和感受不同，即期望值不同，因此评价也不同，这是一个模糊综合评价问题。

假设关注的因素有送货及时性、货物完好性、送货正确性、订单满足性及服务柔性，给出的评价集为$V=\{$很高，较高，一般，偏低$\}$。首先考虑各个单独因素，用单因素模糊评价的方法对上述5个因素进行单因素模糊评价，其结果如下：

$\underset{\sim}{R}_1 = (0.3, 0.4, 0.2, 0.1)$

$\underset{\sim}{R}_2 = (0.2, 0.3, 0.5, 0)$

$\underset{\sim}{R}_3 = (0.3, 0.4, 0.1, 0.2)$

$\underset{\sim}{R}_4 = (0, 0.3, 0.6, 0.1)$

$\underset{\sim}{R}_5 = (0.5, 0.3, 0.2, 0)$

由它们构成的单因素评价矩阵是：

$$\underset{\sim}{R} = \begin{bmatrix} 0.3 & 0.4 & 0.2 & 0.1 \\ 0.2 & 0.3 & 0.5 & 0 \\ 0.3 & 0.4 & 0.1 & 0.2 \\ 0 & 0.3 & 0.6 & 0.1 \\ 0.5 & 0.3 & 0.2 & 0 \end{bmatrix}$$

在评价时由于对各个因素的关注度不同，或者说侧重点不同，得出的综合评价也可能会不尽相同。因此，给每个因素确定相应的"权"，来说明大多数客户对各因素的侧重程度。假设各因素的相应的权重表示成如下模糊集：

$\underset{\sim}{A} = 0.2/$及时性$+0.25/$完好性$+0.35/$正确性$+0.1/$满足性$+0.1/$柔性

或简记为：$\underset{\sim}{A} = (0.2, 0.25, 0.35, 0.1, 0.1)$。

按照模糊数学理论，对某一评价对象，若已知单因素评价矩阵 $\underset{\sim}{R}$ 与权 $\underset{\sim}{A}$，则对此评价对象的模糊综合评价结果是模糊集 $\underset{\sim}{B} = \underset{\sim}{A} \bullet \underset{\sim}{R}$，即作模糊矩阵乘积处理。

模糊矩阵乘积运算与普通矩阵乘积运算类似，不同的是并非先两项相乘后相加，而是先取小而后取大，如 b_{ij}、a_{ik}、r_{kj} 分别是模糊集 $\underset{\sim}{B}$、$\underset{\sim}{A}$、$\underset{\sim}{R}$ 的元素，则模糊矩阵乘积的结果是：$b_{ij} = \bigvee_k (a_{ik} \wedge r_{kj})$。其中 $\vee$ 为取大运算符，$\wedge$ 为取小运算符。

对于网上商店配送服务评价中，已知 $\underset{\sim}{A}$ 与 $\underset{\sim}{R}$，则

$$\underset{\sim}{B} = (0.2, 0.25, 0.35, 0.1, 0.1) \bullet \begin{bmatrix} 0.3 & 0.4 & 0.2 & 0.1 \\ 0.2 & 0.3 & 0.5 & 0 \\ 0.3 & 0.4 & 0.1 & 0.2 \\ 0 & 0.3 & 0.6 & 0.1 \\ 0.5 & 0.3 & 0.2 & 0 \end{bmatrix} = (0.3, 0.35, 0.25, 0.2)$$

归一化处理后，$\underset{\sim}{B} \cong (0.27, 0.32, 0.23, 0.18)$。这一评价结果表明：27%的客户认为网上直销业务的配送服务质量"很高"，32%的客户认为配送服务质量"较高"，23%的客户认为配送服务质量"一般"，而18%的客户认为配送服务质量"偏低"，总体来说，大多

数客户（占 59%）还是对此配送服务的质量满意。

3. 在物流系统规划与设计中的应用实例

【例 8-6】 一个商品贸易企业现有 3 家第三方物流提供商承担其物流配送服务，为了更好地管理，企业根据自身的需要，考虑了 5 项物流服务评价指标对这三家服务商的配送系统进行评价，从中选择一家最满意的服务商。具体指标与 3 家物流服务提供商评价数据如表 11-20 所示。

表 11-20 物流提供商评价指标与评价数据

物流服务商 \ 评价指标	送货及时率	货物完好率	送货正确率	订单满足率	服务变化满足率
甲	98	96	97	94	93
乙	94	99	99	93	95
丙	96	95	96	96	96

解：①设因素集 U =（送货及时性，货物完好性，送货正确性，订单满足性，服务柔性）。

②其评价集为 V = {很高，较高，一般，偏低}。

③确定权重向量：经专家们讨论、统一认识后，得权重向量 A = (0.23, 0.25, 0.30, 0.12, 0.1)。

④对于每个因素，专家们对各物流服务商进行单因素评价，评价值是赞成此评价的专家数与专家总人数的比值，各单因素评价矩阵如下：

$$R_{甲} = \begin{bmatrix} 0.3 & 0.5 & 0.2 & 0 \\ 0.2 & 0.3 & 0.4 & 0.1 \\ 0.2 & 0.4 & 0.2 & 0.2 \\ 0 & 0.2 & 0.5 & 0.3 \\ 0 & 0.1 & 0.4 & 0.5 \end{bmatrix} \quad R_{乙} = \begin{bmatrix} 0 & 0.3 & 0.4 & 0.3 \\ 0.4 & 0.5 & 0.1 & 0 \\ 0.5 & 0.4 & 0.1 & 0 \\ 0 & 0.1 & 0.3 & 0.6 \\ 0.2 & 0.3 & 0.4 & 0.1 \end{bmatrix}$$

$$R_{丙} = \begin{bmatrix} 0.2 & 0.3 & 0.4 & 0.1 \\ 0 & 0.2 & 0.4 & 0.4 \\ 0.1 & 0.2 & 0.3 & 0.4 \\ 0.4 & 0.5 & 0.1 & 0 \\ 0.3 & 0.4 & 0.2 & 0.1 \end{bmatrix}$$

⑤进行综合评价。

$$B_{甲} = A \cdot R_{甲} = [0.23, 0.25, 0.30, 0.12, 0.1] \cdot \begin{bmatrix} 0.3 & 0.5 & 0.2 & 0 \\ 0.2 & 0.3 & 0.4 & 0.1 \\ 0.2 & 0.4 & 0.2 & 0.2 \\ 0 & 0.2 & 0.5 & 0.3 \\ 0 & 0.1 & 0.4 & 0.5 \end{bmatrix}$$

$$= [0.23, 0.3, 0.25, 0.2]$$

$$B_{乙} = A \cdot R_{乙} = [0.23, 0.25, 0.30, 0.12, 0.1] \cdot \begin{bmatrix} 0 & 0.3 & 0.4 & 0.3 \\ 0.4 & 0.5 & 0.1 & 0 \\ 0.5 & 0.4 & 0.1 & 0 \\ 0 & 0.1 & 0.3 & 0.6 \\ 0.2 & 0.3 & 0.4 & 0.1 \end{bmatrix}$$

$$= [0.3, 0.3, 0.23, 0.23]$$

$$B_{丙} = A \cdot R_{丙} = [0.23, 0.25, 0.30, 0.12, 0.1] \cdot \begin{bmatrix} 0.2 & 0.3 & 0.4 & 0.1 \\ 0 & 0.2 & 0.4 & 0.4 \\ 0.1 & 0.2 & 0.3 & 0.4 \\ 0.4 & 0.5 & 0.1 & 0 \\ 0.3 & 0.4 & 0.2 & 0.1 \end{bmatrix}$$

$$= [0.2, 0.23, 0.3, 0.3]$$

⑥归一化处理。

$B_{甲} = [0.23, 0.31, 0.25, 0.2]$

$B_{乙} = [0.28, 0.28, 0.22, 0.22]$

$B_{丙} = [0.19, 0.22, 0.29, 0.29]$

⑦最大隶属度原则进行决策。

因此，甲企业被评为"良好"，乙企业被评为"优秀"，丙企业被评为"中等"。

11.4.5 DEA——数据包络分析法

1. 数据包络分析的基本概念

1978年，A. Charnes，W. W. Cooper 和 E. Rhodes 给出了评价决策单元相对有效性的数据包络分析方法（Data Envelopment Analysis, DEA），并建立了一套模型，这套模型以他们的姓氏命名，称为CCR模型或C^2R模型。

数据包络分析是一种基于线性规划的用于评价同类型组织工作绩效相对有效性的工具手段，如超市的各营业点、银行的各分理处、各物流公司投标的物流解决方案等，这些评价的对象各自具有相同类型的投入和产出。评价这类组织之间的绩效高低，通常采用投入产出这个指标，当所有的投入指标与产出指标都可以折算成同一单位时，如用货币来计量，容易计算出投入产出比并按比值大小进行排序，评价出效率好坏。但如果被评价的同类组织有多项投入与多项产出，并且不能折算成同一单位时，就不能简单地用投入产出比的数值来比较，为此，Charnes等人设计了一套CCR模型来进行组织绩效评价。DEA只用于对可比较的同类的评价对象相对有效性的比较分析，即判断哪些评价对象是DEA有效，哪些是弱DEA有效，缺点是不能在一个尺度上进行全排序分析。针对这一问题，有学者提出了一些能全排序的改进DEA法，感兴趣的读者可阅读一些相关文献。

在DEA中通常把被衡量绩效的组织或被评价的对象称为决策单元（Decision Making Unit, DMU）。假设有 n 个决策单元（$j = 1, \cdots, n$），每个决策单元都具有可比性，即都有 m 个相同的输入变量与 s 个相同的输出变量，如图11-3所示。

$$\begin{array}{c} \quad\quad 1 \quad\quad 2 \quad\quad j \quad\quad n \\ \begin{array}{cc} v_1 & 1 \to \\ v_2 & 2 \to \\ \vdots & \vdots \to \\ v_m & m \to \end{array} \begin{bmatrix} x_{11} & x_{12} & \cdots & x_{1n} \\ x_{21} & x_{22} & \cdots & x_{2n} \\ \vdots & \vdots & x_{ij} & \vdots \\ x_{m1} & x_{m2} & \cdots & x_{mn} \end{bmatrix} \\ \begin{bmatrix} y_{11} & y_{12} & \cdots & y_{1n} \\ y_{21} & y_{22} & \cdots & y_{2n} \\ \vdots & \vdots & y_{rj} & \vdots \\ y_{s1} & y_{s2} & \cdots & y_{sn} \end{bmatrix} \begin{array}{c} \to 1 \\ \to 2 \\ \to \vdots \\ \to s \end{array} \end{array}$$

图 11-3　n 个决策单元的输入输出关系

其中，x_{ij} ($i=1, \cdots, m; j=1, \cdots, n$)：第 j 个决策单元对第 i 种输入的投入量，并且满足 $x_{ij} > 0$；y_{rj} ($r=1, \cdots, s; j=1, \cdots, n$)：第 j 个决策单元对第 r 种输出的产出量，并且满足 $y_{rj} > 0$；v_i ($i=1, \cdots, m$)：第 i 种输入的权重；u_r ($r=1, \cdots, s$)：第 r 种输出的权重。用向量形式表示为：$\boldsymbol{X}_j = (x_{1j}, x_{2j}, \cdots, x_{ij}, \cdots, x_{mj})^{\mathrm{T}}$，$\boldsymbol{Y}_j = (y_{1j}, y_{2j}, \cdots, y_{rj}, \cdots, y_{sj})^{\mathrm{T}}$，($j=1, \cdots, n$) 分别是决策单元 j 的输入、输出向量，$\boldsymbol{v} = (v_1, v_2, \cdots, v_m)^{\mathrm{T}}$，$\boldsymbol{u} = (u_1, u_2, \cdots, v_s)^{\mathrm{T}}$，分别为输入、输出变量的权重。

2. CCR 模型

假设第 j 个决策单元的评价指数为

$$H_j = \frac{\boldsymbol{u}^{\mathrm{T}} \boldsymbol{Y}_j}{\boldsymbol{v}^{\mathrm{T}} \boldsymbol{X}_j}, \quad j=1, 2, \cdots, n,$$

总可选择适当的权重系数 $\boldsymbol{u}$，$\boldsymbol{v}$，使得 $H_j \leq 1$，$j=1, 2, \cdots, n$。其中的 H_j 意义是：在权重系数 $\boldsymbol{u}$，$\boldsymbol{v}$ 下，投入 $\boldsymbol{v}^{\mathrm{T}} \boldsymbol{X}_j$，产出 $\boldsymbol{u}^{\mathrm{T}} \boldsymbol{Y}_j$ 的广义投入产出比。$H_j \leq 1$ 表示所有的决策单元都处于一个包络面上或内部。对于要评价的第 j_0 个决策单元是否处于一个包络面上，即是否 DEA 有效，就得选择适当的权重系数 $\boldsymbol{u}$，$\boldsymbol{v}$，使得第 j_0 个决策单元评价指数 H_{j0} 取最大值，并且所有的 $H_j \leq 1$，$j=1, 2, \cdots, n$，即作分式线性规划：

P1：$\quad \max H = \dfrac{\boldsymbol{u}^{\mathrm{T}} \boldsymbol{Y}_{j0}}{\boldsymbol{v}^{\mathrm{T}} \boldsymbol{X}_{j0}}$；

s.t. $\quad \dfrac{\boldsymbol{u}^{\mathrm{T}} \boldsymbol{Y}_j}{\boldsymbol{v}^{\mathrm{T}} \boldsymbol{X}_j} \leq 1, \quad j=1, 2, \cdots, n, \boldsymbol{u} \geq 0, \boldsymbol{v} \geq 0$。

则称上述 P1 模型为 CCR 模型。

为了便于计算，利用 Charnes-Cooper 变换对 P1 模型作一下变换，令 $t = \dfrac{1}{\boldsymbol{v}^{\mathrm{T}} \boldsymbol{X}_{j0}}$，$\boldsymbol{\omega} = t\boldsymbol{v}$，$\boldsymbol{\mu} = t\boldsymbol{u}$，则 P1 模型化为等价的线性规划模型为：

P2：$\quad \max H_{\mathrm{CCR}} = \boldsymbol{\mu}^{\mathrm{T}} \boldsymbol{Y}_{j0}$；

s.t. $\quad \boldsymbol{\omega}^{\mathrm{T}} \boldsymbol{X}_j - \boldsymbol{\mu}^{\mathrm{T}} \boldsymbol{Y}_j \geq 0, \quad j=1, 2, \cdots, n, \boldsymbol{\omega}^{\mathrm{T}} \boldsymbol{X}_j = 1, \boldsymbol{\omega} \geq 0, \boldsymbol{\mu} \geq 0$

P3 的对偶规划模型为:

P3: $\min H_{CCR} = E$;

s.t. $\sum_{j=1}^{n} \lambda_j y_{rj} \geq y_{rj0}$, $r = 1, 2, \cdots, s$,

$\sum_{j=1}^{n} \lambda_j x_{ij} \leq E x_{ij0}$, $i = 1, 2, \cdots, m$, $\lambda_j \geq 0$, $j = 1, 2, \cdots, n$

对于 CCR 模型有如下定义:

若 P2 模型存在最优解 $\omega_0 > 0$, $\mu_0 > 0$, 并且其最优目标值 $H_{CCR} = 1$, 则称决策单元 j_0 是 DEA 有效的。

若 P2 模型的最优目标值 $H_{CCR} < 1$, 则称决策单元 j_0 是弱 DEA 有效的。

从定义可以看出,所谓 DEA 有效就是指那些决策单元,其投入产出比达到最大,即达到包络面上。因此,可以用 DEA 来对决策单元进行评价。求解 CCR 模型,需要求解若干个线性规划。

3. 用 DEA 法评价物流系统运营效率

【例 11-7】 某公司有 4 家配送中心,现需要对它们的物流系统运营效率进行评价。选用的输入指标是职工人数、物流设备的投入资金、配送中心的营业面积;而输出指标为年货物吞吐量、年销售收入两项指标。这 4 家配送中心的相关数据如表 11-21 所示。

表 11-21 配送中心运营数据

	D1	D2	D3	D4
职工人数/人	40	56	31	69
投入资金/万元	850	1240	732	996
营业面积/m²	5 460	8 540	4 100	7 480
年货物吞吐量/万吨	57	96	46	79
年销售收入/万元	1 120	1 754	939	1 138

运用 LINGO 软件来求解 4 个线性规划模型,LINGO 程序如下所示,可得到 4 个最优目标值分别为:0.963874, 1, 1, 0.9856091, 并且,对于配送中心 D2 有 $\omega_2 > 0$, $\omega_3 > 0$, $\mu_2 > 0$, 对于配送中心 D3 有 $\omega_3 > 0$, $\mu_2 > 0$, 因此,配送中心 D2 与 D3 是 DEA 有效。

其中 LINGO 程序如下:

```
MODEL:
sets:
    D/1..4/:S,T,A;/ D:决策单元 /
    IIndex/1..3/:w;/ 输入指标权重 /
    OIndex/1..2/:u;/ 输出指标权重 /
    IV(IIndex,D):X;/ 输入量 /
    OV(OIndex,D):Y;/ 输出量 /
endsets
data:
```

```
A=?;/ 决策单元选择 /
X= 40,56,31,69,850,1240,732,996,5460,8540,4100,7480;
Y= 57,96,46,76,1120,1754,939,1138;
enddata
max=@ sum(D:A* T);/ 目标函数 /
S(j)=@ sum(IIndex(i):w(i)* X(i,j));
T(j)=@ sum(OIndex(i):u(i)* Y(i,j));
S(j)>=T(j)
  );
@ sum(D:A* S)=1;
END
```

本章小结

本章阐述了物流系统评价概念，物流系统评价原则、程序；重点论述评价指标体系设计方法与模型，主要包括关键绩效指标法（KPI 指标法）、平衡计分卡法（BSC 指标法）；重点介绍如何使用评价的常用方法，主要包括线性加权和法、层次分析法（AHP 法）、模糊综合评价法、数据包络分析法（DEA 法）等。

基于 AHP 与模糊综合评判法的物流网络结构绩效评价（节选）

企业物流网络的效率很大程度上取决于物流网络结构的合理性，只有结构合理才能使物流系统获得整体上的优化。通过 AHP 确定各指标权重，判断物流网络结构是否合理就是要对其进行绩效评价。采用 AHP 与模糊综合评判法相结合的方法，对物流网络结构进行评价。结合企业实例，验证方法的可行性、实用性和有效性。

1. 引言

企业物流网络的效率很大程度上取决于物流网络结构的合理性，只有结构合理才能使物流系统获得整体上的优化。建立科学合理的网络结构是保证物流系统高效运行的前提。新建企业需要建立物流网络系统，老企业由于业务的增长与变化，也需要不断地对原来的物流网络进行重新设计和优化。对物流网络结构进行绩效评价有助于企业了解物流系统的运作情况，找出物流管理企业物流网络结构的绩效评价中的瓶颈，为进一步优化提供科学依据。

物流网络的合理化在一定程度上也反映了企业的市场竞争能力与综合管理水平。物流网络的运作效率更是反映了物流服务水平。国内外在对物流系统评价方面采用的方法很多。不同的评价方法有可能得出不同的评价结果。企业应视其具体情况采用不同的评价方法。

通常采用的方法有层次分析法（AHP 法）、网络分析法（ANP 法）、模糊综合评价法、数据包络分析法（DEA 法）、模拟仿真模型等。使用的评语常有不确定性问题，物流网络评价系统为多属性、常有模糊性，所以要结合各方面评价指标的要求进行模糊综合评价。用这种评价方法,各指标的权重具有举足轻重的地位,而模糊综合评价法的权重通常是由各专家根据经验给出,难免带有主观局限性。而层次分析法是一种将人的主观判断用数量形式表达和处理的方法。为此将 AHP 和模糊综合评价法相结合,通过 AHP 确定各指标权重,用模糊综合评价法进行评判,从而克服了模糊综合评判法的缺点。

2. 建立企业物流网络结构评价指标体系

物流网络结构的评价指标应具有评价标准和控制标准双重功能。因此,在设计评价指标体系时,要综合考虑其定量性、可比性和可查性。而且它必须能将物流系统内相互制约的复杂因素间的关系层次化、条理化,并能区分它们各自对评价结果的影响程度,以及对那些只能定性评价的因素进行恰当的、方便的量化处理。根据某企业物流管理现状和企业经营战略,考虑以上设计原则,依照现代物流供应链管理的思想,制定了一套适合该企业的二级评价指标体系。

目标层 A 评价指标体系

$X = (b_{ij})_{m \times m}$ 表示,X 为 A-B 之间的判断矩阵,其值采用专家评分得到。(略)

3. AHP 法应用

AHP 法是一种定性分析和定量分析相结合的系统分析和评价的方法。

1) 建立判断矩阵

采取对因子进行两两比较的办法建立判断矩阵。假设现在要比较 m 个因子 $B = \{b_1, b_2, b_m\}$ 对某因素 A 的影响大小,则每次取两个因子 B_i 和 B_j,b_{ij} 表示 B_i 和 B_j 对 A 的影响大小之比,全部比较结果用矩阵表示。(略)

2) 层次单排序及其一致性检验

一致性比率 CR,当 CR<0.10 时,可认为判断矩阵具有满意的一致性,否则需调整判断矩阵,使之具有满意的一致性。

3) 层次总排序及其一致性检验

计算某一层次各因素相对上一层次所有因素的相对重要性的排序值称为层次总排序。由于层次总排序过程是从最高层到最低层逐层进行的,而最高层是总目标,所以,层次总排序也是计算某一层次各因素相对最高层(总目标的相对重要性的排序权值)。设上一层次 B 包含 m 个因素 $B_1, B_2, \cdots; B_m$,其层次总排序的权值分别为 $b_1, b_2, b_m; \cdots$,下一层次 C 包含 n 个因素 C_1, C_2, C_n,它们对于因素 B_j $(j = 1, \cdots,)$ 的层次单排序权值分别为 $C_{1j}, C_{2j}, C_{nj}\cdots$,(略)

根据一级模糊评价结果,进行二级评判,得二级模糊综合评判结果为:$B = XR = (0.393, 0.372, 0.186, 0.049)$ 最终可得该物流网络结构的综合得分:$V = 0.8825$。

4. 综合评价

利用合适的模糊合成算子将 X 与 R 合成,得到被评价事物的模糊综合评价结果向量 B。R 中不同的行反映了某个被评价事物从不同的单因素来看对各个等级模糊子集的隶属程度,AHP 法求得的模糊权向量 X 将不同的行进行综合就可得到该被评价事物从总体上来看对各等级模糊子集的隶属程度,即模糊综合评价结果向量 B。(模糊综合评价模型略)

5. 结论

文中详细阐述了应用 AHP 法与模糊综合评价法的思路和步骤。在对企业物流网络结构进行绩效评价的实例中,验证了方法的可行性、实用性和有效性。另外,此方法结果通过比较排序也可用于多方案决策。

（资料来源：朱楚阳. 基于 AHP 与模糊综合评价法的物流网络结构绩效评价[EB/OL]. http://www.chinadmd.com/file/vcsvuwoxx3oi6z3it6vcrett_1.html）

思考题：评价物流网络结构是否合理，为什么采用 AHP 与模糊综合评价法相结合的方法？

参考思路：

企业物流网络的效率很大程度上取决于物流网络结构的合理性，只有结构合理才能使物流系统获得整体上的优化。通过 AHP 确定各指标权重，判断物流网络结构是否合理就要对其进行绩效评价。采用 AHP 与模糊综合评价法相结合的方法，对物流网络结构进行评价。使用的评语会常有不确定性问题，物流网络评价系统为多属性、常有模糊性，所以要结合各方面评价指标的要求进行模糊综合评价。

使用这种评价方法，各指标的权重具有举足轻重的地位，而模糊综合评价法的权重通常是由各专家根据经验给出，难免带有主观局限性。而 AHP 法是一种将人的主观判断用数量形式表达和处理的方法。为此将 AHP 和模糊综合评价法相结合，通过 AHP 确定各指标权重，用模糊综合评价法进行评判，从而克服了模糊综合评价法的缺点。

复习思考题

一、填空题

1. 物流系统评价就是要根据物流系统的_____、_____及_____对物流系统的要求，从系统整体出发，综合评判这些方案的优劣，从中选出一个较为满意的方案付诸实施。

2. 物流系统评价从内容上来看可对这三类项目进行评价：_____、_____及_____。

3. 统一评价准则法是由评价主体（一般为领域专家群体）确定每个指标的评分标准，一般分为三至七档，规定每档得分的条件。这种方法由于采用_____，得分不受其他方案的得分影响，因此能进行_____的排序。

二、单项选择题

1. 财务价值角度，系统的目标是突出供应链的（　　）价值，达到供应链伙伴的盈利最大化。
   A. 竞争　　　　B. 合作　　　　C. 衔接　　　　D. 配合

2. 德尔菲法实质上是利用专家的经验和知识，对那些带有很大（　　）、较复杂的问题，通过多次的轮番征询意见的调查形式取得测定结论的方法。
   A. 偶然性　　　B. 模糊性　　　C. 定量性　　　D. 不确定

3. 头脑风暴法的基本做法是：邀请一些相关领域的专家一起开会，请他们对各指标的（　　）确定自由发表意见，对那些有较大偏差或分歧的内容进行充分讨论，以达到对各指标权重有比较一致的认识。
   A. 标准基础　　B. 约束条件　　C. 权重系数　　D. 关联系数

三、多项选择题

1. 平衡记分卡法提出了一套系统的评价和激励企业绩效的方法，共有四组指标组成：（　　）、（　　）、（　　）和（　　）。
   A. 财务类指标　　　　B. 客户类指标　　　　C. 内部营运类指标　　D. 学习成长类指标
2. 评价指标从经济角度可分为两类：一类是效益型指标，这类指标的值越大越好，如（　　）、客户满意率、（　　）、货物及时配送率等；而另一类是成本型指标，这类指标的值越小越好，如（　　）、货物损耗率、（　　）等。
   A. 利润率　　　　　　B. 货物完好率　　　　C. 运输成本　　　　　D. 客户投诉率
3. 在物流系统评价和决策过程中，许多评价指标是模糊的指标，只能用定性的方式来描述，例如（　　）、设施性能高、（　　）等。
   A. 从业经验好　　　　B. 环境良好　　　　　C. 人员素质一般　　　D. 氛围和谐
4. 层次分析法，层次分为目标层、判断层和方案层。（　　）表示解决问题的目标，即层次分析法需要达到的总目标；（　　）表示采取某一方案来实现预定总目标所涉及的中间环节，它包括准则层与指标层；（　　）表示要选用的解决问题的各种方案、策略与措施。
   A. 管理层　　　　　　B. 目标层　　　　　　C. 判断层　　　　　　D. 方案层

四、名词解释

物流系统评价；关键绩效指标法（KPI 指标法）；平衡计分卡法（BSC 指标法）；层次分析法（AHP 法）；数据包络分析法（DEA）

五、简答题

1. 平衡计分卡法有几组评价指标？内容分别是什么？
2. 用 AHP 法评价物流系统规划方案时有哪些步骤？
3. 简述如何建立企业物流网络结构评价指标体系？

六、论述题

评价物流网络结构是否合理，为什么采用层次分析法（AHP 法）与模糊综合评判法相结合的方法？

部分复习思考题参考答案

一、填空题

1. 目标　评价标准　环境
2. 物流技术工程　物流管理项目　物流运作方案。
3. 标准分　绝对

二、单项选择题

1. C　2. B　3. C

三、多项选择题

1. ABCD　2. ABCD　3. BD　4. BCD

四、名词解释（略）

五、简答题（略）

六、论述题（略）

参考文献

[1] 贺东风，胡军. 物流系统规划与设计［M］. 北京：中国物资出版社，2006.

[2] 丁立言. 物流基础［M］. 北京：清华大学出版社，2000.

[3] 齐二石，赵道致. 物流工程［M］. 北京：中国科学技术出版社，2004.

[4] 张丹羽，廖莉. 物流系统教程［M］. 山东：山东大学出版社，2006.

[5] 王长琼. 物流系统工程［M］. 北京：高等教育出版社，2007.

[6] http://wiki.mbalib.com/wiki/%E9%A6%96%E9%A1%B5.

[7] 刘联辉，彭邝湘. 物流系统规划及其分析设计［M］. 北京：中国物资出版社，2006.

[8] 张锦. 物流系统规划［M］. 北京：中国铁道出版社，2004.

[9] 姚冠新，赵艳萍，贡文伟. 物流工程［M］. 北京：化学工业出版社，2004.

[10] 李安华. 物流系统规划与设计［M］. 成都：四川大学出版社，2006.

[11] 吴清一. 物流系统工程［M］. 北京：中国物资出版社，2004.

[12] 赵林度，李严峰，施国洪. 物流系统规划与设计［M］. 重庆：重庆大学出版社，2009.

[13] 田源，周建勤. 物流运作实务［M］. 北京：北京交通大学出版社，2004.

[14] 齐二石. 物流工程［M］. 北京：清华大学出版社，2009.

[15] ABC 公司物流案例. www. zj56. com. cn.

[16] MELKOTE S, DASKIN M S. An integrated model of facility location and transportation network design. Transportation Research Part A，Policy and Practice. 2001.

[17] Bas Groothedde, Cees Ruijgrok, Lori Tavasszy.Towards collaborative, intermodal hub networks-A case study in the fast moving consumer goods market. Transportation Research. 2005.

[18] 李浩，刘桂云. 物流系统规划与设计［M］. 杭州：浙江大学出版社，2011.

[19] 张得志，李双艳. 物流节点动态布局优化模型及其求解算法研究［J］. 铁道科学与工程学报，2011（6）.

[20] 谢玲. 物流系统节点体系布局规划研究［D］. 天津：河北工业大学，2007.

[21] 曹言红，郁玉兵. 城市物流节点布局指标体系的构建［J］. 安庆师范学院学报（社会科学版），2011（2）.

[22] 刘玲瑞. 区域物流网络节点布局规划研究［D］. 西安：长安大学，2011.

[23] 郭红霞，栗庆耀. 物流节点类型的确定及其实证分析［J］. 物流科技，2006（2）.

[24] 银川市物流节点的选址［EB/OL］.http://wenku.baidu.com/link？url＝YowUWOgY5wENODiQjhuB7PdyTTAX-lEnRutZzp5mBZa-Ilxaewnm8HV2bVnjAI2ASwmcQvKbE_5VYQLZEjfJXml_1KkOZ3ZlGlh-v9gt1AO.2012.

[25] 王术峰. 商贸物流园概念性规划与设计［R］，2012.

［26］王术峰. 区域性物流发展战略规划［R］, 2012.
［27］Reza Zanjirani Farahani, Shabnam Rezapour, Tammy Drezner, et, al. Competitive supply chain network design: An overview of classifications, models, solution techniques and applications［J］. Omega. 2014.
［28］HECKMANN I, COMES T, NICKEL S. A critical review on supply chain risk – Definition, measure and modeling［J］. Omega. 2015.
［29］中国移动的物流网络优化［EB/OL］. http://www.all56.com/www/34/2010-06/41147.html.
［30］德国物流中心建设［EB/OL］. http://wenku.baidu.com/view/ebbf5e66b52acfc789ebc9da.html.
［31］胡钱平. 区域物流网络构建与评价研究［D］. 大连：大连海事大学, 2010.
［32］童明荣. 城市物流系统规划研究［D］. 南京：南京理工大学, 2009.
［33］岳垣. 中日国际物流对双边贸易的影响分析［D］. 沈阳：辽宁大学, 2013.
［34］陆辉, 卢琳. 试论区域物流的网络结构及其功能［J］. 商业时代, 2014（3）.
［35］陈坤, 房轶珣, 杨忠良. 基于第三方逆向物流网络的建模方法设计［J］. 中国物流与采购, 2014（3）.
［36］刘荷, 王健. 基于轴辐理论的区域物流网络构建及实证研究［J］. 经济地理, 2014（6）.
［37］尹叶青. 现代物流发展的城市空间结构效应分析［J］. 物流技术, 2014（6）.
［38］王建. 现代物流网络系统的构建［R］, 2005.
［39］李延晖. 物流网络规划与设计［R］, 2013.
［40］KETIKIDIS P H, KOH S C L, DIMITRIADIS N, et, al. GUNASEKARAN A, KEHAJOVA M. The use of information systems for logistics and supply chain management in South East Europe: Current status and future direction［J］. Omega. 2008.
［41］KYUNG KYU KIM, SUNG YUL RYOO, MYUNG DUG JUNG. Inter-organizational information systems visibility in buyer – supplier relationships: The case of telecommunication equipment component manufacturing industry［J］. Omega. 2011.
［42］海尔物流信息系统建设［EB/OL］http://wenku.baidu.com/view/707df9c1bb4cf7ec4afed051.html.
［43］罗霞, 何明璐. 企业物流信息系统建设中的几个关键问题［J］. 公路交通科技, 2002（7）.
［44］徐敏. 现代物流信息系统解决方案及其实现技术［D］. 西安：西安电子科技大学, 2002.
［45］王静. 虚拟供应链物流信息系统的结构模式与风险防范［J］. 山东农业大学学报（自然科学版）, 2014（9）.
［46］邓延洁, 黄必清, 颜波. 第三方物流管理模式及其信息系统［J］. 计算机集成制造系统, 2014（8）.
［47］陈静. 电子商务企业物流信息系统的设计与实现［D］. 长沙：湖南大学, 2013.
［48］张普洋, 郭剑英. 电子商务环境下物流信息安全的必要性分析［J］. 物流工程与管理, 2011（7）.
［49］王建伟. 电子商务物流信息系统分析与设计［R］, 2008.
［50］霍佳震. 物流信息系统［R］, 2011.
［51］TOMOFUMI KIMURA, MASARU YOSHITA.Cellular Manufacturing Runs into Trouble When

Nothing is Done (in Japanese)[J]. Nikkei Monozukuri, 2004 (7):38-61.

[52] WEMMERLOV U, HYER N. Procedures for the Part Family/Machine Group Identification Problem in Cellular Manufacturing[J]. Journal of Operations Management, 1986, 6(2): 125-147.

[53] 刘联辉, 彭邝湘. 物流系统规划及其分析设计[M]. 北京: 中国物资出版社, 2007.

[54] 方庆琯, 王转. 现代物流设施与规划[M]. 北京: 机械工程出版社, 2009.

[55] 郑俊庆, 杨逸远. 基于SLP和AHP的工厂布局及评价研究[J]. 机械研究与应用, 2012, 4: 179-182.

[56] 李乐. 基于动态仿真的改进SLP方法及在武汉卷烟库的应用[J]. 技术与方法, 2011, 30 (12): 132-134.

[57] 胡立涛, 柯志红. 基于SBM-SLP实施单元生产的混合车间布局研究[J]. 设计与研究, 2013, 40 (6): 8-12.

[58] 刘晨光, 廉洁, 李文娟, 等. 日本式单元生产: 生产方式在日本的最新发展形态[J]. 管理评论, 2010, 22 (5): 93-103.

[59] 高举红, 陈思宇, 刘晓宇. 基于精益设计的生产能力分析与现场物流改善[J]. 工业工程. 2010, 13 (1): 90-96.

[60] CHEN J, HAO Y H. Layout Design for Service Operation of Mass Customization: A Case of Chinese Restaurant. Service Systems and Service Management Proceedings of the International Conference on. 2006.

[61] SUN BF, JIA H F. Research on streamline analysis methodology for facilities layout in comprehensive passenger terminal. Service Operations and Logistics and Informatics Proceedings of the IEEE International Conference on. 2008.

[62] 李浩, 刘桂云. 物流系统规划与设计[M]. 杭州: 浙江大学出版社, 2011.

[63] 高举红. 物流系统规划与设计[M]. 北京: 北京交通大学出版社, 2010.

[64] 丁浩, 李电生. 城市物流配送中心选址方法的研究[J]. 华中科技大学学报（城市科学版）, 2004 (9).

[65] 刘旺盛, 兰培真. 系统布置设计: SLP法的改进研究[J]. 物流技术与应用, 2006 (11).

[66] 李艳, 谢能刚, 王付宇. 物流配送中心多目标优化选址的仿真设计[J]. 计算机仿真, 2012 (7).

[67] 郭子雪, 史淑英, 张玉芬. 直觉模糊环境下的物流配送中心选址方法研究[J]. 计算机工程与应用, 2012 (11).

[68] 中国电子商务研究中心. 沃尔玛: 神奇的配送中心[EB/OL]. http://cache.baiducontent.com/c? m=9d78d.

[69] 冷链物流中心的布局及功能区划[EB/OL]. http://www.soo56.com/news/492652012-6-5_0.htm.

[70] YUE W Y, LONG X Q. Engineering Evaluation System of Logistics Park Capability[J]. Systems Engineering Procedia. 2011.

[71] David Escuín, Carlos Millán, Emilio Larrodé. Modelization of Time-Dependent Urban Freight Problems by Using a Multiple Number of Distribution Centers[J]. Networks and Spatial Eco-

nomics. 2012（3）.

[72] 李浩,刘桂云. 物流系统规划与设计［M］. 杭州：浙江大学出版社,2011.

[73] 国家质量监督检验检疫总局,中国国家标准化管理委员会. 物流术语：GB/T 18354-2006［S］. 北京：中国标准出版社,2006.

[74] 国家质量监督检验检疫总局,中国国家标准化管理委员会. 物流园区分类与基本要求：GB/T 21334-2008［S］. 北京：中国标准出版社,2008.

[75] 张得志. 物流园区演化机理与布局优化方法的研究［D］. 长沙：中南大学,2006.

[76] 林洁. 基于产业集群对产业物流园区发展模式的思考［J］. 对外经贸,2012（3）.

[77] 马成林,毛海军,李旭宏. 物流园区内部功能区布局方法［J］. 交通运输工程学报,2008（6）.

[78] 物流园区［EB/OL］. http://baike.baidu.com/view/153031.htm.

[79] MSFLB［EB/OL］. http://baike.baidu.com/view/3975341.htm.

[80] 上海吴淞国际物流园. 上海吴淞国际物流园区官方网站［EB/OL］. http://www.wusongwl.com.

[81] 王术峰. 商贸物流园概念性规划与设计［R］,2012.

[82] 王术峰. 区域性物流发展战略规划［R］,2012.

[83] 物流园区运作模式［EB/OL］. http://baike.baidu.com/view/153031.htm.

[84] 国外物流园区发展趋势［EB/OL］. http://www.chinawuliu.com.cn/wlyq/201203/26/180395.shtml.

[85] Abdelkader Sbihi, EGLESE R W. Combinatorial optimization and Green Logistics,2007(2).

[86] PISINGER D. Heuristics for the container loading problem. European Journal of Operational Research,2002.

[87] 李浩,刘桂云. 物流系统规划与设计［M］. 杭州：浙江大学出版社,2011.

[88] 高自友,孙会君著. 现代物流与交通运输系统［M］. 北京：人民交通出版社,2003.

[89] 邹龙. 物流运输管理［M］. 重庆：重庆大学出版社,2008.

[90] 汤澍. 物流运输管理系统的设计与开发［D］. 上海：复旦大学,2011.

[91] 金懋,欧国立. 运输经济理论研究评述［J］. 生产力研究. 2010（9）.

[92] 丁伟. 现代物流联合运输区域协调管理及网络构建研究［D］. 长沙：中南大学,2012.

[93] 王术峰. 商贸物流园概念性规划与设计［R］,2012.

[94] 王术峰. 区域性物流发展战略规划［R］,2012.

[95] 韩国三星运输系统合理化革新.
［EB/OL］. http://wenku.baidu.com/link?url=Q4wR3MAAu8yGmsZHBTA7Yzcfx8Yica2qRVWCM_abBBdKKS5wmHTqpzbsh1c4pyy1C-JQ1dJnOmycqd0VwDqpO-Ypb7sEA0BMXjyMVbRV3XW. 2012-07-01.

[96] 安吉天地汽车物流有限公司物流运输方式.
［EB/OL］. http://wenku.baidu.com/link?url=Q4wR3MAAu8yGmsZHBTA7Yzcfx8Yica2qRVWCM_abBBdKKS5wmHTqpzbsh1c4pyy1C-JQ1dJnOmycqd0VwDqpO-Ypb7sEA0BMXjyMVbRV3XW. 2012-07-01.

[97] 王昭凤. 供应链管理［M］. 北京：电子工业出版社,2006.

[98] LEVI S D, KAMINSKY P, LEVI E S. 供应链系统设计与管理：概念、战略与案例研究 [M]. 北京：中国财政经济出版社，2004.

[99] 李茭，陈铭，于超. 供应链与物流管理 [M]. 北京：电子工业出版社，2006.

[100] 王玉燕. 闭环供应链管理研究 [J]. 山东财政学院学报，2008（4）.

[101] 潘意志，彭水军. 闭环供应链管理 [J]. 企业管理，2005（11）.

[102] 邱若臻，黄小原. 闭环供应链结构问题研究进展 [J]. 运作管理，2007（9）.

[103] Morgan Stanley Group. China logistics Spot the Early Bind[R]. Hong Kong October 5, 2001.

[104] GUNASEKARAN A, NGAI E. The successful management of a small logistics company[J]. International Journal of Physical Distribution & Logistics Management, 2003, Vol. 33, No. 9, 825-842.

[105] WANG S F. The Business Model of System Optimization for Fifth Party Logistics(5PL)[J]. 2014 International Conference on Management, Information and Educational Engineering, November 22-23, 2014.

[106] 杜彦华. 物流系统集成技术 [M]. 北京：北京大学出版社，2013.

[107] 王术峰. "第五方物流"理论在应急物流领域的应用 [J]. 中国流通经济，2014，28（2）：41-45.

[108] 王术峰. "第五方物流"理论在应急物流领域的应用 [J]. 中国流通经济，2014，28（2）：41-45.

[109] 王术峰. 第五方物流枢纽服务商运营模式探析 [J]. 中国流通经济，2015，29（6）：36-44.

[110] 王术峰. 快速消费品应急物流系统优化 [R]. 2014 中国应急物流优秀案例选集，2014.

[111] 王术峰. 快速消费品应急物流系统优化 [R]，2014 中国应急物流优秀案例选集，2014.

[112] 谢明. 电子商务物流系统设计与集成化建设研究 [A]. 中国知网，2010 年 10 月.

[113] TAYLOR G D. Logistics Engineering Handbook. 2008.

[114] HUANG S, BATTA R, NAGI R. Simultaneous sitting and sizing of distribution centers on a plane. Annals of Operation Research, 2009.

[115] 李浩，刘桂云. 物流系统规划与设计 [M]. 杭州：浙江大学出版社，2011.

[116] 李向文. 物流系统优化建模与求解 [M]. 北京：北京大学出版社，2013.

[117] 程永生. 物流系统分析 [M]. 北京：中国物资出版社，2010.

[118] 李志，何小勇. 物流系统评价指标权重的确定方法 [J]. 统计与决策，2010（11）.

[119] 周颖，周林峰. 基于 AHP 的物流运输方式选择 [J]. 技术与市场，2010（6）.

[120] 鲍新中，刘小军. 物流系统评价的数量化方法及其应用 [J]. 工业工程，2007（6）.

[121] 基于 DEA 模型的上市物流公司绩效评价[EB/OL]. http://wenku.baidu.com/link?url=QaSQj06oh-r6dZchxJ5nC9ZTcYkyChFfutDjckeE3YHZ3KF3scnwqYVNBsuw3O8Y0oHetVwzCaX8jRk-G2cyenbZvhm4ao1NtW0eSZLkJZ7. 2011.

[122] 朱楚阳. 基于 AHP 与模糊综合评判法的物流网络结构绩效评价[EB/OL]. http://www.chinadmd.com/file/vcsvuwoxx3oi6z3it6vcrett_1.html.